Knut Bergmann, Matthias Diermeier (Hg.)
Transformationspolitik

X-Texte zu Kultur und Gesellschaft

Die freie Verfügbarkeit der E-Book-Ausgabe dieser Publikation wurde ermöglicht durch
Pollux – Informationsdienst Politikwissenschaft

und die Open Library Community Politik 2024 – einem Netzwerk wissenschaftlicher Bibliotheken zur Förderung von Open Access in den Sozial- und Geisteswissenschaften:

Vollsponsoren: Technische Universität Braunschweig | Carl von Ossietzky-Universität Oldenburg | Eberhard-Karls Universität Tübingen | Freie Universität Berlin – Universitätsbibliothek | Niedersächsische Staats- und Universitätsbibliothek Göttingen | Goethe-Universität Frankfurt am Main | Gottfried Wilhelm Leibniz Bibliothek – Niedersächsische Landesbibliothek | TIB – Leibniz-Informationszentrum Technik und Naturwissenschaften und Universitätsbibliothek | Humboldt-Universität zu Berlin | Justus-Liebig-Universität Gießen | Universitätsbibliothek Eichstätt-Ingolstadt | Ludwig-Maximilians-Universität München | Max Planck Digital Library (MPDL) | Rheinische Friedrich-Wilhelms-Universität Bonn | Ruhr-Universität Bochum | Staats- und Universitätsbibliothek Carl von Ossietzky, Hamburg | SLUB Dresden | Staatsbibliothek zu Berlin | Bibliothek der Technischen Universität Chemnitz | Universitäts- und Landesbibliothek Darmstadt | Universitätsbibliothek „Georgius Agricola" der TU Bergakademie Freiberg | Universitätsbibliothek Kiel (CAU) | Universitätsbibliothek Leipzig | Universitäts- und Landesbibliothek Düsseldorf | Universitäts- und Landesbibliothek Münster | Universitäts- und Stadtbibliothek Köln | Universitätsbibliothek Bielefeld | Universitätsbibliothek Erfurt | Universitätsbibliothek der FernUniversität in Hagen | Universitätsbibliothek Kaiserslautern-Landau | Universitätsbibliothek Kassel | Universitätsbibliothek Osnabrück | Universität Potsdam | Universitätsbibliothek St. Gallen | Universitätsbibliothek Vechta | Zentralbibliothek Zürich

Sponsoring Light: Bundesministerium der Verteidigung | Bibliothek der Hochschule für Technik und Wirtschaft Dresden | Bibliothek der Hochschule für Technik, Wirtschaft und Kultur Leipzig | Bibliothek der Westsächsischen Hochschule Zwickau | Bibliothek der Hochschule Zittau/Görlitz, Hochschulbibliothek | Hochschulbibliothek der Hochschule Mittweida | Institut für Auslandsbeziehungen (IfA) | Landesbibliothek Oldenburg | Österreichische Parlamentsbibliothek

Mikrosponsoring: Bibliothek der Berufsakademie Sachsen | Bibliothek der Evangelische Hochschule Dresden | Bibliothek der Hochschule für Musik und Theater „Felix Mendelssohn Bartholdy" Leipzig | Bibliothek der Hochschule für Bildende Künste Dresden | Bibliothek der Hochschule für Musik „Carl Maria von Weber" Dresden | Bibliothek der Hochschule für Grafik und Buchkunst Leipzig | Bibliothek der Palucca-Hochschule für Tanz Dresden | Leibniz-Institut für Europäische Geschichte | Stiftung Wissenschaft und Politik (SWP) – Deutsches Institut für Internationale Politik und Sicherheit

Knut Bergmann, Matthias Diermeier (Hg.)
Transformationspolitik
Anspruch und Wirklichkeit der Ampel-Koalition

[transcript]

Bibliografische Information der Deutschen Nationalbibliothek
Die Deutsche Nationalbibliothek verzeichnet diese Publikation in der Deutschen Nationalbibliografie; detaillierte bibliografische Daten sind im Internet über https://dnb.dnb.de/ abrufbar.

Dieses Werk ist lizenziert unter der Creative Commons Attribution-ShareAlike 4.0 Lizenz (BY-SA). Diese Lizenz erlaubt unter Voraussetzung der Namensnennung des Urhebers die Bearbeitung, Vervielfältigung und Verbreitung des Materials in jedem Format oder Medium für beliebige Zwecke, auch kommerziell, sofern der neu entstandene Text unter derselben Lizenz wie das Original verbreitet wird.
https://creativecommons.org/licenses/by-sa/4.0/
Die Bedingungen der Creative-Commons-Lizenz gelten nur für Originalmaterial. Die Wiederverwendung von Material aus anderen Quellen (gekennzeichnet mit Quellenangabe) wie z.B. Schaubilder, Abbildungen, Fotos und Textauszüge erfordert ggf. weitere Nutzungsgenehmigungen durch den jeweiligen Rechteinhaber.

Erschienen 2024 im transcript Verlag, Bielefeld
© Knut Bergmann, Matthias Diermeier (Hg.)

Umschlaggestaltung: Kordula Röckenhaus, Bielefeld
Druck: Majuskel Medienproduktion GmbH, Wetzlar
https://doi.org/10.14361/9783839470787
Print-ISBN: 978-3-8376-7078-3
PDF-ISBN: 978-3-8394-7078-7
EPUB-ISBN: 978-3-7328-7078-3
Buchreihen-ISSN: 2364-6616
Buchreihen-eISSN: 2747-3775

Gedruckt auf alterungsbeständigem Papier mit chlorfrei gebleichtem Zellstoff.

Inhalt

Transformationspolitik – eine Halbzeitbilanz der Ampel-Koalition
Knut Bergmann/Matthias Diermeier 11

Gesellschaftspolitik: Partizipation, Ost – West, Populismus, Narrative, Nudges

Verändern: Über schwindende Mehrheiten und wachsende Gesprächsstörungen
Veränderungszuversicht für inklusive Transformation
Karl-Rudolf Korte 33

Spaltet die Transformation unsere Gesellschaft?
Die komplexe Organisation von Mehrheiten in Zeiten zunehmender Zumutungsaversionen
Knut Bergmann/Matthias Diermeier 41

Regionale Beteiligung gegen polarisierende Triggerpunkte?
Zur demokratischen Gestaltung der Großen Transformation
Paulina Fröhlich 55

Für immer geteilt – kollektive Enttäuschungen trotz ökonomischer Erfolge in Ostdeutschland?
Michael Hüther 63

Die *neuen* Themen Klima und Krieg: Die AfD als Krisenprofiteur der Zeitenwende
Manès Weisskircher 75

Show – don't tell. Performative Widersprüche
in zwei Jahren grün-gelben Koalierens
Sebastian Jarzebski 83

Gutes Regieren – eine verhaltensökonomische Perspektive
Dominik H. Enste 95

Alles im Lot? – Ein Transformationsessay
Ina Scharrenbach 105

Infrastruktur: Stadt – Land, Digitalisierung, Energiewende, Wohnungsmarkt

Ländliche Räume: Der Stabilitätsanker Deutschlands
Fünf Beobachtungen
Hanno Kempermann 115

Infrastrukturbereitstellung neu kalibrieren
Fünf Thesen für eine effiziente Infrastrukturbereitstellung in Kommunen
Uwe Schneidewind 123

Wie der Staat digitalen Fortschritt vorantreiben kann
Vera Demary 129

Digitalpolitik: Der lange Weg des Staats zum Enabler
Thomas Bönig 139

Klimatransformation – langer Weg, wenig Zeit
Thilo Schaefer 147

Klimaneutralität 2045 – (wie) können wir das schaffen?
Maja Göpel/Johannes Zieseniß 161

Zwischen Klimaschutz und Bezahlbarkeit – wie sozial ist die Transformation im Wohnungsmarkt?
Ralph Henger/Michael Voigtländer 179

Industriepolitik

Industriepolitik ist mehr als Standortpolitik
Hubertus Bardt 195

Industriepolitik in der Zeitenwende – die Rolle des Staates
Markus Heß 205

Finanzpolitik

Wettbewerbsfähigkeit trotz Transformation: Priorisierung in der Finanzpolitik
Tobias Hentze 215

Überlegungen zur Transformationspolitik
Jakob von Weizsäcker 225

Arbeitsmarkt- und Sozialpolitik: Zuwanderung, Sozialpartnerschaft, Inklusion, Gerechtigkeit, Rente

Grenzen und Potenziale der Zuwanderung für die Fachkräftesicherung
Axel Plünnecke 235

Abnehmende Tarifbindung trotz Gestaltungsanforderungen: Sozialpartnerschaft in Bedrängnis?
Hagen Lesch 247

Sozialpartnerschaftliche Transformationspolitik braucht funktionierende Rahmenbedingungen durch staatliches Handeln
Johanna Wenckebach 257

Zwischenstand Inklusion: Vorgaben und Umsetzung
Andrea Kurtenacker 269

Verteilungs- und Sozialpolitik: Ist mehr besser?
Sinkendes Gerechtigkeitsempfinden in Zeiten wachsender Sozialausgaben
Judith Niehues 289

Der Sozialstaat im Niedergangsdiskurs
Georg Cremer 299

**Wieviel Solidarität können und wollen wir uns
im demografischen Wandel leisten?**
Die gesetzliche Kranken- und Pflegeversicherung auf dem Prüfstand
Jochen Pimpertz 307

Europapolitik

Europäische Union: Institutionelle Verharrung oder Delors-Plan 2.0?
Melinda Fremerey/Simon Gerards Iglesias 323

Delors-Plan 2.0 – eine doppelte Ergänzung für die erfolgreiche Reform der EU
Johannes Lindner 335

**Geopolitik versus Ordnungspolitik? Sprengkraft innerhalb der EU
durch die Zeitenwende**
Jürgen Matthes 345

**Erfolgsgeschichte EU-Binnenmarkt – mit gemeinsamen
Nachhaltigkeitsstandards zu einer gerechteren Globalisierung**
Anna Cavazzini 355

Außen- und Sicherheitspolitik

Keine Zeitenwende im Verteidigungshaushalt
Hubertus Bardt 367

**Parole »Fertig werden!« – Die Bundeswehr als Paradigma
deutscher Überbürokratisierung**
Hans-Peter Bartels 375

Die Zukunft des Westens in der Deglobalisierung –
Gestaltungspotenziale trotz Abhängigkeit?
Michael Hüther 381

Anhang

Autorinnen und Autoren 395

Transformationspolitik – eine Halbzeitbilanz der Ampel-Koalition

Knut Bergmann/Matthias Diermeier

Anspruch und Wirklichkeit

Es hätte alles so schön werden können: Mehr Fortschritt zu wagen, hatte man sich vorgenommen; Aufbruch, Harmonie und Einigkeit – und keine Nachtsitzungen mehr, um Koalitionsstreitigkeiten zu bereinigen. Nachdem sich letzteres bald nicht mehr vermeiden ließ, avancierte *Krisenmodus* zum *Wort des Jahres 2023*. Außen- wie innenpolitisch traten Herausforderungen auf, mit denen niemand rechnen konnte oder vielleicht auch wollte – wobei viel Wunschdenken dabei gewesen ist. Was sicherheitspolitisch der Angriff Russlands auf die Ukraine am 24. Februar 2022 bedeutete, war mindestens finanz-, wenn nicht gar innenpolitisch das Urteil des Bundesverfassungsgerichtes vom 15. November 2023 zur Nichtigkeit des zweiten Nachtragshaushaltsgesetzes 2021, mit dem die Umwidmung einer nicht benötigten Kreditermächtigung aus Zeiten der Corona-Pandemie in Höhe von 60 Milliarden Euro in den Klima- und Transformationsfonds (KTF) für verfassungswidrig erklärt wurde.

Für die Einleitung in diesen Band hat dies Vor- und Nachteile: Erstere liegen darin, dass man nur die Kommentare abschreiben müsste, um den Zustand der Koalition zu bebildern: Wegfall der Geschäftsgrundlage, das Ende nahe oder Koalitionäre als aufeinander zurasende Züge. Schon einige Zeit vor dem KTF-Urteil war in den Medien von einer blockierten Regierung, der nicht zur Ruhe kommenden Koalition oder gar einem Ampel-Märchen zu lesen. Andererseits sind die Folgen des Bundesverfassungsgerichtsurteils trotz der Einigung der Koalition vom 13. Dezember 2023, wie mit den Haushaltslöchern umgegangen werden soll, nicht bis zum Ende der Legislatur absehbar. Zu viele, auch strategische, Unwägbarkeiten, zu viele potenzielle Streitpunkte und damit in Summe zu viele potenzielle Ausstiegspunkte liegen auf dem

Weg bis zum regulären Bundestagswahltermin im Herbst 2025. Als markante Wegmarken seien neben den alljährlichen Haushaltsberatungen genannt die Europawahl im Juni 2024 und vor allem die drei Landtagswahlen im September in Sachsen, Thüringen und Brandenburg. In Umfragen liegt die AfD seit langem stabil auf Platz Eins, und auch die Europawahl in ihrer Eigenschaft als *second-order-election* – oder auch Nebenwahl (Reif/Schmitt 1980) – droht zu einem Freudenfest des deutschen wie europäischen Rechtspopulismus zu werden.

Eigentlich verfügte gerade diese Koalition über beste Voraussetzungen, die großen Transformationsaufgaben anzugehen. Nicht zuletzt, weil die tragenden drei Parteien nur über wenig Schnittmengen in ihrer jeweiligen Wählerschaft verfügen. Insofern können sie sehr unterschiedliche Segmente adressieren (Korte 2024). Allerdings hat die Koalition aus dieser Chance eher wenig gemacht, und mehr noch: insbesondere der Regierungschef hat sich kommunikativ oftmals verweigert. Statt Geschlossenheit zwischen den Bündnispartnern, die es eigentlich gebraucht hätte, um Fortschritt nicht nur zu wagen und den Koalitionsvertrag entsprechend zu benennen, sondern ihn auch zu vollziehen, herrschte von kurz nach Anbeginn vor allem Zwist. In einem Artikel in der Frankfurter Allgemeinen Zeitung wurde das grundlegende Dilemma der Ampel-Koalition in ein gastrosophisches Bild gefasst:

> »Ein veganer Hobbykoch, ein Currywurst-Budenbesitzer und ein experimenteller Sterne-Chef können ohne viel Aufwand kulinarischen Fortschritt fordern, aber wenn sie gemeinsam ein Gericht zubereiten müssen, schmeckt es nicht. Um überhaupt etwas anbieten zu können, werden sie sich auf die kleinste Gemeinsamkeit einigen, zum Beispiel Salat.« (Buchsteiner 2023)

Wirtschaftsminister Robert Habeck brachte die Herausforderung nach dem KTF-Urteil in einer Koalition mit drei Partnern mit gegenläufigen Interessen – keinerlei Rückbau des Sozialstaates (SPD), keinerlei Steuererhöhungen oder erhöhte Neuverschuldung (FDP), keinerlei Abrücken von den Klimaschutzzielen (Bündnis 90/Die Grünen) – auf den Punkt, indem er in einem Interview sagte: »Ich weiß natürlich, in welchem Koalitionsvertrag ich lebe« (Habeck 2023). Allerdings sind einer Untersuchung von Robert Vehrkamp, Autor des Vorgängerbandes, und Theres Matthieß zufolge von den insgesamt 453 von ihnen identifizierten Regierungsversprechen des Koalitionsvertrages nach 20 Monaten fast zwei Drittel entweder schon umgesetzt (38 Prozent) oder zumindest angegangen (26 Prozent). Lediglich 36 Prozent der Vorhaben harrten noch ihrer Bearbeitung (Vehrkamp/Matthieß 2023). Angesichts der großen Ambitionen, die dem Gründungsdokument der Ampel-Koalition innewohnte, ist das eine enorme Leistung, die jedoch weder die öffentliche noch die veröffentlichte Meinung durchdrungen hat.

Noch nie in der Geschichte der Bundesrepublik musste eine Bundesregierung zur Halbzeit derart niedrige Umfragewerte verzeichnen – je nach Institut kommt die Koalition gemeinschaftlich auf maximal 36,5 Prozent, die FDP dabei jeweils hart an der Sperrklausel. Genauso lag noch nie ein amtierender Bundeskanzler mit seiner Partei so schlecht in Umfragen – bei Olaf Scholz' SPD waren es im Dezember 2023 institutsabhängig zwischen 14 und 15 Prozent (Zicht/Cantow 2023). Auf ähnlichem Niveau bewegen sich die Kompetenzwerte in Sachen Wirtschaftspolitik: Laut Infratest dimap trauen nur 13 bzw. 12 Prozent der Befragten am ehesten der SPD bzw. der FDP zu, die wirtschaftspolitischen Probleme des Landes zu lösen; noch geringer fällt der Anteil bei den Grünen aus, der sich auf kümmerliche 4 Prozent beläuft. Allein die Union kann sich mit 35 Prozent der Bürgerinnen und Bürgern absetzen; die AfD kommt auf 10 Prozent (Infratest dimap 2023).

Dem vorliegenden Band ging eine virtuelle IW-Veranstaltungsreihe – *Gutes Regieren für die Transformation* – voraus. Hierbei wurde der zumeist ökonomische Blick auf die Notwendigkeiten des transformativen Regierens mit einer Perspektive aus der Praxis abgeglichen. Die letzte Folge – IW-Direktor Michael Hüther zusammen mit Staatsminister Carsten Schneider, dem Beauftragten der Bundesregierung für Ostdeutschland, fand unmittelbar vor dem 8. Dezember 2023, dem zweiten Jahrestag der Wahl von Olaf Scholz zum Bundeskanzler, statt. Mit dieser Reihe wie dem vorliegenden Band wurde und wird auch eine Halbzeitbilanz der Ampel-Koalition gezogen.

Fast alle der in diesem Band versammelten Autorinnen und Autoren haben einen Input in dieser Reihe geliefert, weshalb einige der Beiträge gedoppelt sind und teils sogar denselben Titel tragen. Die Herausgeber dieses Bandes hatten die Reihe konzipiert und die einzelnen Folgen jeweils moderiert. Sehr erfreulich ist, dass unter der Schar der Beitragenden sich eine Autorin und einige Autoren befinden, die ebenfalls im Vorläuferband, der sich den Aussichten für die Legislaturperiode angenommen hatte, vertreten waren (Bergmann 2022).

Allen Autorinnen und Autoren gebührt großer Dank für ihre Manuskripte, die zudem sämtlich zum vereinbarten Zeitpunkt eintrafen. Bei der weiteren Bearbeitung der Texte halfen Maria Garb, Natalie Päßler und Gabi Ballner, worüber wir nicht nur dankbar sind, sondern auch froh waren – ohne ihr

Engagement, ihre Tatkraft und Akribie wäre dieser Band niemals erschienen. Ebenso wenig gäbe es dieses Buch, wenn am Institut der deutschen Wirtschaft nicht die Freiräume, der Spirit und die Kollegialität herrschten, die nötig sind, um solche Vorhaben zu verwirklichen. Daher gilt unser Dank ebenfalls allen Kolleginnen und Kollegen am IW, die direkt wie indirekt mitgewirkt haben.

Trotz aller ampelkoalitionärer Halbzeitbilanzziehung, die in den Texten vorgenommen wird, kann keiner von ihnen beantworten, ob diese Bundesregierung bis zum regulären Wahltermin im September 2025 durchhalten wird. Falls sie scheitert, wird dies zweifelsohne einigen der zahlreichen Friktionen, die in vielen der Beiträge zutage treten, geschuldet sein. Was aber passiert, passieren wird, ist offen. Der Schluss in dem Artikel mit der Überschrift »Die Nacht, als die Ampel überlebte«, mit dem in der Frankfurter Allgemeinen Sonntagszeitung nachgezeichnet wurde, wie sich die Koalitionäre auf die nötigen Sparmaßnahmen im Zuge des KTF-Urteils des Bundesverfassungsgerichtes einigten, soll in seinem prophetischen Charakter auch das Ende dieser Einleitung bilden: »Vieles ist noch unklar, aber die Koalition ist gerettet. Fürs Erste.« (Bollmann et al. 2023)

1. Gesellschaftspolitik: Partizipation, Ost – West, Populismus, Narrative, Nudges

Das erste Kapitel mit der gesellschaftspolitischen Perspektive eröffnet Karl-Rudolf Korte, der schon an der hinter dem Vorgängerband liegenden Tagung als Projektpartner großen Anteil hatte. Er leuchtet unter dem Titel »Verändern: Über schwindende Mehrheiten und wachsende Gesprächsstörungen« aus, wie sich die Transformation im politisch-koalitionären Umfeld zur Halbzeit der Ampel-Regierung überhaupt gestalten lässt: »Transformationsfuror, Profilierungsstreit der Koalitions-Parteien, Krisen mit Zeitenwende-Charakter und nicht zuletzt einer scheinbar unüberwindbaren Gesprächsstörung zwischen Regierenden und Regierten« lassen dies als eine Sisyphus-Aufgabe erscheinen. Um Unpopuläres mehrheitsfähig zu machen – und nichts anderes bedeutet die Multi-Transformationsaufgabe der Regierung Scholz – müsse der nötige Wandel »kommunikativ inklusiv, politisch partizipativ und sozial stets solidarisch ausgerichtet sein«. Sonderlich erfolgreich sei die Regierung dabei nicht gewesen; das Wichtigste sei, die in der Pandemie noch größer gewordenen »Gesprächsstörungen« zwischen Regierenden und Regierten zu überwinden.

An Karl-Rudolf Kortes Beitrag anschließend, fragen Knut Bergmann und Matthias Diermeier, ob und inwieweit die Transformation die Gesellschaft spaltet. Umbruchsprozesse verunsichern, und im vorliegenden Fall kommt die Parallelität nicht nur der im vorherigen Beitrag benannten Krisen, sondern mit der Gleichzeitigkeit von Digitalisierung, Dekarbonisierung, Deglobalisierung und demografischen Alterung auch unterschiedliche Treiber hinzu. In Zeiten zunehmender Zumutungsaversionen erweist sich das Organisieren von politischen Mehrheiten als immer komplexer. Bei der Transformationspolitik haben die Regierenden mit schwer erfüllbaren Erwartungen der Bevölkerung zu kämpfen, die zudem teils widersprüchlich sind. Problematisch an den Erwartungshaltungen ist, dass mit dem Hinweis auf eine gespaltene Gesellschaft ein politischer Überbietungswettbewerb gerechtfertigt wird, der wiederum neue Enttäuschungen evozieren kann. Dies ist nicht zuletzt im Zusammenhang mit der AfD von Bedeutung. Umso mehr gelte es, die Transformation klug zu gestalten und entsprechend zu kommunizieren.

Die stellvertretende Geschäftsführerin des Progressiven Zentrums, Paulina Fröhlich, als Autorin auch im Vorgängerband vertreten, greift anschließend das Spannungsfeld zwischen großer Uneinigkeit hinsichtlich der Politikausgestaltung sowie grundsätzlicher Übereinstimmung hinsichtlich der Bedeutung und Stoßrichtung der Transformationspolitik auf. Entsprechend fordert sie eine breite Koalition aus Zivilgesellschaft, Politik und Wirtschaft, die der Bevölkerung die zentralen Werkzeuge zur Transformationsbewältigung an die Hand geben soll: »Resilienzvertrauen und Gestaltungsfähigkeit«. Im Zentrum der Transformationswiderstände sieht sie die im vorstehenden Beitrag von Bergmann und Diermeier herausgearbeiteten widersprüchlichen und kaum zu befriedigenden Anspruchshaltungen von Seiten der Bevölkerung gegenüber der Politik. Diese ließen sich auf »ein auf individuelle Präferenzen fixiertes, konsumierendes Staatsverständnis« zurückführen, das es für eine erfolgreiche Transformationsgestaltung aufzulösen gelte. Da sich »Zuversicht nur bedingt erkaufen lässt«, müssten gerade in Transformationsregionen zudem »immaterielle Formen der Anerkennung« und lokale Beteiligungsformate in den Fokus genommen werden.

Michael Hüther verhandelt unter dem Titel »Für immer geteilt – kollektive Enttäuschungen trotz ökonomischer Erfolge in Ostdeutschland?« die Transformationserfahrungen nach der Wiedervereinigung. Tatsächlich nähere sich die ostdeutsche Wirtschaftskraft seit einigen Jahren der westdeutschen an – und zwar schneller, als dies eigentlich beim Zusammenwachsen zweier vormals getrennter Wirtschaftsräume zu erwarten gewesen sei. Im Kontext der Zeitenwende habe die ostdeutsche Wirtschaft zudem weitere Schubkraft bekommen: die derzeit »prominentesten Unternehmensansiedlungen – nicht nur wegen der hohen Investitionssumme, sondern auch aufgrund der hohen Subventionszahlungen – konzentrieren sich auf Ostdeutschland«. Dies sei auch der gestiegenen Wettbewerbsfähigkeit, den vorhandenen Industrieflächen, der Verfügbarkeit Erneuerbarer Energien und dem geringen Widerstand gegen Industrieansiedelungen in der Region geschuldet. Die wirtschaftlichen Erfolge und Potenziale würden dennoch in der ostdeutschen Bevölkerung weniger wahrgenommen, als es das mittels der ökonomischen Analyse zu Tage tretende Ausmaß vermuten ließe. Gründe hierfür sucht Hüther in den teils schmerzhaften Transformationserfahrungen. Hierzu passt das Zitat der deutsch-ungarischen Schriftstellerin Terézia Mora, die ihre Protagonistin Muna in dem gleichnamigen Roman auf die Frage, ob die DDR nicht längst untergegangen sei, antworten lässt: »Nicht, solange Menschen leben, die von ihr geprägt worden sind« (Mora 2023, S. 263).

Um das rasante Erstarken der AfD zur Hälfte der Ampel-Legislatur zu erklären, schlägt der Populismusforscher Manès Weisskircher von der TU Dresden einen weiten Bogen über die migrationsspezifischen Mobilisierungsreservoirs der Partei hinaus. Dabei wird sichtbar, dass sowohl die Ablehnung der anti-russischen Positionen der EU und Deutschlands im Kontext des russischen Angriffskriegs auf die Ukraine als auch die klimapolitische Polarisierung der Partei Zulauf bescheren: »Auch wenn Migration weiterhin das Kerngeschäft der AfD darstellt, ist sie mittlerweile thematisch breit aufgestellt.« Da eine ambitionierte Klimapolitik im Zentrum der *Fortschrittskoalition* steht, bietet sich hier ganz grundsätzlich ein neues Standbein für die in Teilen rechtsextremistische Partei. Als »ironisch« benennt Weisskircher die Hoffnung mancher, das »Bündnis Sahra Wagenknecht« könnte die AfD eher schwächen als eine erfolgreiche Transformationspolitik der Ampel.

Unmittelbar an seinen Beitrag aus dem Vorgängerband schließt Sebastian Jarzebski (2022) an. Damals hatte er über das Narrativ einer Facette der damals so unerwartet harmonischen Koalitionsbildung geschrieben; die noch am Wahlabend projektierten zitrusfarbigen Vorsondierungen von Bündnis 90/Die Grünen und der FDP. Indes stellt sich das Ergebnis nach zwei Jahren fruchtgerecht als ziemlich sauer dar, im deutschen Winter wachsen keine wohlschmeckenden Zitronen. Mit den performativen Widersprüchen des zwei Jahre grün-gelben Koalisierens fokussiert der Autor auf die vorpolitische, symbolische und erzählerische Dimension, auf die kommunikativen Rahmenbedingungen, unter denen die Ampel versuchte, dem verheißenen

Aufbruch Taten folgen zu lassen. Mit der *Zeitenwende* setzte Bundeskanzler Scholz drei Tage nach dem 24. Februar 2022 den Begriff seiner jungen Kanzlerschaft, womit er erfolgreich ein die Rahmenbedingungen veränderndes Deutungsangebot machte. Über die Positionierung der Regierungsparteien in dann doch strittigen Sachfragen gingen erste performative Dissonanzen einher; das Urteil des Bundesverfassungsgerichts zum Klimatransformationsfonds entzog der Ampel dann – wie vielfach kommentiert – einen Teil der Geschäftsgrundlage. Angelehnt an die fünf Akte des klassischen Dramas zeichnet Jarzebski die Chronologie der Entzweiung dieser ersten echten Dreier-Koalition auf Bundesebene nach. Am Ende steht die – mutmaßlich haltbare – Prognose, dass alle drei Partner gesichtswahrend werden Abstriche machen müssen. Und: Jetzt brauche es ein »Show, don't tell« – wie im Titel des Beitrages vermerkt –, nicht reine Deskription, sondern in die Zukunft gerichtete Handlung: »Nun heißt es also zu zeigen, wie der Aufbruch gelingen kann.«

Die verhaltensökonomische Perspektive auf das *gute Regieren* liefert Dominik Enste. Er untersucht die Voraussetzungen für entsprechende Interventionen, wobei sein Fach keine moralischen Urteile fällt, sondern versucht zu analysieren, mit welchen Instrumenten die jeweiligen politischen Ziele bestmöglich freiheitswahrend zu erreichen sind. Enste zeichnet das nötige Verständnis der Psychologie des Menschen und seine Anfälligkeit für unterschiedliche Bias nach – dem gegenüber stehen diverse Nudges, Anstupser, die Menschen zu einem erwünschten Verhalten bringen sollen. Um damit nicht auf Ablehnung zu stoßen, ist entscheidend, dass der Prozess der Entscheidungsfindung und der Entscheidung transparent und nachvollziehbar wird. In Summe macht der Beitrag an zahlreichen praktischen Beispielen deutlich, welchen Beitrag die Verhaltensökonomik zur Transformation leisten kann.

Beschlossen wird das Kapitel von einem Essay zum Thema Transformationspolitik von Ina Scharrenbach, der Ministerin für Heimat, Kommunales, Bau und Digitalisierung des Landes Nordrhein-Westfalen.

2. Infrastruktur: Stadt – Land, Digitalisierung, Energiewende, Wohnungsmarkt

Zu Beginn des zweiten Kapitels, das dem Thema Infrastruktur gewidmet ist, liefert Hanno Kempermann ein Plädoyer für die Bedeutung des ländlichen Raums. Die dezentrale Balance und die wirtschaftliche Stärke peripher gelegener Regionen identifiziert er als ein Alleinstellungsmerkmal des erfolgreichen deutschen Geschäftsmodells. Allerdings wird ebenso eine wachsende Ablehnung von Transformationspolitik im Ländlichen konstatiert, die sich in steigenden Zustimmungsraten der AfD zeigt. Kempermann führt diese gesellschaftspolitische Unruhe auf die vergleichsweise schlechten vorherrschenden infrastrukturellen und fachkräftebedingten Rahmenbedingungen zurück. Lediglich bei der Verfügbarkeit von Industrieflächen und Strom aus alternativen Energien liegt ein Wettbewerbsvorteil begründet. Der Ampel-Koalition wird folglich geraten, die derzeitige Programmatik regionaler Wirtschaftsförderung zu überdenken und vermehrt an den erwartbaren Strukturproblemen des ländlichen Raums auszurichten.

Im Anschluss erarbeitet Uwe Schneidewind, langjähriger Transformationsforscher und Wuppertaler Oberbürgermeister, in seinem Beitrag fünf Thesen, mit denen er für einen zwischen Stadt und Land differenzierenden Politikansatz wirbt. Zuerst stellt er die unterschiedlichen Bedarfe etwa hinsichtlich der Verkehrs- oder Energieinfrastruktur heraus. Zweitens fordert er eine kluge Infrastruktur-Konzessionsvergabe, die sowohl auf eine effiziente Bereitstellung als auch auf eine breite Abdeckung abzielt. Drittens werden alternative Finanzierungsmodelle für den ÖPNV oder den sozialen Wohnungsbau angeregt, die Bund und Länder entlasten sollen. Viertens steht die Forderung nach *Reallaboren*, wo einzelne Entbürokratisierungsmaßnahmen zeitnah ausprobiert werden könnten. Fünftens spricht Schneidewind der Politik Mut zu, mehr Nutzersteuerung zu wagen – auch wenn dies für einzelne unbequem werden dürfte, die es sich etwa im sozial geförderten Wohnraum bequem gemacht haben. Dafür aber dürfe man sich seine Transformationspolitik nicht zerreden lassen vom omnipräsenten Vorwurf der *Verbotspolitik*.

Vera Demary spürt in ihrem Text der in Anbetracht der Polykrisen zuletzt in den Hintergrund getretenen Frage nach, *wie der Staat digitalen Fortschritt vorantreiben kann*. Tatsächlich konnten Fortschritte in der Digitalisierung von Wirtschaft oder Verwaltung zuletzt kaum mehr verzeichnet werden. Dabei wären diese existenziell, um die Wettbewerbsfähigkeit des Standorts zu erhalten und die Dekarbonisierung der Wirtschaft voranzutreiben. Dem Staat käme hierbei gleich dreifach eine zentrale Rolle als Vorbereiter, Verbindungsstelle und Vorbild zu. Unglücklicherweise versagt Deutschland auf ganzer Linie – nämlich darin, die richtigen infrastrukturellen und bildungspolitischen Rahmenbedingungen zu schaffen, nützliche digitale Schnittstellen zu

Bürgerinnen und Bürgern sowie zu Unternehmen zu errichten und als *First Mover* trägere Unternehmen auf die Mehrwerte der Digitalisierung zu stoßen. Der Chief Innovation Officer (CIO) und Chief Digital Officer (CDO) der Stadt Stuttgart, Thomas Bönig, schlägt in dieselbe Kerbe, indem er fordert, Digitalisierung zu nutzen, um die deutsche Verwaltung schneller, effizienter und effektiver zu machen. In diesem Prozess ist besonders bedeutsam, sich wirklich an den konkreten Anspruchsgruppen zu orientieren. Dafür müsste die deutsche Digitalpolitik jedoch vom Paradigma abrücken, lediglich Formulare zu elektronifizieren, und sich vielmehr damit beschäftigen, ganze Prozesse vollständig zu digitalisieren (*Ende-zu-Ende-Digitalisierung*). Eine Grundvoraussetzung dafür sieht er in der zentralen Bereitstellung von digitalen Plattformlösungen durch den Bund, der Nutzung von KI-Lösungen zur Verwaltungsmodernisierung, einem Agilitätsschub für risikoaverse Verwaltungsangestellte sowie der Abkehr von einem überzogenen Datenschutz.

Mit der Frage »Klimaneutralität 2045 – (wie) können wir das schaffen?« wirft Thilo Schaefer den ökonomischen Blick auf die Umsetzung der Zielsetzung, bis zum Jahr 2045 netto keine klimaschädlichen Treibhausgase mehr auszustoßen. Deutlich wird die gewaltige Anstrengung, die etwa hinsichtlich des Ausbaus Erneuerbarer Energien notwendig ist, soll diese doch auch die enorme Nachfrage etwa nach Grünem Wasserstoff, E-Mobilität sowie beim Wohnen decken. Der Artikel beleuchtet des Weiteren die Komplexität der Zielkonflikte zwischen den ambitionierten Maßnahmen der europäischen Klimapolitik und den Mechanismen, die einen dadurch implizierten Verlust an internationaler Wettbewerbsfähigkeit abwenden sollen. Abgeleitet wird in diesem Kontext eine auch ordnungspolitisch begründete Notwendigkeit von industriepolitischer Steuerung sowie der Aufruf nach internationaler Klimapolitik – auch um die Kollateralschäden für den Welthandel zu begrenzen.

Die Transformationsforscherin Maja Göpel, Professorin an der Leuphana Universität Lüneburg, schreibt anschließend in ihrem gemeinsam mit Johannes Zieseniß verfassten Essay eine kleine Geschichte der Klimapolitik, um so die Einzeldebatten zu kontextualisieren. Unter demselben Titel wie bei Thilo Schaefer lautet die Antwort, wie Klimaneutralität erreicht werden kann, nicht zuletzt mit dem Rückgriff auf eine oft vergessene demokratische Tugend: Zumutung. Die Autoren rekurrieren zuvor weniger auf die Ebene der konkreten Umsetzung – Ausbau der Energienetze, Elektrifizierung des Mobilitätssektors, Dekarbonisierung der Wärmezufuhr für Gebäude und Industrie etc. –, sondern stärker auf die Finanzierungsseite. Dabei werde eine steigende CO_2-Bepreisung, das meistdiskutierte und mit den größten Hoffnungen versehene Instrument, es allein nicht richten. Göpel und Zieseniß erörtern die transformativen Gelingensbedingungen, die modernisierte Anreiz- und Lenkungseffekte benötigten. Darüber hinaus setzen sie auf eine veränderte Innovations- und Verständigungsbereitschaft im öffentlichen Diskurs, um das Verständnis für die entsprechenden Wirkungseffekte zu erhöhen. Wichtig wäre, ein positives Ziel zum Referenzpunkt zu machen. Insgesamt gehe es nicht um Ideologie, sondern effektives Regieren.

Die Immobilienökonomen Ralf Henger und Michael Voigtländer umreißen in ihrem Beitrag die Wohnungspolitik der Ampelregierung. Ein besonderer Fokus liegt dabei auf dem Zielkonflikt zwischen Klimaschutz sowie Verfügbarkeit und Erreichbarkeit von Wohnraum. Zentral wird dabei die Forderung an den Gesetzgeber vorgetragen, nicht zu sehr die Energieeffizienz, sondern auf die zum Heizen genutzten Energieträger abzuzielen und auf einen konsequent ansteigenden Pfad des CO_2-Preises zu setzen. Hart gehen die Autoren mit der Regierung ins Gericht, die sich gerade im Gebäudeenergiegesetz auf das Ordnungsrecht mit Geboten und Verboten verstiegen hat. Vielmehr brauche es einen breiteren Policy-Mix, der langfristig verlässliche Rahmenbedingungen vorgibt und so privatwirtschaftliche Investitionen anregt und Raum für Innovationen schafft. Als Beispiele werden eine Dynamisierung der absoluten Kappungsgrenzen, mit denen Sanierungskosten auf Mieter umgelegt werden können, ebenso diskutiert wie die Möglichkeit, Mietern staatliche Sanierungsförderungen durch abgemilderte Mieterhöhungen zukommen zu lassen.

3. Industriepolitik

In seinem Beitrag zur Industriepolitik fächert Hubertus Bardt zunächst den theoretischen Rahmen auf: Dabei erweist sich die Polarität zwischen einer horizontalen Industrie- oder Standortpolitik, also das Setzen der Rahmenbedingungen, bei gleichzeitiger Beschränkung der vertikalen Wirkungen zur Stärkung der Wettbewerbsfähigkeit bestimmter Branchen oder einzelner Unternehmen auf das nötigste, zwar als der Tradition der Sozialen Marktwirtschaft entsprechend, aber auch unrealistisch vereinfachend. Insofern argumentiert der Autor zugunsten eines Mix, wobei insbesondere die ambitionierten Klimaziele der Bundesregierung adäquate Rahmenbedingungen erfordern. Hinzu kommen die mit dem Systemwettbewerb insbesondere mit China einhergehenden Herausforderungen. Zu den Stärken des Industriestandorts D zählen der stabile Ordnungsrahmen und die Wissensbasis für die Industrie, die vergleichsweise gute Infrastruktur sowie der erreichbare Markt. Die Arbeits- und Energiekosten sowie Steuerbelastungen stehen dem gegenüber. Klar wird, dass sich die anstehende Transformation nur mit einer entsprechenden Innovationsfähigkeit, Investitionstätigkeit wie -bereitschaft werden meistern lassen.

Die industriepolitische Perspektive aus dem Bundesministerium für Wirtschaft und Klimaschutz liefert Markus Heß, Leiter der Unterabteilung *Zukunft der Industrie*, unter dem Titel »Industriepolitik in der Zeitenwende – die Rolle des Staates«. Der Autor begründet die Notwendigkeit einer Industriestrategie mit der Bedeutung des Verarbeitenden Gewerbes für Wertschöpfung und Arbeitsmarkt. Um die Sozial-ökologische Marktwirtschaft im aktuellen geopolitischen Umfeld zu sichern, müsse eine Industriestrategie die gesamteuropäische Perspektive einnehmen (1); auf die Stärkung von Standortbedingungen abzielen (2); eine aktive Förder- und Ansiedelungspolitik mit einbeziehen (3). Den kontroversesten Aspekt, die aktive Förderpolitik, begründet Heß einerseits mit den geopolitischen Risiken für deutsche Schlüsselindustrien. Andererseits führt er die hohen Subventionen in den USA und China an, die Europa zum Nachziehen zwängen. Für die zweite Hälfte der Legislaturperiode müsse die Regierung aber besonders die Angebotsbedingungen für die Industrie in der Transformation verbessern.

4. Finanzpolitik

Unter dem Titel »Wettbewerbsfähigkeit trotz Transformation« fragt Tobias Hentze zu Beginn des dritten, der Finanzpolitik gewidmeten Kapitel nach der Priorisierung in diesem Politikfeld. Die sei nötig, da die auf 50 Milliarden Euro jährlich geschätzte Investitionslücke im Gleichschritt mit den gewaltigen Transformationsaufgaben wachse. Die Notwendigkeit zu priorisieren, erwachse nicht zuletzt durch das Urteil des Bundesverfassungsgerichts, das nicht nur den Nachtragshaushalt von 2021 für verfassungswidrig erklärte, sondern auch grundsätzlich ausschließt, »bei Aussetzen der regulären Verschuldungsgrenzen in einer Notsituation Kreditermächtigungen zu beschließen, die in späteren Jahren ohne Notsituation genutzt werden sollen« (BVerG 2023). Die Schuldenbremse greife demnach wesentlich schärfer, als dies in den vergangenen Jahren der Fall war. Schlechte Nachrichten seien dies für Länder, die ihren Haushalten zuletzt immer häufiger Sondervermögen an die Seite gestellt haben, um die Null-Prozent-Neuverschuldungsschranke der Schuldenbremse zu überspringen, sowie überschuldete Kommunen, die auf handlungsfähige Länder angewiesen sind. In den kommenden Jahren werden überdies höhere Zinszahlungen und wachsende Zuschüsse an die gesetzliche Rentenversicherung zu Buche schlagen. Trotz allem wäre die Bundesregierung grundsätzlich handlungsfähig: Die Restriktionen »sind eher politischer als ökonomischer Natur«.

Jakob von Weizsäcker, Minister der Finanzen und für Wissenschaft des Saarlands, wirbt in seinen »Überlegungen zur Transformationspolitik« dafür, klimapolitische Glaubwürdigkeit, Prosperität und sozialen Zusammenhalt zusammenzudenken. Bei einer Dekarbonisierung ohne Sicherung der wirtschaftlichen Dynamik und des sozialen Zusammenhalts laufe Deutschland Gefahr, zu einem »traurigen Vorreiter« zu werden, »dem man eigentlich nicht folgen mag«. Des Weiteren erklärt der Autor zur »zentralen finanz-, sozial- und wirtschaftspolitischen Aufgabe unserer Zeit«, zwischen CO_2-Bepreisung, Ordnungsrecht und Subventionen »den klügsten Instrumentenmix zur Erreichung der Emissionsziele zu finden«. Die Notwendigkeit einer aktiveren Industriepolitik aufgrund von Dekarbonisierung und Deglobalisierung solle »nicht als Freibrief« für staatliche Eingriffe in die Wirtschaft missverstanden werden. Pointiert argumentiert der saarländische Finanzminister am Beispiel seines Bundeslandes für eine Reform der Schuldenbremse, die der Regierung über einen *Transformationsfonds* investive Handlungsspielräume ermöglicht, ohne eine übermäßige Gefährdung der Haushaltssolvenz in Kauf zu nehmen.

5. Arbeitsmarkt- und Sozialpolitik: Zuwanderung, Sozialpartnerschaft, Inklusion, Gerechtigkeit, Rente

Axel Plünnecke eröffnet das Kapitel zur Arbeitsmarkt- und Sozialpolitik mit einem Beitrag, in dem er die Herausforderungen des demografischen Wandels für die Fachkräftesicherung in den innovationsrelevanten MINT-Berufen erläutert. Engpässe in diesen Berufen belasten Innovationsprozesse und die erfolgreiche Transformation bei Klimaschutz und Digitalisierung. Der Autor betont, dass die Zuwanderung bereits in den letzten zehn Jahren stark zur Innovationskraft und Fachkräftesicherung in akademischen MINT-Berufen mit beigetragen hat, dass diese Erfolge aber noch nicht ausreichend sind, um in größerem Umfang Fachkräfte für die Gestaltung des Transformationsprozesses zu gewinnen. Das jüngst beschlossene neue Fachkräfteeinwanderungsgesetz setzt wichtige Impulse für mehr Zuwanderung durch bessere Regelungen bei der Blauen Karte, beruflich Qualifizierten oder Personen mit Berufserfahrung und schafft attraktivere Regeln für die Arbeitssuche durch die Chancenkarte. Auch werden Informations- und Werbeangebote weiter ausgebaut.

In seinem Text greift Plünnecke auf eine Stellungnahme der Zuwanderungsexpertin Bettina Offer, die mit ihm im Zuge der virtuellen Veranstaltungsreihe diskutiert hatte, zurück. Sie hatte in einer Öffentlichen Anhörung zur Fachkräfteeinwanderung im Ausschuss für Inneres und Heimat des Deutschen Bundestages bekundet, dass sie aufgrund der weiterhin kritisch zu betrachtenden Bürokratie und den zu langsamen Prozessen den Gesetzesvorschlag dennoch nicht für geeignet hielte, die Anzahl der im Rahmen der Erwerbsmigration zuwandernden Drittstaatsangehörigen in den nächsten Jahren stark zu erhöhen. Ohne eine deutliche Verbesserung der kommunalen Verwaltung und die Einführung zusätzlicher Verfahrenswege bei den bestehenden Bundesbehörden oder gar einer Bundeseinwanderungsbehörde könnten die in dem neuen Fachkräfteeinwanderungsgesetz durchaus vorhandenen großen Potenziale für mehr Zuwanderung nicht gehoben werden.

Unter dem Titel »Abnehmende Tarifbindung trotz Gestaltungsanforderungen: Sozialpartnerschaft in Bedrängnis?« hinterfragt Hagen Lesch das von der Ampel-Koalition vereinbarte Ziel, die Tarifautonomie, die Tarifpartner und die Tarifbindung durch staatliche Eingriffe stärken zu wollen. Politische Maßnahmen wie die bereits umgesetzte Erhöhung des Mindestlohns auf 12 Euro (ab 2024 dann auf 12,41 Euro) je Stunde oder das geplante Bundestariftreuegesetz dienten keinem dieser Ziele. Im Gegenteil: Die Politisierung des Mindestlohns schade den Tarifpartnern und damit auch der Tarifautonomie. Die historischen Erfahrungen staatlicher Steuerung der Tarifautonomie zeigten, dass Symptome kuriert, Ursachen aber nicht angegangen würden. Wenn die Politik die Tarifbindung steigern wolle, müsse sie erst einmal Kenntnisse über die Motive von Unternehmen gewinnen, die zu einer Tarifbindung führen. Wenn Flächentarifverträge für große Betriebe vorteilhafter sind als für kleine, stehen die Tarifparteien in der Verantwortung, maßgeschneiderte Lösungen zu finden. Gestaltungswillige und gestaltungsfähige Tarifpartner sind die Voraussetzung für eine funktionsfähige Tarifautonomie. Es ist ihre Aufgabe, nicht die des Staates, ihre Mitgliederbasis zu stärken und das Image ihres gemeinsamen »Produkts« Tarifvertrag aufzupolieren.

Im Gegenzug vertritt Johanna Wenckebach in ihrem Beitrag »Sozialpartnerschaftliche Transformationspolitik braucht funktionierende Rahmenbedingungen durch staatliches Handeln« die These, dass die Tarifautonomie weniger durch staatliches Handeln in Bedrängnis gebracht werde als durch ihre Fehlinterpretation, sie als Freiheit zu verstehen, um Tarifbindung zu verhindern oder ihr zu entgehen. Nicht nur sei die Tarifautonomie verfassungsrechtlich garantiert, sie sei ebenfalls Ausdruck des Sozialstaatsprinzips. Dem Staat fällt die Aufgabe zu, soziale Teilhabe zu sichern und dazu ein funktionierendes Tarifvertragssystem zur Verfügung zu stellen. Da die Transformation die ohnehin schon durch arbeitsrechtliche Deregulierung erschwerten Kollektivierungsprozesse weiter schwächen kann, ist staatliches Handeln zur Stärkung der Tarifautonomie geboten. Dies gilt umso mehr, als zwischen den Sozialpartnern keine Einigkeit darüber besteht, wie sich Tarifbindung autonom steigern lässt. Als rechtspolitische Maßnahmen empfiehlt die Autorin Vorteilsregelungen für Gewerkschaftsmitglieder, kollektive Handlungsmöglichkeiten für Solo-Selbstständige, ein digitales Zugangsrecht für Gewerkschaften und eine Weiterentwicklung der betrieblichen Mitbestimmung.

Als eine besondere Facette des bundespolitischen Handelns beschreibt Andrea Kurtenacker ausführlich die häufig unterbelichteten Fragen der Inklusionspolitik, die im Koalitionsvertrag an zentralen Stellen benannt wurden. Ziel der Ampel-Inklusionspolitik ist es, die Barrierefreiheit in allen Bereichen des öffentlichen und privaten Lebens herzustellen. Im Fokus stehen dabei Aspekte der digitalen Barrierefreiheit, sowie derer in den Politikfeldern Mobilität, Wohnen und der Gesundheit. In der Gesamtschau der mitunter kleinteiligen Maßnahmen wird die Halbherzigkeit der aktuellen Inklusionspolitik kritisiert, die vielfach Verpflichtungen folge, die sich aus der bereits 2009 ratifizierten UN-Behindertenrechtskonvention sowie einer EU-Richtlinie von 2019 ergebe. Aus Perspektive der Transformationsforschung betont das Kapitel auch die Bedeutung der Arbeitsmarktintegration von Menschen mit Behinderung für die Fachkräftesicherung. Problematisiert wird dabei nicht zuletzt die geringe Vermittlung von Beschäftigten in Werkstätten für behinderte Menschen in den allgemeinen Arbeitsmarkt. Deutlich wird in dem Beitrag zudem die hohe Bedeutung, die den rechtlichen Fragestellungen in der Inklusionspolitik zukommt.

In Zeiten wachsender Sozialausgaben und ausgeprägtem Ungerechtigkeitsempfinden orientiert sich Judith Niehues' Beitrag an der provokanten Leitfrage: »Ist mehr besser?«. Schließlich liegt die Sozialleistungsquote auch nach der Pandemie-Ausnahmesituation bei über 30 Prozent des Bruttoinlandsproduktes. Mit der relativ wie absolut messbaren Ausweitung seiner Leistungen ist der Staat zwar den Präferenzen der Bürger gefolgt, die mehrheitlich für einen weiteren Ausbau des sozialen Netzes votieren, diese Entwicklung hat aber nicht dazu beigetragen, dass die sozialen Unterschiede als gerechter empfunden würden. Gründen für diese Ambiguität spürt Niehues insbesondere in den widersprüchlichen Forderungen der Bürger nach: So wünschen sich diese zwar eine geringere Ungleichheit, offenbaren aber wenig Zustimmung für zielgerichtete Sozialpolitiken, die prekäre Schichten gegenüber dem Rest der Bevölkerung besserstellen würden. Der Staat stehe damit nicht nur in Zeiten knapperer Haushaltsmittel vor großen Herausforderungen. Um enttäuschten Erwartungen vorzubeugen, sei es demnach Aufgabe der Politik, die Zielkonflikte verschiedener Sozialstaatsfunktionen zu moderieren, Ausgaben zu priorisieren und mögliche Zumutungen unmissverständlich offen zu legen.

Unmittelbar an Judith Niehues schließt Georg Cremer mit seinem Artikel über den Niedergangsdiskurs des Sozialstaates an. Der Autor, selbst langjähriger Generalsekretär der Caritas, macht auch die Sozial- und Wohlfahrtsverbände für die paradoxen Umverteilungspräferenzen, die hierzulande in der Bevölkerung vorherrschen, mitverantwortlich und bezeichnet sie als »Echokammer der Unzufriedenheit«. Immer wieder würden von Seiten der Politik unrealistische Erwartungen bedient; das Setzen von Prioritäten unterbliebe hingegen. Allein auf die Leistungsfähigkeit des Sozialstaates zu verweisen, werde den Diskurs jedoch nicht verändern können. Darüber hinaus bedürfe es Empathie mit dem unteren Rand der Gesellschaft. Sozialpolitik müsse auch immer als eine »Politik der Befähigung« begriffen werden; die Befähigungsgerechtigkeit müsse dabei ein zentraler normativer Anspruch sein.

Das Kapitel wird beschlossen von Jochen Pimpertz, der am Beispiel der gesetzlichen Kranken- und Pflegeversicherung erörtert, wie viel Solidarität sich unsere Gesellschaft im demografischen Wandel noch leisten kann und will. Der Begriff *Solidarität* findet sich übrigens nur an zwei Stellen im Koalitionsvertrag (SPD/Bündnis 90/Die Grünen/FDP 2021, S. 6, 113) – eigentlich überraschend für eine von einem Sozialdemokraten angeführte Bundesregierung. Die bisherige Debatte um die Defizite in den Sozialkassen hat sich primär um die Frage, wo zusätzliche Mittel herkommen könnten, gedreht. Allerdings wird sich das Versorgungsversprechen, das die Politik hinsichtlich der gesetzlichen Krankenversicherung abgibt, nur dauerhaft einlösen lassen, wenn das ihm zugrundeliegende Solidaritätsprinzip auch von kommenden Generationen mitgetragen wird. Pimpertz argumentiert daher, der demografischen Herausforderung nicht allein durch stetig steigende Umverteilung zu begegnen, sondern eine nachhaltige Lösung der grundlegenden Probleme im Gesundheitswesen anzustreben.

6. Europapolitik

Zu Beginn des europapolitischen Kapitels konstatieren Melinda Fremerey und Simon Gerards Iglesias in ihrem Beitrag über die Reformbedürftigkeit und die Weiterentwicklung der Europäischen Union, dass der europäische Bundesstaat, so wie er im Koalitionsvertrag der Bundesregierung genannt wurde, letztlich unerreichbar bleiben wird. Angesichts der vielfältigen Krisen plädieren die Autoren unter der Formel »In Vielfalt geeint neu denken« vielmehr für Pragmatismus bei der Weiterentwicklung der EU. Da das deutsch-französische Tandem, das die EU lange getragen und vorangetrieben hat, momentan als Reformmotor ausfällt, müssen alternative Wege bei der weiteren Integration beschritten werden. Verteidigungs- und Investitionsunion könnten dabei – angelehnt an das Konzept der EU der unterschiedlichen Geschwindigkeiten – schrittweise geschaffen werden.

Der Co-Vorsitzende des Jacques Delors Centres an der Hertie School of Governance, Johannes Lindner, ergänzt den vorstehenden Beitrag von Fremerey und Gerards um zwei Aspekte: Erstens macht die Zunahme an distributiven Implikationen von in der EU getroffenen Entscheidungen sowie deren Tangieren der nationalen Souveränität die Fragen nach Mitspracherechten und politischer Identität zu Stellschrauben, die über die Akzeptanz europäischer Integration entscheiden. Wo es Gewinner und Verlierer gibt, wächst für Bürgerinnen und Bürger die Bedeutung der demokratischen Rückbindung von Entscheidungen. Die Toleranz gegenüber etwaigen Verlusten sei im europäischen Staatenbund noch immer sehr viel niedriger ausgeprägt als in den nationalstaatlichen Solidargemeinschaften. Zudem hätten national legitimierte Politiker ein grundsätzliches Interesse daran, Enscheidungshoheiten *nicht* abzugeben. Zweitens, argumentiert Lindner, könne das Wirken von Jacques Delors als Vorbild dienen, um Integrationsschritte politisch vorzubereiten. Dafür skizziert er, wie eine klare Zielsetzung mit Zeitplan, Kompensationsmechanismen für mögliche Verlierer sowie überparteiliche und transnationale Unterstützung aussehen könnten.

Unter der Überschrift »Geopolitik versus Ordnungspolitik? Sprengkraft innerhalb der EU durch die Zeitenwende« widmet sich Jürgen Matthes der Frage, wie weit die europäische und deutsche Politik ihren ordnungspolitischen

Kompass hinter sich lassen darf, um auf die geopolitische Herausforderung, vor die der Westen durch Russland und China gestellt wird, angemessen zu antworten. Aus der Abhängigkeit der europäischen Volkswirtschaften von China resultiert die Diskussion, ob der Staat möglicherweise eine größere Rolle übernehmen sollte. Die Europäische Kommission setzte insbesondere bei der grünen Transformation auf eine aktive Rolle der Politik – das Stichwort lautet Net Zero Industry Act, wobei ähnliche Aktivitäten beim Thema Rohstoffe und Halbleiterindustrie zu verzeichnen seien. Ebenso zu berücksichtigen seien die finanziellen Mittel, die den einzelnen Staaten und der EU für das De-Risking und die nötige Transformation zur Verfügung stehen. Deutlich werde, dass die alten ordnungspolitischen Gewissheiten der Vergangenheit nicht länger haltbar seien; die Ordnungspolitik aber trotzdem noch der Politik Orientierung geben könne.

Die Vorsitzende des EU-Binnen- und Verbraucherschutzausschusses im Europaparlament, Anna Cavazzini, betont die Bedeutung der Vereinbarkeit von Industrie und Nachhaltigkeitsstandards. So wirbt die grüne Europaabgeordnete etwa dafür, den europäischen *Green Deal* sowie die Regulierung zur Kreislaufwirtschaft ernst zu nehmen, aber nicht bürokratisch zu überfrachten. Ziel der gemeinsamen Regelwerke sei schließlich auch, den Binnenmarkt attraktiver zu gestalten, die europäische Wettbewerbsfähigkeit zu stärken – und nicht zu gefährden – sowie sich in der *Zeitenwende* resilienter aufzustellen. Als Beispiel hebt Cavazzini das EU-Lieferkettengesetz hervor – auch wenn sie die Unterstützung von Unternehmensseite womöglich überschätzt (Kolev-Schaefer/Neligan 2023). Über eine Zollreform versucht sie im Europäischen Parlament abzusichern, dass Standards nicht von außerhalb der EU unterlaufen werden.

7. Außen- und Sicherheitspolitik

Hubertus Bardt weist in seinem Beitrag nach, wie stark die Bundesrepublik nach dem Fall der Berliner Mauer und dem – vorläufigen – Ende der Block-Konfrontation abgerüstet hat. Deutschland habe mit dem Einstreichen dieser vermeintlichen Friedensdividende einen europäischen Sonderweg beschritten. Im internationalen Vergleich dominierten hinsichtlich der finanziellen Aufwendungen für militärische Zwecke seit Jahrzehnten die USA. China habe seit der Jahrtausendwende seine diesbezüglichen Aufwendungen verzwölffacht, wobei der entsprechende Anteil am BIP nicht gewachsen sei, sondern dank wirtschaftlicher Prosperität möglich wurde. Dass die Spielräume in Deutschland trotz des mit der *Zeitenwende* verkündeten Sondervermögens von 100 Milliarden Euro zur Ertüchtigung der Bundeswehr eng bleiben, sei absehbar. Die Finanzierung des NATO-Ziels von zwei Prozent sei ab spätestens 2027 ungeklärt.

Ob die Bundeswehr die von Bundesverteidigungsminister Boris Pistorius im November 2023 geforderte »Kriegstüchtigkeit« erlangen kann, fragt ebenfalls der nächste Beitrag: In diesem zieht der langjährige SPD-Verteidigungspolitiker Hans-Peter Bartels Parallelen der hierzulande generell unterfinanzierten öffentlichen Infrastruktur bei gleichzeitiger 150-Prozentigkeit der regulatorischen Ansprüche mit dem bedauernswerten Zustand der Bundeswehr. Der ehemalige Vorsitzende des Verteidigungsschusses und nachmalige Wehrbeauftragte des Deutschen Bundestages erkennt im Zustand der Bundeswehr ein »Musterbeispiel für die bisher in Kauf genommene Verwahrlosung der Funktionsfähigkeit einer einst teuer aufgebauten öffentlichen Einrichtung«. Damit das Sondervermögen der Kampfkraft der Truppe zugutekommen könne, bedürfe es einer radikalen Reform des Beschaffungsmanagements. Zudem gelte es, einen »selbstgemachten Bürokratie-Overkill« zu überwinden. Falls dies gelinge, »könnte die Bundeswehr, deren Kümmernisse heute ein Sinnbild für viele andere prekär gewordene Strukturen in Deutschland geworden sind, zum Modell für ein erfolgreiches Umsteuern werden«.

Weiter zurück als Jürgen Matthes im vorigen Europakapitel greift Michael Hüther in seinem Beitrag über die Zukunft des Westens in der Deglobalisierung. Hier markierte der Fall der Berliner Mauer und die Überwindung des Eisernen Vorhangs in den Wendejahren 1989/90 scheinbar den Beginn einer unumkehrbaren Bewegung hin zu Demokratie und Marktwirtschaft. Indes führte der politische Hegemonialanspruch des Westens bis zur Finanzkrise Ende der Nuller-Jahre in vielen der dortigen Länder zu moralischer Arroganz und mindestens sicherheitspolitischer Naivität. Mit Blick auf den Welthandel konstatiert Hüther eine Erschöpfung der Globalisierung, die guten Jahre für die deutsche Exportwirtschaft seien indes schon seit 2018 vorbei. Der russische Angriffskrieg auf die Ukraine zwinge die deutsche Volkswirtschaft nunmehr mindestens zu einem De-Risking, wenn nicht sogar De-Coupling. Unterlegt seien diese Herausforderungen von der demografischen Alterung unserer Gesellschaft als der größten Hypothek, aber auch von vielfältigen Transformationsbedarfen, auf die die Politik – anders als etwa in den USA – hierzulande noch nicht hinreichende strategische Antworten gefunden habe.

Literatur

Bergmann, Knut (Hg.) (2022): »Mehr Fortschritt wagen«? Parteien, Personen, Milieus und Modernisierung: Regieren in Zeiten der Ampelkoalition, Bielefeld: transcript.

Bollmann, Ralph/Gerster, Livia/Schuller, Konrad (2023): Die Nacht, als die Ampel überlebte, in: Frankfurter Allgemeine Sonntagszeitung vom 17. Dezember 2023, S. 2.

Buchsteiner, Jochen (2023): Ein Ort der Verdunklung, in: Frankfurter Allgemeine Sonntagszeitung vom 3. September 2023, S. 3.

BVerfG (2023): Urteil des Zweiten Senats vom 15. November 2023–2 BvF 1/22-, Rn. 1–231, Website BVerfG, [online] https://www.bverfg.de/e/fs20231115_2 bvf000122.html [abgerufen am 18.12.2023].

Habeck, Robert (2023): Karlsruher Klima-Urteil – Habeck befürchtet Ende der Strom- und Gaspreisbremse, Interview mit Silvia Engels, in: Deutschlandfunk am 20.11.2023, Website Deutschlandfunk, Min 3:35, [online] https://www.deutschlandfunk.de/nach-verfassungsgerichtsurteil-wie-weiter-beim-haushalt-int-robert-habeck-dlf-d176093a-100.html [abgerufen am 18.12.2023].

Infratest dimap, 2023, ARD-DeutschlandTrend September 2023, Website infratest dimap, [online] https://www.infratest-dimap.de/fileadmin/user_upload/DT2309_Report.pdf [abgerufen am 20. November 2023].

Jarzebski, Sebastian (2022): Bündnisse erzählen. Wie mit dem Narrativ vom Aufbruch eine neue Koalition geschmiedet wurde, in: Knut Bergmann (Hg.): »Mehr Fortschritt wagen?« Parteien, Personen, Milieus und Modernisierung: Regieren in Zeiten der Ampelkoalition, Bielefeld: transcript, S. 61–80.

Kolev-Schaefer, Galina/Neligan, Adriana (2022): EU-Lieferkettengesetz: Jedes fünfte Unternehmen will Preise erhöhen, in: IW Köln, Website IW, [online] https://www.iwkoeln.de/presse/iw-nachrichten/galina-kolev-adriana-neligan-jedes-fuenfte-unternehmen-will-preise-erhoehen.html [abgerufen am 18.12.2023].

Korte, Karl-Rudolf (2024): Wählermärkte. Wahlverhalten und Regierungspolitik in der Berliner Republik, Frankfurt: Campus.

Mora, Terézia (2023): Muna oder Die Hälfte des Lebens, München: Luchterhand.

Reif, Karlheinz/Schmitt, Hermann (1980): Nine second-order national elections – a conceptual framework for the analysis of European election results, in: European Journal of Political Research, 8, S. 3–44.

SPD/Bündnis 90/Die Grünen/FDP (2021): Mehr Fortschritt wagen – Koalitionsvertrag 2021–2025 zwischen der Sozialdemokratischen Partei Deutschlands (SPD), BÜNDNIS 90/DIE GRÜNEN und den Freien Demokraten (FDP), Berlin.

Vehrkamp, Robert/Matthieß, Theres (2023): Mehr Koalition wagen. Halbzeitbilanz der Ampel-Koalition zur Umsetzung des Koalitionsvertrages 2021, Gütersloh: Bertelsmann-Stiftung.

Zicht, Wilko/Cantow, Matthias (2023): Sonntagsfrage Bundestagswahl, Wahlrecht.de (Hg.), Website wahlrecht.de, [online] https://www.wahlrecht.de/umfragen/ [abgerufen am 19.12.2023].

**Gesellschaftspolitik: Partizipation,
Ost – West, Populismus, Narrative, Nudges**

Verändern: Über schwindende Mehrheiten und wachsende Gesprächsstörungen
Veränderungszuversicht für inklusive Transformation

Karl-Rudolf Korte

1. Anspruch und Wirklichkeit in der Transformationspolitik

Große Verteilungskonflikte stecken hinter großen Transformationen (Korte 2022; Bergmann 2022). Nicht die politischen Farben im Parteienwettbewerb sind dabei zentral, sondern der gemeinsame Wille zum Verändern. Potenziale für Resilienz stecken nicht in der ideologischen Ausrichtung der Parteien, sondern in ihrem kommunikativen Interaktionspotenzial. Ob man die Veränderungen dann Fortschritt, Modernisierung, Reform oder Transformation nennt, ist nicht so entscheidend wie der offen kommunizierte Fahrplan. Die Berliner Ampel als Lerngemeinschaft wollte mit einem ökologischen Transformationsnarrativ als wichtigem Politiktreiber Innovationen voranbringen. Das hat die rot-gelb-grüne Bundesregierung bis zur Halbzeit der Legislaturperiode durchaus in einigen Bereichen unter Beweis gestellt. Allerdings hat sie dabei die Unterstützung der Bevölkerung verloren, wie die niedrigen Umfragewerte zur Zufriedenheit mit der Regierungsarbeit ab Sommer 2023 durchgehend offenlegen. Zwei Jahre vor der nächsten Bundestagswahl scheint die Ampel weder über eine politische noch eine gesellschaftliche Mehrheit zu verfügen. Das liegt an vielen Faktoren: Transformationsfuror, Profilierungsstreit der Koalitions-Parteien, Krisen mit Zeitenwende-Charakter und nicht zuletzt einer scheinbar unüberwindbaren Gesprächsstörung zwischen Regierenden und Regierten.

2. Transformation begründen

Die Schlussfolgerungen für uns als Wähler sind ambivalent (Korte 2024). Denn das erlebte Regieren der Ampel-Koalition wirkt aufdringlich unfertig und höchst uneinig. Man sieht Varianten von *Good Governance* zeitgleich neben koalitionsinternen Kämpfen als *Guerilla Governance*. Die Meister des Diffusen und des Nicht-Zuständigen stehen neben denjenigen Ministern, die ihre tagtägliche Abwägung von Gütern minütlich offenlegen. Das ist anstrengend und passt nicht in die Muster des Politikmanagements einer Kanzlerdemokratie. Vieles deutet darauf hin, dass sich das politische System von dieser Spielart, aktuell in Form erstmals einer echten Dreier-Koalition, in eine Perspektive des multi-zentristischen, kollaborativen Regierens weiterentwickelt, getrieben durch den Ressourcenfluch des Transformationsdrucks. Es ist zu früh, um zu beurteilen, ob dies an den Akteuren, der Dreier-Konstellation oder an der Größe der Transformationsaufgabe liegt. Faktisch gab es auf Bundesebene seit 1949 bislang keine drei bundespolitisch aufgestellten Parteien, die eine Kanzlermehrheit organisierten. Die CSU ist eine Regionalpartei, die nur in Bayern wählbar ist. Insofern haben wir mit der Ampel in Berlin ein strukturelles und machtpolitisches Unikat auf Bundesebene. Die Kanzlerpartei SPD ist zudem strukturell gegenüber Bündnis 90/Die Grünen und FDP permanent in der Minderheit – wobei es diese beiden, trotz ihrer geschickten Citrus-Vorsondierungen, nicht vermocht haben, sich gemeinsam strategisch gegen die Sozialdemokratie zu verbünden (siehe hierzu auch den Beitrag von Jarzebski in diesem Band). Die Kanzlerpartei war historisch in allen Konstellationen einschließlich der Regierungszeit von Angela Merkel immer klarer Mehrheitsführer in der Regierungskoalition. Scholz muss angesichts dieser Mehrheitsverhältnisse im Kabinett strukturell mehr moderieren als führen. Außerdem hat Scholz das geringste Mandat an Wählerstimmen inne (mit knapp 25 Prozent für die SPD), mit dem jemals ein Bundeskanzler von den Wählern ausgestattet wurde (Zur Analyse der Bundestagswahl von 2021 vgl. Korte/Schiffers/Schuckmann/Plümer 2023). Auch das relativiert die traditionelle Stärke dieses Regierungschefs in der bundesrepublikanischen Kanzlerdemokratie.

Regulierungen mit Veränderungspotenzial folgen in Deutschland idealerweise politisch-kulturellen Mustern, um auch Unpopuläres mehrheitsfähig zu machen. Folgt man den Pfadabhängigkeiten, die Veränderungen möglich machen, werden deren Voraussetzungen sichtbar: Die Transformation sollte demnach kommunikativ inklusiv, politisch partizipativ und sozial stets solidarisch ausgerichtet sein. Konkret könnte das bedeuten: transparent kommunizieren mit anschaulichen Narrativen, befristet Zumutungen aussprechen sowie verlässlich zusichern, dass alles sozial ausgewogen, fair, gerecht sowie teilhabend daherkommt und mit der prospektiv entscheidenden Botschaft versehen ist: *Danach wird es für alle besser!*

Doch das bleibt im politischen Wettbewerb oft Theorie, denn jede Partei versucht im Regierungshandeln nicht den eigenen Vorteil zu verlieren, um bei der kommenden Wahl beim Wähler zu punkten. Da liegt es nahe, das Unpopuläre aufzuschieben oder es den Mitregierenden aufzubürden. Die Fliehkräfte werden auch innerhalb der Ampel existent bleiben. Der Mechanismus ist nicht neu: Mit Geld dasjenige im Koalitionstopf aufzufüllen, was an politischem Konsens fehlt – was für die Geschäftsgrundlage der Ampel mit der Umwidmung von 60 Mrd. Euro aus den Corona-Hilfen in den Klima-Transformations-Fonds schlussendlich höchstrichterlich untersagt worden ist. Und dies ist naturgemäß bei drei Akteuren umfangreicher als bei zwei Parteien. Auch das Mehrebenen-Spiel – Schuldzuweisung und Aufgabenüberforderung zwischen Ländern und dem Bund – gehört zum Politikmanagement in Deutschland immer mit dazu. Die mit Urteilsspruch vom November 2023 von Karlsruhe entschiedene *haushaltspolitische Zeitenwende* erhöht den Druck, nicht nur Aufgaben zu priorisieren, sondern auch veränderungszuversichtlicher und ehrlicher zu kommunizieren: Transformationen können sich unter solchem Druck entwickeln, wenn auch gesagt wird, wem man zukünftig – begründet und idealerweise befristet – etwas wegnimmt. Die Bürgerinnen und Bürger haben ein feines Gespür dafür, dass es nicht anders funktionieren kann, wenn am Ende enkelfähige Politik als Zielmarke auftauchen soll. Sie fühlen sich nicht ernst genommen, wenn die Politik so tut, als könnte sie alle vor den diesseitigen und fast schon jenseitigen Unbillen des Lebens schützen. Politikverdrossenheit entwickelt sich auch aus dieser Konstellation, die umgekehrt, aus Sicht einiger politischen Akteure, wie Bevölkerungsverdrossenheit daherkommt.

Die Versuche der Ampel-Regierung, auf den Wählermärkten für Transformation zu begeistern, waren bislang noch nicht sonderlich erfolgreich. In dem Maße, in dem die Klimakrise im privaten Heizungskeller ankam, zeigten sich die Optionen von staatlicher Regulierung im paternalistischen Gewand in Reinform: Zumutungen vereinbaren? Finanzielle *Entlasteritis* für alle organisieren? Verbote durchsetzen? Vorschriften machen? Auf technische Innovationen setzen? Marktanreize zum Umdenken machen? Oder Angst-Management forcieren? Die Transformationsforschung zur Nachhaltigkeit kann präzise Erfolgsfaktoren für den gesellschaftlichen Wandel benennen.[1] Unterstützend, stimulierend, zielführend, gestaltend? Am Anfang steht sehr oft, die Widerstände lieben zu lernen. Und das Eingeständnis, dass das Primat der Politik gilt. Hilft die Idee des Gesetzes, dass es tatsächlich besser wird? Ist erkennbar, dass auch ärmere Bürgerinnen und Bürger nicht vergessen wurden? Bin ich überzeugt davon, dass ich selbst nicht allzu viel leiden muss? Das sind die Fragen aus der Verhaltensökonomie, die die Politik zu beantworten hat, wenn Transformation gelingen soll.

3. Gesprächsstörung überwinden

Ein anderer Zugang zum Thema Transformation wird eröffnet, wenn man politische Steuerungsfragen aus einer veränderten Perspektive angeht. Ohne Responsivität leidet die Qualität der Freiheit. Die Rückbindung der Politik an die Bürgerinnen und Bürger schafft das notwendige Reservoir an Vertrauen, ohne das Politik handlungsunfähig wird. In der Wahlforschung spielt seit einigen Jahren das Kommunikationsverhalten der Wählerinnen und Wähler eine größere Rolle als deren sozioökonomische Lagen. Wahlverhalten lässt sich auf volatilen Wählermärkten heute aussagekräftiger analysieren, wenn man weiß, was gelesen, gehört, gewichtet, gesehen wird. Und dies kann man auch für Transformationspolitik nutzen. Denn auf welche Bürgerwelt stößt die politische Veränderung? Wie konstituiert sich die Lage der Menschen, auf welche die Politik steuernd einwirken möchte? Dahinter steckt die Kernfrage: Wie entsteht ein politisches Lagebild in der Bevölkerung? Wer diese Frage beantworten kann, hat einen wichtigen Zugang, um den Raum der Politik und den Stoff des Politischen zu verstehen. Man erkennt im Umkehrschluss, wie die Politik die Menschen erreichen kann, wie man sie teilhaben lässt. Bundespräsident Joachim Gauck formulierte im Sommer 2023: »Für mich – und deshalb melde ich mich überhaupt zu Wort – ist es wichtig, dass die Politik mit uns spricht.« (Zitiert nach Betschka 2023: 12) Und weiter: »Ich plädiere für eine Politik, die erkennt, dass das Wünschbare nicht immer umsetzbar ist, wenn man demokratische Mehrheiten erhalten will.« (Ebd.) Aber wie kommt man zu Lagebildern und demokratischen Mehrheiten? Mit dem Begriff der *Gesprächsstörungen* kann man sich den Antworten nähern.

---

1 Als Beispiel dazu die anwendungsbezogene Analyse von Kristof (2020). Auch anwendungsbezogen vgl. dazu auch Korte/Richter/von Schuckmann (2023) und Falk (2022).

Die zunehmende Komplexität im Kommunikationsalltag der digital vernetzten Vielen korrespondiert mit Gesprächsstörungen zwischen Bürgern und der Politik. Diese Gesprächsstörung hat eine doppelte Wucht. Denn dahinter verbirgt sich eine Politik- und Medienverdrossenheit. Publikumsempörung und Medienempörung müssen nicht im Gleichklang verlaufen. Bürger fühlen sich nicht ausreichend von den Repräsentanten der Politik vertreten. Zugleich finden sie ihre Themen auch nicht im öffentlich-rechtlichen Rahmen und in den regionalen bzw. überregionalen Zeitungen ausreichend gewürdigt. Wir haben es nicht nur mit unterschiedlichen Generationen verschiedener Öffentlichkeiten zu tun, sondern auch mit Unterschieden in der jeweiligen Dosis an Öffentlichkeit. Fehlende Responsivität verstärkt im doppelten Sinne Gegenöffentlichkeiten, sowohl in der Politik mit ihrem ausdifferenzierten Protestrepertoire als auch in der Zuwendung an/nach sozialen Eigenmedien. So kommen zwiespältige Befunde über Befindlichkeiten der Bürger auf den politischen Märkten zustande: Wir sind privat meist zufrieden und öffentlich oft unzufrieden. Die eigene Lebenslage wird konstant besser bewertet als die öffentliche.

Der Soziologe Hartmut Rosa diagnostiziert die gestörte Resonanzbeziehung der Bürger zu ihrer jeweiligen Umwelt als das Übel einer modernen Gesellschaft. In der Politikwissenschaft spricht man eher von einer Gesprächsstörung zwischen Bürgern und Politiker bzw. der Politik. Klassisch kann dies dem Topos der Politik- und Politikerverdrossenheit zugeordnet werden. Rosa schreibt: »Der Resonanzdraht zwischen Politik beziehungsweise Politikern und Bürgern erweist sich damit als wechselseitig blockiert: Die beiden Seiten beeinflussen, behindern und manipulieren sich gegenseitig, aber sie erreichen, bewegen oder berühren sich in aller Regel nicht: Das Repräsentationsverhältnis ist ein starres, verhärtetes und kennt kaum noch Formen der Verflüssigung.« (Rosa 2016: 370) Wenn Resonanz nicht über Harmonie, Einklang oder Konsonanz herstellbar sein soll, dann verbleiben prozesshaftes Antworten und politische Berührung im übertragenen Sinne. Die Resonanzsehnsucht in der Demokratie kann durch Anerkennung und Schutz von Differenz befriedigt werden. Letztlich verlaufen die Wiederherstellung oder die Erhaltung einer demokratischen Resonanzbeziehung zwischen Regierten und Regierenden über die Herstellung von Vertrauen.

Der Aufbau von Bindungen zwischen den Regierenden und den Bürgern sichert Resonanz und Vertrauen. Ohne Bindungen kann sich keine Kommunikation entfalten, die auf Resonanz aus ist. Aber auf wen verlassen sich die Bürger in der Politik? Zu wem bauen sie Vertrauen auf? Vom Personenvertrauen wird oft auf das Systemvertrauen geschlossen. Denn Vertrauen führt – wobei es von politischer Seite oft eine rar bewirtschaftete Ressource ist (Bergmann 2013). Aus Politikverdrossenheit wird oft Politikverachtung, wie Umfragen dokumentieren. Der Eindruck verfestigt sich in den vergangenen Jahren, dass viele Debatten in Politik und Medien sich von der Lebenswirklichkeit der Bürger entfernt haben und *am Bürger vorbei* verlaufen. Es bleibt zu prüfen, ob mit dieser Resonanzstörung auch eine Verschiebung zu analysieren ist. Die politisch-mediale Mitte wäre dann nicht mehr deckungsgleich mit der gesellschaftlichen Mitte. *Am Bürger vorbei* bedeutet dann, dass die veröffentlichte Meinung nicht mehr das Meinungsspektrum der Bürger wiedergibt. Hinter der messbaren spezifischen Politik- und Medienverdrossenheit würde sich dann auch viel Potenzial für Unzufriedenheit mit den etablierten Parteien sammeln, eine Elitenkritik, die Populisten lautstark propagieren.

Die überzeugten Rechtsextremen sind auf den Wählermärkten für Mitte-Parteien schwer zurückzugewinnen. Aber die orientierungssuchenden Unzufriedenen, die sich auch bei der AfD sammeln, kann die Mitte durchaus mobilisieren. Diese Mitte muss sich selber fragen, wie sie integrationsfähiger wird, wie empathiefähiger? Wie wird man guter Gastgeber? Mit welcher Aufenthaltsqualität muss der Begegnungsort ausgestattet sein, damit dies gelingt?

Es liegt nahe, deshalb nochmals den Blick auf die Gesprächsstörungen zu legen. Die Dynamik der AfD ist schwer einzuschätzen. Aber viele Wähler finden sich auch bei ihr, weil dort offenbar alles ausgesprochen wird, was sie selbst bedrückt und was sie gleichermaßen auch alles verstehen, was propagiert wird. Diese Erfolgsformel von Populisten muss man nicht imitieren, aber strukturell verstehen. Wer keine Resonanz zu den Wählern aufbaut, kann weder auf Vertrauen noch auf Mobilisierbarkeit hoffen.

Wie kann man den Entfremdungsprozess zur pragmatischen, oft adaptiven Mitte stoppen? Eine verbale Bedeutungsvermittlung setzt immer voraus: Aufmerksamkeit, Verständnis, Akzeptanz (Kercher 2013). Auch notwendige Kohärenzgefühle zur eigenen Lebensorientierung und zum inhaltlichen Angebot der Parteien setzen voraus: den Eindruck von Machbarkeit, Verstehbarkeit der Situation und der Sinnhaftigkeit des Vorgeschlagenen. Wer so spricht, kann die Bürgerinnen und Bürger kommunikativ erreichen und wieder Vertrauen aufbauen. Daraus erwächst die Verantwortung, alle Themen, die ihnen Sorgen machen, anzusprechen. Und dies in einer Sprache, die auch alle verstehen. Nicht einfache oder verführerische Botschaften sind gemeint, sondern eine »erhellende Vereinfachung« (Joachim Gauck). Mit »robuster Zivilität« (Timothy Garton Ash) muss dann an den Problemen argumentativ und handelnd gearbeitet werden. Mit wichtiger Kommunikationsmacht – wieder gehört zu werden – sind Gesprächsstörungen überwindbar, als Schlüssel zum Erhalt einer stabilen, demokratischen Mitte. Es gibt viele Auswege, um den Durchmarsch von Demokratieverächtern zu verhindern.

Das Gefühl *nicht gehört zu werden, nicht verstanden zu werden* ist seit der Pandemie auf dem Wählermarkt ausgeprägter als zuvor (Florack/Korte/Schwanholz 2021). Viele Phänomene der Repräsentationslücke, der Legitimationskrise, des Vertrauensverlustes lassen sich auf dieses Gefühl eines Entfremdungsprozesses zurückführen. Menschen fühlen sich insofern alleingelassen mit ihren Sorgen und Problemen. In einem krisenerschöpften Umfeld fällt das mehr ins Gewicht als in saturierten Zeiten. Denn wir spüren, dass jede Sicherheit sich heute jeder permanent selbst erarbeiten muss, wenn die traditionellen Anker (Familie, Milieu, Gruppe, vorpolitische Organisationen, Vereine etc.) schwächeln. Transformation als gesellschaftlicher Veränderungsprozess, hin zu einer digitalen Nachhaltigkeitsgesellschaft kann aber nur freiheitlich gelingen, wenn Bürgerinnen und Bürger verstehen, was die Politik anstrebt. Ohne Überwindung von Gesprächsstörungen kann eine inklusiv gedachte Transformation nur scheitern.

Literatur

Bergmann, Knut (2013): Vertrauen als politische Führungsressource, in: Georg Eckert/Leonard Novy/Dominic Schwickert (Hg.), Zwischen Macht und Ohnmacht. Facetten erfolgreicher Politik, Wiesbaden: Springer VS Verlag, S. 116–123.

Bergmann, Knut (Hg.) (2022): »Mehr Fortschritt wagen«? Parteien, Personen, Milieus und Modernisierung: Regieren in Zeiten der Ampelkoalition, Bielefeld: transcript.

Betschka, Julius (2022): Ohne Amt, dafür frei und gefragt. Schattenbundespräsident Gauck, in: Tagesspiegel vom 17.10.2023.

Falk, Armin (2022): Warum es so schwer ist, ein guter Mensch zu sein … und wie wir das ändern können: Antworten eines Verhaltensökonomen, München: Siedler Verlag.

Florack, Martin/Korte, Karl-Rudolf/Schwanholz, Julia (Hg.) (2021): Coronakratie. Demokratisches Regieren in Ausnahmezeiten, Frankfurt a.M.

Kercher, Jan (2013): Verstehen und Verständlichkeit von Politikersprache. Verbale Bedeutungsvermittlung zwischen Politikern und Bürgern, Wiesbaden: Springer VS Verlag.

Korte, Karl-Rudolf (2024): Wählermärkte. Wahlverhalten und Regierungspolitik in der Berliner Republik, Frankfurt a.M.: Campus.

Korte, Karl-Rudolf (2022): Transformatives Regieren in Zeiten der Krisenpermanenz, in: dms – der moderne staat, Zeitschrift für Public Policy, Recht und Management, 15. Bd. (2/2022), S. 413–429.

Korte, Karl-Rudolf/Richter, Philipp/von Schuckmann, Arno (Hg.) (2023): Regieren in der Transformationsgesellschaft. Impulse aus Sicht der Regierungsforschung, Wiesbaden: Springer VS Verlag.

Korte, Karl-Rudolf/Schiffers, Max/von Schuckmann, Arno/Plümer, Sandra (Hg.) (2023): Die Bundestagswahl 2021. Analysen der Wahl-, Parteien-, Kommunikations- und Regierungsforschung, Wiesbaden: Springer VS Verlag.

Kristof, Kora (2020): Wie Transformation gelingt. Erfolgsfaktoren für den gesellschaftlichen Wandel, München: oekom Verlag.

Rosa, Hartmut (2016): Resonanz. Eine Soziologie der Weltbeziehung, Frankfurt a.M.: Suhrkamp.

Spaltet die Transformation unsere Gesellschaft?
Die komplexe Organisation von Mehrheiten in Zeiten zunehmender Zumutungsaversionen

Knut Bergmann/Matthias Diermeier

1. Verunsicherungen durch die Transformation

Transformation impliziert große Veränderungen und große Veränderungen laufen immer Gefahr, als gesellschaftliche Frakturen empfunden zu werden. Der Soziologe Stephan Lessenich macht den schwierigen Umgang mit den Brüchen daher an der Abwesenheit von Normalität fest und vermutet einen »Phantomschmerz, der durch den Verlust von etwas entsteht, das gewesen ist oder angeblich gewesen sein soll« (Lessenich 2022: 23).

Das entstehende Defizitgefühl kann sich sogar noch verstärken, wenn gänzlich unterschiedliche Transformationstreiber »Gleichzeitig« (Demary et al. 2021) wirken: Ähnlich wie die Wirtschaft parallel mit Digitalisierung, Dekarbonisierung, Deglobalisierung und der demografischen Alterung zu kämpfen hat, treiben artverwandte Umbrüche aktuell auch die deutsche Gesellschaft um. Aufgrund der von vielen als Überforderung empfundenen Veränderungen wird zunehmend eine »gewisse Transformationsmüdigkeit« (Mau et al. 2023: 264) konstatiert. Diese kann in gruppenübergreifenden Reaktanzen resultieren, wenn sich etwa das Gefühl einstellt, man befände sich an einem Kipppunkt (*slippery slope*). Gäbe man jetzt nach – so die Intuition –, würde einem immer mehr und mehr abverlangt: »Was kommt dann als nächstes?« (Mau et al. 2023: 260)

Je nach politischer Großwetterlage bekommen unterschiedliche Politikfelder jeweils Relevanz. Legt man etwa die Befragungsergebnisse des Politbarometers der Forschungsgruppe Wahlen (2023) im Herbst 2023 zugrunde, führt die Energie- und Klimapolitik die Sorgenliste der Deutschen an – und hat damit den Krieg in der Ukraine als das »gegenwärtig wichtigste Problem« überflügelt. Auf den Plätzen drei und vier folgen die Kategorien »Kosten/Löhne/ Preise« sowie »Ausländer/Integration/Flüchtlinge«. Während die Gesellschaft die Corona-Pandemie spätestens seit dem Frühjahr 2022 abgehakt zu haben scheint, ist die Migrationspolitik damit aus einer Art pandemiebedingter Versenkung wieder aufgetaucht.

Ob Migration, Inflation, Ungleichheit oder der russische Angriffskrieg auf die Ukraine und steigende Energiepreise – die Brüche haben gemein, dass sie die Deutschen verunsichern wie lange nicht mehr: Laut IW-Personenbefragung vom Frühjahr 2023 ist der Anteil der Bevölkerung, der angibt, sich keine Sorgen zu machen, hinsichtlich des Themas Zuwanderung mit 20,9 Prozent noch am höchsten. Mit Blick auf die Auswirkungen des Kriegs in der Ukraine macht die Gruppe der Unbesorgten gerade einmal 7,6 Prozent aus. Damit überwiegt hinsichtlich aller Politikfelder bei Weitem der Anteil der Besorgten.

2. Zumutungsaversionen in der Transformation

Eine (beobachtete) hohe Besorgnis impliziert mitnichten eine gesellschaftliche Spaltung. Aber sie weckt gerade bei den »Sicherheitsdeutschen« (Korte 2022: 47) Anspruchshaltungen, die naturgemäß an die Politik adressiert werden. Sie fordern wegen der als zu hoch empfundenen Asylmigrationszahlen nach Deutschland quer durch alle Parteianhängerschaften hindurch eine Verschärfung der Migrationspolitik (infratest dimap 2023). Die Ampelkoalition zeigte sich in der ersten Hälfte ihrer Legislatur diesen Ansprüchen gegenüber responsiv und überwand Widerstände in den eigenen Reihen, um etwa in einen EU-Migrationskompromiss einzuwilligen oder sich auf eine Verschärfung der deutschen Asylgesetzgebung zu einigen. Ob diese Responsivität aber die Bevölkerung zu beruhigen vermag, steht auf einem anderen Blatt. Auf der einen Seite hat die Regierung selbst bei drastischen Verschärfungen des Asylrechts nicht die unmittelbare Kontrolle über die Asylmigration. Auf der anderen Seite müssen selbst weitreichende Politikmaßnahmen in einer als Kontrollverlust empfundenen Situation nicht unbedingt als ausreichend empfunden werden.

So ist es der Regierung in ihrer Kompensationspolitik, um den Energiepreissteigerungen entgegenzuwirken, trotz erheblicher Anstrengungen nicht gelungen, die Erwartungen der Wählerschaft zu erfüllen. Nachdem die ersten beiden Entlastungspakete Anfang September 2022 verabschiedet waren, widersprachen ganze 88 Prozent der Bevölkerung der Aussage, »Der

Staat hat schon genug gemacht«. Auch die Verkündung des bis dato größten dritten Entlastungspaketes am 7. September, das die allermeisten damals geforderten, aber noch nicht umgesetzten Politikmaßnahmen vorsah, konnte dieser Unzufriedenheit nicht entgegenwirken (Abbildung 1 links).

Auch nach einem milden Winter 2022/23, in dem weder Deutschland noch seine europäischen Nachbarn in die Nähe der befürchteten Gasmangellage gekommen waren und Gas- sowie Strompreisbremse aufgrund niedriger Preise weniger stark greifen mussten als befürchtet, herrschte in weiten Teilen weiterhin das Gefühl vor, der Staat habe zu wenig für seine Bürgerinnen und Bürger getan. Nicht einmal jeder Vierte stimmte im Frühjahr 2023 der Aussage zu, »Der Staat hat schon genug gemacht«. Denkbar wäre, dass in Vergessenheit geraten war, welche Maßnahmen mit welchen Preisschildern die Bundesregierung in ihren Entlastungspaketen auf den Weg gebracht hatte (Diermeier/Niehues 2023). Doch dem ist so nicht der Fall: Weder wenn Menschen die vielen umgesetzten Maßnahmen explizit aufgezählt noch wenn zusätzlich die unwirklich daherkommende Summe der avisierten 200 Milliarden Euro für Entlastungspolitiken vorgelegt wurde, reduzierte sich die Unzufriedenheit mit der Krisenpolitik (Abbildung 1 rechts).

Zusammenfassend lässt sich für den Umgang mit der Energiepreiskrise konstatieren, dass auf die diffusen Erwartungen mit sehr teuren Maßnahmen reagiert wurde. Dass sich die Anspruchshaltung der Bevölkerung weder mit der Ankündigung von Entlastungen noch mittels der Rekapitulation dieser einhegen lässt, zeigt, wie stark ausgeprägt die Zumutungsaversionen sind. Selbst in der *Zeitenwende*, die von der Bevölkerung als solche verstanden wird (Friedrich-Ebert-Stiftung 2022), und in der gerade die Bundesregierung nicht ermüdete zu betonen, dass Einschnitte auf jeden Einzelnen zukommen, besteht offenbar die Erwartung, der Staat könne noch mehr Risiken abfedern, noch höhere Kompensationen leisten und weitere Entlastungspakete auf den Weg bringen.

Abb. 1: Zustimmung zur staatlichen Entlastungspolitik in der Energiepreiskrise (»Der Staat hat schon genug gemacht«), in Prozent[1]

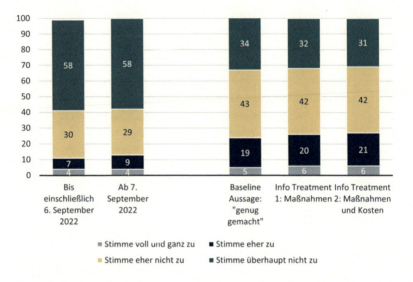

Quelle links: Umfrage SINUS-Institut/IW im Online-Access-Panel von Bilendi&respondi; Befragungszeitraum: 01.09. bis 14.09.2022; Quelle rechts: IW-Personenbefragung im Online-Access-Panel von Bilendi&respondi; Befragungszeitraum 27.02. bis 06.03.2023.

Tatsächlich sind ähnliche, kaum erfüllbare – und teils widersprüchliche – Einstellungsmuster in Sachen Transformationspolitik schon seit längerem zu beobachten.

- So haben die Deutschen im Frühjahr 2022 mehrheitlich eine zielgerichtete Kompensationspolitik gefordert (»Nur Haushalte mit niedrigem Einkommen sollten bei ihren Energiekosten entlastet werden«). Konfrontiert mit der Frage nach der konkreten Ausgestaltung von einzelnen Politikmaßnahmen fordert aber dieselbe Gruppe mehrheitlich, das 9-Euro Ticket, der

---

1   Info Treatment 1 Maßnahmen: »9-Euro-Ticket, den Tankrabatt, die Energiepreispauschale, den Abbau der Kalten Progression, die Erhöhung des Kindergelds, die Überarbeitung des Bürgergelds, die Erhöhung des Wohngelds, die Einführung einer Strom- sowie Gaspreisbremse.«; Info Treatment 2 Kosten: »Für diese Maßnahmen wurden rund 200 Milliarden Euro vorgesehen.«

Tankrabatt, die Pendlerpauschale und der Energiepreisdeckel sollten »für alle« gelten (Bergmann et al. 2023a).
- Ebenso sieht eine große Bevölkerungsmehrheit *die Bürger* in der Pflicht, mehr zu tun, um den Klimawandel zu bewältigen. Ein viel geringerer Anteil möchte sich jedoch selbst in die Pflicht nehmen lassen, was sich als »Zeigefinger-Mentalität« charakterisieren lässt (Niehues/Diermeier 2022: 394). Dass sich bei derartigen Einstellungen Widerstand gegen ein überstürzt konzeptioniertes und in seinen Folgen nicht durchdachtes *Heizungsgesetz* Bahn bricht, kann demnach selbst bei grundsätzlicher Zustimmung zu einer verschärften Klimapolitik kaum überraschen.
- Der vielfach als zu hoch empfundenen Bildungsungleichheit soll – so der Wille der Bevölkerung – mit besonders zielgerichteten bildungspolitischen Anstrengungen beigekommen werden. Konkret besteht der Wunsch nach »Mehr Ausgaben für benachteiligte Schulen«. Trotzdem geben mindestens zwei Drittel der Deutschen an, zusätzliche staatliche Bildungsausgaben von Kindergarten bis zur Hochschule sollten »für alle Personen gleichermaßen« gelten und nicht exklusiv »für benachteiligte Personengruppen« (Wößmann et al. 2019).

Nicht zu Unrecht geben diese inkonsistenten und von Zumutungsaversionen geprägten Einstellungsmuster den Regierenden Rätsel auf. Versucht man den Forderungen der Bevölkerung gerecht zu werden, verfehlt man unweigerlich die Ziele, die ihrer Stimmabgabe mutmaßlich zugrunde lagen. Aus der Verantwortung entlassen darf man die Bundesregierung trotzdem nicht. Schließlich ist gerade das Erwartungsmanagement die hohe Kunst bei der Gestaltung von Transformationen.

3. Die Suggestion der gespaltenen Gesellschaft

Der Umgang mit fast nicht zu befriedigenden Erwartungshaltungen ist auch deswegen problematisch, weil in den vergangenen Jahren das Bild einer zunehmenden Spaltung der Gesellschaft zu einer Art politischem »Masternarrativ« (Mau et al. 2023: 7) avanciert ist. Als besonders erfolgreich hat sich die Zwei-Lager-Hypothese (etwa progressiv-weltoffene *Entdecker* versus zustandsbewahrende *Verteidiger* [Back et al. 2022: 2]) herausgebildet. Sie hat auch den sächsischen Ministerpräsidenten Michael Kretschmer dazu verleitet, Deutschland »auf dem Weg in eine Polarisierung, wie wir sie aus Amerika kennen« (FAZ 2023) zu sehen.

Bei solch einem gesellschaftspolitischen Kompass und der verbreiteten Wahrnehmung, der Staat leiste nicht genug für seine Bürgerinnen und Bürger, droht die Politik in Situationen wie der Energiepreiskrise, in einen Überbietungswettbewerb einzusteigen. Schließlich rechtfertigt sich dieser mit der über jede Kritik erhabenen Notwendigkeit, die überbordende Spaltung der Gesellschaft begrenzen zu wollen. So konstatiert etwa Wirtschaftsminister Robert Habeck: »Ich glaube, ohne weitere politische Flankierung zerreißen wir oder sagen wir, wird die Spaltung, die soziale Spaltung, dort zu stark befördert.« (Habeck in Deutschlandfunk 2022) Arbeitsminister Hubertus Heil gibt an, mit der Einführung des Bürgergelds »eine gesellschaftliche Polarisierung zu entgiften« (Heil, 2022).

Um der Spaltungsdiagnose themenspezifisch nachzuspüren, wurden die Einstellungen in den vier in der Ampel-Legislatur zentralen Politikfeldern in der IW-Personenbefragung im Frühjahr auf einem Regler zwischen 0 (verringern/lockern) und 100 (ausweiten/verschärfen) erhoben; die Mitte bei 50 markiert die Beibehaltung der bisherigen Aktivitäten. Gemäß der von Steffen Mau (2022) geprägten Metapher, nach der gesellschaftliche Polarisierung entweder einem zweihöckrigen Kamel (Spaltung) oder einem einhöckrigen Dromedar (keine Spaltung) ähnelt, zeigt Abbildung 2 ein differenziertes Bild. In den Politikfeldern Umverteilung, Klima und Russlandpolitik verortet sich das Gros der Gesellschaft in der Nähe der Mitte – und stützt damit das aktuelle Politikangebot. Zwar tendiert der Median der Politikpräferenzen zum Pol ausweiten/verschärfen, was sich in das Bild eines rechtsschiefen Dromedars fassen ließe. Eine zweigeteilte Gesellschaft, in der die eine Hälfte etwa die Klimapolitik verschärfen und die andere lockern wollen würde, sucht man hingegen vergeblich. Die stärkste Spaltung findet sich in der Frage nach Russland-Sanktionen und Waffenlieferungen an die Ukraine; am meisten einig sind sich die Deutschen bereits im Frühjahr 2023 mit ihrer Forderung nach einer Verschärfung der Zuwanderungspolitik. Die Bevölkerung ist also noch weniger als bei den anderen Politikfeldern bei der Migrationspolitik in zwei Lager gespalten. Vielmehr fordern vier Fünftel eine Verschärfung. Suchte man in der Fauna für die Verteilung der migrationspolitischen Einstellungen nach einer Ergänzung zur Dromedar-Kamel-Analogie, ähnelte diese am ehesten einer Giraffe: Die mit großem Abstand am häufigsten ausgewählte Einstellung (über 10 Prozent) ist die Forderung nach einer absoluten Verschärfung (Regler: 100) des Grenzregimes, was die grafische Verteilung wie den langen Hals einer von ihrer rechten Seite abgebildeten Giraffe aussehen lässt.

Abb. 2: *Einschätzung zentraler Politikfelder. Regler von 0 (verringern/lockern) über 50 (beibehalten) bis 100 (ausweiten/verschärfen)*

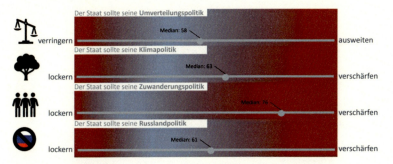

Quelle: eigene Darstellung auf Basis von IW-Personenbefragung im Online-Access-Panel von Bilendi&respondi; Befragungszeitraum 27.02. bis 06.03.2023.

Auch wenn in der Gesellschaft weithin Einigkeit besteht, in welche Richtung der Staat die großen Veränderungstreiber grundsätzlich angehen sollte, so ist es doch möglich, dass sich an den Rändern zwei weitgehend isolierte Lager ausgebildet haben. Abbildung 3 visualisiert die themenspezifischen Netzwerke in der Gesellschaft. Dafür werden nur diejenigen Befragten betrachtet, die sich auf mindestens zwei der Regler entweder zwischen 0 und 20 (lockern) oder zwischen 80 und 100 (verschärfen) eingeordnet haben. Die Größe der Symbole ist durch die Häufigkeit der Randpositionen bestimmt, die Stärke der Linien resultiert aus der Häufigkeit der Kombination der beiden zughörigen Randpositionen.

Das komplexe Netzwerkgeflecht zeigt keinesfalls zwei isolierte Lager, wie die oben angeführte Charakterisierung in *Verteidiger* und *Entdecker* suggeriert. Diese hätte man etwa zwischen einem progressiv-umverteilungsaffinen (grüne Symbole) und einem rechts/nationalkonservativen-wirtschaftsliberalen Lager (rote Symbole) erwarten können. Zwei divergente Rechtecke treten aber ebenso wenig in Erscheinung, wie auch die häufigsten Kombinationen aus zwei Polen kaum in das populäre Zwei-Lager-Schema passen. Am häufigsten stehen *Russlandpolitik verschärfen* mit *Klimapolitik verschärfen* (14,2 Prozent),

Russlandpolitik verschärfen mit *Zuwanderungspolitik verschärfen* (13,8 Prozent) sowie *Umverteilungspolitik ausweiten* mit *Klimapolitik verschärfen* (13,1 Prozent) in Verbindung. Zudem fällt die Gruppe derjenigen, die in allen vier Themen eine Randposition einnimmt, mit 12 Prozent der Gesamtbevölkerung überschaubar aus. Die Gruppen, die sich in allen Randpositionen unversöhnlich und ohne thematische Schnittmenge gegenüberstehen, sind damit winzig.

Abb. 3: Netzwerkgrafik gesellschaftlicher Randpositionen

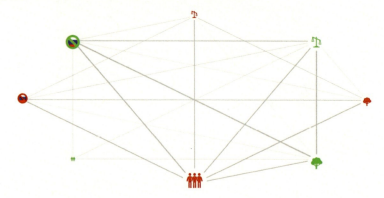

Grün: Umverteilungspolitik ausweiten, Klimapolitik verschärfen, Russlandpolitik verschärfen, Zuwanderungspolitik lockern
Rot: Umverteilungspolitik verringern, Klimapolitik lockern, Russlandpolitik lockern, Zuwanderungspolitik verschärfen
Quelle: Diermeier/Niehues (2024) auf Basis von IW-Personenbefragung im Online-Access-Panel von Bilendi&respondi; Befragungszeitraum 27.02. bis 06.03.2023.

Damit bestätigen diese empirischen Auswertungen in den vier zentralen Politikfeldern die zuletzt lauter gewordenen Zweifel an der Spaltungsdiagnose (Mau et al. 2023; Kaube/Kieserling 2022). Trotzdem gilt für die Gestaltung der Transformationspolitik, dass – so klein diese Ränder auch sein mögen – sie über eine überproportional große mediale Aufmerksamkeit große Wirkungs macht entfalten. Daher sollten die politischen Entscheidungsträger – wie die gesamte gesellschaftliche Elite, wozu auf kommunaler Ebene durchaus auch der Bäckermeister zählt – nicht aus Angst, der AfD das Wort zu reden, gesellschaftliche Fehlentwicklungen ignorieren oder gar negieren. Das Nicht-Benennen wäre hier im Mau'schen Sinne ein »Triggerpunkt« (Mau et al. 2023).

Die mangelnde politische Responsivität von Alltagserfahrungen kann zu weiteren Enttäuschungs- und Entwertungserfahrungen führen. Diese sind ein Motiv für die Hinwendung zu rechtspopulistischen Kräften, beileibe nicht nur in Ostdeutschland (Kollmorgen 2022; Westenberger 2022). Da die AfD kaum von selbst wieder aus dem Parteienspektrum verschwinden wird, sondern mittlerweile vereinzelt es sogar in politisch verantwortliche Stellen auf kommunaler Ebene geschafft hat, wird sie nur mit einer inhaltlich-emphatischen Kraftanstrengung in der politischen Auseinandersetzung zu domestizieren sein – wenn überhaupt. Zuhören, statt politisch zu belehren, unangenehme Wahrheiten zur Kenntnis nehmen und darauf Antworten finden, lautet mutmaßlich das anstrengende Erfolgsrezept. Diese Sisyphusaufgabe wiegt umso schwerer, als die demokratischen Parteien in der Fläche zu wenig personelle Ressourcen haben. Zudem dürfte die Mitgliedschaft in ihnen mancherorts mittlerweile als Makel empfunden werden.

Genauso wenig geht die Unzufriedenheit mit der aktuellen Politikausgestaltung zwingend mit einer grundsätzlichen Unzufriedenheit mit »der Demokratie, wie sie in Deutschland besteht« einher. Das Lager der Demokratieunzufriedenen besteht vor allem aus Menschen, die die Russlandpolitik und Klimapolitik lockern, die Zuwanderungspolitik verschärfen und die Umverteilungspolitik verringern wollen. Es handelt sich hier vornehmlich um den antimodernistisch autoritären Rand des Parteienspektrums: Mindestens drei dieser vier Präferenzmuster charakterisieren sowohl die Anhängerschaft der AfD als auch der neu gegründeten Bewegung um Sahra Wagenknecht (Diermeier/Niehues 2024).

4. Transformation klug gestalten

Zweifelsohne verlangt die Gleichzeitigkeit von Transformationsnotwendigkeiten den Menschen viel ab und erzeugt eine latente Müdigkeit. Bestehende Verunsicherungen sind bislang aber keinesfalls in eine Durchschneidung der Gesellschaft in zwei sich antagonistisch gegenüberstehende Großgruppen umgeschlagen. Dass anderenorts genau diese Spaltung real geworden ist, sollte für die potenziellen Folgen der aktuellen Brüche sensibilisieren, aber Transformationspolitik nicht in Geiselhaft nehmen. Dies gilt auch hinsichtlich des Umgangs mit verhärteten Zumutungsaversionen. Auch in den transformativen Anstrengungen darf es nicht zur politischen Leitlinie verkommen, den Bürgerinnen und Bürgern *nach dem Mund zu regieren*. Konkret würden Parteien, die nicht fest mit beiden Beinen auf dem Boden der freiheitlich demokratischen Grundordnung stehen, heute fast genauso gut abschneiden, hätte die Ampel in der Energiepreiskrise zielgerichteter – und nicht mit der Gießkanne Entlastungen ausgeschüttet. Weniger ist manchmal mehr, gerade weil sich bei der Abkehr vom nachsorgenden Sozialstaat Spielräume für einen vorsorgenden Investitionsstaat ergeben (siehe Kempermann in diesem Band).

Ähnlich empfinden breite Gesellschaftsschichten den Weg in die Dekarbonisierung nicht als grundsätzlichen Widerspruch zu einer ambitionierten Klimapolitik. Kommen Politiken aber als paternalistischer Eingriff in individuelle Freiheiten daher, werden »Triggerpunkte« (Mau et al. 2023) berührt. So kann aus Abwehrreflexen politische Virulenz entstehen. Eines besonderen Fingerspitzengefühls im Transformationsmanagement bedarf es zudem, sobald politische Maßnahmen in der Debatte sind, die bei Teilen der Bevölkerung nicht nur hohe materielle Kosten verursachen, sondern auch mutmaßlich einen emotionalen Preis fordern.

Das Heizungsgesetz hat viele nicht nur empfindlich *getriggert*, weil die Maßnahme als übergriffiger Zwang empfunden wurde. Da sich die Politik nicht an erster Stelle selbst in die Verantwortung genommen hat – wie es über die kommunale Wärmeplanung möglich gewesen wäre –, wurde die Verantwortungszuweisung an die Einzelnen als eine eklatante Verletzung der *prozeduralen Gerechtigkeit* wahrgenommen. Die ständigen Widersprüche der Transformationspolitik erzeugen Enttäuschungen mit der Politik, gerade wenn Bürgerinnen und Bürger das Gefühl bekommen, die Verantwortung würde auf sie überwälzt, ohne dass die Entscheiderinnen und Entscheider selbst ihren Aufgaben nachkämen.

Ein ähnlicher Fall ist der Ausstieg aus der Kernenergie, ohne dass – zumal nach dem Angriff Russlands auf die Ukraine – hinreichend günstige Alternativen bereitstehen. Sollten sich die daraus resultierenden höheren Strompreise in steigenden Arbeitslosenzahlen niederschlagen, dürfte der Gegenwind gegen die Ampel-Transformationspolitik noch deutlich schärfer werden. Längst ist der Widerstand gegen die Klimapolitik nach dem Euro und der Migrationspolitik zum dritten Standbein der AfD geworden (siehe Weisskircher in diesem Band). Gerade in *Transformationsregionen*, wo der Automotiv-Sektor mit Fokus auf traditionelle Antriebe und die energieintensive Industrie bislang hochbezahlte Arbeitsplätze im Verarbeitenden Gewerbe gesichert haben, kann die AfD nicht zuletzt mit ihrem Wahlkampfslogan *Deutschland. Aber normal* die Transformationsunzufriedenen und -besorgten einsammeln; die Grünen werden abgestraft (Bergmann et al. 2023b; 2023c). Wie stark das neugegründete *Bündnis Sahra Wagenknecht* in diesen Milieus und Räumen gewählt werden wird, muss sich noch zeigen. Mit ihrem Versuch, die Repräsentationslücke einer nicht-verfassungsfeindlichen *Anti-Modernisierungspartei* zu besetzen, wird sie der *Fortschrittskoalition* jedenfalls einen weiteren Gegenpol entgegensetzen. Das jedenfalls machte Wagenknecht bei der Vorstellung ihres Bündnisses deutlich: »So wie es derzeit läuft, darf es nicht weitergehen. Denn sonst werden wir unser Land in zehn Jahren wahrscheinlich nicht wiedererkennen.« (Wagenknecht 2023)

Die auf Veränderung und Wandel drängende Bundesregierung braucht alldieweil eine Erneuerung ihrer *Fortschrittserzählung*. Zwar hat etwa der Bundeswirtschaftsminister nie einen Hehl daraus gemacht, was er der Bevölkerung abzuverlangen intendiert (»Das Antlitz unseres Landes wird sich verändern«). Die märchenhaft anmutende Erzählung des Bundeskanzlers eines kommenden Wirtschaftsbooms (»Eine Phase großen Wachstums«) ist allerdings derart alltagsfern, dass sich Menschen mit ihren Sorgen nur schwerlich ernstgenommen fühlen können. Wen die Verheißungen von Olaf Scholz an die »blühenden Landschaften« von Helmut Kohl erinnern, der sei darauf aufmerksam gemacht, dass es lange gedauert hat, bis sich bei den Deutschen der Eindruck durchsetzte, dass zweitere nicht Wirklichkeit geworden sind (Petersen 2010). Zukunftssicherheit auszustrahlen und gleichzeitig die notwendigen Einschnitte zu vermitteln, das ist die zentrale Herausforderung der Transformationskommunikation (siehe dazu auch Jarzebski in diesem Band).

Literatur

Back, Mitja/Echterhoff, Gerald/Müller, Olaf/Pollack, Detlef/Schlipphak, Bernd (2022): Von Verteidigern und Entdeckern – Ein neuer Identitätskonflikt in Europa, Wiesbaden: Springer VS.

Bergmann, Knut/Borgstedt, Silke/Diermeier, Matthias/Gensheimer, Tim/ Niehues, Judith (2023a): Mitte ohne Maß?. Widersprüchliche Entlastungsforderungen, in: Wirtschaftsdienst, 103. Bd., Nr. 2, S. 130–136.

Bergmann, Knut/Diermeier, Matthias/Kempermann, Hanno (2023b): AfD in von Transformation betroffenen Industrieregionen am stärksten, in: IW-Kurzbericht, Nr. 71, Köln.

Bergmann, Knut/Diermeier, Matthias/Kempermann, Hanno (2023c): Landtagswahlen: AfD punktet dort, wo Wirtschaft vor Herausforderungen steht, 11. Oktober 2023, Website IW, [online] https://www.iwkoeln.de/p resse/iw-nachrichten/knut-bergmann-matthias-diermeier-afd-punktet -dort-wo-wirtschaft-vor-herausforderungen-steht.html [abgerufen am 2.11. 2023].

Demary, Vera/Matthes, Jürgen/Plünnecke, Axel/Schaefer, Thilo (Hg.) (2021): Gleichzeitig: Wie vier Disruptionen die deutsche Wirtschaft verändern. Herausforderungen und Lösungen, in: IW-Studie, Köln.

Diermeier, Matthias/Niehues, Judith (2023): Erwartungen und Enttäuschungen. Trägt der Sozialstaat noch?, in: Politikum, 9. Bd., Nr. 2, S. 32–36.

Diermeier, Matthias/Niehues, Judith (2024): IW-Gesellschaftsmonitor, in: IW-Trends, im Erscheinen.

FAZ (2023): Kretschmer über AfD-Erfolge: »In diesem Land gerät etwas ins Rutschen«, Website FAZ, [online] https://www.faz.net/aktuell/politik/ inland/afd-buergermeister-warum-michael-kretschmer-nach-der-raguh n-jessnitz-wahl-warnt-19006219.html [abgerufen am 2.11. 2023].

Forschungsgruppe Wahlen (2023): Politbarometer, 2023, Website Forschungsgruppe Wahlen, [online] https://www.forschungsgruppe.de/Umf ragen/Politbarometer/Langzeitentwicklung_-_Themen_im_Ueberblick/P olitik_II/ [abgerufen am 2.11. 2023].

Friedrich-Ebert-Stiftung (2023): Welchen außenpolitischen Kurs sollte Deutschland einschlagen?, Website Friedrich-Ebert-Stiftung, [online] htt ps://www.fes.de/abteilung-analyse-planung-und-beratung/artikelseite-apb/umfrage-deutsche-aussenpolitik-nach-der-zeitenwende [abgerufen am 6.11. 2023].

Habeck, Robert (2022): Habeck (Grüne) zur Gaskrise: »Das wird Deutschland vor eine Zerreißprobe stellen«, Robert Habeck im Gespräch mit Jörg Münchenberg, in: Deutschlandfunk vom 10.07.2022, Website Deutschlandfunk, [online] https://www.deutschlandfunk.de/bundeswirtschaftsminist er-robert-habeck-100.html [abgerufen am 18.12.2023].

Heil, Hubertus (2023): Rede des Bundesministers für Arbeit und Soziales, Hubertus Heil, zum Haushaltsgesetz 2023 vor dem Deutschen Bundestag am 24. November 2022 in Berlin, in: Bulletin der Bundesregierung, Nr. 147–1.

Infratest dimap (2023): ARD-DeutschlandTREND Oktober 2023, Website Infratest dimap, [online] https://www.infratest-dimap.de/umfragen-analys en/bundesweit/ard-deutschlandtrend/2023/oktober/ [abgerufen am 2.11. 2023].

Kaube, Jürgen/Kieserling, André (2022): Die gespaltene Gesellschaft, Berlin: Rowohlt.

Kollmorgen, Raj (2022): Radikale Rechte als ostdeutsches Problem? Zur langen Kultur- und Gesellschaftsgeschichte des Rechtspopulismus in Ostdeutschland, in: Aus Politik und Zeitgeschichte, 72. Bd., Nr. 49–50, S. 33–38.

Korte, Karl-Rudolf (2022): Wählen und Regieren in der Coronakratie. Welche politischen Farben braucht die »Große Transformation«?, in: Knut Bergmann (Hg.), »Mehr Fortschritt wagen«?: Parteien, Personen, Milieus und Modernisierung: Regieren in Zeiten der Ampelkoalition, Bielefeld: transcript, S. 39–60.

Lessenich, Stephan (2022): Nicht mehr normal: Gesellschaft am Rande des Nervenzusammenbruchs, München: Hanser.

Mau, Steffen (2022): Kamel oder Dromedar? Zur Diagnose der gesellschaftlichen Polarisierung, in: Merkur, 76. Bd., Nr. 874.

Mau, Steffen/Lux, Thomas/Westheuser, Linus (2023): Triggerpunkte: Konsens und Konflikt in der Gegenwartsgesellschaft, Berlin: Suhrkamp.

Niehues, Judith/Diermeier, Matthias (2022): Wirtschaftspolitische Konfliktlinien zwischen den Anhängerschaften von Grünen, SPD und FDP. Die Kamerun-Koalition, in: Knut Bergmann (Hg.): »Mehr Fortschritt wagen«? Parteien, Personen, Milieus und Modernisierung: Regieren in Zeiten der Ampelkoalition, Bielefeld: transcript, S. 391–418.

Petersen, Thomas (2010): Allensbach Umfrage zur Deutschen Einheit: Blühende Landschaften, FAZ, Website FAZ, [online] https://www.faz.net/aktuell/politik/inland/allensbach-umfrage-zur-deutschen-einheit-bluehende-landschaften-11040029.html [abgerufen am 9.11.2023].

Wagenknecht, Sahra (2023): Wagenknecht: »So darf es nicht weitergehen«, AFP, Website YouTube, [online] https://www.youtube.com/watch?v=T9BfGuyDeVQ [abgerufen am 7.11. 2023].

Westenberger-Breuer, Heike (2022): Die Vertrauenskrise in der Gesellschaft: Eine psychoanalytische Perspektive, in: Forum Der Psychoanalyse, 38. Bd. Nr. 4, S. 425–437.

Wößmann, Ludger/Lergetporer, Philipp/Grewenig, Elisabeth/Kersten, Sarah/Kugler, Franziska/Werner, Katharina (2019): Was die Deutschen über Bildungsungleichheit denken, in: ifo Schnelldienst, 72. Bd., Nr. 17, S. 3–17.

Regionale Beteiligung gegen polarisierende Triggerpunkte?
Zur demokratischen Gestaltung der Großen Transformation

Paulina Fröhlich

1. Einleitung

In ihrem Beitrag untersuchen Knut Bergmann und Matthias Diermeier, inwiefern die Transformation unsere Gesellschaft spaltet. Politisch lässt sich dieser Untersuchungsgegenstand auf eine zunehmende Unzufriedenheit mit professioneller Politik im Allgemeinen und der Regierungsarbeit im Besonderen zurückführen. Woher rührt aber diese Unzufriedenheit? Ja, Teile der Bevölkerung sind immer unzufrieden. Ja, Regierungen schneiden in der Halbzeit zumeist schlecht ab. Ja, wir leben in der Polykrise. Und ja, einige sind unzureichend informiert oder medial besonders gepusht. Dies alles sind wichtige Erkenntnisse. Weder sind sie jedoch hinreichende Erklärungen, noch legen sie konkrete Lösungen nahe.

In diesem Beitrag entwickele ich die These, dass sich Aversionen gegen die Transformation auch und gerade auf Mängel in ihrer demokratischen Gestaltung zurückführen lassen, die durch eine entsprechende Demokratiepolitik zu beheben ist. Dafür gehe ich erstens auf allgemeinere Untersuchungen zur Lagerbildung in unserer politischen Gemeinschaft ein. Zweitens fokussiere ich näher auf Sorgen um Sicherheit, die viele Bürgerinnen und Bürger teilen. Drittens diskutiere ich die Frage, woher kaum zu erfüllende Ansprüche einiger Bürgerinnen und Bürger eigentlich kommen. Viertens fokussiere ich auf die Beteiligung vor Ort als besonders wirksames Mittel gegen Transformationsaversionen.

2. Lagerbildung

Zu Recht gilt das Buch »Triggerpunkte. Konsens und Konflikt in der Gegenwartsgesellschaft« von Steffen Mau, Thomas Lux, Linus Westheuser als eine der wichtigsten Diagnosen unserer Gegenwart. Und zwar gerade weil sie dem vorherrschenden Bild einer polarisierten Gesellschaft widerspricht. Mau et al. (2023) zeichnen dafür das schöne Bild von einem Dromedar und einem Kamel. Unsere Gesellschaft hat demnach nicht zwei Höcker mit Graben dazwischen wie ein Kamel, sondern einen Höcker, der an den Rändern abflacht wie ein Dromedar. In vielen zentralen Fragen ist sich die Gesellschaft demnach recht einig, zumindest wenn es auf einer abstrakten Ebene um das allgemeine Zielbild geht: Klima schützen, Migration fair regeln, Unabhängigkeit von Russland. Haarig wird es aber, wenn es konkret wird: wie man also den Weg zum abstrakten Ziel beschreitet.

Ich finde die Erkenntnis, dass wir nicht von einer polarisierten Gesellschaft sprechen können, sehr wichtig. Das ist bei Vielen jedoch noch nicht angekommen. Wir können die Botschaft daher nicht oft genug teilen. Und natürlich macht sie heftige Streitigkeiten in Familien und Freundeskreisen nicht unrealer. Und auch die Gefahr, dass spalterische Zustände wie in den USA auf uns zukommen könnten, ist deswegen nicht weniger ernst zu nehmen. Aber es widerspricht einer hypernervösen Erzählung einer zerstrittenen, ratlosen Gesellschaft, die letztendlich lähmt und den Diskurs, der heilend wäre, von vornherein unangenehm macht und verhindert.

Die Wahrnehmung einer polarisierten Gesellschaft führen Mau und Kollegen darauf zurück, dass die Ränder besonders laut sind, während die Mitte eher leise bleibt. Diese Ergebnisse werden auch durch die aktuellen Untersuchungen von Bergmann und Diermeier (in diesem Band) bestätigt. Für eine bessere Demokratie könnte das bedeuten: Social Media Posts, die abwägen statt schrill anklagen, sollten mehr Aufmerksamkeit generieren können. Journalistische Artikel, die kontextualisieren und konstruktiv geschrieben sind, sollten häufiger vorkommen und besser bezahlt werden. Das stille Engagement für die Gesellschaft in einer Nachbarschaftsinitiative sollte Wertschätzung und Schutz erfahren. Kurzum, die integrativ agierende Mehrheit der Gesellschaft sollte sicht- und hörbarer werden.

Was aber folgt konkret für die demokratische Gestaltung der sozial-ökologischen Transformation?

3. Sorge um Sicherheit

Sorgen, Ängste und Unsicherheit sind ein idealer Nährboden für Polarisierungsunternehmer, wie Mau und Kollegen politische Kräfte titulieren, die Polarisierung um ihrer selbst willen betreiben. Nimmt die Unsicherheit zu, wird sich vermehrt in das Bekannte, das vermeintlich Sichere, das Eigene zurückgezogen. Dabei gerät aber auch das von allen Teilbare, das Mögliche, das Zukünftige aus dem Blickfeld oder ist unliebsam.

In den letzten zehn Jahren hat die AfD einen beispiellosen Aufstieg in Deutschland hingelegt und sich diese Effekte zunutze gemacht. Ihre Kunst besteht auch darin, mit etwas de facto Vorhandenem zu spielen: Eine real existierende, mitunter durchaus berechtigte Sorge wird instrumentalisiert. So wird die Sorge um eine sichere Zukunft beispielsweise in eine Ablehnung gegenüber Asylsuchenden verwandelt. Indem den Regierenden, ganz gleich, ob Angela Merkel oder Annalena Baerbock, die Schuld für einen mangelhaften Zustand gegeben wird, legitimieren sich die Nicht-Regierenden selbst als vermeintlicher Anwalt des Volkes – ohne den Beweis zu erbringen, es wirklich besser zu machen. Der Kraftstoff Nummer eins der Polarisierungsunternehmer ist daher immer wieder Unsicherheit.

Auch die IG-Metall-Chefin Christiane Benner beschreibt andersherum Sicherheit als das beste Mittel gegen Rechts. Kurz vor ihrem Amtsantritt führte sie das wie folgt aus: »Wir können den Rechten den Boden entziehen, wenn wir in den Betrieben mithilfe von Gewerkschaften und Betriebsräten Menschen Sicherheit vermitteln, etwa indem sie weiterqualifiziert werden und bei all den Veränderungen eine gute Perspektive für sich sehen.« (Benner in: Stahl 2023)

Damit kann jedoch nicht gemeint sein, dass der Staat Bürgerinnen und Bürger von jeglicher Unsicherheit entlastet. Die Bundesregierung kann die globale Klimakrise und ihre Konsequenzen nicht allein verhindern. Sie kann aber einen Beitrag zu ihrer Eindämmung leisten und negative Folgen im eigenen Land abmildern. Wichtig ist, dass damit auch ein Gefühl von Resilienz und Gestaltungsfähigkeit vermittelt wird. Hier sehe ich eine zentrale Aufgabe aller gesellschaftlichen Akteure, allen voran der Politik, aber auch der Gewerkschaften, Arbeitgeber, Kirchen, Kulturvereine, Schulen, Zivilgesellschaft und weiteren. Resilienzvertrauen und Gestaltungsfähigkeit sind die zentralen Werkzeuge, um ohne allzu große Unsicherheiten durch die Transformation zu gehen, sie somit selber mitzugestalten, anstatt ihr einfach ausgesetzt zu sein.

4. Kaum zu befriedigende Ansprüche

Dass es angesichts von Umbrüchen während der Polykrise insbesondere darum gehen muss, Sicherheit zu vermitteln, wird mittlerweile breit geteilt. Auch hier hakt es jedoch vor allem, wenn es konkret wird. Das gilt insbesondere dann, wenn die Ansprüche an gute Politik derart widersprüchlich sind, dass sie sich kaum erfüllen lassen. Bergmann und Diermeier (in diesem Band) veranschaulichen das in ihrem Beitrag wie folgt: einerseits soll soziale Kompensation zielgerichtet sein, andererseits werden Politiken wie das 9-Euro-Ticket befürwortet, von denen alle profitieren. Einerseits betont eine große Mehrheit dringenden Handlungsbedarf bei der Eindämmung des Klimawandels, andererseits wollen viele aber selbst nicht dazu beitragen. Sicherlich ist Erwartungsmanagement ein Gebot, um mit widersprüchlichen und daher kaum zu befriedigenden Ansprüchen umzugehen. Darüber hinaus stellt sich aber auch die Frage nach den tieferliegenden Gründen für derart widersprüchliche und bisweilen auch überzogene Ansprüche.

Mit Philipp Lepenies (2022) lassen sich kaum zu befriedigende Ansprüche an den Staat auch und gerade in Bezug auf die sozial-ökologische Transformation auf ein konsumorientiertes Staatsverständnis zurückführen. Im letzten Kapitel seines Buches »Verbot und Verzicht. Politik aus dem Geiste des Unterlassens« stellt Lepenies zwei Staatsverständnisse gegenüber: Er selbst plädiert für ein an Hobbes anschließendes Verständnis des Staates als der inkorporierten Gesamtheit aller Bürgerinnen und Bürger. In diesem Verständnis besteht der Staat letztlich aus allen Individuen selbst. Diese können sich entsprechend mit ihm identifizieren. Sie sind dabei auch motiviert, zum Gemeinwohl beizutragen. Dabei verstehen Bürgerinnen und Bürger, so lässt sich Lepenies Gedankengang hier ergänzen, dass sich ein solches Gemeinwohl nur dann verwirklichen lässt, wenn sie prinzipiell bereit sind, ihre Präferenzen im Gespräch mit anderen zu bilden. Dabei sind sie auch willens, Abstriche bei der Erfüllung ihrer eigenen Präferenzen zu machen.

Von einem solchen Staatsverständnis sind wir weit entfernt. Vorherrschend ist nach Lepenies nämlich ein neoliberales Bild unserer Gesellschaft, in dem die Bevölkerung nach Funktionsweisen des Marktes miteinander verbunden ist. In diesem Bild scheint Hobbes' Vorstellung von Pflichten der Subjekte gegenüber ihrem Staat – und damit gegenüber allen Mitbürgerinnen und Mitbürgern – geradezu skandalös. Der entscheidende normative Maßstab für alles ist die individuelle Konsumscheidung – so affektgeladen sie auch sein mag. In einer solchen Gesellschaft ist nicht das Volk als Ganzes der Souverän, sondern das einzelne Individuum. Damit aber werden letztlich lauter individuelle Tyrannen herangebildet, die nicht einsehen, warum sie nicht immer das dürfen, was sie gerade wollen. Diese Tyrannen verstehen das auch dann nicht, wenn sich diese Konsumwünsche offenkundig negativ auf die Umwelt und zukünftige Generationen auswirken. Lepenies selbst beschreibt das wie folgt:

»Die Politik soll unterlassen, was der Einzelne nicht möchte. Von allen Seiten wird das Individuum schon lange darin bestärkt, genauso zu denken: Ich darf alles, und keiner darf mir etwas verbieten. Die Überhöhung der individuellen Konsumentscheidung im Sinne der Konsumentensouveränität wirkt noch auf einer anderen Ebene fatal verstärkend. Die Betonung, dass die individuelle Konsumentscheidung demokratischer sei als die politische Stimmabgabe, dass ein Wert darin zu sehen sei, Mehrheitsentscheidungen nicht akzeptieren zu müssen, die den eigenen Präferenzen widersprechen, zeugt nicht nur von einem eigentümlichen Verkennen demokratischer Werte, sondern unterminiert und delegitimiert die Demokratie. Diese baut auf einem Verständnis der Gemeinschaft und des Gemeinwohls auf.« (Lepenies 2022: 259)

Man muss Lepenies' dichotomen Zuspitzung zweier Staatsverständnisse nicht folgen. Aber seine Beobachtung, dass es ein auf individuelle Präferenzen fixiertes, konsumierendes Staatsverständnis gibt, das bisweilen hinderlich in einer Demokratie ist und ganz besonders dann, wenn diese versucht, eine gesamtgesellschaftliche Transformation umzusetzen, da ist etwas dran.

Wenn dem so ist, was bedeutet das für die Transformation, die ja nicht für das egozentrische Individuum, sondern für unser aller Zukunft, für die Umwelt, für junge Generationen, für Leidtragende im Globalen Süden gemacht wird? Lässt sich ein so verstandenes Gemeinwohl demokratiepolitisch bilden? Und wenn ja, wie? Diese Frage will ich abschließend am Beispiel derjenigen Räume diskutieren, in denen sich konkrete Transformationsprozesse ballen.

5. Beteiligung vor Ort

Widerstand gegen die Transformation gibt es laut Bergmann und Diermeier gerade in jenen Regionen, die von ihr besonders betroffen sind. Das gilt beispielsweise dann, wenn hochbezahlte Arbeitsplätze bei der Produktion fossiler

Antriebe wegfallen. Diese Ergebnisse bestätigen und erweitern etwas, das wir im Progressiven Zentrum schon länger vermuten, vermessen und begleiten. 2017 haben wir mit der Studie »Rückkehr zu den politisch Verlassenen« den Anfang gemacht und Haustürgespräche in Regionen durchgeführt, die sich sowohl durch Strukturschwäche charakterisieren ließen als auch als AfD-Hochburgen konstituierten. 2021 haben wir die nächsten Haustürgespräche geführt, wiederum in strukturschwachen Regionen in Ost und West, und dabei den Blick auf Fragen zur Zukunft in der großen Transformation gerichtet. Für uns sind diese Regionen nicht nur strukturschwach, sondern auch erfahrungsstark. Diese Erfahrungen sind nicht immer, aber durchaus häufig schmerzhafte Verlusterfahrungen. Daraus entwickelt sich eine Sorge mit Blick auf die Transformation, weshalb die AfD ein leichteres Spiel hat. Quantitativ wird dieser Befund durch »Die Politische Ökonomie des Populismus« von Philip Manow (2018) bestätigt. Qualitativ hat sich bei den von uns durchgeführten Interviews ein subjektives Gefühl der doppelten Bedeutungslosigkeit gezeigt, welches nicht nur materiell, sondern auch immateriell ist. Die Befragung zeigt, dass sich Zuversicht nur bedingt erkaufen lässt. Es geht damit auch um immaterielle Formen der Anerkennung.

Diese Anerkennung können Bürgerinnen und Bürger am direktesten in konkreten Beteiligungsprozessen erfahren, durch die sie eine gerechte Transformation mitgestalten können. Dies zeigt sich in einer dritten Studie, die wir 2023 mit einem Fokus auf die Energiewende durchgeführt haben. Die Studie selbst ist noch in der Auswertung. So viel lässt sich aber schon sagen: Es finden sich recht unterschiedliche Formen der Beteiligung, die vor Ort wirken und sich gegebenenfalls auch ergänzen können. In Baden-Württemberg gibt es beispielsweise das Forum Energiedialog, das als überparteiliches Format eine breite und niedrigschwellige Beteiligung, vor allem aber einen Diskursraum für konfliktäre Situationen in der Transformation, ermöglicht. Dadurch lassen sich Transformationskonflikte konstruktiv ausgetragen und eine geteilte Verantwortungsgemeinschaft schaffen. Beteiligung kann darüber hinaus aber auch bedeuten, dass Bürgerinnen und Bürger materiell profitieren, wenn sie die Möglichkeit haben, Eigenkapital für Windkraftanlagen vor Ort bereitzustellen. Das wiederum hat auch immaterielle Effekte, da es eine Identifikation mit den Prozessen vor Ort ermöglicht.

Als Progressives Zentrum werden wir weiter an der Frage arbeiten, welche Beteiligungsprozesse auf lokaler Ebene besonders gut funktionieren und warum. Festhalten lässt sich aber schon jetzt, dass Beteiligung ein besonders wirksames Mittel ist, um Triggerpunkte zu vermeiden. Sie ermöglicht es nämlich, konkrete Konflikte sachlich auszutragen, statt sie Polarisierungsunternehmerinnen und Polarisierungsunternehmern in den Sozialen Medien zu überlassen.

Literatur

Fröhlich, Paulina/Mannewitz, Tom/Ranft, Florian (2021): Die Übergangenen – Stukturschwach und Erfahrungsstark. Zur Rolle regionaler Perspektiven in der großen Transformation, Das Progressive Zentrum.

Hillje, Johannes (2017): Rückkehr zu den politisch Verlassenen: Gespräche in rechtspopulistischen Hochburgen in Deutschland und Frankreich, Das Progressive Zentrum.

Lepenies, Philipp (2022): Verbot und Verzicht. Politik aus dem Geiste des Unterlassens, Berlin: Suhrkamp.

Manow, Philip (2018): Die Politische Ökonomie des Populismus, Berlin: Suhrkamp.

Mau, Steffen/Lux, Thomas/Westheuser, Linus (2023): Triggerpunkte: Konsens und Konflikt in der Gegenwartsgesellschaft, Berlin: Suhrkamp.

Stahl, Stefan (2023): Künftige IG-Metall-Chefin: »Sicherheit ist das beste Mittel gegen Rechts« – Ein Interview mit Christiane Benner, in: Augsburger Allgemeine vom 16.10.2023, Website Augsburger Allgemeine, [online] https://www.augsburger-allgemeine.de/wirtschaft/kuenftige-ig-metall-chefin-christiane-benner-sicherheit-ist-bestes-mittel-gegen-rechts-id68156881.html [abgerufen am 13.12.2023].

Für immer geteilt – kollektive Enttäuschungen trotz ökonomischer Erfolge in Ostdeutschland?

Michael Hüther

1. Einleitung

Bereits acht Jahre nach der Wiedervereinigung festigte sich die Erkenntnis, dass die »wirtschaftlichen Probleme der neuen Bundesländer mittlerweile weniger spezifisch transformationspolitische Phänomene, sondern vielmehr Ergebnis allgemeiner Standortprobleme sind, die sich allerdings in den neuen Bundesländern besonders deutlich niederschlagen« (Mummert/Wohlgemuth 1998: 15). Nach wie vor sind viele deutsche Standortnachteile grundlegender Natur und regionsübergreifend wirksam, andere wiederum gelten als spezifisch oder besonders ausgeprägt im Osten des Landes, der von einer ländlichen Struktur geprägt ist und vom demografischen Wandel stärker betroffen ist als der dichter besiedelte Westen Deutschlands. Die wirtschaftliche Konvergenz zum Westen stagniert seit Jahren und es besteht ein Ost-West-Gefälle bei Indikatoren zur Forschung und Entwicklung (FuE), in der öffentlichen Daseinsvorsorge und der Kaufkraft. Doch während fast eine Dekade nach der Einheit »ein sich selbst tragender Aufschwung Ost nicht in Sicht« war (Mummert/Wohlgemuth 1998: 7), verzeichnet der Osten derzeit vielversprechende Unternehmensansiedlungen und Investitionen multinationaler Unternehmen. Vor diesem Hintergrund stellen sich die Fragen: Ermöglichen spezifische Standortvorteile einen Aufschwung Ost in der Zeitenwende? Und wie passen ökonomische Erfolge und eine vermeintlich kollektive Unzufriedenheit der ostdeutschen Bevölkerung zusammen? Jedenfalls fragt niemand mehr nach den Hemmnissen des Aufbaus Ost durch den Reformstau West (Mummert/Wohlgemuth 1998). Der Osten steht auf eigenen Füßen.

2. Konvergenz zwischen Ost und West

Die ostdeutschen Bundesländer weisen auch über 30 Jahre nach der Wiedervereinigung noch einige wirtschaftliche Unterschiede zum Westen auf. So hat der Osten seit der Wende seine Wirtschaftskraft enorm ausgebaut, liegt aber dennoch deutlich hinter dem Westen zurück: Im Jahr 1991 erreichten die fünf ostdeutschen Flächenländer gerade einmal ein Drittel des westdeutschen Bruttoinlandsproduktes je Einwohner. Innerhalb von fünf Jahren wuchs die Wirtschaftskraft pro Kopf auf die Hälfte des westdeutschen Niveaus an und im Jahr 2021 betrug das Bruttoinlandsprodukt je Einwohner in Ostdeutschland 71 Prozent des entsprechenden Wertes in Westdeutschland (Tabelle 1). Die Annäherung zwischen der ostdeutschen und westdeutschen Wirtschaftskraft stagnierte nach dem Jahr 2000. Trotzdem verlief die Konvergenz schneller als die sogenannte Barro-Konvergenz (Barro 1994). Diese sieht bei einer Integration zweier Wirtschaftsräume eine durchschnittliche jährliche Verringerung des Abstands der Wirtschaftskraft pro Einwohner um 2 Prozent vor (Büchel/Röhl 2022).

Ein ähnliches Muster ist bei den Bruttolöhnen und -gehältern zu erkennen: Sie haben sich in Ost und West über die Zeit stark angeglichen, doch liegen die ostdeutschen Löhne und Gehälter im Jahr 2022 immer noch 8 Prozent unterhalb des westdeutschen Niveaus. Betrachtet man nur die ostdeutschen Flächenländer, liegt der Anteil am westdeutschen Lohnniveau sogar nur bei 86 Prozent im Jahr 2022. Ein Blick auf die regionalen Preisunterschiede zeigt hingegen einen Kostenvorteil in Ostdeutschland gegenüber Westdeutschland von 4,3 Prozentpunkten. Dadurch sinkt bei einer Betrachtung der realen Einkommen die bevölkerungsgewichtete Ost-West-Differenz zwischen dem nominalen verfügbaren Einkommen je Einwohner 2020 von 11,4 Prozent auf 7,4 Prozent (Goecke et al. 2023). Die Lohnstückkosten in den ostdeutschen Flächenländern haben sich ebenfalls an das westdeutsche Niveau angenähert. Ein Vergleich von Arbeitskosten und Produktivität erklärt diese Entwicklung. Schließlich fallen Arbeitskosten relativ zur Wertschöpfung in Ostdeutschland seit 2010 höher aus als im Westen (Tabelle 1).

Tab. 1: *Konvergenz zwischen Ost- und Westdeutschland[1]*

	1991	1995	2000	2005	2010	2015	2021
Bruttoinlandsprodukt (BIP) je Einwohner[1)]	33	59	60	66	67	67	71
Bruttolöhne /-gehälter je Arbeitnehmer	58	79	81	82	83	85	90
Arbeitskosten[1)]: Entgelt je Arbeitnehmer	49	74	77	78	80	79	83
Produktivität[1)]: BIP je Erwerbstätigen	42	65	69	78	75	77	81
Lohnstückkosten[1)]	119	114	112	101	106	102	102
Investitionen je Einwohner	66	149	110	77	73	68	73[5)]
Bruttoausrüstungsinvestitionen je Einwohner	62	106	97	64	87	62	64[5)]
Kapitalstock je Einwohner	38	50	64	71	77	77	78[4)]
Kapitalstock je Beschäftigten	40	56	73	82	87	89	90[4)]
Exportquote[1)]	52	40	56	63	67	74	66
FuE-Personalintensität[1)]	49	42	42[2)]	35[3)]	43	42	44[4)]
Patente je Einwohner[1)]	23	27	27	26	28	22	23
Erwerbsbeteiligung[1)]	96	92	88	87	89	87	87

Quellen: in Anlehnung an Büchel/Röhl 2022; Arbeitskreis Volkswirtschaftliche Gesamtrechnungen der Länder; Bundesagentur für Arbeit; Creditreform; DIW; DPMA; ifo; SOEP; Statistisches Bundesamt.

Die Verringerung der ostdeutschen Arbeitslosenquote auf westdeutsches Niveau kann als Erfolg bewertet werden. Anfang der 2000er Jahre war das Ost-West-Gefälle der Arbeitslosenquote auf seinem Höhepunkt und lag bei über 10 Prozentpunkten. Durch die Corona-Pandemie schloss sich die Lücke auf gerade einmal 1,7 Prozentpunkte. Prognosen zufolge wird im Jahr 2023 die Arbeitslosenquote in Ostdeutschland bei 7,2 Prozent, in Westdeutschland bei 5,3 Prozent liegen (Bundesagentur für Arbeit 2023).

Entscheidend für die zukünftige Entwicklung Ostdeutschlands sind vor allem die Produktivität, der Kapitalstock und der technische Fortschritt. Die ostdeutsche Produktivität (BIP je Erwerbstätigen) hat sich seit der Wiedervereinigung zwar an das westdeutsche Niveau angeglichen, ist durch die höhere Erwerbsquote im Westen jedoch geringer als die Wirtschaftskraft (BIP je Einwohner) und liegt im Jahr 2021 bei knapp über 80 Prozent der westdeutschen Produktivität (Tabelle 1). Außerdem belastet der demografische Wandel

---

1 Angaben für Ostdeutschland mit Westdeutschland als Basis (Westen=100). Anmerkungen: 1) Ohne Berlin. 2) 1999. 3) 2004. 4) 2019. 5) 2020.

die Wirtschaft in Ostdeutschland stärker: Während in Westdeutschland die Bevölkerung im erwerbsfähigen Alter bei hoher Zuwanderung bis 2070 konstant gehalten werden könnte, sinkt sie in Ostdeutschland in allen Szenarios – selbst bei Zuwanderung – im Vergleich zu 2022 um mindestens 10 Prozent (Statistisches Bundesamt 2023).

Die zwischenzeitlich in Ostdeutschland höheren gesamtwirtschaftlichen Investitionen trugen zum Aufbau des Kapitalstocks und dessen Konvergenz an das westdeutsche Niveau bei. Die Schere zwischen den Investitionen in Ost- und Westdeutschland geht seit den 2000er Jahren jedoch wieder auseinander. Bei der Personalintensität im Bereich FuE und der Zahl der Patenten je Einwohner verpassen die ostdeutschen Flächenländer nach wie vor den Anschluss an Westdeutschland und verzeichnen am aktuellen Rand nicht einmal die Hälfte oder ein Viertel der westdeutschen FuE- und Patent-Intensität. Vor diesem Hintergrund kommt den geplanten Großinvestitionen in den ostdeutschen Bundesländern eine hohe Bedeutung zu.

3. Aufschwung Ost in der Zeitenwende

Der Sachverständigenrat hat mit Blick auf die Transformation in den neuen Bundesländern 1993 »die Gefahr einer Deindustrialisierung« als »einen nachhaltigen, irreversiblen Verfallsprozess« beschrieben, der weit über das Schrumpfen im normalen Strukturwandel hinausgeht. Das wäre zu befürchten, »wenn man davon ausgehen müsste, dass die Standortbedingungen in den jungen Bundesländern auf längere Sicht erheblich schlechter blieben als in den alten« (Sachverständigenrat zur Begutachtung der gesamtwirtschaftlichen Entwicklung 1993). Die Sorge scheint zwar begründet gewesen zu sein, sie hat sich aber letztendlich nicht bewahrheitet: Unmittelbar nach der Wende war die Lücke des geringeren Industrieanteils in Ostdeutschland (inklusive Berlin) mit 14 Prozentpunkten (im Jahr 1992) noch beträchtlich. Die Betriebe der DDR waren dem Wettbewerb mit den westdeutschen Unternehmen ausgeliefert. Nach dem Motto *Privatisierung ist der beste Weg zur Sanierung* konnte der im Rahmen des Aufbau Ost begründete Prozess der Privatisierung durch die Treuhandanstalt bereits im Jahr 1994 abgeschlossen werden. Damit verbunden waren jedoch Betriebsschließungen und Entlassungswellen, was sich auf die Wirtschaftsstruktur auswirkte (Pohl 2021).

Zu Beginn der 2000er wurden dann Industrieansiedlungen wie in Leuna, Dresden, Zwickau und Leipzig vorangetrieben, verebbten aber zunehmend

(Röhl 2014). Dennoch konnte der steigende Anteil des Verarbeitenden Gewerbes an der gesamten Bruttowertschöpfung in Ostdeutschland die Lücke zum Westen stetig verringern und führte zum geringsten Abstand von nicht einmal 5 Prozentpunkten im Jahr 2009. Seitdem stagniert die Konvergenz der Anteile der Bruttowertschöpfung des Verarbeitenden Gewerbes an der Gesamtwertschöpfung zwischen Ost- und Westdeutschland und liegt im Jahr 2022 weiterhin bei knapp 5 Prozentpunkten. Hoffnung, die Lücke könne sich nun schließen und die Industrieregionen im Osten des Landes erführen eine neue Dynamik, geben die neuen Großinvestitionen und Ansiedlungen multinationaler Unternehmen.

Abb. 1: Aufstrebender Osten – Unternehmensinvestitionen und Subventionen

Quelle: Dezernat Zukunft und eigene Zusammenstellung.

Die derzeit prominentesten Unternehmensansiedlungen – nicht nur wegen der hohen Investitionssumme, sondern auch aufgrund der hohen Subventionszahlungen – konzentrieren sich auf Ostdeutschland und beinhalten die Ansiedlungen unterschiedlicher Chip-Hersteller in Magdeburg und Dresden (Abbildung 1). Mit der Überschrift in der Financial Times »The surprising revival of eastern Germany« (Chazan/Miller 2022) kann dem Industriestandort Ostdeutschland zudem eine Strahlkraft über den Atlantik hinaus attestiert werden. Erste Anzeichen eines »kleinen brandenburgischen Wirtschaftswunders« mit einem Wachstum von 6 Prozent im ersten Halbjahr 2023 konnten identifiziert werden (Röhl 2023).

Welche Faktoren treiben diesen Aufschwung Ost? Die Verfügbarkeit Erneuerbarer Energien ist derzeit einer der wesentlichen Standortfaktoren für Unternehmen. Hier bieten die ostdeutschen Flächenländer (mit Ausnahme von Sachsen) überdurchschnittlich hohe Solar- und Windleistungen an. Vor allem Mecklenburg-Vorpommern, Brandenburg und Sachsen-Anhalt sind deutsche Spitzenreiter bei installierten Solar- und Windleistungen. Wie eine Befragung unter Wirtschaftsförderern zeigt, ist die Verfügbarkeit von Industrieflächen ein weiterer entscheidender Standortvorteil des Ostens (Kempermann 2023): Während erschlossene und freie Gewerbeflächen in Westdeutschland praktisch kaum existieren, sind sie im Osten vermehrt verfügbar. Insgesamt geben in den beiden südlichen Bundesländern (Bayern und Baden-Württemberg) 6,1 Prozent und in den vier westlichen Bundesländern (Nordrhein-Westfalen, Hessen, Rheinland-Pfalz und Saarland) nur 4,2 Prozent der befragten Wirtschaftsförderer an, dass ausreichend vermarktungsreife Industrieflächen zur Verfügung stünden. Die ostdeutschen Bundesländer sind mit 20,8 Prozent deutsche Spitzenreiter (Kempermann 2023). Zukünftig wird sich dieser Standortvorteil des Ostens weiter manifestieren, denn im Westen (Süden) gaben 12,5 Prozent (4,2 Prozent) der Befragten an, perspektivisch stünden genügend Industrieflächen zur Verfügung. Im Osten sind es dagegen fast 38 Prozent. Ein weiterer Faktor könnten Bürgerinitiativen sein, die Industrieanlagen verhindern und Investoren abschrecken. Auch hier sticht der Osten die altdeutschen Bundesländer aus: Während im Süden, Westen und vor allem Norden Deutschlands 38 bis 44 Prozent der Wirtschaftsförderer berichten, dass Bürgerinitiativen Industrieanlagen verhindern, sind es im Osten nur 9 Prozent der Befragten (Kempermann 2023).

Darüber hinaus gibt es weitere Aspekte, die sich womöglich für Ostdeutschland positiv auswirken und weitere Investitionen mit sich ziehen könnten: Die neu angesiedelte Produktion von Mikrochips und Elektroautos passt nicht nur in das Portfolio grüner Transformationstechnologien, sondern entspricht auch der mit der Zeitenwende ausgerufenen neuen industriepolitischen Strategie der Bundesregierung und der EU. Mit der Produktion solcher als unverzichtbar identifizierten Schlüsseltechnologien soll die Resilienz und Unabhängigkeit (von Taiwan und China) gestärkt werden, weshalb die Bundesregierung bereit war, die Ansiedlung großzügig mit Subventionen zu begleiten. Doch weder diese Subventionspolitik noch die von der EU vorgeschlagenen Mindestwerte für in der EU hergestellte Produktionsvolumina, wie etwa 85 Prozent der Batterien, können in einem dynamischen Strukturwandel überzeugen (Hüther et al. 2023). Nichtsdestotrotz gilt: Der Osten sollte diese Chance in jedem Fall nutzen und die Bundespolitik sollte – nicht nur für die langfristig Stärkung des (ost-)deutschen Wirtschaftsstandortes – alles tun, um die deutschen Wettbewerbsvorteile, wie ein kontinuierliches Angebot qualifizierter Fachkräfte und eine anwendungsorientierte Hochschullandschaft, zu sichern und auszubauen. Wichtig dabei wäre, dass die öffentlich geförderten Investitionen, die sich derzeit meist auf die Städte konzentrieren (Abbildung 1), auch eine Strahlkraft auf das (Um-)Land entfalten, damit auch die ländlichen Gebiete von einem Aufschwung Ost profitieren können.

4. Persistente und neue Herausforderungen

Die deutsche Einheit ist der Erfolg einer friedlichen Revolution und anschließenden Transformation in eine vereinte, starke Volkswirtschaft. So wird die deutsche Einheit in Ost wie West insgesamt positiv bewertet und mit über 90 Prozent der Befragten befürwortet. Der Anteil der Deutschen, die mehr Gemeinsamkeiten als Unterschiede zwischen Ost und West sehen, ist über die Jahre hinweg gestiegen. Doch mehr als die Hälfte der Ostdeutschen (57 Prozent) geben nach wie vor an, dass die Unterschiede weiterhin überwiegen (Zech/Krause-Courdouan 2023). Obwohl Ostdeutschland die prominentesten Unternehmensansiedlungen und größten Investitionssummen multinationaler Unternehmen derzeit in Deutschland ausweisen kann, geht diese Entwicklung mit einer Unzufriedenheit der ostdeutschen Bevölkerung einher. Wie passt dies zusammen?

Eine historische Erklärung könnten die prägenden Erlebnisse aus der Wiedervereinigung bieten. Eine Systemtransformation beinhaltet nicht nur den Wandel der wirtschaftlichen Ordnung, sondern auch der Gesellschaft (Mummert/Wohlgemuth 1998). So mag der institutionelle und wirtschaftliche Wandel größtenteils erfüllt, der gesellschaftliche aber zum Teil verschlafen worden sein. Mit der Wende wurde eine enorme soziale Unsicherheit verbunden und das Modell der alten Bunderepublik wurde als überlegen angesehen (Großbölting 2023). Die Brucherfahrung mündete in einem Gewinner-Verlierer-Phänomen in Ostdeutschland, bei dem sich marktwirtschaftliche Entfaltungsmöglichkeiten und eine politische sowie oftmals persönliche wirtschaftliche Degradierung gegenüberstanden (Pohl 2021). Mit den Ansprüchen, die ostdeutschen Bundesländer »schon bald wieder in blühende Landschaften zu verwandeln« (Kohl 1990) und »jetzt wächst zusammen, was zusammengehört« (Willy Brandt), wurde perspektivisch eine Zielmarke der deutschen Wiedervereinigung aufgezeigt. Trotz einer umfassenden Konvergenz war und ist eine vollständige ökonomische Gleichheit der Regionen jedoch utopisch (Pohl 2021). Die von der Politik geschürten Erwartungen wurden mit Blick auf die Ost-West-Unterschiede enttäuscht und manifestierten sich in der Wahrnehmung vieler (Ost-)Deutscher. So ist noch heute ein mangelndes Anerkennungsgefühl im Osten für viele prägend: Über die Hälfte der Ostdeutschen sagt von sich selbst »nach wie vor Bürger zweiter Klasse« zu sein, nur 16 Prozent der Westdeutschen sagen dies über ostdeutsche Mitbürger (Zech/Krause-Courdouan 2023).

Einen weiteren Erklärungsansatz könnten die bestehenden und prägenden Unterschiede sein, die sich trotz der zum Teil großen Erfolge ökonomischer Konvergenz zwischen Ost- und Westdeutschland halten. Die ostdeutschen Flächenländer haben eine deutlich ländlichere Struktur als der dichtbesiedelte Westen und sehen sich somit mehr schrumpfenden, ländlichen und weniger wachsenden, urbanen Räumen gegenüber. Dies spiegelt sich auch in der Daseinsvorsorge wider: Zwar ist die Kinder-Betreuungslücke in Ostdeutschland mit 6,6 Prozent viel geringer als in allen anderen Teilen Deutschlands (Geiss-Thöne 2023); Eltern, die ihr Kind zur nächstgelegenen Kita in Mecklenburg-Vorpommern bringen, brauchen jedoch mehr als doppelt so lang wie in Nordrhein-Westfalen (Diermeier et al. 2023a). Auch bei der Erreichbarkeit von Grundschulen, Schwimmbädern oder Hausärzten sowie bei der Verfügbarkeit von Breitbandinternet oder der regionalen Kaufkraft zeigt sich ein Ost-West-Gefälle (Diermeier et al. 2023b; Büchel/Röhl 2023; Küpper/Peters 2019; Schröder/Wendt 2023).

Das Gefühl, in einer abgehängten Region zu leben, sowie Enttäuschungen und Verunsicherungen durch multiple Krisen befördern das Votum für die rechtspopulistische Partei, Alternative für Deutschland (AfD). Bei der Bundestagswahl 2021 erhielt die AfD in Ostdeutschland über 10 Prozentpunkte mehr als in Westdeutschland. Neu sind Unterschiede im Wahlverhalten zwischen Ost und West nicht (Träger 2015), der derart robuste Einzug einer rechtspopulistischen, in Teilen rechtsextremen, Partei in die ostdeutschen Parlamente der Bundesrepublik aber durchaus. Wenngleich sich die AfD auch in westdeutschen Landesparlamenten festgesetzt hat, ist die Affinität zu rechtspopulistischen Parteien »kein Problem Ostdeutschlands, wohl aber ein Problem in Ostdeutschland« (Großbölting 2023). Um zu verstehen, was die Wählerschaft der AfD umtreibt, lohnt ein Blick in die von der Transformation betroffenen Regionen. Hier machen sich die Leute mehr Sorgen als anderswo und wählen, vor allem in den ostdeutschen Transformationsregionen, verstärkt die AfD (Bergmann et al. 2023). Dabei könnten die Wahlerfolge der AfD die Chancen des aufstrebenden Industriestandortes Ostdeutschland gefährden. Denn fast jeder zweite befragte Hauptgeschäftsführer eines großen Wirtschafts- oder Arbeitgeberverbandes stimmt der Aussage zu, das Erstarken der AfD führe auf betrieblicher Ebene zu »Schwierigkeiten, in AfD-Hochburgen Fachkräfte aus dem Ausland zu gewinnen« (Bergmann/Diermeier 2023).

5. Land - Stadt statt Ost - West?

Vor dem Hintergrund der anhaltenden, im Vergleich zu früher aber geringeren Unterschiede zwischen Ost und West – die auch als Normallfall regionaler Unterschiede in der Wirtschaftsleistung bewertet werden können (Pohl 2021) –, stellt sich die Frage, ob die Debatte um De-Industrialisierungstendenzen und Transformationsherausforderungen noch um eine Differenzierung zwischen Ost und West oder vielmehr zwischen abgehängtem ländlichem und prosperierendem städtischem Raum gehen sollte (Der Beauftragte der Bundesregierung für Ostdeutschland 2023). Da Ostdeutschland vermehrt ländliche Strukturen aufweist, bedingt auch die Debatte um Stadt-Land-Konflikte eine Diskussion um ökonomische Schwierigkeiten in Ostdeutschland. Demgegenüber hätte der Fokus auf Unterschiede zwischen Stadt und Land den Vorteil einer verstärkt gesamtdeutschen, Ost-West-vereinenden Perspektive. Fast 30 Prozent aller kreisfreien Städte und Landkreise gelten als (automobile oder ökologische) Transformationsregion. Davon sind knapp 80 Prozent ländlich geprägt. Die Transformationsregionen sind dabei recht gleichmäßig über Deutschland hinweg verteilt und keineswegs nur ein ostdeutsches Phänomen (Lichtblau et al. 2022). Hier müssen der Strukturwandel und die anstehende Transformation bewältigt werden. Hier gibt es hohe Unsicherheiten in der Gesellschaft und die AfD verzeichnet größere Wahlverfolge. Hier also muss eine breite Investitions-, Regional- und Innovationspolitik verstärkt ansetzen, die zugleich den gesellschaftlichen Folgen der Transformation engagementpolitisch und bildungspolitisch Rechnung trägt. Dazu gehört auch die politische Einsicht, dass ein forcierter Strukturwandel – wie durch das Vorziehen des Kohleausstiegs – in der Lausitz auf andere Erfahrungen (Transformation 1989/90), Erwartungen (Verlässlichkeit der gegebenen Versprechen) und Möglichkeiten (schwächer geprägtes urbanes Umfeld) trifft als im Rheinischen Revier. Allein das nicht zur Kenntnis zu nehmen, schürt jene Enttäuschungen und Widerstände, die dem politischen Misstrauensvotum gegen unsere Institutionen den Boden bereiten.

Literatur

Barro, Robert J. (1994): Economic Growth and Convergence, International Center for Economic Growth, Occasional Paper, Nr. 46, San Francisco.

Bergmann, Knut/Diermeier, Matthias/Kempermann, Hanno (2023): AfD in von Transformation betroffenen Industrieregionen am stärksten, in: IW-Kurzbericht, Nr. 71, Berlin/Köln.

Bergmann, Knut/Diermeier, Matthias (2023): AfD-Erstarken. Verbände sehen stärker politische als ökonomische Risiken, in: IW-Kurzbericht, Nr. 63, Köln.

Büchel, Jan/Röhl, Klaus-Heiner (2022): Sind anhaltende Produktivitätsunterschiede zwischen West- und Ostdeutschland auch durch Unterschiede in der Datenbewirtschaftung zu erklären?, in: IW-Trends, 49. Bd., Nr. 4, S. 23–43.

Büchel, Jan/Röhl, Klaus-Heiner (2023): Aufbau Ost. Die Gigabit-Lücke, in: IW-Kurzbericht, Nr. 15, Köln/Berlin.

Bundesagentur für Arbeit (2023): Arbeitslosigkeit im Zeitverlauf: Entwicklung der Arbeitslosenquote, Stand: September 2023.

Chazan, Guy/Miller, Joe (2023): The surprising revival of eastern Germany, Website Financial Times, [online] https://www.ft.com/content/f1d0e732-d523-40db-b753-ae404498dc7a [abgerufen am 30.10.2023].

Der Beauftragte der Bundesregierung für Ostdeutschland (2023): Zum Stand der Deutschen Einheit – Bericht der Bundesregierung 2023, Berlin.

Diermeier, Matthias/Ehlers, Carolin/Engler, Jan Felix/Fremerey, Melinda/Wendt, Jan Marten (2023a): Erreichbarkeiten. Schulen und Kitas, in: IW-Kurzbericht, Nr. 41, Köln/Berlin.

Diermeier, Matthias/Engler, Jan Felix/Fremerey, Melinda/Ehlers, Carolin (2023b): Schwimmbäder. Infrastruktur und Erreichbarkeiten, in: IW-Kurzbericht, Nr. 68, Köln.

Geis-Thöne, Wido (2023): Betreuungsplätze: Fast 300.000 U3-Kitaplätze fehlen, Website IW, [online] https://www.iwkoeln.de/presse/pressemitteilungen/wido-geis-thoene-fast-300000-u3-kitaplaetze-fehlen.html [abgerufen am 30.10.2023].

Goecke, Henry/Henger, Ralph/Kawka, Rupert/Schröder, Bjarne/Schröder, Christoph/Wendt, Jan Marten (2023): Regionaler Preisindex – ein neuer Ansatz mit Big Data, Gutachten in Zusammenarbeit mit dem Bundesinstitut für Bau-, Stadt- und Raumforschung (BBSR) im Bundesamt für Bauwesen und Raumordnung (BBR), Köln.

Großbölting, Thomas (2023): Von Ossis und Wessis, in: FAZ, Nr. 240.

Hüther, Michael/Bardt, Hubertus/Bähr, Cornelius/Matthes, Jürgen/Röhl, Klaus-Heiner/Rusche, Christian/Schaefer, Thilo (2023): Industriepolitik in der Zeitenwende, in: IW-Policy Paper, Nr. 7, Köln.

Kempermann, Hanno (2023): Industrieflächen: Rar bis nicht existent, Website iwd, [online] https://www.iwd.de/artikel/industrieflaechen-rar-bis-nicht-existent-590121/#:~:text=Kernaussagen%20in%20K%C3%BCrze%3A,von%20vermarktungsreifen%20Industriefl%C3%A4chen%20of%C3%BCr%20ausreichend [abgerufen am 30.10.2023].

Kohl, Helmut (1990): Fernsehansprache zum Inkrafttreten der Währungs-, Wirtschafts- und Sozialunion, Website Bundesregierung, [online] https://www.bundesregierung.de/breg-de/service/bulletin/der-entscheidende-schritt-auf-dem-weg-in-die-gemeinsame-zukunft-der-deutschen-fernsehansprache-des-bundeskanzlers-zum-inkrafttreten-der-waehrungsunion-am-1-juli-1990-788446 [abgerufen am 30.10.2023].

Küpper, Patrick/Peters, Jan Cornelius (2019): Entwicklung regionaler Disparitäten hinsichtlich Wirtschaftskraft, sozialer Lage sowie Daseinsvorsorge und Infrastruktur in Deutschland und seinen ländlichen Räumen, Nr. 66, Thünen Report.

Lichtblau, Karl/Ewald, Johannes/Lang, Thorsten/Schroeder, Wolfgang/Buhr, Daniel (2022): Transformationsstrategien für besonders betroffene Regionen: Identifizierung und Bewertung, Köln.

Mummert, Uwe/Wohlgemuth, Michael (1998): Aufschwung Ost im Reformstau West, Contributiones Jenenses 6. Bd., Max-Planck-Institut zur Erforschung von Wirtschaftssysteme, Nomos: Baden-Baden.

Pohl, Rüdiger (2021): Aufbau Ost: Lief da etwas falsch?, in: Wirtschaftsdienst, 101. Bd. (Suppl. 1), S. 14–20.

Röhl, Klaus-Heiner (2014): 25 Jahre nach dem Mauerfall: Bilanz und Herausforderungen, IW-Trends-Vierteljahresschrift zur empirischen Wirtschaftsforschung, 41. Bd., Nr. 3, S. 73–90.

Röhl, Klaus-Heiner (2023): Sechs Gründe, warum die Deutsche Einheit nicht gescheitert ist, Website IW, [online] https://www.iwkoeln.de/presse/iw-nachrichten/klaus-heiner-roehl-sechs-gruende-warum-die-deutsche-einheit-nicht-gescheitert-ist.html [abgerufen am 30.10.2023].

Sachverständigenrat zur Begutachtung der gesamtwirtschaftlichen Entwicklung (1993): Zeit zum Handeln – Antriebskräfte stärken, Jahresgutachten 1993/94.

Schröder, Christoph/Wendt, Jan (2023): Kaufkraft: Starnberger können sich am meisten leisten, Website IW, [online] https://www.iwkoeln.de/presse/iw-nachrichten/christoph-schroeder-jan-marten-wendt-starnberger-koennen-sich-am-meisten-leisten.html [abgerufen am 6.11.2023].

Statistisches Bundesamt (2023): Bevölkerung im Erwerbsalter wird in Ostdeutschland in den nächsten 20 Jahren um 0,6 bis 1,2 Millionen Menschen abnehmen, Website Statistisches Bundesamt, [online] https://www.destatis.de/DE/Presse/Pressemitteilungen/2023/09/PD23_N052_12.html [abgerufen am 30.10.2023].

Träger, Hendrik (2015): Ein Vierteljahrhundert Wahlen in Ost und West (1990 bis 2014): regionale Unterschiede und Gemeinsamkeiten, in: Zeitschrift für Parlamentsfragen, 46. Bd., Nr. 1, S. 57–81.

Zech, Luisa/Krause-Courdouan, Laurent (2023): Ostdeutsche und Westdeutsche – Warum sie Demokratie verschieden verstehen, Website ZDF, [online] https://www.zdf.de/nachrichten/politik/politbarometer-deutschland-demokratie-wahlen-100.html [abgerufen am 30.10.2023].

Die *neuen* Themen Klima und Krieg: Die AfD als Krisenprofiteur der Zeitenwende

Manès Weisskircher

1. Einleitung

Die Alternative für Deutschland (AfD) wurde im September 2021 mit Verlusten (10,3 Prozent, -2,3 Prozentpunkte) zum zweiten Mal in den deutschen Bundestag gewählt. Als nun zweitgrößte Oppositionspartei erlebte sie unmittelbar nach dem Regierungsantritt der Ampel-Koalition im Dezember 2021 einen nur mäßig erfolgreichen Start: Im Frühjahr 2022, im Kontext der russischen Großinvasion der Ukraine, fiel die AfD bei bundesweiten Umfragen unter die Zehn-Prozent-Marke. Im Mai 2022 flog die Partei in Schleswig-Holstein gar zum bisher einzigen Mal aus einem Landtag. Daraufhin vermutete die Berichterstattung einiger Leitmedien bereits den Anfang vom Ende der Partei – erst recht, als beim Bundesparteitag in Riesa im Juni 2022 radikale Politikerinnen und Politiker die »Gemäßigten« des ehemaligen Meuthen-Lagers im Bundesvorstand ersetzten. Nicht nur Die Zeit (Zeit Online 2022) sah die »Partei in der Dauerkrise«.

Doch schon zum damaligen Zeitpunkt ließen zwei analytische Perspektiven vermuten, dass beim verfrühten Abgesang der AfD der Wunsch Vater des Gedankens war. Zum einen zeigte der internationale Vergleich, dass Rechtsaußen-Parteien in den meisten westeuropäischen Ländern langfristig elektoral starke Phänomene sind (Mudde 2019). Oftmals überstehen sie auch schwere Krisen: Die Freiheitliche Partei Österreichs (FPÖ) ist hierfür ein markantes Beispiel, da selbst der Ibiza-Skandal 2019 nur einen kurzen elektoralen Einbruch bedeutete. Zum anderen war schon vor Riesa eine wichtige AfD-interne Entwicklung absehbar: Der Abgang Meuthens und seiner Vertrauten bot die Möglichkeit, die vielfältigen und teils massiven innerparteilichen Konflikte zu entschärfen, die die Partei seit ihrer Gründung im Jahr 2013 geprägt und zum Teil gebremst hatten (Heinze/Weisskircher 2021). Ungeachtet der Höhen und Tiefen der tagespolitischen Konjunktur ist die AfD der dominante Akteur in einer breit aufgestellten deutschen Rechtsaußen-Landschaft, die im letzten Jahrzehnt an organisatorischer Stärke gewonnen hat (Weisskircher 2024).

Im zehnten Jahr ihres Bestehens änderte sich die Lage der AfD in einem für sie günstigeren politischen Umfeld rasch – und zwar noch im ersten Jahr der Regierung Scholz, als (auch) die AfD den Krieg Russlands gegen die Ukraine thematisch in den Mittelpunkt rückte (Arzheimer 2023, Volk 2023). In Westeuropa setzen Rechtsaußen-Parteien wie die AfD nicht allein auf Anti-Einwanderungs-Kampagnen, um zu reüssieren (Mudde 1999) – eine Entwicklung, die während der COVID-19-Pandemie besonders augenscheinlich wurde (Wondreys/Mudde 2020). Während der *Zeitenwende* waren der Ukraine-Krieg (Ivaldi/Zankina 2023) und die Klimapolitik (Forchtner 2019) die wichtigsten Beispiele für Rechtsaußen-Mobilisierung ohne primären Bezug zum Thema Einwanderung.

Dieser Beitrag zeichnet nach, wie die AfD die Folgen des Kriegs, mitsamt Inflation und Versorgungsunsicherheiten im Bereich der Energie, auch mit ihrer langfristigen Mobilisierung gegen klimapolitische Maßnahmen verbinden konnte. Die Parteispitze kritisierte hier nicht nur die Waffenlieferungen an die Ukraine und die Sanktionen gegen Russland, sondern auch die deutsche Energiepolitik und das Tempo der Energiewende – und wurde in diesem Kontext einmal mehr zum Krisenprofiteur (Hansen/Olsen 2024).

2. Neue Themen für die AfD: Von Klima bis Krieg

Bereits ab Gründung der AfD spielte Kritik an klimapolitischen Maßnahmen für sie eine relevante Rolle – lehnten doch viele der wirtschaftsliberalen Gründungsfiguren die Energiewende und Angela Merkels Revision des Ausstiegs aus der Kernenergie ab. Im Grundsatzprogramm 2016 leugnet die Partei die wissenschaftlichen Erkenntnisse über den menschengemachten Klimawandel bereits (AfD 2016: 79). Und zum Höhepunkt der Mobilisierung von Fridays for Future im Jahr 2019 verkündete Alexander Gauland, dass »Kritik an der sogenannten Klimaschutzpolitik [...] nach dem Euro und der Zuwanderung das dritte große Thema für die AfD« (WELT 2019) sei – eine spektakuläre Ansage, bei deren Verwirklichung wohl auch die COVID-19-Pandemie im Weg stand. Nichtsdestotrotz blieb das Klimathema von großer Bedeutung für die Partei.

Wesentlich ist, dass die AfD nicht bloß den anthropogenen Klimawandel leugnet, sondern dass sie dabei konkrete klimapolitische Maßnahmen und Akteurinnen und Akteure in das Zentrum ihres Diskurses rückt (Küppers 2022, Otteni/Weisskircher 2022). Die Gefahr der breiten öffentlichen und parteipolitischen Anschlussfähigkeit klimaskeptischer Positionen besteht weniger in der expliziten Leugnung des menschengemachten Klimawandels an sich, , da nur eine kleine gesellschaftliche Minderheit dieser Position folgt, sondern in der Mobilisierung gegen spezifische Maßnahmen und Akteure – die Fachliteratur beschreibt letzteres als »climate obstruction« (Ekberg et al. 2023). Beispielsweise mobilisierte die AfD bereits bei der Landtagswahl in Brandenburg 2014 gegen den Ausbau der Windkraft. In der »Dresdener Erklärung der umweltpolitischen Sprecher der AfD im Bundestag und den Landtagsfraktionen« (AfD 2019) lehnen diese unter anderem »einen ideologisch begründeten Kohleausstieg sowie eine CO_2-Steuer bzw. Bepreisung von CO_2 in jeglicher Form ab, forder[n] den Ausstieg aus dem Pariser Klima-Übereinkommen von 2015« und prophezeien einen »Umbau unserer freiheitlichen Gesellschaft in eine Ökodiktatur«. Die Partei nimmt auch Klimaaktivistinnen und Klimaaktivisten ins Visier – von *Fridays for Future* (Berker/Pollex 2021; Heinze 2023) bis zur Letzten Generation, der von führenden Vertreterinnen und Vertretern sogar Terrorismus vorgeworfen wurde (z.B. AfD 2023a).

Profitiert die AfD von ihrer Mobilisierung gegen konkrete Klimapolitik? Eine empirische Analyse spricht dafür: Auf individueller Ebene zeigen Umfragedaten, dass die Leugnung des menschengemachten Klimawandels mit Sympathie für die AfD korreliert, nicht jedoch für die Unterstützung anderer Parteien. Auch die Skepsis gegenüber konkreten klimapolitischen Maßnahmen wie dem Ausbau der erneuerbaren Energien oder dem Kohleausstieg korreliert am stärksten mit der Unterstützung für die AfD. Auf Aggregatebene zeigt eine Analyse von Landtags- und Bundestagswahlergebnissen, dass die AfD in Kommunen mit mehr neu errichteten Windkraftanlagen auch elektoral stärker ist, insbesondere in Ostdeutschland – was darauf hindeutet, dass Energieinfrastruktur auch lokal zu politischem Unmut beiträgt (alle Informationen aus Otteni/Weisskircher 2022, 2023).

Die AfD verband ihre Ablehnung der deutschen Regierungspolitik auch im Kontext des Kriegs Russlands gegen die Ukraine mit ihrer langfristigen Position zur Energiewende. Die Parteispitze kritisierte nicht nur die Sanktionen gegen Russland und die militärische Unterstützung der Ukraine, sondern auch die Beschleunigung der Energiewende – ein wesentlicher Aspekt ihrer Diskussion des Kriegs. In einem Entschließungsantrag zum Ausbau erneuerbarer Energien, den der Bundestag am 7. Juli 2022 verabschiedete (»Osterpaket«), betonte die AfD:

> »Der Ukrainekrieg hat verdeutlicht, dass vor allem die Gewährleistung der Energiesicherheit im öffentlichen Interesse liegt und der öffentlichen Sicherheit dient. Trotzdem hält die Bundesregierung am gleichzeitigen Ausstieg aus der Kohlverstromung und Kernenergie fest. Allerdings ist die Energiesicherheit bei der geplanten Dekarbonisierung der Sektoren Strom, Verkehr und Wärme nicht ohne die Kernenergie, die im Unterschied zur Photovoltaik, Windenergie und Kohleverstromung sowohl grundlastfähig als auch CO_2-frei ist, zu gewährleisten.« (AfD 2022a)

In eine ähnliche Richtung argumentierte Alice Weidel, als sie den beschleunigten Ausbau der erneuerbaren Energie als Ausdruck fehlgeleiteter Ideologie darstellt:

> »Dass die Menschen in unserem Land unter einer Politik leiden, die auf rein ideologischen Gesichtspunkten aufgebaut ist und die Energiesicherheit schon ohne den Krieg in der Ukraine gefährdet, wird von der Ampelregierung geflissentlich ignoriert. Im Gegenteil betrachtet man einen Krieg, der uns von der Energieversorgung abschneidet und die Lebenshaltungskosten in die Höhe schnellen lässt, laut Annalena Baerbock als *Booster für die Erneuerbaren*.« (AfD 2022b)

Obwohl die Partei trotz Mobilisierungsversuchen im nur vermeintlich »heißen Herbst« weniger UnterstützerInnen auf der Straße mobilisieren konnte als von ihr erhofft (Rink et al. 2022), konnte sie in Umfragen ab Sommer 2022 wieder punkten. Rund um den Jahreswechsel 2022 und 2023 stand sie bei rund 15 Prozent Unterstützung. Und auch wenn Szenarien wie eine schwerwiegende Gas-Krise im Winter verhindert wurden, blieben klima- und energiepolitische Fragen schon allein wegen der Kontroverse um das Gebäudeenergiegesetz – von der AfD als »Heizhammer« porträtiert – salient. Als im Laufe des Jahres 2023 auch das AfD-Kernthema der außereuropäischen Einwanderung an Salienz gewann, erreichte die Partei neue Umfrage-Höchstwerte. Im Oktober 2023 lag die AfD bei wesentlichen Umfrageinstituten bundesweit bei über 20 Prozent und bestätigte die hohen Zustimmungswerte bei den Landtagswahlen in Hessen und Bayern. Damit feierte sie Erfolge weit über ihre Hochburgen in Ostdeutschland hinaus (Weisskircher 2022).

Im Zuge des Umfragehochs veröffentlichte die AfD im September 2023 gar ein »Sofortprogramm einer AfD-geführten Bundesregierung« (AfD 2023). Der erste Programmpunkt – »Deindustrialisierung Deutschlands stoppen« – unterstreicht abermals die Bedeutung der klimapolitischen Mobilisierung für die AfD im Kontext der *Zeitenwende*. Hier fordert die AfD u.a. ein Ende der Energie- und Verkehrswende, geringere Ausgaben für Klimapolitik, die Rückkehr der Atomkraft, die Abschaffung der CO_2-Abgabe, die Reduktion von Energiesteuern und das Ende von Subventionen für erneuerbare Energien. Ebenso nimmt sie auf die Folgen des Kriegs Bezug, wenn sie ankündigt, »die Nord-Stream-Leitungen reparieren und wieder in Betrieb nehmen«. Erst in Punkt 6 (»Für deutsche Interessen in einer multipolaren Welt«) bezieht sich die AfD explizit auf den Krieg, indem sie ankündigt, dass »[e]ine AfD-geführte Bundesregierung [...] sich unter Einbeziehung der OSZE für einen Waffenstillstand in der Ukraine einsetzen [würde], der Voraussetzung für eine langfristige Friedensperspektive« (AfD 2023b) sei. Die AfD-Rhetorik zum Krieg ist also auch in ihrem »Sofortprogramm« wesentlich mit der Ablehnung klimapolitischer Maßnahmen verknüpft.

3. Fazit

Die Entwicklung der AfD in den Jahren der Ampel-Koalition zeigt, dass temporäre Umfragetiefs der AfD keineswegs Vorbote einer fundamentalen Krise sein müssen. Binnen kürzester Zeit konnte die Partei von Konflikten rund um Krieg und Klima profitieren – und beide Themen miteinander verbinden. Ironischerweise setzten manche Beobachterinnen und Beobachter ihre Hoffnung auf eine kurz- bis mittelfristige Schwächung der AfD in die Gründung einer neuen Partei von Sahra Wagenknecht (zu deren Potenzial siehe Wagner et al. 2023) – und nicht etwa in die Performance der Ampel-Koalition. Die Schwierigkeit für Regierungen, effektiv auf die vielfältigen politischen Krisen zu reagieren, wird wohl weiterhin Nährboden für die AfD bieten. Im Kontext des Klimawandels gibt es hier zu bedenken, dass die Partei in Industrieregionen, die vom Strukturwandel betroffen sind, besonders gute Ergebnisse einfährt (Bergmann et al. 2023). Ein Ende der AfD-Kritik an klimapolitischen Maßnahmen ist mittelfristig nicht zu erwarten: Auch wenn Migration weiterhin das Kerngeschäft der AfD darstellt, ist sie mittlerweile thematisch breit aufgestellt.

Literatur

AfD (2016): Programm für Deutschland. Das Grundsatzprogramm der Alternative für Deutschland, Website AfD, [online] https://www.afd.de/wp-content/uploads/2023/05/Programm_AfD_Online_.pdf [abgerufen am 27.09.2023].

AfD (2019): Dresdener Erklärung der umweltpolitischen Sprecher der AfD im Bundestag und den Landtagsfraktionen, Website AfD, [online] https://afdbundestag.de/wp-content/uploads/2019/07/Dresdener-Erkla%CC%88rung-V7.pdf [abgerufen am 27.09.2023].

AfD (2022a): Entschließungsantrag zu der dritten Beratung des Gesetzentwurfs der Bundesregierung – Drucksachen 20/1630, 20/2580 – Entwurf eines Gesetzes zu Sofortmaßnahmen für einen beschleunigten Ausbau der erneuerbaren Energien und weiteren Maßnahmen im Stromsektor, Drucksache 20/2660, Website AfD, [online] https://dserver.bundestag.de/btd/20/026/2002660.pdf [abgerufen am 27.09.2023].

AfD (2022b): Alice Weidel: 44 Prozent der Deutschen wollen gegen Energiepolitik demonstrieren: Faeser macht sie schon jetzt zu Rechtsextremisten, Website AfD, [online] https://www.afd.de/alice-weidel-44-prozent-der-deutschen-wollen-gegen-energiepolitik-demonstrieren-faeser-macht-sie-schon-jetzt-zu-rechtsextremisten [abgerufen am 27.09.2023].

AfD (2023a): Stephan Brandner: Letzte Generation ist kriminelle Vereinigung, Website AfD, [online] https://www.afd.de/stephan-brandner-letzte-generation-ist-kriminelle-vereinigung [abgerufen am 27.09.2023].

AfD (2023b): 10 Punkte für Deutschland. Sofortprogramm einer AfD-geführten Bundesregierung, Website AfD, [online] https://afdbundestag.de/wp-content/uploads/2023/09/Sofortmassnahmen_AfD_Regierung_Positionspapier.pdf [abgerufen am 27.09.2023].

Arzheimer, Kai (2023): To Russia with love? German populist actors' positions vis-a-vis the Kremlin, in: Giles Ivaldi/Emilia Zankina (Hg.), The Impacts of the Russian Invasion of Ukraine on Right-Wing Populism in Europe Gilles, Brussels: European Center for Populism Studies (ECPS), S. 156–167.

Bergmann, Knut/Diermeier, Matthias/Kempermann, Hanno (2023): AfD in von Transformation betroffenen Industrieregionen am stärksten, in: IW-Kurzbericht, Nr. 71, Köln.

Berker, Lars/Pollex, Jan (2021): Friend or Foe? – Comparing Party Reactions to Fridays for Future in a Party System Polarised between AfD and Green

Party, in: Zeitschrift für Vergleichende Politikwissenschaft, 15. Bd., Nr. 2, S. 165–183.

Ekberg, Kristoffer/Forchtner, Bernhard/Hultman, Martin/Jylhä, Kirsti M. (2023): Climate Obstruction How Denial, Delay and Inaction are Heating the Planet, Abingdon: Routledge.

Forchtner, Bernhard (2019): The Far Right and the Environment: Politics, Discourse and Communication, Abingdon: Routledge.

Hansen, Michael/Olsen, Jonathan (2024): Political Entrepreneurship in the Age of Dealignment. The Populist Far-right Alternative for Germany, Basingstoke: Palgrave Macmillan.

Heinze, Anna-Sophie (2023): Parteireaktionen auf die Fridays for Future-Bewegung im Deutschen Bundestag, in: Jan Pollex, Anna Soßdorf (Hg.), Fridays for Future. Einordnung, Rezeption und Wirkung der neuen Klimabewegung, Wiesbaden: Springer VS.

Heinze, Anna-Sophie/Weisskircher, Manès (2021): No Strong Leaders Needed? AfD Party Organisation between Collective Leadership, Internal Democracy, and ›Movement-party‹ Strategy, in: Politics and Governance, 9. Bd., Nr. 4, S. 263–274.

Ivaldi, Giles/Zankina, Emilia (2023): The Impacts of the Russian Invasion of Ukraine on Right-Wing Populism in Europe, Brüssel: European Center for Populism Studies (ECPS).

Küppers, Anne (2022): ›Climate-Soviets‹, ›Alarmism,‹ and ›Eco-Dictatorship‹: The Framing of Climate Change Scepticism by the Populist Radical Right Alternative for Germany, in: German Politics.

Mudde, Cas (1999): The Single-Issue Party Thesis: Extreme Right Parties and the Immigration Issue, in: West European Politics, 22. Bd., Nr. 3, S. 182–197.

Mudde, Cas (2019): The Far Right Today, Cambridge: Polity.

Otteni, Cyrill/Weisskircher, Manès (2022): Global Warming and Polarization. Wind Turbines and the Electoral Success of the Greens and the Populist Radical Right, in: European Journal of Political Research, 61. Bd., Nr. 4, S. 1102–1122.

Otteni, Cyrill/Weisskircher, Manès (2023): AfD gegen die Grünen? Rechtspopulismus und klimapolitische Polarisierung in Deutschland, in: Forschungsjournal Soziale Bewegungen, 35. Bd., Nr. 2, S. 317–335.

Rink, Dieter/Leistner, Alexander/Kühn, Sabine/Strang, Joshua (2023): »Heißer Herbst« 2022. Rechte Mobilisierung als Kristenprotest, in: Forschungsjournal Soziale Bewegungen, 36. Bd., Nr. 1.

Steffen, Tilman (2022): AfD-Parteitag in Riesa – Partei in der Dauerkrise, in: Zeit Online, Website Zeit, [online] https://www.zeit.de/politik/deutschland/2022-06/afd-parteitag-riesa-krise [abgerufen am 12.10.2023].

Volk, Sabine (2023): Positionierungen der deutschen extremen Rechten zum russischen Angriffskrieg in der Ukraine, 2022/23, in: Uwe Backes/Alexander Gallus/Eckhard Jesse/Tom Thieme (Hg.), Baden-Baden: Nomos.

Wagner, Sarah/Wurthmann, Constantin/Thomeczek, Jan Philipp (2023): Bridging Left and Right? How Sahra Wagenknecht Could Change the German Party Landscape, in: Politische Vierteljahresschrift, 64. Bd., S. 621–636.

Weisskircher, Manès (2022): Die AfD als neue Volkspartei des Ostens?, in: Knut Bergmann (Hg.), »Mehr Fortschritt wagen«? Parteien, Personen, Milieus und Modernisierung: Regieren in Zeiten der Ampelkoalition, Bielefeld: transcript, S. 317–334.

Weisskircher, Manès (2024): Contemporary Germany and the Fourth Wave of Far-Right Politics. From the Streets to Parliament, Abingdon: Routledge.

WELT (2019): Gauland: Widerstand gegen Klimaschutzmaßnahmen neues Hauptthema für die AfD, Website AfD, [online] https://www.welt.de/newsticker/news1/article201107412/Klima-Gauland-Widerstand-gegen-Klimaschutzmassnahmen-neues-Hauptthema-fuer-die-AfD.html [abgerufen am 12.10.2023].

Wondreys, Jakub/Mudde, Cas (2022): Victims of the Pandemic? European Far-Right Parties and COVID-19, in: Nationalities Papers, 50. Bd., Nr. 1, S. 86–103.

Show – don't tell. Performative Widersprüche in zwei Jahren grün-gelben Koalierens

Sebastian Jarzebski

1. Einleitung

Aufbruch! So lautete das Versprechen, mit dem die Ampel-Koalition im Dezember 2021 ihre Arbeit aufnahm. Viele projizierten Hoffnungen auf einen beschleunigten, gerechten, fairen und zukunftsträchtigen Wandel auf die selbst ernannte *Fortschrittskoalition*. Sie war und ist ein absolutes Novum bundesdeutscher Politik. Schon die Sondierungsphase der Koalitionsbildung folgte nicht dem klassischen bundesrepublikanischen Skript, nachdem die stärkste Fraktion auf die Juniorpartner zugeht und ihnen die Zusammenarbeit anbietet. Diese nämlich drehten den Spieß um und illustrierten ihren Willen, neue Politik zu gestalten, umgehend mit dem zur Berühmtheit gelangten Zitrus-Selfie. Am 28. September 2021 zeigten sich Annalena Baerbock, Volker Wissing, Christian Lindner und Robert Habeck mit einem gemeinsamen Selfie auf ihren Instagram-Kanälen. Der symbolische Startschuss war gefallen und die erste erzählerische Note der Legislatur war von den Grünen und der FDP gesetzt: Wir sorgen in der Ampel-Koalition für den Aufbruch in bessere Zeiten (Jarzebski 2022).

Schon heute lässt sich sagen: Ein großes Versprechen, das sich Kontingenzen und Ambivalenzen ausgesetzt sah und letztlich – so viel sei schon zu Beginn verraten – eine kurze Lebensdauer verzeichnete. Dieser Text versucht zu erkunden, welche Hürden dem Aufbruchs-Versprechen im Weg standen und wie hier performative und erzählerische Mechanismen wirkten. Der Fokus liegt dabei auf zwei Hindernissen, die in besonderem Maße das Sprechen über die Ampel prägen konnten und das Vertrauen in die Koalition untergraben haben: Erstens hatte der Aufbruch eine starke symbolische Konkurrenz, die sich vor allem in der Zeitenwende materialisierte. Zweitens verstrickte sich die Koalition in performative Widersprüche, wodurch die Aufbruchs-Erzählung nicht gegen alternative Deutungsangebote stabilisiert werden konnte.

Sicherlich ließen sich weitere Problembereiche der Koalition beleuchten, wie etwa die inhaltlichen und/oder ideologischen Differenzen der Koalitionäre oder aber die parteipolitischen Dynamiken, die von den Rändern Druck auf die demokratische Mitte ausübten und somit Einfluss auf die Policies der Ampel gewinnen konnten. Doch wird dieser Text seinen Fokus auf das Vorpolitische, Symbolische, Erzählerische richten und dabei die kommunikativen Rahmenbedingungen untersuchen, in denen die Ampel-Koalition versuchte, den Aufbruch mit Leben zu füllen. Denn gerade diese Perspektive bietet Einsichten in den sprachlichen Raum, der Politik formt. Wenn wir Anton Jägers Essay *Hyperpolitik* folgen, dann erlangt eben jener Raum wieder neue Bedeutung für die Analyse politischer Zusammenhänge: »Die Postpolitik ist endgültig vorbei, die antipolitischen Energien der zehner Jahre haben ihr den Garaus gemacht. Die Politik dringt wieder ins Private, in die Kultur, ja sogar in die Ökonomie ein.« (Jäger 2023: 17)

2. Symbolische Konkurrenz

Vielleicht lässt sich das Ende des Aufbruchs genauer terminieren, als uns lieb ist. Am 27. Februar 2022 trat der Deutsche Bundestag zu einer Sondersitzung zusammen. Es sprach Olaf Scholz, der gerade 81 Tage zuvor zum neunten Bundeskanzler der Bundesrepublik Deutschland gewählt worden war: »Der 24. Februar 2022 markiert eine Zeitenwende in der Geschichte unseres Kontinents«. Ein neuer Begriff war damit in der Welt, die Zeitenwende. Warum konnte sie im Diskurs resonieren, während vom Aufbruch im Empfinden der Menschen nicht mehr viel übrigblieb? Eine Antwort liegt in der vorpolitischen Verankerung, der symbolischen Qualität des Begriffs.

Politisches Handeln wurde schon immer symbolisch gedeutet. Unabhängig von der Forschungstradition, die Politik als symbolisch (Sarcinelli 2011), theatralisch (Meyer et al. 2001), performativ (Alexander 2011) oder erzählerisch (Gadinger et al. 2014) dechiffriert, geht es darum, den ästhetischen Gehalt politischer Symbolik ernst zu nehmen. Das Aufstiegs-Versprechen der Ampel hatte einen hohen symbolischen Gehalt, dessen erzählerischer Charakter an anderer Stelle herausgearbeitet wurde (Jarzebski 2022). Mit der Zeitenwende tritt jedoch eine symbolische Konkurrenz aufs diskursive Tableau, die es mit Hilfe narrativer Techniken (Jarzebski 2020) zu dechiffrieren gilt.

Zunächst lohnt ein Blick auf die Metaphorik, die Zeitenwende und Aufbruch trennt. Beide verweisen auf die Überwindung eines Zustandes. Dabei weist der Aufbruch in die Zukunft, während die Zeitenwende das Hier und Jetzt fokussiert. Dem Möglichen des Aufbruchs steht das Notwendige der Wende gegenüber. Die beiden Veränderungsbegriffe erzählen eine unterschiedliche Dringlichkeit. Während der Aufbruch brachialer erscheint und Vergangenes, Verkrustetes aufweichen und hinter sich lassen will, erkennt die Zeitenwende externe Kräfte an. Sie ist mithin reaktiver und schicksalhafter. Realpolitik löst Idealismus ab. Doch warum scheint im gegenwärtigen Sprechen vom Aufbruch wenig übrig?

Natürlich müssen die exogenen Schocks berücksichtigt werden. Bei aller Anerkennung der Krise als Dauerzustand des Regierens (Florack 2021), erscheint der Angriff Russlands auf die Ukraine doch als eine ganz neue Dimension krisenhaften Weltgeschehens. Geradezu tragisch zeigt sich, wie strategieunfähig Narrative sind und wie wenig sie sich aktiv in den Diskurs implantieren lassen, wenn sie nicht mit der Erfahrungswelt der Diskursbeteiligten und/oder dem Geschehen korrespondieren. Der Angriff Russlands auf die Ukraine veränderte die kommunikativen Kontexte, in denen die Koalitionäre vom Aufbruch sprechen konnten. So passte die Zeitenwende mit ihrem realistischen Anklang besser in die Stimmung des Landes als der Aufbruch, den nicht mehr viele verspürten. Der Angriff auf die Ukraine veränderte auch die Bedingungen für symbolische Legitimation. Während der Bundestagswahl 2021 zogen die Ampel-Parteien ihre Legitimation aus dem herbeigewünschten Ende der Merkel-Ära. Aufbruch war notwendig. Auch und gerade in der Rollenkonfiguration der Zitrus-Parteien, die sich als Aufbrechende inszenieren konnten. Sie standen für echte Veränderung und forderten diese glaubhaft ein. Die politische Berichterstattung stützte die Aufbruchs-Erzählung und stimmte an: »Die Farben der Zukunft sind gelb und grün« (von Buttlar 2021). In diesem Sinne waren die Zitrus-Parteien in der Lage, das Aufbruchs-Versprechen performativ zu stützen. Sie verkörperten den Aufbruch und zogen ihre Legitimation auch aus diesem symbolischen Kapital.

Dementgegen könnte man mit Habermas argumentieren, dass der Geltungsanspruch im Diskurs, den die Koalitionäre mit dem Versprechen des *Aufbruchs* artikulierten, zunächst rein ästhetischer Natur war. Zugänglich war er weder über objektivierbare Argumente noch über normative Ansprüche. Doch über einen neuen Stil, den die mediale Beobachtung dankend aufgriff:

»[...] Es wird gewitzelt, gelacht, die beiden duzen sich. ›Ja dann... einen schönen guten Abend von Christian und mir‹, sagt Habeck dann etwa. [...] ›Also für die Haushaltsdisziplin, Verzicht auf Steuererhöhungen, Schuldenbremse bin ich zuständig. Um das Wachstum kümmert sich der Robert‹, sagt Lindner.« (Neuroth 2022)

Dennoch war die Zeitenwende in der Welt und damit ein alternatives Deutungsangebot, das die Rahmenbedingungen veränderte: »Wir erleben eine Zeitenwende. Und das bedeutet: Die Welt danach ist nicht mehr dieselbe wie die Welt davor« (Scholz in seiner Regierungserklärung am 27. Februar 2022). Für Deutschland bedeutete dies einen radikalen Shift der Aufmerksamkeit. Weg von der Megakrise Corona, hin zu energie- und sicherheitspolitischen Fragestellungen, die den notwendigen innenpolitischen Modernisierungsdruck als sekundäres Ziel zurückstellten. Es entstanden neue Notwendigkeiten. Vor allem für das grün geführte Wirtschafts- und Klimaministerium hieß es »Krisenmodus statt Energiewende« (Polansky 2022).

Mit dieser fundamentalen Neujustierung war der Aufbruch jäh gestoppt. Es galt Probleme zu lösen, auf die es keine gemeinsam vorbereitete Antwort gab. Obwohl die Unterschiedlichkeit der Parteien selbstreflexiv Eingang in den Koalitionsvertrag gefunden hatte – der zweite Satz des Koalitionsvertrags startet mit den Worten »Wir haben unterschiedliche Traditionen und Perspektiven ...« –, manifestierten sich neue Konfliktlinien an der Frage, wie die Energiekrise zu bewältigen sei. Vor allem für die zunächst noch so einig in die Koalitionsverhandlung gestarteten Zitrus-Parteien galt es nun, ihren Standpunkt klarzumachen.

»›Die wichtige Rolle der FDP ergibt sich ja daraus, dafür zu sorgen, dass Deutschland aus der Mitte regiert wird und nicht nach links driftet‹, sagte Lindner der ›Welt‹. ›Wir haben die Ampel nicht gebildet aus automatischer inhaltlicher Nähe, sondern weil wir eine staatspolitische Verantwortung haben‹.« (AFP/dpa/asc, 2022)

Äußerungen wie diese zeigten erste Risse im Verhältnis. Performative Dissonanzen waren die Folge.

3. Performative Widersprüche

Die performative Geschlossenheit der Ampel-Parteien im Allgemeinen und der Zitrus-Parteien im Besonderen war konstitutiv für das Zustandekommen der Koalition. Ohne eine symbolische Einigkeit wären die inhaltlichen Differenzen nicht überwindbar gewesen. Es brauchte einen symbolischen Referenzpunkt, der als erzählerisches Identifikationsangebot die Gemeinsamkeiten betonte: »Virtually every kind of modern collectivity, moreover, seems to depend at one time or another on integrative processes that create some sense of shared identity, even if these are forged, as they all too often are, in opposition to simplistic constructions of those who are putatively on the other side.« (Alexander 2011: 26) Gerade für Grüne und Liberale galt es also, eine gemeinsame Zielvorstellung zu entwickeln. Der Aufbruch war diese gemeinsame Mission und gleichzeitig der kleinste gemeinsame symbolische Nenner. Und er war durchaus glaubhaft, denn er resonierte mit den entsprechenden Wähler-Milieus, für die »change und flow alltagsästhetische Leitmotive« sind und die »aktuell ein Momentum, in dem Veränderung sich als gesellschaftliche Aufgabe etabliert« spürten (Borgstedt 2022: 341f.).

Beste Startbedingungen für den Aufbruch. Doch zeigte sich schnell, wie stark symbolpolitische Deutungsangebote unter Druck geraten können. Die neuen Konfliktlinien, die durch die energie- und haushaltspolitischen Realitäten in Folge des russischen Angriffs auf die Ukraine aufbrachen, hätten eine Rückversicherung auf den symbolischen Kern benötigt. Denn inhaltliche Differenzen über den Umgang mit transformativen Problemen lassen sich effektiver und friedlicher einer Lösung zuführen, wenn das gemeinsame Ziel weiterhin klar definiert ist. Natürlich mag man argumentieren, dass Aufbruch allein noch kein Ziel darstellt und gerade das Fehlen einer normativen Grundierung die Differenzen zwischen den Zitrus-Parteien präjudizierte. Doch muss man festhalten, dass diese mangelnde inhaltliche Kohärenz ein Wesensmerkmal gegenwärtiger Gesellschaften ist: »Contemporary societies revolve around open-ended conflicts between parties who do not necessarily share beliefs, frequently do not accept the validity of one another's intention, and often disagree even about the descriptions that people offer for facts.« (Alexander 2011: 25)

Mit welcher Form von Konflikt haben wir es also zu tun, wenn Grüne und FDP sich im koalitionären Miteinander streiten? Ist das noch demokratischer Dissens, der mit unterschiedlichen Positionen abwägend auf ein gemeinsames Ziel hinwirkt? Oder haben wir es mit Gräben zu tun, die tiefer sind und an denen die »imagined communities« der Beteiligten (in Anlehnung an Anderson) nicht unschuldig sind?

Zur Beantwortung möchte ich das Augenmerk auf die performativen Aspekte des Konfliktes lenken und mit einer ganz simplen Beobachtung starten: Seit dem Zitrus-Selfie gab es kein gemeinsames öffentlichkeitswirksames Foto oder Video der grün-gelben Spitzenpolitiker. Auf das Selfie zum Start folgte kein weiterer symbolischer Schulterschluss. Dies machte es der politischen Berichterstattung einfach, sich auf den Dissens zu konzentrieren und die nach wie vor existierenden Gemeinsamkeiten zu ignorieren. Es reicht ein chronologischer Blick auf exemplarische Überschriften, um die Geschichte dieser Entzweiung nachzuzeichnen. Sie lässt sich mühelos in die 5 Akte des klassischen Dramas zerlegen:

1. Akt: Exposition Die Exposition war gekennzeichnet vom Aufbruch. Das Selfie stand im Mittelpunkt. Dieser symbolische Startschuss der Koalition wurde an anderer Stelle beleuchtet (Jarzebski 2022).

2. Akt: Komplikation Spätestens im Mai 2022 brachen sich auf den Konflikt konzentrierende Lesarten des Koalitionshandelns bahn. So hieß es im Mai 2022 »Ernüchterung statt Euphorie« (Feld et al. 2022) oder »Vom Projekt zum Problemfall« (Hagen et al. 2022). Kurz nach dem Aufbruch drehte die Zeitenwende das Blatt und der Dissens war im Raum. Schon hier zeigt sich: Es hätte einer Versicherung bedurft. Einer Versicherung, dass man Seite an Seite steht und die neuen Herausforderungen gemeinsam angeht. Denn der transformative Veränderungsdruck trifft auf deutsche Wählerinnen und Wähler, die traditionell nach Sicherheit suchen. Sicherheit im Sinne von Stabilität ist ihnen wichtiger als Freiheit, Gerechtigkeit oder Gleichheit. Und diese Sicherheit braucht eine vorpolitische Verankerung im sozialen Gefüge. »The more complex, segmented, and differentiated the collectivity, the more these elements of social performance become de-fused. To be effective in a society of increasing complexity, social performances must engage in a project of re-fusion. To the degree they achieve re-fusion, social performances become convincing and effective – more ritual-like. To the degree that social performances remain de-fused, they seem artificial and contrived, less like rituals than like performances in the pejorative sense. They are less effective as a result.« (Alexander 2011: 27)

3. Akt: Peripetie Im klassischen Drama leitet die Peripetie den Umschwung der Handlung und damit entweder die Katastrophe oder aber die Lösung eines Problems ein. Für die Geschichte der Ampel lassen sich die anhaltenden Streitpunkte rund um das Gebäudeenergiegesetz – das den Menschen nur als »Heizungsgesetz« bekannt ist –, die Kindergrundsicherung sowie der Haushalt 2023 als Handlungsumschwung lesen. Seit dem Frühjahr 2023, also kurz nachdem die Koalition das Land warm und sicher durch den energiepolitisch heikelsten Winter der bundesrepublikanischen Geschichte gelenkt hatte, dräute »Das Ende der Fortschrittskoalition« (Hensel 2023). Die Tagesschau sprach von der »Gegeneinander-Koalition« (Emundts 2023) und die Rheinische Post fragte »Krach, Krise – und dann der Koalitionsbruch?« (Strauß 2023). In der Welt war von der »Koalition der Ratlosen« (Alexander et al. 2023) die Rede. Auch ikonografisch fand die Entzweiung ihre Entsprechung, wie folgendes Bild beispielhaft illustriert.

Abb. 1: Fotografie aus dem deutschen Bundestag

Quelle: picture alliance/Fotostand/Reuhl.

Der Deutschlandfunk leitete seinen Text wie folgt ein: »Die Fortschrittskoalition, so nannte sich die Ampel zu Beginn ihrer Regierungszeit. Nun kommuniziert sie über den Postweg. Habeck und Lindner liegen im Clinch und schreiben sich böse Briefe. Das Klima in der Koalition scheint zunehmend vergiftet.« (Capellan 2023) und versah das Bild mit einer sprechenden Unterzeile: »Beste

Freunde werden die beiden wohl nicht mehr werden: Christian Lindner und Robert Habeck.«

Wesentlich für die Peripetie ist, dass sich der eingeleitete Umschwung aus der Handlung selbst ergibt und nicht von außen kommt. In diesem Sinne lebt die Ampel hier das Drama in Reinform aus.

4. Akt: Retardation Wir befinden uns im vierten Akt. Ganz aktuell sind wir mittendrin in einem sich entfaltenden Drama. Noch wissen wir nicht, ob wir es mit einer Tragödie oder einer Komödie zu tun haben. Dies entscheidet sich erst durch die Auflösung im fünften Akt, der dann als *Katastrophe* oder *Dénouement* entweder die Handelnden verdammt oder Katharsis verspricht. Gerade versuchen wir also zu analysieren, zu beobachten, während das Stück noch läuft und wir sein Ende nicht kennen – ein Grundproblem zeitdiagnostischer Texte:

> »In Echtzeit unternommene Analysen sind immer riskant. Wie eine Hochgeschwindigkeitskamera läuft auch die Zeitgeschichte Gefahr, der Fluidität und Unbestimmtheit der Situation, die sie einzufangen versucht, zum Opfer zu fallen, eingefroren zwischen impressionistischen Details und zu großer Abstraktion.« (Jäger 2023: 13)

Kennzeichnend für das retardierende Moment ist, dass es das Ende herauszögert. Die Spannung steigt und es eröffnen sich neue Hürden, aber auch neue Chancen. Dieser Text entsteht in unmittelbarer zeitlicher Nähe zur Entscheidung des Bundesverfassungsgerichts bezüglich des Klimafonds. Am 15. November 2023 entschied der zweite Senat, dass der Nachtragshaushalt 2021 verfassungswidrig sei. Es brauchte alternative Lösungen für den Klima- und Transformationsfonds (KTF), der ein wichtiger finanzpolitischer Hebel der Regierung war. Denn er ermöglichte allen Parteien, ihre Rolle zu spielen: Die SPD konnte an ihren sozialpolitischen Maßnahmen, wie der Erhöhung des Bürgergeldes, festhalten und versuchte gleichzeitig, die moderierende Kanzlerrolle innerhalb der Ampel auszufüllen. Zur Legitimation neuer Finanzierungsmodelle zog Olaf Scholz in seiner Regierungserklärung zur Haushaltslage am 28. November 2023 auch erstmals wieder den Aufbruch heran:

> »Wir sind mitten im Aufbruch in eine neue Ära, vergleichbar in seiner Dimension nur mit dem Aufbruch in das Industriezeitalter. Jetzt, schon in den allernächsten Jahren, entscheidet sich, wo künftig Wertschöpfung stattfindet, wo Innovation und Wohlstand zu Hause sind in einer klimaneutralen Welt.«

Zusätzlich hielt Scholz auf dem SPD-Parteitag fest: »Es wird in einer solchen Situation keinen Abbau des Sozialstaats in Deutschland geben.« Die Parameter waren also abgesteckt. Keinen Abbau des Sozialstaates und gleichzeitig Innovation und Wohlstand in einer klimaneutralen Welt – eine Vision, die das Zusammenwirken aller Koalitionäre erforderte. So sahen sich auch Grüne und FDP angesichts der nachgeholten Haushaltsdebatte in ihren klassischen Rollen wieder: Diese als Hüter der Schuldenbremse, jene als investitionsfreudige Kämpfer für den klimaneutralen Umbau der Wirtschaft. In diesen klaren Rollenzuschreibungen waren die Parteien in die Regierung eingetreten. Ohne den finanzpolitischen Hebel des Klimafonds mussten Kompromisse her. Kompromisse, die zulasten der Rollen gehen könnten. Wenn wir diese Geschichte als Drama lesen, wird sich jetzt zeigen, welche Masken fallen. Im retardierenden Moment entscheidet sich, wie stark die Parteien die Erwartungen ihrer Wählerinnen und Wähler ausreizen können. Erwartbar ist, dass alle Abstriche machen werden, um ihr »Gesicht zu wahren«, wie es dann in der politischen Berichterstattung so gerne heißt.

Doch scheint dieses Gesicht wahren zu wenig für einen echten Aufbruch, der das Grundversprechen der Regierung war. Gerade jetzt wäre eine gemeinsame, nach vorne gerichtete Lösung für die Erzählung eines Gesamterfolges der Regierung notwendig. Show, don't tell heißt diese erzählerische Technik, bei der es darum geht, den Leserinnen und Lesern die Handlung durch Aktionen, Begriffe, Gedanken, Gefühle spürbar zu machen, nicht durch bloße Deskription, nicht durch ein Darstellen oder Behaupten. Nun heißt es also zu zeigen, wie der Aufbruch gelingen kann.

Literatur

AFP/dpa/asc (2022): Konflikte in der Bundesregierung, Lindner sieht FDP-Rolle in Ampel als Korrektiv gegen »links«, in: Spiegel Online vom 01.08.2022, Website Spiegel Online, [online] https://www.spiegel.de/politik/deutschland/christian-lindner-sieht-fdp-rolle-in-ampelkoalition-als-korrektiv-gegen-links-a-38e04a1a-0128-4c4d-9e2f-bf20051e7b68 [abgerufen am 17.9.2023].

Alexander, Jeffrey (2011): Performance and Power, Cambridge: Polity Press.

Alexander, Robin/Bethke, Hannah/Jungholt, Thorsten/Malzahn, Claus Christian (2023): Koalition der Ratlosen – Ampel in der Dauerkrise, in: Welt vom 10.07.2023, Website Welt, [online] https://www.welt.de/politik/de

utschland/plus246280434/Ampel-Die-Koalition-der-Ratlosen.html [abgerufen am 17.9.2023].

Borgstedt, Silke (2022): In welchem Land wollen wir leben? Milieuspezifische Erwartungen, Bereitschaften und Beharrungskräfte mit Blick auf die sozio-ökologische Transformation, in: Knut Bergmann (Hg.), »Mehr Fortschritt wagen?« Parteien, Personen, Milieus und Modernisierung: Regieren in Zeiten der Ampelkoalition, Bielefeld: transcript, S. 341–342.

Buttlar, Horst von (2021): Die Farben der Zukunft sind gelb und grün, Kommentar, in: Capital, vom 28.09.2021, Website Capital.de, [online] https://www.capital.de/wirtschaft-politik/die-farben-der-zukunft-sind-gelb-und-gruen [abgerufen am 17.9.2023].

Capellan, Frank (2023): »Giftbriefe« im Ampel-Kabinett, Kommentar zum Koalitionsstreit, in: Deutschlandfunk, vom 16.02.2023, Website Deutschlandfunk, [online] https://www.deutschlandfunk.de/kommentar-zum-koalitionsstreit-giftbriefe-im-ampel-kabinett-100.html [abgerufen am 17.9.2023].

Emundts, Corinna (2023): Die Gegeneinander-Koalition, Analyse zum Streit in der Ampel, in: Tagesschau.de vom 26.05.2023, Website Tagesschau, [online] https://www.tagesschau.de/inland/innenpolitik/zustand-ampelkoalition-102.html [abgerufen am 17.9.2023].

Feld, Christian/Kohnert, Nicole/Sambale, Markus (2022): Ernüchterung statt Euphorie, Analyse zum Ampel-Bündnis, in: Tagesschau.de vom 27.05.2022, Website Tagesschau, [online] https://www.tagesschau.de/inland/innenpolitik/ampel-regierung-101.html [abgerufen am 17.9.2023].

Florack, Martin (2021): Die Krise als Normalzustand des Regierens. Semantik und Funktionalität, in: Martin Florack, Karl-Rudolf Korte, Julia Schwanholz (Hg.), Coronakratie. Demokratisches Regieren in Ausnahmezeiten, Frankfurt a.M.: Campus.

Gadinger, Frank/Jarzebski, Sebastian/Yildiz, Taylan (Hg.) (2014): Politische Narrative. Konzepte, Analysen, Forschungspraxis, Wiesbaden: Springer VS.

Hagen, Kevin/Reiber, Serafin/Weiland, Severin (2022): Kriselndes Ampelbündnis, Vom Projekt zum Problemfall, in: Spiegel Online vom 17.05.2022, Website Spiegel Online, [online] https://www.spiegel.de/politik/deutschland/ampel-koalition-nach-nrw-wahl-vom-projekt-zum-problemfall-a-b737cc1e-0563-4896-81f3-236fc8a7931d?utm_source=dlvr.it&utm_medium=twitter#ref=rss [abgerufen am 17.9.2023].

Hensel, Jana (2023): Das Ende der Fortschrittskoalition, in: Zeit Online vom 01.04.2023, Website Zeit Online, [online] https://www.zeit.de/politik/deutschland/2023-03/olaf-scholz-koalitionsausschuss-ampel-koalition [abgerufen am 17.9.2023].

Jäger, Anton (2023): Hyperpolitik, Berlin: Suhrkamp.

Jarzebski, Sebastian (2020): Erzählte Politik. Politische Narrative im Bundestagswahlkampf 2013, Wiesbaden: Springer VS.

Jarzebski, Sebastian (2022): Bündnisse erzählen. Wie mit dem Narrativ vom Aufbruch eine neue Koalition geschmiedet wurde, in: Knut Bergmann (Hg.): »Mehr Fortschritt wagen«? Parteien, Personen, Milieus und Modernisierung: Regieren in Zeiten der Ampelkoalition, Bielefeld: transcript, S. 61–80.

Meyer, Thomas/Ontrup, Rüdiger/Schicha, Christian (2001): Die Inszenierung des Politischen. Zur Theatralität von Mediendiskursen, Wiesbaden: Springer VS.

Neuroth, Oliver (2022): Lindner und Habeck: Ziemlich beste Rivalen, in: tagesschau.de vom 10.06.2023 Website Tagesschau [online] https://www.tagesschau.de/multimedia/audio/audio-136635.html [abgerufen am 19.12.2023].

Polansky, Martin (2022): Raus aus dem Krisenmodus? Analyse zu Ein Jahr Krieg in der Ukraine, in: Tagesschau.de vom 22.02.2023, Website Tagesschau, [online] https://www.tagesschau.de/inland/innenpolitik/zeitenwende-habeck-101.html [abgerufen am 17.9.2023].

Sarcinelli, Ulrich (1987): Symbolische Politik. Zur Bedeutung symbolischen Handelns in der Wahlkampfkommunikation der Bundesrepublik Deutschland, Opladen: Westdeutscher Verlag.

Strauß, Hagen (2023): Krach, Krise – und dann der Koalitionsbruch? Ampel-Streit ums Heizungsgesetz, Rheinische Post vom 24.05.2023, Website Rheinische Post, [online] https://rp-online.de/politik/deutschland/ampel-streit-krach-krise-und-dann-der-koalitionsbruch_aid-90948433 [abgerufen am 17.9.2023].

Gutes Regieren – eine verhaltensökonomische Perspektive

Dominik H. Enste

1. Einleitung: Voraussetzungen für verhaltensökonomische Interventionen

Der Titel erfordert, zunächst zu klären, was denn mit *gutem* Regieren gemeint ist. Denn das *Gute* könnte sich auf sehr viele verschiedene Aufgaben und Lebensbereiche beziehen etwa im Sinne von »Gut Leben in Deutschland« (Die Bundesregierung 2016), auf Lebenszufriedenheit und eine hohe Lebensqualität abzielen, also subjektives Wohlbefinden im weitesten Sinne, ergänzt um objektive Indikatoren (Enste et al. 2019). Objektive Tatbestände sind die Gesundheitsversorgung, die Wohnverhältnisse, die wirtschaftliche Lage und die Chancen auf Teilhabe und anderes mehr, was typischerweise auch zu den Zielen einer breit gefassten Wirtschaftspolitik gehört, die sowohl die wirtschaftlichen als auch die sozialen und ökologischen Ziele berücksichtigt (Enste/Klös 2023: 114ff.).

Gutes Regieren kann grundsätzlicher auch aus moralphilosophischer Perspektive betrachtet werden. *Gut* meint dann nicht nur die messbaren wirtschaftlichen und gesellschaftlichen Verhältnisse, sondern muss darüber hinausgehend moralphilosophisch begründet werden. Da sich aber die Moralphilosophen in der zweieinhalbtausendjährigen Geschichte der Ethik auf keinen Satz oder eine Formel einigen konnten, was denn nun als *gut* und moralisch richtig anzusehen ist, soll auch hier nicht versucht werden, dies zu lösen. Denkbar wäre weiterhin ein politikwissenschaftlicher Ansatz, um zu prüfen, was einzelne Akteure in der Politik als *gut* erachteten, wie beispielsweise ihre Wiederwahl oder die Erreichung bestimmter politischer Ziele. Abzuwägen wäre dann, ob das Wohl des deutschen Volkes, oder ganz Europas oder gar der ganzen Welt, wie beim Klimaschutz notwendig, in den Blick genommen wird, oder nur das der Wohl der jeweiligen Wählerinnen und Wähler. Die Frage, was denn *gutes Regieren* ist, steht angesichts dieser offenen Fragen bei der folgenden Analyse vor der Klammer. Und in der Tat gibt es ja viele Themen, bei denen sich die Akteure zumindest auf das Ziel verständigen können – wie etwa die Verbesserung der Lebensqualität und eine längere Lebenserwartung.

Die Verhaltensökonomik und selbst die speziellere Verhaltensethik versucht nicht, moralische Urteile zu fällen oder vorzugeben. Sie analysiert, mit welchen Instrumenten, die zuvor festgelegten Ziele mit Hilfe der Verhaltensökonomik besser zu erreichen wären. Denn diese bietet statt effektiven Maßnahmen wie Verboten von bestimmten Handlungen (z.B. Rauchverbote in öffentlichen Bereichen), sanfte, weichere Methoden an, *gute* Ziele zu erreichen – und dies effizienter und weniger freiheitseinschränkend als Zwangsmaßnahmen des Staates. Auch wenn Heuristiken und Nudges (›Anstupsen‹) selten an die Effizienz von ökonomischen Maßnahmen wie Anreizen in Form von Steuern (beispielsweise der CO_2-Steuer) oder Subventionen (etwa zugunsten von Grundlagenforschung) heranreichen können. Die Verhaltensökonomik bietet einen Mittelweg, der darauf gerichtet ist, die Entscheidungsarchitektur für die Bürgerinnen und Bürger so anzupassen, dass diese quasi automatisch, ohne viel Nachdenken ihre persönlichen, langfristigen Ziele verfolgen (beispielsweise mehr private und betriebliche Altersvorsorge) und so am Ende zugleich die kollektiven Ziele des *guten Regierens* der Politik erreicht werden. Dies setzt voraus, dass bei den Themen weitgehende Einigkeit besteht, was denn als *gut* für eine Gesellschaft angesehen werden kann (Thaler/Sunstein 2003).

Beim Thema Nachhaltigkeit zeigen die Daten, dass Deutschland seit 1990 die Entkoppelung von Wachstum und CO_2-Emmissionen beim Konsum und bei der Produktion erreicht hat und auch ansonsten beim Vergleich mit anderen Ländern beim Erreichen der 17 Nachhaltigkeitsziele (SDG) der UN weit vorne liegt (Rang 4 von 164 Ländern) (Enste/Klös 2023: 114ff.). Die Frage wäre, wie die 17 SDGs, wenn diese als Ziele guten Regierens verwendet würden, zukünftig weiterhin erreicht werden könnten. Die Verhaltensökonomik bietet hier viele Ansätze in Form des *Green Nudging*, die keine Freiheitseinschränkung wie höhere Steuern oder Verbote beinhalten. Diese Instrumente stehen auch zur Erreichung anderer Ziele guten Regierens zur Verfügung. Sie funktionieren, ohne dass die Wählerinnen und Wähler in ihrem Handeln stets rational agieren müssten. Denn es ist ein Mythos, dass Menschen sich tatsächlich als rationaler Wähler oder Wählerin verhalten (Caplan/Bryan 2008). Gutes Regieren für (manchmal) irrational handelnde Bürgerinnen und Bürger kann von verhaltensökonomischen Erkenntnissen profitieren und helfen, den Status-quo-Bias zu überwinden. Angesichts der mannigfaltigen Herausforderungen und dem Widerstand gegenüber Veränderungen von Seiten der Bevölkerung, mit denen die Ampel-Regierung konfrontiert ist, sollten eben alle Möglichkeiten genutzt werden, die Resilienz zu steigern.

2. Biases – Heuristiken – Nudging: Ziele mit freiheitswahrenden Eingriffen erreichen

Der Politik steht dafür ein großer Kanon an verhaltensökonomischen Instrumenten zur Verfügung, die eine veränderte Entscheidungsstruktur für die Bürgerinnen und Bürger schaffen und so zu Verhaltensänderungen führen können. Dabei wird davon ausgegangen, dass Menschen sich in der Realität nicht so rational, frei von Emotionen und nutzenmaximierend verhalten, wie das die ökonomische Theorie in ihren Modellen annimmt. In zahlreichen Studien wurde mittlerweile nachgewiesen, dass sich viele Entscheidungen durch nur begrenzte Rationalität auszeichnen. Der Mensch macht Fehler in der Informationsaufnahme und -verarbeitung. Darüber hinaus *leidet* er unter begrenzter Willenskraft und trifft somit eher myopische Entscheidungen, obwohl er weiß, dass ihm diese langfristig schaden (Beck 2014).

Die Erklärung für dieses irrationale Verhalten liefern die Psychologen Kahneman und Tversky (1974). Menschen nehmen aus verschiedenen Gründen oftmals eine Art mentale Abkürzung. Sie nutzen ihr intuitives System 1, um schnelle und auf Erfahrung basierende Entscheidungen zu treffen. Rationale Abwägungsprozesse (System 2) finden vor allem bei Entscheidungen statt, die für das Individuum besonders wichtig sind und bei denen ein hohes Involvement besteht. Die Fähigkeiten des menschlichen Geistes, komplexe Probleme zu lösen, sind im Vergleich zur Komplexität dieser vielfach nicht ausreichend. Menschen nutzen daher verschiedene Möglichkeiten der Vereinfachung von Entscheidungen (Enste 1998). Solche mentalen Abkürzungen, sogenannte Heuristiken, sind Daumenregeln, die helfen, schnell Urteile zu fällen, ohne viel Zeit für die Recherche und Analyse von Informationen aufwenden zu müssen. Aber die Entscheidungen des Systems 1 basieren vielfach auf Vorurteilen und kognitiven Verzerrungen, Biases, und sorgen so für Fehlentscheidungen. Mithilfe der Erkenntnisse der Verhaltensökonomik kann nun die Entscheidungsarchitektur so gestaltet werden, dass das System 1 dennoch gute Entscheidungen trifft. Dies gelingt durch sogenannte Nudges, die nicht auf das System 2, das mit rationalem Denken und Handeln und dem Abwägen zwischen verschiedensten Alternativen und deren Konsequenzen verbunden ist, abzielen, sondern vielmehr auf das intuitive System 1 gerichtet sind, also z.B. auf unser Bauchgefühl. Heuristiken werden dabei genutzt, um die Biases der Menschen konstruktiv, produktiv, effizient und effektiv zu nutzen, um beispielsweise die Ziele *guten Regierens* zu erreichen. Studien belegen die Wirksamkeit u.a. bei der Altersvorsorge, dem Umweltschutz und Energiesparen, bei der gesünderen Ernährung und dem Abnehmen, weil das menschliche Verhalten so darauf ausgerichtet wird, etwas häufiger das zu tun, was langfristig sinnvoll ist und nicht den sofortigen Genuss zu sehr in den Vordergrund stellt (Beck 2014; Enste/Potthoff 2021).

Nudging kann dabei zunächst in der besonders sanften Form der verständlichen Informationsbereitstellung (beispielsweise Storytelling oder Visualisierung) stattfinden, die auf das System 1 gerichtet ist. Weitere Maßnahmen betreffen die Veränderung der Entscheidungsarchitektur selbst. Die wichtigsten zehn Nudges, die u.a. in den USA und dem Vereinigten Königreich von regierungsamtlichen *Nudging Units* getestet wurden, sind dabei für Sunstein (2014):

1. Default Settings (wie zum Beispiel automatische, aber freiwillige Beteiligung an Weiterbildungs-, Gesundheits- oder Altersvorsorgeprogrammen);
2. Vereinfachungen (bei der Beantragung, der Prozesse und Berechtigungen, wobei dies ggf. auf Kosten der Einzelfallgerechtigkeit gehen kann);
3. Soziale Normen (wie zum Beispiel die Betonung, dass fast alle Menschen ihre Steuern pünktlich und korrekt bezahlen);
4. Erleichterung und Annehmlichkeit (Energiesparen kann/darf sogar Spaß machen (Enste et al. 2023);
5. Offenlegung und Information (z.B. von Kosten und Nutzen bestimmter Verhaltensweisen);
6. Warnungen und Hinweise (z.B. in bildlicher Form wie bei Zigaretten);
7. Vorab-Festlegungsstrategie (um Selbstkontrollprobleme und myopische Entscheidungen zu vermeiden, etwa bei der Altersvorsorge);
8. Erinnerungen (z.B. bei Deadlines);
9. Framing (beispielsweise durch positive Formulierungen: »Planen Sie zu wählen?«, »Planen Sie, Ihr Kind zu impfen?«);
10. Informationen über Folgen vergangener Entscheidungen (etwa bei der Stromanbieterwahl), die verdeutlichen, dass sich die Veränderung des Status quo lohnt.

Das bekannteste und vieldiskutierte Beispiel ist die Veränderung der Voreinstellung, dem sogenannten Default Setting, bei der Organspende. In Ländern wie Österreich, wo die Menschen der postmortalen Organspende aktiv widersprechen müssen (*Opt Out*), sind 99 Prozent der Menschen Organspender; in Deutschland – trotz der intensiven Diskussion in den letzten Jahren – haben nur 39 Prozent aktiv einen Organspendeausweis erworben oder ausgedruckt (*Opt In*). Obwohl in beiden Ländern die Entscheidung für oder gegen Organspende in weniger als drei Minuten online getroffen werden und damit die Entscheidungskosten sehr gering sind, zeigen sich diese deutlichen Unterschiede aufgrund des veränderten Defaults – was übrigens auch im internationalen Vergleich mit anderen Ländern gilt (Johnson/Goldstein 2003). Die intensiven Diskussionen in Deutschland über eine Veränderung der Voreinstellung zeigen, wie schwer es ist, einen einmal gewählten Status quo zu verändern, obwohl dieser früher einmal mehr oder wenig willkürlich gewählt wurde. Der Status quo-Bias kann mit der Einstellung der Menschen begründet werden, dass es so wie es ist schon gerecht sei und man dem Schicksal seinen Lauf lassen sollte. Denn man wird Regierungen in Ländern wie Frankreich, Irland, Italien, Österreich und Spanien – und einem Dutzend weiteren Staaten – kaum unterstellen, dass sie mit der Widerspruchslösung nicht *gut* regieren würden und nur die *Opt In*-Lösung moralisch akzeptabel wäre. Dieses Beispiel macht zugleich deutlich, wie schwierig Debatten um die Anpassung von Defaults sind und welche Vorbehalte gegen die Veränderung des Status quo durch die Politik bestehen. Aber da der Staat immer eine Entscheidungsstruktur vorgeben muss, ist es eine Utopie, dass Menschen vollkommen frei und unbeeinflusst rational entscheiden könnten. Schon eine veränderte Formulierung führt dazu, dass Menschen sich anders entscheiden, obwohl der Sachverhalt identisch ist, wie das berühmte Beispiel von Sterbe- und Überlebenswahrscheinlichkeiten zeigt (Tversky/Kahneman 1981).

Statt womöglich unbewusst Menschen zu beeinflussen, sollte *gutes Regieren* sich die Erkenntnisse zunutze machen, um die *guten* Ziele zu erreichen, statt diese sogar aus Unwissenheit über die psychologischen Einflussfaktoren zu verfehlen. Besonders wirkmächtig ist die Veränderung des Status quo durch das bewusste Setzen von Defaults. Für die Politik bietet dies einfache Ansätze für die Veränderung des Verhaltens, um die Ziele ohne Freiheitseinschränkung zu erreichen. Unternehmen nutzen diese Erkenntnisse schon lange – wie zum Beispiel Google, das bei vielen Systemen und Browsern als Suchmaschine voreingestellt ist und kaum verändert wird, obwohl dies einfach möglich wäre. Dies führt zu einer Marktabdeckung von über 90 Prozent (Handelsblatt 2023)

– und nun zu einer Klage wegen Wettbewerbseinschränkung. Dies ist in der Politik kaum zu erwarten; stattdessen wird Nudging als undemokratisch und illiberal gebrandmarkt.

Nudging kann in verschiedenen wirtschaftspolitischen Bereichen empirisch nachweisbar positive Wirkungen entfalten – z.b. beim Klimaschutz durch Green-Nudging: Feedbacks, Selbstverpflichtung und Zielsetzung, Gamification, Sozialer Vergleich und Default-Änderungen zeigen zum Beispiel Einsparpotenziale im Bereich des Energie- und Gasverbrauchs von 4 bis 20 Prozent – je nach Ausgestaltung der Maßnahmen. Insbesondere Gamification und soziale Vergleichsprozesse sind dabei in Kombination mit Feedback besonders effektiv. Die spielerische Komponente sorgt dafür, dass Energiesparen nicht mehr (nur) moralische Pflicht ist, sondern auch Spaß machen darf. Nebenbei kann bei einer geschickten Kombination der Maßnahmen ein 4-Personen-Haushalt beim aktuellen Preisniveau bei Strom- und Gaskosten durchschnittlich bis zu 1.000 Euro im Jahr sparen (Enste et al. 2023).

Auch beim Thema *Inklusion* – welches ausführlich im Koalitionsvertrag behandelt wird – können z.B. berufliche Barrieren für Menschen mit Behinderung durch eine kluge Entscheidungs- und Berichtsarchitektur überwunden werden (Hensen/Trögeler 2023). Bereits das regelmäßige Monitoring und Transparenz verbessern die Chancen für Menschen mit Behinderung deutlich, da das Thema öffentlich gemacht wird und so Stereotypisierung und Vorurteile vermieden werden können – z.B. bei der Einstellung von Menschen mit Behinderung. Studien zeigen, dass eine monatliche, aber mindestens halbjährliche Berichtspflicht hilft, Inklusionsziele besser zu erreichen. Gerade unbewusste Mechanismen, die zu Vorbehalten gegenüber bestimmten Gruppen von Menschen führen, lassen sich mit verhaltensökonomischen Tools überwinden. Hemmnisse wie fehlendes Wissen, vermuteter höherer Verwaltungsaufwand und fehlende Unterstützung durch den Staat, und auch (falsche) Ansichten bzgl. der geringeren Produktivität, höherer Kosten und rechtlicher Probleme bei Menschen mit Behinderung, bestimmen die negative Haltung zur Einstellung dieser Menschen zu bis zu 93 Prozent. Mit den genannten zehn Nudging-Tools kann diese Haltung und letztlich das Einstellungsverhalten zum Wohle aller (nachweislich auch der Unternehmen!) verändert werden (Hensen/Trögeler 2023: 32f).

Die Veränderung der Rentenformel weg von einem bestimmten Rentenzugangsalter (z.B. 67 Jahre) hin zu einem an die Lebenserwartung angepassten Anstieg verringert ebenfalls den Widerstand gegen eine Erhöhung des Rentenzugangsalters – denn es gibt keinen an einer absoluten Zahl salient gemachten Status quo. Sieben OECD-Staaten – Dänemark, Estland, Finnland, Griechenland, Italien, Niederlande und Portugal – setzen auf die Erhöhung des gesetzlichen Renteneintrittsalters, welches sich dynamisch an die (steigende oder ggf. sinkende) Lebenserwartung anpasst. In Dänemark, Estland, Griechenland und Italien verlängert sich das Erwerbsleben gleich lang mit der Lebenserwartung, das heißt, ein Jahr längere Lebenserwartung bedeutet ein Jahr späterer Renteneintritt. So stellen diese Länder sicher, dass die Dauer in der aktiven Rente gleich bleibt. In Finnland, den Niederlanden und Portugal beträgt das Verhältnis zwei zu drei. Das gesetzliche Renteneintrittsalter wird um zwei Drittel des Anstiegs der Lebenserwartung angehoben, während sich der Ruhestand um ein Drittel verlängert (Enste et al. 2023: 23ff). Die formelhafte Anpassung wäre auch in Deutschland hilfreich.

3. Ausblick: Transparenz und Effektivität

Nudging ist in der Politik nicht unumstritten, da befürchtet wird, dass die Bürger und Bürgerinnen durch intransparente Maßnahmen manipuliert würden (Hansen/Jespersen 2013; Enste/Hüther 2011). Für die Akzeptanz von Nudges ist es deshalb zentral, dass der Prozess der Entscheidungsfindung und der Entscheidung transparent und nachvollziehbar ist und dies nicht in Hinterzimmern ausgekungelt wird. Die Veränderung der Voreinstellung bei der Organspende, nachdem dies umfassend diskutiert und im Bundestag entschieden wurde, hätte den Ansprüchen an Transparenz und Offenheit sicherlich genügt. Ähnlich wie Gesetze, die die Freiheit der Menschen massiv einschränken (z.B. durch Steuererhöhungen oder Verbote) und den Alltag verändern, sollten auch Nudges verabschiedet werden, obwohl diese immer die legale Möglichkeit offenhalten, sich anders zu verhalten. Während ich Steuern oder Abgaben nur durch Verhaltensänderung vermeiden kann, bieten Nudges auch die Freiheit, das bisherige Verhalten beizubehalten. Dadurch sind sie weniger effektiv im Vergleich zu Zwangsmaßnahmen und finanziellen Anreizen, aber eben auch weniger freiheitseinschränkend. Es lohnt sich somit, diese verhaltensökonomischen Maßnahmen mit in das Repertoire für *gutes Regieren* aufzunehmen und sie komplementär (nicht substitutiv) zu nutzen.

Der Instrumentenkatalog ist vorhanden. *Gutes Regieren* und das Überwinden von Widerständen gegen Veränderungen könnte mit Hilfe der Verhaltensökonomik leichter sein, weil es mit weniger Freiheitseinschränkungen verbunden ist. Alle Menschen, denen es wichtig ist und die bei einem Thema ein hohes

Involvement (Ich-Beteiligung) haben, können sich ja ohne hohe Kosten anders entscheiden als von der Politik nahegelegt. Der Vorteil dabei ist, dass es nur eine Empfehlung, einen Hinweis bzw. eine Architektur gibt, die das Verhalten steuert, aber am Ende das Individuum trotzdem die Freiheit hat, sich völlig anders zu verhalten, und dafür keine Sanktionen fürchten oder höhere Preise bezahlen muss.

Literatur

Beck, Hanno (2014): Behavioral Economics – Eine Einführung, Wiesbaden: Springer Verlag.

Caplan, Bryan (2008): The Myth of the Rational Voter: Why Democracies Choose Bad Policies, Princeton: Princeton University Press.

Die Bundesregierung (2016): Bericht der Bundesregierung zur Lebensqualität in Deutschland, Berlin.

Enste, Dominik H./Klös, Hans-Peter (2023): Wachstum, Gerechtigkeit und Nachhaltigkeit, in: Kai Thürbach/Rainer Völker (Hg.): Globale Verantwortung – Wert und Werte in der Marktwirtschaft und Unternehmen, Stuttgart, S. 93–121.

Enste, Dominik H./Eyerund, Theresa/Suling, Lena/Tschörner, Anna-Carina (2019): Glück für Alle? Eine interdisziplinäre Bilanz zur Lebenszufriedenheit, Berlin: De Gruyter Oldenbourg.

Enste, Dominik H. (1998): Entscheidungsheuristiken – Filterprozesse, Habits und Frames im Alltag: Theoretische und empirische Ergebnisse der Überprüfung eines modifizierten SEU-Modells, in: Kölner Zeitschrift für Soziologie und Sozialpsychologie, 50. Bd., Nr. 3, S. 442–470.

Enste, Dominik H./Hensen, Julia/Potthoff, Jennifer (2023): Hilft Nudging in der Krise?. Verhaltensökonomische Maßnahmen für freiheitswahrendes Energiesparen, in: IW-Policy Paper, Nr. 2, Köln.

Enste, Dominik H./Hüther, Michael (2011): Verhaltensökonomik und Ordnungspolitik. Zur Psychologie der Freiheit, in: IW-Positionen, Nr. 50, Köln.

Enste, Dominik H./Potthoff, Jennifer (2021): Behavioral Economics and Climate Protection. Better regulation and green nudges for more sustainability, in: IW-Analyse, Nr. 146, Köln.

Enste, Dominik H./Werding, Martin/Hensen, Julia (2023): Lebensarbeitszeit im internationalen Vergleich – Die Bedeutung der Silver Worker für die Fachkräftesicherung, Studie 38, Roman Herzog Institut, München.

Handelsblatt (2023): Prozess: Wettbewerbsklage der US-Regierung gegen Google, Website Handelsblatt, [online] https://www.handelsblatt.com/dpa/prozess-wettbewerbsklage-der-us-regierung-gegen-google/29387414.html [abgerufen am 4.10.2023].

Hansen, Pelle G./Jespersen, Andreas M. (2013): Nudge and the Manipulation of Choice: A Framework for the Responsible Use of the Nudge Approach to Behaviour Change in Public Policy, in: European Journal of Risk Regulation, 1. Bd., S. 3–28.

Hensen, Julia/Trögeler, Philipp Johann (2023): Inklusion am Arbeitsplatz stärken. Wie die Verhaltensökonomik helfen kann, Hürden in der Einstellung von Menschen mit Behinderung zu überwinden, in: IW-Report, Nr. 49, Köln.

Johnson, Eric J./Goldstein, Daniel (2003): Do Defaults Save Lives?, in: Science, 302. Bd., Nr. 5649, S. 1338–1339.

Kahneman, Daniel/Tversky, Amos (1974): Judgment under Uncertainty: Heuristics and Biases, Cambridge: University Press.

Sunstein, Cass R. (2014): Nudging: A Very Short Guide, in: Journal of Consumer Policy, Nr. 37, S. 583–588.

Thaler, Richard H./Sunstein, Cass R. (2003): Libertarian Paternalism, in: American Economic Review, 93. Bd., Nr. 2, S. 175–179.

Tversky, Amos/Kahneman, Daniel (1981): The Framing of Decisions and the Psychology of Choice, in: Science, 211. Bd., Nr. 4481, S. 453–458.

Alles im Lot? – Ein Transformationsessay

Ina Scharrenbach

»Lot, das
1a. an einer Schnur hängendes, spitz zulaufendes Stück Blei oder Stahl, das durch sein Gewicht die Schnur immer genau in der Senkrechten hält; Senkblei
1b. durch das Lot (1a) angezeigte Senkrechte« (Duden 2023)

1. Multiple Verunsicherungsfaktoren im neuen Jahrzehnt

Alles im Lot – alles ist senkrecht, nichts kann mehr schiefgehen, alles nimmt einen geraden Weg, alles ist in Ordnung. Wenn man an die derzeitige Transformationspolitik der Bundesregierung denkt, kommt man unweigerlich zu dem Schluss, dass etwas aus dem Lot geraten ist.

Das neue Jahrzehnt begann am 1. Januar 2021. Zu diesem Zeitpunkt befand sich die Weltgemeinschaft mitten in der Corona-Pandemie. Weltweit befanden sich die Menschen und die politischen Verantwortungsträgerinnen und Verantwortungsträger in einer Abwehrschlacht gegen immer neue Infektionswellen zum Schutz der Bevölkerung. Die Forschung und Entwicklung im Gesundheitsbereich lief auf Hochtouren, um Impfstoffe gegen Corona zu entwickeln – ein Wettlauf der fähigsten Köpfe.

Am 14. Januar 2021 meldete das Statistische Bundesamt, dass das preisbereinigte Bruttoinlandsprodukt im Jahr 2020 nach ersten Berechnungen um 5,0 Prozent niedriger als im Jahr 2019 ausfiel. Damit war die deutsche Wirtschaft nach einer zehnjährigen Wachstumsphase im Corona-Jahr 2020 in eine tiefe Rezession geraten, ähnlich wie zuletzt während der Finanz- und Wirtschaftskrise 2008/2009 (Statistisches Bundesamt 2021).

»Im Produzierenden Gewerbe ohne Bau, das gut ein Viertel der Gesamtwirtschaft ausmacht, ging die preisbereinigte Wirtschaftsleistung gegenüber

2019 um 9,7 % zurück, im verarbeitenden Gewerbe sogar um 10,4 %. Die Industrie war vor allem in der ersten Jahreshälfte von den Folgen der Corona-Pandemie betroffen, unter anderem durch die zeitweise gestörten globalen Lieferketten. [...]

Auch auf der Nachfrageseite waren die Auswirkungen der Corona-Pandemie deutlich sichtbar. Anders als während der Finanz- und Wirtschaftskrise, als der gesamte Konsum die Wirtschaft stützte, gingen die privaten Konsumausgaben im Jahr 2020 im Vorjahresvergleich preisbereinigt um 6,0 % zurück und damit so stark wie noch nie. Die Konsumausgaben des Staates wirkten dagegen mit einem preisbereinigten Anstieg von 3,4 % auch in der Corona-Krise stabilisierend, wozu unter anderem die Beschaffung von Schutzausrüstungen und Krankenhausleistungen beitrug. [...]

Die Corona-Pandemie wirkte sich auch auf den Außenhandel massiv aus: Die Exporte und Importe von Waren und Dienstleistungen gingen im Jahr 2020 erstmals seit 2009 zurück, die Exporte preisbereinigt um 9,9 %, die Importe um 8,6 %. Besonders groß war der Rückgang der Dienstleistungsimporte, was vor allem am hohen Anteil des stark rückläufigen Reiseverkehrs lag.

Die Wirtschaftsleistung wurde im Jahresdurchschnitt 2020 von 44,8 Millionen Erwerbstätigen mit Arbeitsort in Deutschland erbracht. Das waren 477 000 Personen oder 1,1 % weniger als 2019. Damit endete aufgrund der Corona-Pandemie der über 14 Jahre anhaltende Anstieg der Erwerbstätigkeit, der sogar die Finanz- und Wirtschaftskrise 2008/2009 überdauert hatte. Besonders betroffen waren geringfügig Beschäftigte sowie Selbstständige, während die Zahl der sozialversicherungspflichtig Beschäftigten stabil blieb. Vor allem die erweiterten Regelungen zur Kurzarbeit dürften hier Entlassungen verhindert haben.

Die staatlichen Haushalte beendeten das Jahr 2020 nach vorläufigen Berechnungen mit einem Finanzierungsdefizit von 158,2 Milliarden Euro. Das war das erste Defizit seit 2011 und das zweithöchste Defizit seit der deutschen Vereinigung, nur übertroffen vom Rekorddefizit des Jahres 1995, in dem die Treuhandschulden in den Staatshaushalt übernommen wurden. Der Bund hatte mit 98,3 Milliarden Euro den größten Anteil am Finanzierungsdefizit, gefolgt von den Ländern mit 26,1 Milliarden Euro, den Sozialversicherungen mit 31,8 Milliarden Euro und den Gemeinden mit 2,0 Milliarden Euro. Gemessen am nominalen BIP errechnet sich für den Staat im Jahr 2020 eine Defizitquote von 4,8 %. Der europäische Referenzwert des Stabilitäts- und Wachstumspakts von 3 % und die Zielgröße für die nationale Schuldenbremse wurden demnach deutlich verfehlt. Allerdings wurde die Anwendung beider Zielgrößen aufgrund der Corona-Pandemie für die Jahre 2020 und 2021 ausgesetzt. [...]

Ein Bereich, der sich in der Krise behaupten konnte, war das Baugewerbe: Die preisbereinigte Bruttowertschöpfung nahm hier im Vorjahresvergleich sogar um 1,4 % zu.« (Statistisches Bundesamt 2021)

Viele Regierungen setzten neben den Einschränkungen im öffentlichen wie im nicht öffentlichen Leben auf Konjunkturpakete, um die wirtschaftliche Tätigkeit abzusichern. Für das Jahr 2021 wurde – auch aufgrund der Verfügbarkeit von Impfstoffen – eine Erholung der Weltwirtschaft prognostiziert.

Im Sommer 2021 wurden die Länder Rheinland-Pfalz und Nordrhein-Westfalen durch eine nie dagewesene Starkregen- und Hochwasserkatastrophe getroffen:

> »Als gesichert gilt [...], dass die Wahrscheinlichkeit und die Intensität von extremen Wetterereignissen aufgrund des Klimawandels zunehmen. Wegen der Erderwärmung komme es häufiger zu Dürren und Hitzewellen, aber auch zu massivem Starkregen. Der Grund dafür: Je wärmer die Atmosphäre ist, desto mehr Wasser kann sie aufnehmen, so dass größere Wassermengen in kürzerer Zeit niederschlagen können.«(Bundeszentrale für politische Bildung 2023)

Mehr als 180 Tote und Hunderte Verletzte waren zu beklagen, Milliardenschäden an öffentlicher und nicht öffentlicher Infrastruktur waren zu verzeichnen.

2. Bundesregieren in der Energiepreiskrise

Im September 2021 wählten die Deutschen eine neue Bundesregierung: Mit dem neuen Jahrzehnt entzogen die Wählerinnen und Wähler im September 2021 der CDU/CSU nach 16 Jahren den Regierungsauftrag im Bund. Am 8. Dezember 2021 wählte der Deutsche Bundestag Olaf Scholz (SPD) zum Bundeskanzler; die neue Bundesregierung nahm ihre Arbeit auf. Am 15. Dezember 2021 hielt der neue Bundeskanzler seine erste Regierungserklärung. Die »ZEIT« titelte: »Der Kanzler liest den Koalitionsvertrag vor«. Und weiter:

> »[...] Zentrale Stellen seiner Rede bringt Scholz auf den Begriff Fortschritt: technologisch, gesellschaftlich, kulturell. Das kommt nicht unbedingt überraschend, trägt der Koalitionsvertrag der Ampel das Wort schließlich im Titel. Dennoch ist Scholz' Rhetorik interessant. Er sagt: ›Veränderung fällt schwer, Aufbruch ist nicht einfach.‹ Er sammelt auch diejenigen ein, die

entweder sagen: In Deutschland läuft es doch okay. Oder: Mir macht zu viel Veränderung Angst. ›Wir werden neue Wege einschlagen, auch da, wo das Bestehende auf den ersten Blick noch gut funktioniert.‹ Und weiter: ›Ja, es ist ein Wagnis, von bewährten Rezepten aufzubrechen. Weitaus waghalsiger als Aufbruch wären Stillstand und Weiter-so.‹ [...].« (Otto 2023)

Zu diesem Zeitpunkt, im Herbst/Winter 2021, stiegen die Energiekosten bereits erheblich an: 502 Versorger hatten die Preise im Durchschnitt um bis zu 40 Prozent bis zum Jahresende erhöht. Der Börsenstrompreis stieg um 316 Prozent an. Im Dezember 2021 kostete eine Megawattstunde im Durchschnitt 222 Euro. Schon damals stellten die deutschen Energiekosten einen Wettbewerbsnachteil für die deutsche Wirtschaft dar (Strom-Report 2023).

Am 24. Januar 2022 – rund fünf Wochen nach dem Amtsantritt der neuen Bundesregierung – folgte ein hartes Stoppschild: Für alle Förderprogramme der Kreditanstalt für Wiederaufbau im Rahmen der Bundesförderung für energieeffiziente Gebäude galt ab dem 24. Januar 2022 ein Förderstopp. Wie sagte Bundeskanzler Scholz bei seiner ersten Regierungserklärung: »Ja, es ist ein Wagnis, von bewährten Rezepten aufzubrechen. Weitaus waghalsiger als Aufbruch wären Stillstand und Weiter-so. [...]« (Otto 2023).

Weitere vier Wochen später griff Russland die Ukraine an und führt seitdem einen Angriffskrieg. Es herrscht wieder Krieg auf dem europäischen Kontinent.

3. Suche nach Sicherheit in unruhigen Zeiten

Zentrale Ereignisse erfordern zentrale Entscheidungen. Seit dem Frühjahr 2022 ist vieles in Deutschland aus der Senkrechten geraten. Abrupte Veränderungen verunsichern und destabilisieren. Je unsicherer die Zeit, umso mehr wird nach Orientierung und Führung verlangt.

Transformationspolitik: Ein großes Wort mit brüchigem Fundament. Unter *Transformation* versteht das Deutsche Institut für Urbanistik einen grundlegenden Wandel. In gesellschaftlicher Perspektive werden mit dem Begriff sprunghafte Veränderungen in der politischen, wirtschaftlichen oder technologischen Entwicklung beschrieben. Auslöser einer Transformation können neue technisch-wirtschaftliche Möglichkeiten als auch deutlich veränderte gesellschaftliche Bedürfnisse sein. Jede Transformation ist ein längerfristiger, mehrere Jahrzehnte andauernder Lern- und Suchprozess, der mit vielen

Unsicherheiten verbunden ist. Er kommt erst dann zum Abschluss, wenn sich neue Systemstrukturen dauerhaft etabliert und stabilisiert haben (DIfU 2017). Ja, Deutschland benötigt einen grundlegenden Wandel. Allerdings mehr mit Ideen als mit politischen Ideologien. Die deutsche Wirtschaft ist weltweit ein Schwergewicht: Fähigkeit, Können und Innovationskraft zeichnet das deutsche Unternehmertum mit dem Willen aus, Veränderungsprozesse aktiv zu gestalten. Vielleicht ist es gerade dieser Geist, der der Bundesregierung fehlt; vielleicht ist es gerade das Verständnis für die Sozialen Marktwirtschaft als Werte- und Wirtschaftsordnung, was in dieser Bundesregierung abhandengekommen zu sein scheint. Deren Grundprinzipien: Chancengerechtigkeit, Selbstverantwortung, private Eigeninitiative, Subsidiarität und Solidarität. Ein Staat, in dem die Freiheit des Einzelnen auch immer mit der Verantwortung für das Gemeinsame einhergeht.

4. Ein moderner Staat ist ein starker Staat

In einem modernen Staat mit einer föderalen Leitkultur ist der moderne Staat ein starker Staat, der seinen Schutzfunktionen gegenüber den Bürgerinnen und Bürger gerecht wird. Ein starker Staat findet hingegen seine Ausprägung nicht in der Anzahl und Komplexität von Vorschriften und Gesetzen – je höher die Komplexität von Gesetzen, je höher die Anzahl von Gesetzen und Vorschriften, die in die Lebensbereiche einzelfallorientiert eingreifen, umso schwächer macht sich der Staat, umso angreifbarer wird er in Krisensituationen, weil das geschaffene Recht zur Gewährleistung der Schutzfunktionen nicht passt, umso getriebener wird er, um Krisensituationen bewältigen zu können.

Für eine gelingende Transformationspolitik bedarf es Klarheit, Orientierung, Ordnung und Vertrauen den Menschen gegenüber – in ihre Fähigkeiten und in ihr Können. Der Treibstoff für die Transformationspolitik ist die Energiepolitik: Binnen kürzester Zeit ist es der Bundesregierung gelungen, neue LNG-Terminals zur Reduzierung der Abhängigkeit vom russischen Gas zu errichten. Nur hat die Bundesregierung zugleich am politischen Klein-Klein festgehalten – der Mut ist abhandengekommen. Es fehlt eine realistische Energieversorgungsstrategie für Deutschland: Für die Wirtschaft genauso wie für die Bürgerinnen und Bürger. Aus einer Strategie lassen sich konkrete Handlungsschritte – geordnet – ableiten und umsetzen. Sie gibt Orientierung und bietet Verlässlichkeit, sofern die politischen Ziele erreichbar – auch mit Anstrengungen – gesteckt werden. Dazu müsste die Bundesregierung sich selbst ehrlich machen: Was ist in welcher Zeit mit welchen Investitionen tatsächlich erreichbar? In der Politik ist es umso entscheidender, dass parteilich Wünschenswerte von dem tatsächlich politisch Machbaren zu trennen. Gerade mit dem Urteil des Bundesverfassungsgerichtes zum Klima- und Transformationsfonds bedarf es einer schonungslosen politischen Analyse darüber, ob die hektisch auf den Weg gebrachten Bundesgesetze tatsächlich derart kurzfristig umgesetzt werden können und was der Preis ist, den Deutschland dafür zahlt, und in der Zukunft sein wird.

Die Bundesregierung hat sich auf den Weg gemacht – am Beispiel der Immobilien- und Bauwirtschaft: KfW-Förderstopp und Wiedereröffnung für einen Tag, rund anderthalb Jahre quälende Diskussion um das Heizungsgesetz, nachgelagerte Beratung um die kommunale Wärmeplanung mit fehlender Harmonisierung zum Gebäudeenergiegesetz, fehlendes Förderkonzept für Gebäudeinvestitionen, ausstehende Entscheidungen um den Bau von wasserstoff-fähigen Gaskraftwerken, fehlende energiepolitische Infrastrukturentscheidungen mit Perspektive, fehlender Transformationspfad für energieintensive Unternehmen und deren Produkte wie Zement, Klinker, Stahl und chemische Produkte, nun wieder Förderstopp. Man könnte sagen: Verheddert in der selbst ausgerufenen Transformation.

Der Wunsch nach Rechtseinheit führt oftmals zu zu engen Leitplanken, die den Herausforderungen mitunter nicht mehr gerecht werden (können). Ein moderner Staat beschränkt sich in seiner Gesetzgebung auf einen freiheitlich-demokratischen Rahmen, der den Menschen vertraut und Zutrauen in sie hat. Ein freiheitlich-demokratischer Rahmen regelt das gesetzlich Erforderliche und Notwendige, nicht das gesetzlich Denkbare – mithin ist ein moderner Staat auch ein solcher, der sich selbst beschränkt. Ein moderner Staat kehrt ab von gesetzlichen Einzelfallregelungen und findet den Weg zurück in Rahmengesetzgebungen, die Freiheit zur Gestaltung der Zukunft den Menschen zurückgeben.

Dies bedarf es umso mehr in diesem Jahrzehnt. Die Menschen in Deutschland haben die Fähigkeiten und das Können und den grundsätzlichen Willen, Veränderungen aktiv zu gestalten. Mehr Flexibilität, mehr Freiheit, mehr Zutrauen in die eigene Werte- und Wirtschaftsordnung und in die Fähigkeiten können dazu beitragen, die Ordnung wieder in das Lot zu bringen.

Literatur

Bundeszentrale für politische Bildung (2021): Jahrhunderthochwasser 2021 in Deutschland, Website bpb, [online] https://www.bpb.de/kurz-knapp/hintergrund-aktuell/337277/jahrhunderthochwasser-2021-in-deutschland/ [abgerufen am 06.12.2023].

Deutsches Institut für Urbanistik (2017): Was ist eigentlich...Transformation? Begriffe aus der kommunalen Szene – einfach erklärt, Website difu, [online] https://difu.de/nachrichten/was-ist-eigentlich-transformation [abgerufen am 06.12.2023].

Duden (2023): Lot, das, Website Duden, [online] https://www.duden.de/rechtschreibung/Lot_Gewicht [abgerufen am 06.12.2023].

Otto, Ferdinand (2021): Der Kanzler liest den Koalitionsvertrag vor, Zeit Online, 15.12.2023, Website Zeit, [online] https://www.zeit.de/politik/deutschland/2021-12/olaf-scholz-regierungserklaerung-corona-koalition [abgerufen am 06.12.2023].

Statistisches Bundesamt (2021): Bruttoinlandsprodukt im Jahr 2020 um 5,0 % gesunken. Deutsche Wirtschaft im Corona-Krisenjahr 2020 schwer getroffen, Pressemitteilung Nr. 020 vom 14. Januar 2021, Website Statistisches Bundesamt, [online] https://www.destatis.de/DE/Presse/Pressemitteilungen/2021/01/PD21_020_811.html [abgerufen am 06.12.2023].

Strom-Report (2023): Strompreisentwicklung in Deutschland, Website Strom-Report, [online] https://strom-report.de/strompreise/strompreisentwicklung/ [abgerufen am 06.12.2023].

Infrastruktur: Stadt – Land, Digitalisierung, Energiewende, Wohnungsmarkt

Ländliche Räume:
Der Stabilitätsanker Deutschlands
Fünf Beobachtungen

Hanno Kempermann

1. Ländliche Räume in Deutschland haben eine herausgehobene Funktion im internationalen Vergleich

Den ländlichen Räumen in Deutschland kommt eine größere wirtschaftliche Bedeutung zu als in vielen anderen westeuropäische Staaten. Die dezentrale Wirtschaftsstruktur zählt zu den herausragenden Vorteilen Deutschlands. So liegt die Arbeitslosenquote in Deutschland nach Eurostat-Definition bei lediglich 1,9 Prozent in den ländlichen Gebieten, in Städten sind es 4,2 Prozent (Eurostat 2023a). Auch die Kaufkraft liegt in ländlichen Gebieten mit 100,4 Indexpunkten je Einwohner leicht höher als in den Städten (99,2, Durchschnitt Deutschland ist 100, GfK 2023).

Der Vergleich mit anderen EU-Staaten zeigt die Strukturunterschiede. Die Arbeitslosenquote in ländlichen Gebieten Frankreichs liegt bei 5,9 Prozent, in Spanien gar bei 12,6 Prozent – bei einem EU-Durchschnitt von 5,4 Prozent. Im Vergleich zu den städtischen Gebieten sind die Unterschiede deutlich stärker ausgeprägt (Eurostat 2023a). Ähnliches gilt für die Wirtschaftskraft. In Deutschland liegt das Bruttoinlandsprodukt in ländlichen Räumen bei 34.000 Euro je Einwohner (in städtischen Räumen rund 48.000 Euro), in Frankreich bei 25.500 Euro (städtische Räume: knapp 47.000 Euro) und in Spanien bei knapp 21.000 Euro im Vergleich zu knapp 25.000 Euro in städtischen Räumen (Eurostat 2023b).

Ein Grund für diese Stärke liegt in der Industrie, die vielfach auf dem Land ansässig ist. Die Unternehmen in ländlichen Räumen erzielen 65,1 Prozent der industriellen Wertschöpfung in Deutschland (Statistisches Bundesamt 2022), 52,4 Prozent der Angestellten in Forschung und Entwicklung arbeiten in ländlich gelegenen Unternehmen (Stifterverband 2023). Diese Unternehmen gehören oftmals zu den heimlichen Weltmarktführern, den *hidden champions*, Fast 50 Prozent aller hidden champions haben ihren Sitz in Deutschland (iwd 2022), viele davon in der Peripherie.

Unter den hidden champions befinden sich viele Unternehmen aus dem Automotive-Sektor. Die Automobilwirtschaft ist eine der wichtigsten Branchen Deutschlands. Ihre rund 3,3 Millionen Erwerbstätigen erwirtschaften eine Bruttowertschöpfung in Höhe von 275 Milliarden Euro (IW Consult/ Fraunhofer IAO 2021). Von den 118 von der Automobilwirtschaft geprägten Regionen liegen 89 in ländlichen Räumen. Wohingegen die Branche hier in den letzten Jahren für einen erheblichen Wohlstand verantwortlich war, wird sie nun durch die Veränderungen durch Dekarbonisierung und Digitalisierung vor große Herausforderungen gestellt.

2. Ländliche Räume haben Demokratiestabilisierungsfunktion

Aufgrund ihrer stabilen Sozialstrukturen und dem Wohlstandsversprechen waren die dezentrale Wirtschaftsstruktur Deutschlands mit dafür verantwortlich, dass demokratische Parteien in Deutschland viele Jahre größte Zustimmung erhalten haben. Diese Stabilität wird seit dem Erstarken der Alternative für Deutschland (AfD) in Frage gestellt.

Ein Grund hierfür ist die durch die große Transformation der Dekarbonisierung entstehende Arbeitsplatzunsicherheit in der Automobilindustrie und den energieintensiven Branchen. 117 Regionen Deutschlands sind in besonderem Maße von der Transformation betroffen, weil sie in weit überdurchschnittlichem Maße von diesen beiden Branchen geprägt sind (IW Consult 2023).

In diesen *Transformationsregionen* wurde 2021 trotz der weiterhin anhaltenden wirtschaftlichen Prosperität in statistisch signifikantem Ausmaß häufiger die AfD gewählt (12,9 Prozent Zweitstimmenanteil) als in den anderen Regionen (10,7 Prozent Zweitstimmenanteil). In den aktuellen Landtagswahlen von Bayern und Hessen vergrößerten sich die Differenzen auf 3,1 Prozentpunkte und 2,6 Prozentpunkte.

Auch aus gesellschaftspolitischer Perspektive ist es deshalb von zentraler Bedeutung, die bestmöglichen Rahmenbedingungen für das Gelingen der Transformation zu bieten. Die Schwierigkeiten sind allerdings auf dem Land oftmals schlechter ausgeprägt als in Städten, wodurch diese Unternehmen besonderen Herausforderungen entgegensehen.

3. Infrastrukturen in ländlichen Räumen sind weniger leistungsfähig als in Städten

Wesentliche Infrastrukturen haben eine schlechtere Ausstattung in ländlichen Räumen. Beispiele wichtige Elemente lauten:

- *Forschung*: Während in städtischen Räumen 23,3 MINT-Forschungseinrichtungen je 1.000 Einwohner ansässig sind, sind es in ländlichen Räumen lediglich 3,8. Auch die Anzahl der Hochschule je 1 Million Einwohner divergiert stark (Stadt: 8,8; Land: 2,2) (DFG 2023).
- *Gründungen*: Weniger universitäre Ausgründungen führen neben mangelnden Agglomerationsvorteilen in ländlichen Räumen zu einer nur halb so hohen High-Tech-Gründungsquote je 10.000 Erwerbsfähige (Stadt: 3,9; Land: 1,9) (ZEW 2022).
- *Digitale Infrastruktur*: Trotz Förderprogrammen schwächelt die kabelgebundene Infrastruktur auf dem Land. Während 60,4 Prozent der ländlichen Haushalte Zugang zu einem Internetanschluss mit der Geschwindigkeit von mindestens 1 Gbit/s haben, sind es im städtischen Umfeld 87 Prozent (BMVI/BNetzA 2022).
- *Straßenverkehrsinfrastruktur*: Auf dem Land liegt die Autobahnerreichbarkeit bei durchschnittlich gut 16 Minuten, in Städten bei knapp 7 Minuten. Ähnliche Verhältnisse gelten für Flughäfen, Bahnhöfe und den ÖPNV (BBSR 2023).
- *Ärztedichte*: In Städten praktizieren mit 246,5 deutlich mehr Ärzte je 100.000 Einwohner als in ländlichen Räumen (154,4 Ärzte) (KBV 2022).

Mit Blick auf das Ziel der regionalen Gleichwertigkeit von Lebensverhältnissen muss hier eine neue Diskussion stattfinden, welche Lücken geschlossen und welche Infrastrukturen aufgewertet werden sollten, um die wirtschaftlichen Impulse der peripher gelegenen Unternehmen nicht zu riskieren. Gerade Industrieunternehmen, von denen zwei Drittel in ländlichen Räumen beheimatet sind, benötigen eine leistungsfähige Forschungs-, Gründungs-, Digital- und Verkehrsinfrastruktur, um ihre Innovationskraft weiter zu stärken, Innovationsimpulse von außen zu erhalten, die digitale Transformation durch die

Verbindung exzellenten Engineering Knowhows mit digitalem Knowhow zu meistern und ihre Güter möglichst effizient zu den Kunden zu transportieren. In den letzten Jahren hat die Innovationskraft deutscher Unternehmen abgenommen (IW Consult 2023b). Mittlerweile gelten rund 40 Prozent aller Unternehmen in Deutschland als innovationsfern. Mit Blick auf den harten internationalen Wettbewerb müssen gerade peripher gelegene Industrieunternehmen bestmögliche Innovationsbedingungen vorfinden, um verstärkt zu investieren.

4. Chancen in ländlichen Räumen

Die große Transformation hält aber auch Chancen für die ländlichen Räume bereit. Viele Neuansiedlungen wie Tesla, Northvolt, CATL oder Rock Tech finden in ländlichen Räumen statt, weil dort oftmals zwei zentrale Merkmale für industrielle Ansiedlungen geboten werden können: freie Industrieflächen und Zugang zu Strom aus erneuerbaren Energien (Grünstrom):

- Industrieflächen stellen in ganz Deutschland ein rares Gut dar. Weniger als 10 Prozent aller Wirtschaftsförderer in Deutschland gaben an, dass sie in ausreichendem Maße über vermarktungsreife Industrieflächen verfügen (IW Consult 2023c; IW Consult 2022). Am ehesten sind diese aber in ostdeutschen Regionen und in ländlichen Räumen vorhanden.
- Die größten Windkraft- und Solarparks entstehen in ländlichen Räumen. Diese bieten nicht nur selbst großes wirtschaftliches Potenzial, sondern auch dadurch, dass die Industrie immer stärker nach Grünstrompotenzialen sucht und diese gerne in räumliche Nähe bezieht – etwa durch sogenannte *ppas (purchase power agreements)*.

Zudem gab es in den letzten Jahren ausgelöst durch Nettozuwanderung eine kleine Renaissance bei der Entwicklung der Immobilienpreise in ländlichen Räumen. Während Bestandsimmobilien in ländlichen Räumen zwischen den Jahren 2020 und 2022 um 25,8 Prozent (und in peripheren ländlichen Räume 30,7 Prozent) stiegen, lag der Anstieg im gesamtdeutschen Durchschnitt bei 23 Prozent. Von 2015 bis 2020 wanderten netto rund 350.000 Menschen in die ländlichen Räume (Statistisches Bundesamt 2023). Entwicklungen wie New Work und der Wunsch einer schönen landschaftlichen Lage, ausgelöst durch die Corona-Pandemie führen zur Aufwertung ehemals als weniger attraktiv empfundener Regionen (IW Consult 2023d). Zukünftige Perspektiven, die etwa durch das autonome Fahren entstehen, zahlen ebenfalls auf die steigende Attraktivität ländlicher Räume ein.

5. Fördermechanismen: Keine Gießkanne, sondern regionale Spezialisierungsstrategien

Ländliche Räume sind wichtig für die Prosperität, die Zukunftsfähigkeit und die Demokratiefestigkeit Deutschlands – und sie haben Chancen durch die große Transformation, wirtschaftlich zu reüssieren. Dafür müssen sie jedoch weiter an Attraktivität gewinnen, damit sie Fachkräfte von sich überzeugen können – denn Fachkräfteengpässe sind dort noch angespannter als in Städten.

Zur Erhöhung der regionalen Attraktivität sollte entlang von Spezialisierungsstrategien eine gezielte Förderkulisse entstehen beziehungsweise weiterentwickelt werden. Denkbar sind sowohl fokussierte Wohnort- als auch Arbeitsortkonzepte, je nachdem, welche Stärken in der jeweiligen Region bereits vorhanden sind.

Spannende Ansätze finden sich beispielsweise in der Deutschen Agentur für Transfer und Innovation (DATI), über die insbesondere auch in der Fläche neues Wissen aus der Forschung und innovative Ideen schneller in die Anwendung gebracht werden sollen.

Literatur

BBSR (2023): Erreichbarkeiten auf Kreisebene, eigene Berechnungen, INKAR – Indikatoren und Karten zur Raum- und Stadtentwicklung, auf Grundlage von INKAR (2022): Indikatoren und Karten zur Raum- und Stadtentwicklung, Bundesinstitut für Bau-, Stadt- und Raumforschung (BBSR; Hg.) im Bundesamt für Bauwesen und Raumordnung, Bonn 2023.

BMVI/BNetzA (2022): Daten zur statistischen Auswertung der Breitbandverfügbarkeit in Deutschland aus dem Breitbandatlas, Ende 2022, Gigabit Grundbuch.

DFG (2023): GERiT – German Research Institutions, Stammdaten der in GERiT verzeichneten Einrichtungen zum 01.08.2023, eigene Berechnungen, Deutsche Forschungsgemeinschaft.

Eurostat (2023a): Arbeitslosenquoten nach Geschlecht, Alter und Verstädterungsgrad, Statistisches Amt der Europäischen Union, Website eurostat, [online] https://ec.europa.eu/eurostat/web/products-datasets/-/lfst_r_ur gau [abgerufen am 22.11.2023].

Eurostat (2023b): Bruttoinlandsprodukt (BIP) zu laufenden Marktpreisen nach NUTS-3-Regionen, Statistisches Amt der Europäischen Union, Website eurostat, [online] https://ec.europa.eu/eurostat/web/products-datasets/-/nama_10r_3gdp [abgerufen am 22.11.2023].

GfK (2023): GfK Kaufkraft Deutschland 2023, eigene Berechnungen, GfK Geo-Marketing.

IW Consult (2023a): Transformationsstrategien für besonders betroffene Regionen: Identifizierung und Bewertung, Studie für das Netzwerk Zukunft der Industrie e. V., Website issuu, [online] https://issuu.com/bdi-berlin/docs/20221221_studie_endbericht_transformationsnetzwerk [abgerufen am 20.11.2023].

IW Consult (2023b): Innovative Milieus 2023, Die Innovationsfähigkeit der deutschen Unternehmen in Zeiten des Umbruchs, Website Bertelsmann Stiftung, [online] https://pub.bertelsmann-stiftung.de/innovative-milieus [abgerufen am 20.11.2023].

IW Consult (2023c): Wirtschaftsfördererpanel. Online-Befragung der Wirtschaftsförderungen der 400 Kreise und kreisfreien Städte in Deutschland. Q1/2023.

IW Consult (2023d): Sparda-Studie Wohnen in Deutschland 2023, Website Sparda-Studie, [online] https://sparda-wohnen2023.de/typo3conf/ext/sparda/Resources/Public/PDF/Sparda-Studie_Wohnen-in-Deutschland_2023.pdf?v=2 [abgerufen am 20.11.2023].

IW Consult (2022): Wirtschaftsfördererpanel. Online-Befragung der Wirtschaftsförderungen der 400 Kreise und kreisfreien Städte in Deutschland. Q1/2022.

IW Consult/Fraunhofer IAO (2021): Wirtschaftliche Bedeutung regionaler Automobilnetzwerke in Deutschland. Studie für das Bundesministerium für Wirtschaft und Energie (BMWi), Website IWConsult, [online] https://www.iwconsult.de/fileadmin/user_upload/projekte/2021/bmwi_autonetze/20211012_Endbericht_IW_Consult_BMWi_Autonetze_D_IVA5.pdf [abgerufen am 20.11.2023].

iwd (2022): Die großen Unbekannten, Hidden Champions: Die Starken aus der zweiten Reihe, Website iwd, [online] https://www.iwd.de/artikel/hi

dden-champions-die-starken-aus-der-zweiten-reihe-424550/ [abgerufen am 20.11.2023].

KBV (2022): Regionale Verteilung der Ärztinnen und Ärzte in der vertragsärztlichen Versorgung, eigene Berechnungen, Kassenärztliche Bundesvereinigung, Website KBV, [online] https://gesundheitsdaten.kbv.de/cms/html/16402.php [abgerufen am 22.11.2023].

Statistisches Bundesamt (2022): Bruttowertschöpfung in jeweiligen Preisen, Volkswirtschaftliche Gesamtrechnungen der Länder, Reihe 2, Kreisergebnisse Band 1, eigene Berechnungen, Statistische Ämter der Länder.

Statistisches Bundesamt (2023): Wanderungen nach kreisfreien Städten und Landkreisen und Altersgruppen, Sonderbestellungen für 2015 bis 2020 beim Statistischen Bundesamt, eigene Auswertung, auf Grundlage vom Statistischen Bundesamt: Wanderungen Fachserie 1, Reihe 1.2, Website Statistisches Bundesamt, [online] https://www.destatis.de/DE/Themen/Gesellschaft-Umwelt/Bevoelkerung/Wanderungen/_inhalt.html#_6zepr1go6 [abgerufen am 20.11.2023].

Stifterverband (2023): FuE-Daten der deutschen Wirtschaft, eigene Berechnungen, Stifterverband für die Deutsche Wissenschaft.

ZEW (2022): Zeitreihen der Gründungsintensitäten, eigene Berechnungen, ZEW – Leibniz-Zentrum für Europäische Wirtschaftsforschung GmbH Mannheim.

Infrastrukturbereitstellung neu kalibrieren
Fünf Thesen für eine effiziente Infrastrukturbereitstellung in Kommunen

Uwe Schneidewind

1. Überall das »Gleiche« ist nicht effizient – ein neuer Blick auf die »gleichwertigen Lebensverhältnisse« in Stadt und Land

Trotz ihres verfassungsrechtlichen Rangs war die Leitidee »gleichwertiger Lebensverhältnisse« immer unscharf (vgl. Ragnitz/Thum 2019).

Die Digitalisierung bringt sie derzeit noch mehr in den Fluss: Arbeiten, Gesundheitsvorsorge und Partizipation sind nur einige Beispiele. Vieles wird ortsunabhängiger möglich und eröffnet die Chance zu einer erweiterten Vielfalt von Lebensmodellen. Günstiges Wohnen auf dem Land mit hohen Erholungswert neben Urbanität in boomenden Ballungsräumen bei angespanntem Wohnungsmarkt oder Aufbruchskulturen in städtischen Gebieten im Strukturwandel: Jede dieser Konstellationen bietet ein ganz eigenes Profil für individuelle Präferenzen eines guten Lebens.

Die Anforderungen an Mobilitäts-, Energiewende oder Wohnversorgung unterscheiden sich fundamental je nach räumlicher Situation. Es ist wichtig, hier auch spezifische Antworten zu ermöglichen. Zu homogene nationale Transformationsmodelle erzeugen unnötige Widerstände und bremsen notwendige Kreativität und Vielfalt vor Ort aus.

Damit vergrößert sich auch die Vielfalt der Infrastrukturausgestaltung: die Wärmewende wird in verdichteten industriellen urbanen Räumen anders ausbuchstabiert als in Regionen mit umfassender Windkraft-Versorgung, die Frage nach neuem Wohnraum stellt sich in wachsenden Ballungsräumen anders als in Regionen im Strukturwandel; nicht jeder Ort braucht mehr einen Autobahnanschluss in 10 km Umkreis.

Essenziell für alle Räume wird lediglich die digitale Grundversorgung. Sie schafft erst die Voraussetzung dieser neuen Dimension der Ausdifferenzierung, ohne Entwicklungschancen zu stark einzuschränken.

2. Wenn Wettbewerb versagt – ordnungsrechtliche Aspekte der Infrastrukturbereitstellung

Die Liberalisierung des Kommunikations-, Energie- und Bahnsektors Ende des letzten Jahrhunderts hat eine hohe Markt- und Wettbewerbsdynamik in diese Bereiche gebracht. Beim aktuellen Ausbau der Infrastrukturen in den Kommunen erleben wir oft auch die Schattenseiten: Ob beim Ausbau des Glasfasernetzes oder dem Elektro-Ladesäulenausbau beobachten wir ähnliche Muster: Es gibt ein Windhundrennen um die besten Standorte, es kommt zu Mehrfachabdeckungen auf der einen und Versorgungslücken auf der anderen Seite.

Hier wünscht man sich dann die Möglichkeit klarer Konzessionsgebiete früher Zeiten zurück: Zum Beispiel ein Infrastruktur-Versorgungsauftrag für ein gesamtes Stadtgebiet, der über die Gesamtkalkulation eine kostendeckende Bereitstellung ermöglicht.

Für den künftigen Infrastrukturausbau gilt es wieder ein breiteres Spektrum an ordnungsrechtlichen Möglichkeiten im Blick zu behalten und Kommunen z. B. mehr Freiräume für Konzessionierungen für ihr gesamtes Stadtgebiet zu geben.

3. Neue Finanzierungsmodelle nötig

Infrastrukturfinanzierung bewegte sich immer schon in einem herausfordernden Feld zwischen privaten und öffentlichen Beiträgen – gerade, wenn es um Infrastrukturen der öffentlichen Daseinsvorsorge geht.

Eine Reihe bisheriger Finanzierungsarchitekturen befindet sich derzeit im Umbruch: Das gilt z. B. für den Öffentlichen Nahverkehr, der für die Mobilitätswende massiv ausgebaut werden muss. Gleichzeitig brechen über lange Jahre funktionierende Finanzierungen aus Stadtwerke-Querverbünden weg und gehen dem ÖPNV durch die Einführung des 49-Euro-Tickets erhebliche Einnahmen verloren. Es zeichnet sich immer deutlicher ab, dass die Finanzierungsdefizite durch mehr öffentliche Gelder von Land und Bund nicht aufgefangen werden können. Hier muss dringend der Einstieg in eine *Drittnutzer-Finanzierung* (etwa über Bürger/-innen einer Stadt, über Arbeitgeber, oder durch Road-Pricing) erfolgen, um dem ÖPNV neue Finanzierungsquellen zu erschließen.

Ähnliche Finanzierungsherausforderungen zeigen sich im (Sozialen) Wohnungsbau. Immer mehr Wohnungen sind aus der Sozialbindung herausgefallen und die bestehenden Instrumente reichen nicht aus, dieses Defizit zu beherrschen. Hier ist der Staat vermutlich in ganz anderem Maße mit direkten Beiträgen gefordert (z.b. die Orientierung am Wiener Modell einer stärkeren Rolle städtischer und genossenschaftlicher Wohnungsbaugesellschaften).

4. Mehr Pragmatismus und Experimentiermut bei der Weiterentwicklung der Infrastruktur

Infrastrukturausbau wird heute durch vielfältige Normierungs- und bürokratische Hürden erschwert: Wenn Versorgungsleitungen und Schienen Wege zehn- bis zwanzigjährige Planungs- und Genehmigungsverfahren durchlaufen, Radwege nicht gebaut werden, weil die Umsetzung der formalen Anforderungen nicht gelingt, Wohnungsbau ausgebremst wird, weil bei der Umnutzung von Gewerbe- und Büroimmobilien in Mischgebieten überhöhte Schutzansprüche blockieren oder ein streng ausgelegter Denkmalschutz Solarpotenziale im urbanen Raum liegen lässt: Dann wird deutlich, dass wir für eine Infrastruktur-Offensive mehr Flexibilität und Pragmatismus brauchen.

Die Lippenbekenntnisse zu einer *Entbürokratisierung* liegen lange vor, aber die Umsetzung bleibt schleppend. Der Verweis auf den zügigen LNG-Terminalbau war einer der wenigen wirklichen Lichtblicke, der gezeigt hat, was eigentlich möglich wäre. Dabei wäre eine umfassende Entbürokratisierung eigentlich ein ideales Projekt für eine regierende Ampelkonstellation.

Um mehr schnelle Erfolgsbeispiele zu erzeugen, braucht es *Reallabore* und *Experimentierklauseln*, die gerade Kommunen in die Lage versetzen, pragmatische Lösungen bei Befreiung von bestehenden Regulierungen umzusetzen. Aus solchen Erfolgsbeispielen ließe sich dann für die Erweiterung des gesamten Regulierungsrahmens lernen. Das jetzt entstehende *Reallabor-Gesetz* der Bundesregierung muss daher in diesem Sinne weitergedacht werden.

Ein Beispiel: Warum erlauben wir nicht fünf Städten in Deutschland, dass der Denkmalschutz für den Ausbau von Solaranlagen für fünf Jahre ausgesetzt wird? Hier ließe sich dann schnell beobachten, ob es wirklich zu einer optischen Beeinträchtigung der Städte käme (oder verantwortungsvolle Hauseigentümer von sich aus auf eine achtsame Gestaltung achten) und ob sich dadurch der Solarausbau beschleunigt.

5. Least Cost Planning – Nutzersteuerung und Suffizienz im Blick behalten

Und schließlich gilt es beim Infrastrukturausbau stärker auf einen weiteren Aspekt zu blicken, der in den meisten der Debatten unterbeleuchtet bleibt: die Chancen einer aktiven Nutzersteuerung.

Dass mehr Straßen auch mehr Verkehr induzieren, ist hinlänglich bekannt. Dass es daher sehr viel effizienter sein kann, durch ein zielgenaues Road-Pricing Belastungsspitzen abzubauen, statt neue Straßen zu bauen oder auszubauen, wird viel zu wenig diskutiert. Gleiches gilt für die Auslegung von Leitungsinfrastrukturen im Strom-Bereich.

Wir brauchen auch deswegen 400.000 neue Wohnungen jedes Jahr, weil sich der Pro-Kopf-Flächenbedarf seit den 1970er Jahren mehr als verdoppelt hat. Gleichzeitig sind große Mengen von Wohnraum kaum genutzt, weil in der Familienphase gebaute Häuser über Jahrzehnte nur durch eine oder zwei Personen bewohnt bleiben, während für junge Familien der Wohnraum fehlt. In der Wohnraumdebatte wird das kaum adressiert.

Dabei sind die Potenziale riesig: Viele Schweizer Wohnungsbaugenossenschaften arbeiten schon lange mit der »N-1«-Regel: Jeder, der einen Mietvertrag mit einer Wohnungsbaugenossenschaft abschließt, erhält dort lebenslanges Wohnrecht, verpflichtet sich aber, dass in der Wohnung immer maximal eine Person weniger wohnt, als die Wohnung Zimmer hat. In einer 5-Zimmer-Wohnung haben daher mindestens vier Menschen zu leben. Wenn die Kinder aus dem Haus sind, dann muss die 5-Zimmer-Wohnung geräumt werden (um wieder für Familien zur Verfügung zu stehen), man bekommt aber eine 3-Zimmer-Wohnung angeboten.

Würde man solche Regeln fiktiv auf den gesamten Wohnbestand eines Landes wie Frankreich oder Deutschland anwenden, ergeben sich freie Wohnraum-Potenziale von Zimmer im 2-stelligen Millionen-Bereich. Niemand würde über den Bedarf von neuen Wohnungen mehr sprechen.

Doch an diese Suffizienzdebatte und kluge politische Instrumente zu ihrer Steuerung traut sich politisch kaum jemand ran. Zu etabliert sind die Diffamierungen von *Verbotspolitik* und *Freiheitsbeschränkung* in der öffentlichen Diskussion. Da hilft manchmal der Blick in die unaufgeregte Normalität in Nachbarländern.

Denn eine differenzierte Nutzersteuerung ist nicht nur ökologisch, sondern auch volkswirtschaftlich der sehr viel weitblickendere Weg: Er nutzt bestehende Infrastruktur effizienter, statt auf einen oft gar nicht nötigen Ausbau von Infrastruktur zu setzen.

6. Fazit

Wenn wir über die effiziente Infrastrukturbereitstellung in Kommunen reden, geht einiges mehr. Dafür gilt es aber den Mut aufzubringen, sich von bestehenden Regeln, Routinen und Denkverboten zu lösen.

Literatur

Ragnitz, Joachim/Thum, Marcel (2019): Gleichwertig, nicht gleich. Zur Debatte um die »Gleichwertigkeit der Lebensverhältnisse«, in: Aus Politik und Zeitgeschichte, 69. Bd., Nr. 46, S. 13–18.

Wie der Staat digitalen Fortschritt vorantreiben kann

Vera Demary

1. Digitalisierung ist kein Thema mehr

Die Digitalisierung von Wirtschaft, Gesellschaft und öffentlicher Verwaltung ist essenziell wichtig für die Wettbewerbsfähigkeit des Standorts Deutschland und für das Gelingen der Energiewende. Digitale Technologien ermöglichen effizientere Prozesse, neue Produkte und innovative Geschäftsmodelle. Dies ist weithin bekannt und wird – zumindest von Unternehmen und in Bezug auf gesellschaftsnahe Produkte und Dienstleistungen – auch vielfach umgesetzt. Es sind jedoch in den letzten Jahren in diesem Zusammenhang zwei wesentliche Probleme offensichtlich geworden:

- Die Digitalisierung verläuft sehr heterogen. Es gibt große Unterschiede, beispielsweise zwischen Unternehmen verschiedener Größen und Branchen, aber auch grundsätzlich zwischen Unternehmen und der öffentlichen Verwaltung (Bakalis et al. 2023). Während einige Akteure umfassende digitale Projekte planen und umsetzen, bleiben andere in der Planungsphase stecken oder das Thema erscheint trotz seiner möglichen Vorteile und Nutzens gar nicht relevant zu sein.
- Die Digitalisierung verschwindet aus dem Fokus. Die derzeitigen Herausforderungen sind immens: Geopolitische Krisen, Nachwirkungen der Pandemie, Zinssteigerungen, Lieferkettenprobleme, Fachkräfteengpässe, Energiepreise und die ökologische Transformation sind nur einige der kurz-, mittel- und langfristigen Schwierigkeiten, denen Wirtschaft, Gesellschaft und Verwaltung gegenüberstehen. Im Vergleich dazu scheint Digitalisierung zu einem Luxusprojekt zu werden, das zwar nicht gänzlich verschwindet, aber ins Hintertreffen gerät. Beispiele für diese Entwick-

lung zeigen sich im nachlässigen Umgang der Bundesregierung mit ihren selbstgesteckten Zielen für eine digitale Verwaltung (Röhl 2023) sowie die geplanten Kürzungen der Budgets für verschiedene Digitalprojekte des Bundes (Landesregierung Baden-Württemberg 2023).

Diese Entwicklungen haben weitreichende Folgen. Der Digitalisierungsindex des Bundesministeriums für Wirtschaft und Klimaschutz zeigt, dass die Digitalisierung der Wirtschaft in Deutschland im Jahr 2023 das dritte Jahr in Folge stagniert (Bakalis et al. 2023: 1). Dafür verantwortlich sind nicht nur die Unternehmen selbst, die sich bei der Digitalisierung von Prozessen, Produkten und Geschäftsmodellen zurückhalten, sondern auch der Staat als Setzer von Rahmenbedingungen wie digitaler Infrastruktur, passend ausgebildeten Fachkräften oder einem exzellenten Forschungsumfeld. Nicht alles ist schlecht – aber in der Summe entwickelt sich der Status quo der Digitalisierung in Deutschland nicht weiter. Dies ist in vielen Bereichen heute schon ein Problem – etwa wenn man an schleppende analoge Genehmigungsverfahren der öffentlichen Verwaltung denkt. Wo es heute noch keins ist, wird die fehlende Dynamik der Digitalisierung zukünftig zu einem Problem werden. Die geplante Klimaneutralität Deutschlands bis zum Jahr 2045 und Europas bis zum Jahr 2050 werden nur realisierbar sein, wenn digitale Technologien umfassend und in allen Bereichen zum Einsatz kommen. Die Wettbewerbsfähigkeit der deutschen Unternehmen wie auch des Standorts Deutschland wird nur bestehen bleiben, wenn digitalisiert wird und die dafür notwendigen Rahmenbedingungen vorliegen. Auch wenn andere Dinge derzeit wichtiger zu sein scheinen – für die Zukunft des Standorts Deutschland ist Digitalisierung von entscheidender Bedeutung.

2. Es kommt auf den Staat an

Neben Wirtschaft und Gesellschaft steht auch der Staat – die Politik, die öffentliche Verwaltung – vor einer umfassenden digitalen Transformation (Demary 2023: 179ff.). Die Begleitung und Gestaltung derartiger Transformationsprozesse ist Teil der Aufgabe von Politik und damit nichts Neues. Allerdings ist die digitale Transformation insofern anders als andere Transformationsprozesse, weil hier Politik und Verwaltung direkt selbst betroffen und nicht nur externer Akteur sind. Dies ist eine große Chance, beinhaltet aber auch eine umfassende Verantwortung für den Staat. Die Chance besteht darin, dass Politik und Verwaltung in der Lage sind, einen Strukturwandeltrend für den eigenen Vorteil zu nutzen. Die Digitalisierung bietet vielfältige Vorteile, die darin münden können, dass die Verwaltung schlanker, schneller und effizienter arbeiten und die Politik datenbasiert bessere Entscheidungen treffen kann. Die Verantwortung des Staates bei der digitalen Transformation besteht jedoch darin, dass diese für ihn nicht optional ist, sondern eine notwendige Bedingung für die erfolgreiche digitale Transformation von Wirtschaft und Gesellschaft. Anders als bei Unternehmen, die bei fehlender Anpassungsfähigkeit an sich ändernde Rahmenbedingungen Wettbewerbsnachteile haben und möglicherweise den Markt verlassen müssen, bleibt ein nicht digitaler Staat. Eine nicht oder nicht ausreichend digitale öffentliche Hand behindert in diesem Fall aufgrund ihrer unzähligen Schnittstellen Unternehmen wie auch Bürgerinnen und Bürger. Es können Ineffizienzen entstehen und Wachstum verhindert werden. Zudem ist ein nicht digitaler Staat ein erheblicher Standortnachteil und hat damit gravierende Auswirkungen auf den gesamten Wirtschaftsstandort.

Es kommt bei der digitalen Transformation also darauf an, dass der Staat mitzieht – oder im besten Fall sogar voranschreitet. Konkret fallen dem Staat dabei drei Rollen zu:

- Vorbereiter
- Verbindungsstelle
- Vorbild

Diese Rollen werden im nächsten Abschnitt konkretisiert und erläutert. Wesentlich ist jedoch in Bezug auf die Digitalisierung von Politik und Verwaltung – ebenso wie von Wirtschaft und Gesellschaft –, dass der richtige Umfang und die richtige Art und Weise der Digitalisierung gefunden werden (Demary 2023a: 179ff.). Dies beinhaltet konkret, dass nicht jedes digitale Projekt sinnvoll sein muss, sondern insbesondere die Projekte im Fokus stehen sollten, bei denen Digitalisierung ein bestehendes Problem abmildern oder lösen kann. Digitalisierung als Lösung sollte außerdem nicht heißen, dass analoge Prozesse eins zu eins in die digitale Welt überführt werden. Dies ist den Prozessen oft nicht angemessen und schöpft nicht das Potenzial der Digitalisierung aus. Stattdessen sollte die öffentliche Hand von den Kundinnen und Kunden – Unternehmen und Bürgerinnen und Bürger – her digitalisieren. Deren Bedürfnisse sollten adäquat berücksichtigt und daraus dann eine digitale Lösung abgeleitet werden. Bislang geht der deutsche Staat nicht so vor. Das belegt sein Versagen bei den im Onlinezugangsgesetz (OZG) versprochenen digitalen Leistungen: Diese werden viel zu langsam umgesetzt und sind oftmals nicht an den Kundinnen und Kunden ausgerichtet, so dass sie nicht gut nutzbar sind (Demary 2023a: 179ff.).

3. Die Rollen des Staates in der Digitalisierung

Für eine erfolgreiche Digitalisierung des Staates ist es wichtig, dass dieser alle drei der angesprochenen Rollen ausdrücklich annimmt. Für Unternehmen wie auch für Bürgerinnen und Bürger ist es dabei von entscheidender Bedeutung, dass die Rollen verlässlich, transparent und nachvollziehbar ausgeübt werden, damit die digitale Transformation auch in Wirtschaft und Gesellschaft dynamisch voranschreiten kann.

3.1 Der Staat als Vorbereiter

In seiner Rolle als Vorbereiter obliegt dem Staat die Schaffung von geeigneten Rahmenbedingungen, damit die Digitalisierung voranschreiten kann. Dabei unterstützen diese Rahmenbedingungen nicht nur Unternehmen und Gesellschaft bei der Digitalisierung, sondern auch die öffentliche Verwaltung kann zumindest in Teilen profitieren. Neben einer adäquaten Regulierung gehören nämlich auch Aspekte wie beispielsweise digitale Infrastruktur und Bildung zu den Rahmenbedingungen. Für die digitale Verwaltung braucht es genauso ein leistungsfähiges Netz und gut qualifizierte Fachkräfte wie für die Digitalisierung von Unternehmen. Für Unternehmen sind zudem die staatliche Förderung von Forschung und Innovation, effiziente Planungs- und Genehmigungsverfahren und ein möglichst geringer bürokratischer Aufwand bei der Interaktion mit Behörden von Bedeutung, um ihre Digitalisierung in einem geeigneten Umfeld vorantreiben zu können.

Obwohl der Staat sogar für die eigene Digitalisierung Anreize hat, den Rahmen passend zu setzen, bleibt er dabei weit hinter den Ansprüchen von Wirtschaft, Gesellschaft und nicht zuletzt sich selbst zurück. Seit einigen Jahren schreitet die EU in Bezug auf die Digitalregulierung zügig und in vielen Bereichen voran, Deutschland ist in manchen Aspekten sogar noch schneller (Demary 2023b: 14). Die Regulierung soll Rechtssicherheit in Themen wie Künstlicher Intelligenz, Data Sharing oder Datenschutz schaffen, ist aber nicht immer widerspruchsfrei aufeinander abgestimmt und insgesamt sehr komplex und umfangreich, was Unternehmen vor erhebliche Compliance-Herausforderungen stellt. Nach wie vor nicht zufriedenstellend ist darüber hinaus die Versorgung der Bundesrepublik mit leistungsstarkem Internet (Büchel/Röhl 2023). Besonders in ländlichen Räumen gibt es weiterhin weiße und graue Flecken. Ein Grund dafür besteht in den bürokratischen Verfahren zur Beantragung von Breitbandfördermitteln sowie in den aufwändigen Genehmigungsverfahren für Mobilfunkmaste und andere Hardware. Zwar investiert der Staat auf verschiedenen Ebenen in unterschiedlichste Digitalprojekte, Forschungs- und Umsetzungsvorhaben, von denen viele sehr begrüßenswert sind, weil sie auf Zukunftstechnologien wie Quantencomputing setzen oder länderübergreifende Datenökosysteme aufbauen wollen. Gleichzeitig werden jedoch, wie eingangs in diesem Beitrag erwähnt, digitale Mittel gekürzt und die Zuständigkeiten für das Thema in Ministerien und anderen öffentlichen Institutionen sind unübersichtlich, schlecht strukturiert und überschneidungsreich (Demary 2023b: 16), was ein strukturiertes Vorgehen beim Setzen der Rahmenbedingungen herausfordernd macht.

Dieser kurze Einblick macht deutlich, dass der deutsche Staat in seiner Rolle als Vorbereiter der Digitalisierung weit hinter den Möglichkeiten zurückbleibt. Unabhängig von der eigenen Digitalisierung der Verwaltung ist das Schaffen geeigneter Rahmenbedingungen jedoch essenziell für den Digitalisierungserfolg von Unternehmen und Gesellschaft und sollte daher stringent und strukturiert vorangetrieben werden.

3.2 Der Staat als Verbindungsstelle

Die Rolle des Staates als Verbindungsstelle im Zusammenhang mit Digitalisierung ergibt sich aus den bereits angesprochenen zahlreichen Schnittstellen von staatlichen Institutionen und Behörden mit Unternehmen beziehungsweise Bürgerinnen und Bürgern. Unternehmen müssen Unterlagen beispielsweise für Planungs- und Genehmigungsverfahren einreichen, Privatpersonen benötigen Ausweisdokumente oder müssen sich an- und abmelden, um nur ein paar sehr einfache Beispiele zu nennen. Eine digitale Verwaltung ist in der Lage, Prozesse zu vereinfachen, derartige Schnittstellen digital und die Interaktionen des Staates nach außen effizient zu gestalten. Um eine umfassende Digitalisierung von Wirtschaft und Gesellschaft überhaupt erst zu ermöglichen, müssen auch Verwaltung und Politik digital sein.

Mit dem oben erwähnten OZG hat sich der Staat das Ziel gesetzlich festgeschrieben, bis Ende des Jahre 2022 insgesamt 575 Angebote bundesweit flächendeckend digital zur Verfügung zu stellen (Röhl 2023: 3). Dieses selbstgesteckte Ziel wurde deutlich verfehlt – bis Juni 2023 waren gerade einmal 22 Prozent der vorgesehenen Online-Angebote auch verfügbar. Dieses Versagen geht unter anderem auf die fehlende Durchgriffsmöglichkeit des Bundes auf die zuständige kommunale Ebene zurück, so dass keine einheitlichen Lösungen ausgerollt werden konnten (ebd.). Die öffentliche Verwaltung ist generell durch komplexe Strukturen und Hierarchien gekennzeichnet, die eine zügige und unkomplizierte Umsetzung von Digitalprojekten innerhalb der Strukturen außerdem deutlich erschweren. Prozesse sind über Jahre gewachsen – wenn diese, wie oben angesprochen – nun einfach in digitale Prozesse überführt werden, ist dies zudem weder zielführend noch effizienzsteigernd. Gleichzeitig fehlt eine Kultur für Veränderung, die für die oft weitreichend erscheinenden digitalen Ansätze für die öffentliche Verwaltung sinnvoll und hilfreich wäre. Die zahlreichen Schnittstellen innerhalb der Verwaltung zwischen den föderalen Ebenen und den verschiedenen Zuständigkeiten für das Thema Digitalisierung tun ihr Übriges, um eine erfolgreiche Digitalisierung der öffentlichen Verwaltung gerade in Bezug auf die Schnittstellen zu Wirtschaft und Gesellschaft zu verhindern.

Die Rolle als Verbindungsstelle kann der deutsche Staat dementsprechend derzeit kaum wahrnehmen. Weil die digitale Verwaltung in weiten Teilen nicht existent ist, sind Wirtschaft und Gesellschaft an den Schnittstellen weiterhin mit ineffizienten Prozessen und langen Wartezeiten konfrontiert. Dies behindert insbesondere Unternehmen bei ihrer Tätigkeit und macht den Standort Deutschland unattraktiv.

3.3 Der Staat als Vorbild

Der Staat sollte auch eine Rolle als Vorbild in der Digitalisierung einnehmen. Wenn die öffentliche Verwaltung digitale Technologien einsetzt und dies transparent kommuniziert, dann kann dies ein Anstoß für vielleicht noch eher zurückhaltende Unternehmen sein, es der öffentlichen Verwaltung gleichzutun und ebenfalls Digitalprojekte umzusetzen. Der Staat kann also als *First Mover* oder *Early Mover* Anreize schaffen und die Digitalisierung vor allem der Wirtschaft vorantreiben.

In dieser Rolle versagt der deutsche Staat allerdings vollständig. Weil weder die Rahmenbedingungen adäquat sind noch die öffentliche Verwaltung sich selbst digitalisiert, ist es nicht möglich, die Vorbildrolle auszuüben. Dabei wäre dies gerade für kleine und mittlere Unternehmen (KMU) von großer

Bedeutung, die bei Digitalisierung (Bakalis et al. 2023: 6) wie auch bei der Bewirtschaftung von Daten (Büchel/Engels 2022: 2) hinter den großen Unternehmen zurückbleiben. Transparenz und Kommunikation über digitale Projekte des Staates könnten Hemmnisse derart abbauen, dass Unternehmen offensichtlich wird, welche Projekte funktionieren, hilfreich sind und Effizienzen schaffen, aber auch bei welchen dies nicht der Fall ist. Die digitale Transformation von Wirtschaft, Gesellschaft und Verwaltung besteht aus einer großen Anzahl an Entscheidungen – über Investitionen, Standards, das Eingehen von Risiken und ähnliches. Klarheit über die entsprechenden Entscheidungen des Staates kann dazu beitragen, dass Entscheidungen für Unternehmen einfacher handhabbar sind. Wenn Unternehmen sich an den öffentlichen Entscheidungen zur digitalen Transformation orientieren können sie selbst schneller entscheiden. Die Voraussetzung für eine solche Vorbildfunktion des Staates ist jedoch Vertrauen in den Staat und die Sinnhaftigkeit und Strategie hinter staatlichen Entscheidungen. Angesichts des blamablen Zustands der digitalen Verwaltung darf bezweifelt werden, dass der deutsche Staat, wenn schon nicht derzeit, dann zukünftig seiner Vorbildrolle gerecht werden kann. Die Digitalisierung der Unternehmen wie auch der Gesellschaft in Deutschland ist nicht wegen, sondern trotz der digitalen Aktivitäten von Politik und Verwaltung vorangeschritten. Dass dies nicht länger so weiter gehen kann, deutet die oben angesprochene Stagnation des Digitalisierungsindex an.

4. Was der Staat nun tun muss

Der Weg zu einer erfolgreichen digitalen Transformation von Wirtschaft, Gesellschaft und Staat in Deutschland ist naheliegend: Der Staat muss endlich seine Verantwortung in diesem Thema wahrnehmen und die drei Rollen in der Digitalisierung mit Nachdruck ausfüllen. Digitalisierung darf vor dem Hintergrund multipler aktueller Krisen nicht zur Nebensache werden, sondern muss als Lösung für Probleme verstanden werden. Es ist wichtig, dass politisch eine Strategie stringent verfolgt wird – von der es in Deutschland in Bezug auf Digitalisierung viele gibt (Demary 2023: 5) –, die dann auch mit adäquaten Finanzierungsmitteln unterlegt ist. Dies ist angesichts der üblichen Probleme in Bezug auf die Digitalisierung der öffentlichen Verwaltung – fehlende Abstimmung innerhalb von Ministerien und Behörden, darüber hinweg und zwischen den föderalen Ebenen, schwergängige Prozesse auch bezogen auf Transformation sowie eine fehlende Mentalität, die Fortschritt und Innovation im

Sinne auch von Veränderung begrüßt – eine Mammutaufgabe. Angesichts des bremsenden Einflusses der mangelnden Digitalisierung der staatlichen Stellen auf die Digitalisierung von Wirtschaft und Gesellschaft ist es jedoch unausweichlich, diese Aufgabe zügig anzugehen. Am wichtigsten sind dabei zunächst die Schaffung einer adäquaten digitalen Infrastruktur sowie passende digitale Kompetenzen der Beschäftigten (Demary 2023a: 183ff.).

Eine fehlende adäquate digitale Infrastruktur ist immer noch das größte Hemmnis für die digitale Transformation in Wirtschaft, Gesellschaft und Verwaltung, gerade im ländlichen Raum (Demary et al. 2021: 41f.). Gerade in Bezug auf öffentliche Einrichtungen beinhaltet die Verfügbarkeit von schnellen Breitbandnetzen nicht nur das Netz selbst, sondern auch die Verfügbarkeit von geeigneter Soft- und Hardware ist von entscheidender Bedeutung. So konnten während der Pandemie im Jahr 2021 30 Prozent von 2.500 befragten Verwaltungsmitarbeitenden aufgrund fehlender technischer Endgeräte wie Laptops nicht im Homeoffice arbeiten (Next:Public 2021: 12). Es sind also in Bezug auf die digitale Infrastruktur dringend Verbesserungen notwendig. Wesentliche Ansatzpunkte bestehen in einer Beschleunigung des Netzausbaus in ländlichen Regionen, einer zügigen Vergabe von neuen Mobilfunkfrequenzen, eines Abbaus von Bürokratie beim Netzausbau sowie einem Zugang für öffentliche Einrichtungen zu geeigneter Soft- und Hardware.

Darüber hinaus sind digitale Kompetenzen entscheidend für eine erfolgreiche Umsetzung der digitalen Transformation. Dies gilt insbesondere auch für die in Politik und Verwaltung tätigen Personen, die neben dem großen Rückstand in der Digitalisierung dieser Bereiche auch noch die vielfach bremsende Kultur der öffentlichen Verwaltung zu bewältigen haben, um digitale Fortschritte erzielen zu können (Demary 2023a: 184f.). Der Arbeitsmarkt in diesem Bereich ist jedoch schon seit Jahren durch Fachkräfteengpässe gekennzeichnet. Gleichzeitig steht die öffentliche Verwaltung bei der Rekrutierung von neuem Personal im Wettbewerb zur oft zahlungskräftigeren Privatwirtschaft, die zudem vielfach größere Freiräume und Flexibilität bietet. Bestehendes Personal in der öffentlichen Verwaltung weist zudem großen Weiterbildungsbedarf in digitalen Kompetenzen auf. Dennoch bietet gerade die Weiterbildung der vorhandenen Mitarbeitenden auch großes Potenzial, die benötigten digitalen Kompetenzen passgenau zu erwerben und die öffentliche Verwaltung für die Digitalisierung zu befähigen. Wichtig ist in diesem Zusammenhang auch, bestehende Maßnahmen im Bildungssystem auszubauen, um digitale Kompetenzen an Lehrpersonal und in der Schule zu vermitteln, mehr Schulabgängerinnen und -abgänger für digitale Berufe zu interessieren und die Abschlussquoten für solche Bildungsgänge zu steigern. Die Zukunftsfähigkeit des Standorts Deutschland hängt davon ab, dass der Staat seiner Verantwortung für die Digitalisierung von sich selbst und von Wirtschaft und Gesellschaft endlich nachkommt. Dies ist zwar eine große Aufgabe, aber sie lässt sich bewältigen – und sie muss bewältigt werden, damit Wirtschaft und Gesellschaft in ihrer digitalen Transformation endlich weiter voranschreiten können. Dafür braucht es einen Staat, der im Sinne der Digitalisierung sowohl Vorbereiter als auch Verbindungsstelle und vor allem auch Vorbild ist.

Literatur

Bakalis, Dennis/Büchel, Jan/Scheufen, Marc (2023): Digitalisierung der Wirtschaft in Deutschland. Digitalisierungsindex 2023. Kurzfassung der Ergebnisse des Digitalisierungsindex im Rahmen des Projekts »Entwicklung und Messung der Digitalisierung der Wirtschaft am Standort Deutschland«, Website DE.Digital, [online] https://www.de.digital/DIGITAL/Navigation/DE/Lagebild/Digitalisierungsindex/digitalisierungsindex.html [abgerufen am 15.12.2023].

Büchel, Jan/Engels, Barbara (2022): Viele Unternehmen sind nicht bereit für die Datenwirtschaft, in: IW-Kurzbericht, Nr. 96, Köln, Website IW, [online] https://www.iwkoeln.de/studien/jan-buechel-barbara-engels-viele-unternehmen-sind-nicht-bereit-fuer-die-datenwirtschaft.html [abgerufen am 10.11.2023].

Büchel, Jan/Röhl, Klaus-Heiner (2023): Aufbau Ost. Die Gigabit-Lücke, in: IW-Kurzbericht, Nr. 15, Köln, Website IW, [online] https://www.iwkoeln.de/studien/jan-buechel-klaus-heiner-roehl-die-gigabit-luecke.html [abgerufen am 9.11.2023].

Demary, Vera (2023a): Ein Plädoyer für die staatliche Partizipation an der Datenökonomie, in: Karl-Rudolf Korte/Philipp Richter/Arno von Schuckmann (Hg.), Regieren in der Transformationsgesellschaft. Impulse aus Sicht der Regierungsforschung, Wiesbaden: Springer, S. 179–186.

Demary, Vera (2023b): Stellungnahme für die öffentliche Anhörung des Ausschusses für Digitales des Deutschen Bundestags. Auf dem Weg zu einer internationalen Digitalpolitik, in: IW-Report, Nr. 52, Köln, Website

IW, [online] https://www.iwkoeln.de/studien/vera-demary-auf-dem-weg-zu-einer-internationalen-digitalpolitik.html [abgerufen am 9.11.2023].

Demary, Vera/Matthes, Jürgen/Plünnecke, Axel/Schaefer, Thilo (2021): Gleichzeitig: Wie vier Disruptionen die deutsche Wirtschaft verändern. Herausforderungen und Lösungen, in: IW-Studie, Köln: Institut der deutschen Wirtschaft Köln Medien.

Landesregierung Baden-Württemberg (2023): Wirtschaft. Kritik an Entwurf für Bundeshaushalt 2024, Website Baden-Württemberg.de, [online] https://www.baden-wuerttemberg.de/de/service/presse/pressemitteilung/pid/kritik-an-entwurf-fuer-bundeshaushalt-2024 [abgerufen am 8.11.2023].

Next:Public (2021): Verwaltung in Krisenzeiten II. Eine Bestandsaufnahme der Auswirkungen der Corona-Pandemie auf den Öffentlichen Dienst im Jahr 2021, Website Next:Public, [online] https://www.dbb.de/fileadmin/user_upload/globale_elemente/pdfs/2021/211217_studie_verwaltung_in_krisenzeiten_2.pdf [abgerufen am 10.11.2023].

Röhl, Klaus-Heiner (2023): Behörden-Digimeter Juni 2023. Langsame OZG-Fortschritte und Defizite in der Digitalinfrastruktur, Kurzstudie im Auftrag der Initiative Neue Soziale Marktwirtschaft (INSM), Website IW, [online] https://www.iwkoeln.de/studien/klaus-heiner-roehl-langsame-ozg-fortschritte-und-defizite-in-der-digitalinfrastruktur.html [abgerufen am 8.11.2023].

Digitalpolitik: Der lange Weg des Staats zum Enabler

Thomas Bönig

1. Eine nachhaltige Digitalisierung der deutschen Verwaltung findet immer noch nicht statt

In einer sich rasant verändernden Welt darf die zukünftige Rolle eines Staates nicht mehr nur statisch sein. Viele Regierungen haben sich bereits von Regulatoren zu Enablern für Gesellschaft und Wirtschaft weiterentwickelt. Dies bedeutet, dass der Staat nicht nur Gesetze erlassen sollte, sondern auch realistische Bedingungen für die Umsetzung sowie wirtschaftliches Wachstum und sozialen sowie gesellschaftlichen Fortschritt schaffen muss. Im Gegensatz dazu befindet sich Deutschland aktuell auf einem problematischen Weg zu einem Staatswesen, das nicht mehr in der Lage ist, mit Gesellschaft und Wirtschaft Schritt zu halten.

Bürokratie, Überregulierung und überzogene Standards, die dauerhaft weder erfüllt noch finanziert werden können, hindern die Verwaltung daran, schnell oder pragmatisch auf große Herausforderungen wie die Corona-Pandemie oder die Ukraine-Krise angemessen zu reagieren. Die fortgesetzte Entwicklung eines dysfunktionalen Staatskonstrukts ist offensichtlich, dennoch ist in der Politik weder ein Umdenken noch ein Umlenken zu erkennen. Eine stetig ansteigende Anzahl von Gesetzen oder Vorschriften werden neu erlassen, ohne dass veraltete oder nicht mehr sinnvolle Rahmenbedingungen außer Kraft gesetzt oder zumindest angepasst werden. Das gesamte System von Verwaltung wird damit nicht nur immer komplizierter, sondern auch erheblich komplexer. Vielfältige Beispiele hierzu findet man im Bereich Bauen, wo neue Baustandards eingeführt und parallel dazu Kriterien beim Umweltschutz verändert werden, ohne dass dies aufeinander abgestimmt ist, was Effizienz und Funktionalität der Verwaltung erheblich beeinträchtigt.

Dies führt oft zu einer Ausweitung bürokratischer Mechanismen, deren Notwendigkeit oder Nutzen immer geringer wird, während die Kosten und der Aufwand für Staat, Gesellschaft und Wirtschaft dramatisch steigen.

In der deutschen Politik und den Ministerien fehlt offensichtlich die notwendige Transparenz und die Abschätzung von Folgekosten, die in den Verwaltungseinheiten entstehen, oft für einen nur geringfügigen und kaum wahrnehmbaren Nutzen. Neben den reinen Sachkosten, wie z.B. beim Wohngeldgesetz, ist nicht transparent, welche erheblichen Folgekosten und weitere negativen Auswirkungen durch überzogene bürokratische Anforderungen entstehen. Übermäßig komplexe Verwaltungsprozesse, die für niemanden mehr nachvollziehbar sind, verstärken den Eindruck in der Gesellschaft, dass sich die Politik immer weiter von der Realität entfernt.

Ein markantes Beispiel hierzu ist die politisch gewollte Digitalisierung der Verwaltung, festgeschrieben im Online-Zugangs-Gesetz (OZG). In der Umsetzung ist dieses Gesetz weder zielführend noch führt es zu den gewünschten Ergebnissen einer digitalen Verwaltung. Es ist ein schlechtes Signal, wenn eine politische Führung davon ausgeht, dass Online-Formulare auch nur ansatzweise etwas mit einer Digitalisierung der Verwaltung zu tun haben. Die grundsätzliche strategische Ausrichtung von OZG ist es, dass das Papier (Formular) aus dem Prozess digitalisiert wird, und nicht der Prozess an sich. Dies ist eine fatale strategische Fehlentwicklung, die dazu führt, dass eine Digitale Verwaltung nicht ansatzweise erreicht werden kann.

2. Es gibt viele große strukturelle Herausforderungen, die anzugehen sind

Hinzu kommt, dass die Verwaltung, oft auch aus reinem Selbstschutz, zusätzliche interne Prozesse entwickelt, die parallel zur gesetzlich vorgeschriebenen Umsetzung entstehen. Diese sind selten auf Effizienz oder Geschwindigkeit im Sinne einer Serviceorientierung ausgerichtet. Stattdessen neigen sie dazu sicherzustellen, dass die ausführenden Verwaltungseinheiten die Durchführung zu 100 Prozent rechtssicher und absolut risikofrei gestalten können, ungeachtet der Zeit, die damit für einen Vorgang insgesamt benötigt wird oder auch den dabei entstehenden hohen Prozesskosten. Dies führt zu einem weiteren Anstieg der Dysfunktionalität: Die Verwaltung konzentriert sich immer mehr auf sich selbst, um allen formellen oder gesetzlichen Anforderungen gerecht zu werden, anstatt einen echten Service zu erbringen. Dabei erzeugt sie große Mengen an Papier, die im Nachhinein für niemanden mehr von Bedeutung sind. Aber selbst diese peripheren Prozessergebnisse in Form von Dokumenten oder Formularen müssen verwaltet und gelagert werden, für den äußerst seltenen Fall, dass sie nochmals benötigt werden.

Aufgrund der langjährigen Ausbildung der Mitarbeiter im öffentlichen Dienst, Anforderungen exakt umzusetzen und ohne Ausnahmen im Prozess zu bleiben, auch wenn die Ergebnisse suboptimal und viel zu langsam sind, entsteht ein zusätzlicher Effekt, der jegliche Veränderungsbereitschaft unterdrückt und bürokratische Ansätze weiter zementiert, anstatt einen Wechsel herbeizuführen, bei dem der Fokus auf Schnelligkeit, Effizienz, Effektivität und geringen Kosten liegt. Da den meisten Verwaltungseinheiten bewusst ist, dass sie die steigende Anzahl neuer Gesetze und Standards nicht in der vorgeschriebenen Qualität umsetzen können, versuchen sie oft, *Lücken* zu finden, die genutzt werden können, um zumindest den Anforderungen und Vorgaben grob gerecht zu werden. Dies jedoch führt wiederum zu weiteren adaptiven Prozessen, die wenig effektiv oder effizient sind. Es stellt sich insgesamt die Frage, ob bei der enormen Anzahl von neuen Vorschriften und Gesetzen die wirklich relevanten Interessen der Mehrheit der Gesellschaft oder Wirtschaft noch ausreichend berücksichtigt werden.

Ein weiteres strukturelles Problem für eine effiziente digitale Verwaltung ist der begrenzte Zugang zu modernen oder digitalen Technologien wie z.B. Cloud-Lösungen, welche eine schnelle Modernisierung der öffentlichen IT erheblich erschweren. Eine oft überzogene Auslegung des Datenschutzes sowie eine hohe Risikoaversion, auch wenn der potenzielle Schaden oder die Eintrittswahrscheinlichkeit sehr gering sind, führen dazu, dass man immer gute Argumente hat, sich nicht mit modernen Technologien konstruktiv auseinandersetzen zu müssen. Ebenso besteht immer noch ein erhebliches Defizit in der strategischen Perspektive und Bewertung von Technologie, da in den Ministerien weiterhin in veralteten IT-Dimensionen und IT-Architekturen gedacht wird, anstatt einen modernen Plattformansatz mit vollständiger Ende-zu-Ende-Digitalisierung anzustreben.

3. Es gibt vielfältige Möglichkeiten, schneller oder besser zu werden, insbesondere durch die Digitalisierung

Die deutsche Politik muss sich zukünftig verstärkt darauf konzentrieren, den Staat für die kommenden Entwicklungen einer digitalen Gesellschaft und

Wirtschaft wieder handlungsfähig zu machen. In der heutigen Zeit kann ein Staat nicht mehr nur als Regulierer agieren, sondern er muss vor allem als Enabler für eine zukunftsorientierte gesellschaftliche und wirtschaftliche Entwicklung fungieren. Statt die bestehenden Strukturen oberflächlich zu modernisieren und eine pseudo-digitale Perspektive zu verfolgen, müssen die großen und wichtigen Herausforderungen in den Vordergrund gerückt werden. Es darf nicht sein, dass immer wieder nur spezifische Ausnahmeregelungen oder partielle Interessen den Fokus erhalten. In einer Ära rasanter digitaler Veränderung ist es von entscheidender Bedeutung, sich den großen Herausforderungen zu stellen, anstatt weniger relevante Details zu perfektionieren. Gewinner und Verlierer verfolgen zwar die gleichen Ziele, aber die Gewinner haben das bessere System und effektivere Strukturen. Es ist nicht ausreichend und auch nicht mehr realistisch, politische Ziele über Gesetze vorzugeben und dann darauf zu hoffen, dass nachgeordnete öffentlichen Einrichtungen diese irgendwie auch umsetzen können. Der Staat muss ganzheitlich selbst aktiv werden und die Rolle eines proaktiven Gestalters übernehmen und z.B. für alle Bundesleistungen auch die digitalen Verfahren über eine Plattform zur Verfügung stellen. Sofern zukünftig nur noch Gesetze verabschiedet werden würden, bei denen der Bund zeitgleich auch die digitalen Lösungen bereitstellen müsste, würden in den nächsten Jahrzehnten nur sehr wenige neue Gesetze verabschiedet werden.

Eine effektive und nachhaltige Digitalisierung der Verwaltung ist unabdingbar, um das bisherige System aufrechterhalten zu können. Dies betrifft nicht nur den Fachkräftemangel im öffentlichen Dienst, sondern auch die Ausrichtung der Verwaltung als serviceorientierte Institution für Wirtschaft und Gesellschaft. Hierbei sollten echte digitale Angebote den Zugang zu Verwaltungsdienstleistungen erleichtern, anstatt ineffiziente Online-Formulare zu erstellen, welche die Verwaltung zusätzlich belasten und lediglich die vorhandene Bürokratie online stellen oder dabei noch oft einen draufsetzen. Bürokratie beginnt dort, wo die Kosten den Nutzen übersteigen. Um Deutschland auf den erfolgreichen Weg eines Enabler zu bringen, müssen verschiedene wichtige Themen und Herausforderungen priorisiert angegangen werden:

- Entwicklung einer durchgängigen Digitalstrategie für Deutschland, die von allen öffentlichen Institutionen befolgt werden muss. Ebenso müssen bundeseinheitliche Standards in der Digitalisierung festgelegt werden, um die technischen Voraussetzungen für übergreifende digitale Verwaltungsvorgänge zu schaffen. Dies betrifft vor allem Standardisierungen bei

Schnittstellen, Frameworks, Technologien oder dem Benutzerinterface und vieles mehr, welches am Ende sicherstellen soll, dass Komponenten verschiedener Hersteller mit wenig Aufwand in einer Plattform integrierbar sind.
- Schaffung juristischer Rahmenbedingungen für eine erfolgreiche digitale Transformation der Verwaltung. Dies erfordert vor allem die Reduzierung von bürokratischen Hürden und unnötigen Formalitäten.
- Initiation einer umfassenden digitalen Transformation, die nicht nur technologische Aspekte, sondern auch den Kulturwandel und die Modernisierung der Verwaltungsstrukturen berücksichtigt, die vor der umfassenden Digitalisierung stattfinden muss;
- Entschlackung von Verwaltungsprozessen, um sie auf Effizienz, Effektivität, Geschwindigkeit und Kostenoptimierung auszurichten, *bevor* diese als echte digitale Services angeboten werden;
- Umdenken bei der Ausgestaltung von Verwaltungsprozessen, damit diese sich stärker auf die Bedürfnisse der Zielgruppe konzentrieren, anstatt die Verwaltung gegen alle nur möglichen oder denkbaren Risiken abzusichern;
- Ersetzung des Online-Zugangs-Gesetzes durch ein umfassendes und echtes Digitalgesetz. Die Vorstellung, dass OZG-Online-Formulare die Digitalisierung der Verwaltung repräsentieren, muss überdacht werden. Das anzustrebende Ziel muss und darf ausschließlich die Ende-zu-Ende-Digitalisierung über eine Plattform sein, wie es heute in allen Bereichen ein anerkannter Standard ist.
- Drastische Reduzierung der Komplexität in der deutschen Digitalisierung, wie vom Normenkontrollrat bereits angemahnt. Die unnötige künstliche Komplexität behindert den Fortschritt in der digitalen Verwaltung und führt dazu, dass niemand Verantwortung übernehmen muss.
- Einfachheit kann man auf zwei Dinge reduzieren, das Wesentliche bestimmen und alles andere weglassen. Die Fokussierung auf das Wesentliche und klare Ziele sowie die schrittweise Digitalisierung von wirklich relevanten Prozessen, um eine effiziente und schnelle Umsetzung zu ermöglichen. Besonders Prozesse mit hohen Fallzahlen oder komplexen Rahmenbedingungen sind für die Gesellschaft, Wirtschaft und auch die Verwaltungen selbst, attraktiv.
- Beendigung des bisherigen EFA-Prinzips, welches immer noch auf veralteten IT-Architekturen basiert und einzelne isolierte Leistungen in Form angereicherter IT-Systeme mit Online-Zugängen fördert und damit lang-

fristig Ressourcen bindet, die somit für die echte Digitalisierung über einen Plattformansatz fehlen. Statt gemeinsam an einer Plattform zu arbeiten, erstellen verschiedene Bundesländer aktuell einzelne Lösungen, die auch andere Bundesländer mitnutzen könnten, ohne dass diese in einer gemeinsamen Basis zusammengeführt werden. Dieser Ansatz führt am Ende nicht dazu, dass eine nachhaltige Digitalisierung der Verwaltung stattfinden kann, sondern zu extrem aufwendigen einzelnen Verfahren, welche die Kosten extrem in die Höhe treiben werden.[1]

Es ist unerlässlich, dass die deutsche Digitalpolitik von dem Paradigma abschwenkt, dass lediglich das im Prozess verwendete Formular elektronifiziert wird, anstatt den Prozess selbst vollständig zu digitalisieren. Dies ist das zentrale Problem bei der bisherigen Umsetzung des OZG. Man kann auch die falschen Dinge mit erstaunlicher Perfektion erledigen, aber es bleiben die falschen Dinge. Eine echte Digitalisierung der Verwaltung anstelle der bisherigen Pseudo-Digitalisierung erfordert daher einen grundlegenden Strategiewechsel, der allerdings bisher nicht zu erkennen ist. Es ist für Politik und Gremien wichtiger, eine konsensorientierte Position einzunehmen, auch wenn diese zu verheerenden Konsequenzen führt, anstatt selbstkritisch auf Fehler zu reflektieren und dann notwendige Änderungen vorzunehmen.

Eine moderne Verwaltung, die durch die Digitalisierung auf zahlreichen Kennzahlen und Daten basiert, würde schneller und besser ineffiziente Praktiken aufdecken und auch die Möglichkeit bieten, darauf konsequent zu reagieren. Dies ist entscheidend, um die vorhandenen strukturellen Defizite und die ineffizienten sowie teuren Verwaltungsprozesse anzugehen. Insgesamt muss die deutsche Digitalpolitik sich darauf konzentrieren, eine hocheffiziente und zukunftsorientierte Verwaltung zu schaffen, die zukünftig über eine Serviceorientierung den Bedürfnissen der Gesellschaft und Wirtschaft besser gerecht wird.

---

1   Siehe: https://www.onlinezugangsgesetz.de/Webs/OZG/DE/grundlagen/nachnutzung/efa/efa.html

4. Künstliche Intelligenz (KI) als Motor der Verwaltungsmodernisierung und öffentlichen Digitalisierung

Die Ära der Künstlichen Intelligenz ist bereits angebrochen und wird erhebliche Auswirkungen auf gesellschaftliche, wirtschaftliche und viele andere Bereiche wie Bildung oder Wissenschaft haben. Für die Verwaltung eröffnet das Thema KI zahlreiche Chancen, um bestehende strukturelle Probleme zu bewältigen und eine Modernisierung voranzutreiben. Doch anstatt Künstliche Intelligenz als Chance für Deutschland zu nutzen, ist es wenig überraschend, dass vor allem professionelle Bedenkenträger und risikoaverse Persönlichkeiten versuchen, die Diskussion ideologisch zu dominieren, ohne das Thema in allen Facetten verstanden zu haben. Oft werden ethische Bedenken oder unrealistische Szenarien heraufbeschworen, um die Menschen mit einer Aura der Angst vor Künstlicher Intelligenz zu umgeben, mit der Zielsetzung, die Einführung so lange wie möglich zu blockieren oder hinauszuzögern, bis man in Deutschland auch bei dieser Technologie wieder ins Hintertreffen gerät, so dass der Rückstand kaum mehr aufzuholen ist.

Während andere Länder KI-Systeme nutzen, um sich rasch weiterzuentwickeln und anzupassen, wird Deutschland eher darauf abzielen, in Bereichen wie KI-Ethik führend zu sein. Dies wird jedoch für die weitere Entwicklung der Technologien und Möglichkeiten international wenig Eindruck machen und der deutschen Gesellschaft, Wirtschaft und Verwaltung kaum nutzen. Künstliche Intelligenz bietet der Verwaltung die Option, sich komplett neu auszurichten und zu modernisieren. Angesichts der Erfahrungen mit der OZG-Initiative in Deutschland besteht jedoch die Gefahr, dass das Land auch hier wieder den Anschluss an weltweite Entwicklungen verliert und lediglich als beständiger Mahner auftritt, ohne über ausreichende Kompetenz zu verfügen oder ein eigenes zielführendes System selbst entwickeln zu können. Es ist von enormer Bedeutung, die Chancen der Künstlichen Intelligenz jetzt an- und aufzunehmen und diese als Motor für die Verwaltungsmodernisierung und die öffentliche Digitalisierung zu nutzen, anstatt sie aus reiner Angst, eingeübter Risikoaversion oder erheblichem Unverständnis zu blockieren.

5. Auf dem Weg zu einem aktiven Enabler

Deutschlands Transformation hin zu einem aktiven Enabler ist ein kontinuierlicher Prozess, der kurzfristig drastische und kontinuierliche Anpassungen und Weiterentwicklungen erfordert. Die Fähigkeit, schneller, besser und pragmatischer auf Veränderungen zu reagieren, wird entscheidend sein, um eine nachhaltige Transformation in diese Richtung zu gewährleisten. Eine erfolgreiche Digitalisierung der Verwaltung wird nur dann erreicht, wenn zuvor eine grundlegende Modernisierung und Transformation der Strukturen von Verwaltung und Politik stattfindet. Erst danach ist eine nachhaltige Digitalisierung in größerem Umfang erfolgversprechend.

Es sind grundlegende Paradigmen- und Strategiewechsel erforderlich, um eine effektive und nachhaltige digitale Verwaltung in Deutschland zu schaffen. Ausschließlich ein Plattformansatz mit einer konsistenten Ende-zu-Ende-Digitalisierung wird dazu führen, dass Deutschland den bisherigen digitalen Rückstand aufholen kann, der im Vergleich zu führenden Nationen in Europa und der Welt bereits entstanden ist. Dies erfordert von der Politik ein konsequentes Vorgehen, um bisherige Fehlentwicklungen zu korrigieren und kurzfristig geeignete Maßnahmen zu ergreifen, die sicherstellen, dass endlich auch ein professionelles Management für eine nachhaltige Umsetzung einer Digitalen Verwaltung etabliert wird.

Es ist von entscheidender Bedeutung, dass Deutschland die notwendigen Schritte jetzt konsequent angeht, um sich zu einem aktiven Enabler einer digitalen Gesellschaft und Wirtschaft zu entwickeln. Dies erfordert deutlich mehr Mut, Entschlossenheit und die Bereitschaft zur Veränderung auf allen Ebenen als bisher. Nur so kann Deutschland sicherstellen, dass es in einer sich schnell entwickelnden Welt wettbewerbsfähig bleibt und auch zukünftig den Bedürfnissen von Wirtschaft und Gesellschaft gerecht wird.

Klimatransformation – langer Weg, wenig Zeit

Thilo Schaefer

1. Politische Rahmenbedingungen der Klimaneutralität

Das Pariser Klimaabkommen, der Europäische *Green Deal* und das deutsche Klimaschutzgesetz geben die Richtung klar vor: Die weltweiten Treibhausgasemissionen müssen reduziert werden, damit die Erderwärmung begrenzt werden kann. Bis 2050 soll europaweit Klimaneutralität erreicht werden; Deutschland hat sich dieses Ziel schon für 2045 gesetzt und gesetzlich festgelegt. Im deutschen Klimaschutzgesetz ist zudem eine Senkung der Treibhausgasemissionen um 65 Prozent bis 2030 gegenüber 1990 festgeschrieben worden. Dieses Zwischenziel wurde ursprünglich auch auf die einzelnen Sektoren heruntergebrochen, was allerdings im Jahr 2023 durch eine Reform des Gesetzes gekippt wurde. Dies folgt der zutreffenden Logik, dass es nicht darauf ankommt, in welchem Sektor Emissionen reduziert werden, sondern vielmehr darauf, dass die Gesamtemissionen sinken. Auf diesem Ansatz basiert auch der Europäische Emissionshandel (EU-ETS), der dieses Prinzip durch eine Begrenzung der Emissionen in den Sektoren Energiewirtschaft und Industrie auf europäischer Ebene effizient umsetzt. Durch die Handelbarkeit der Emissionsrechte bekommen CO_2-Emissionen einen Preis. Folglich widersprechen in den EU-ETS-Sektoren auch nationale Zielsetzungen dem übergeordneten Mechanismus auf europäischer Ebene. Bei der Abwesenheit sektorspezifischer Ziele liegt allerdings ein Risiko darin, dass die Ambitionen in den Sektoren außerhalb des EU-ETS hinter den notwendigen Emissionsreduktionen im Hinblick auf das Gesamtziel zurückbleiben, obwohl bis 2045 alle Sektoren klimaneutral werden müssen. Deshalb ist auf europäischer Ebene ein zweites Emissionshandelssystem für die Sektoren Gebäude und Verkehr geplant. Der Blick auf die sektorspezifische Zielerreichung auf dem ursprünglich festgelegten Zielpfad bis 2030 unterstreicht insofern die Notwendigkeit, als die letztgenannten tatsächlich oberhalb der Zielmarken liegen (Abbildung

1), obwohl es auf nationaler Ebene bereits einen CO_2-Preis für Brennstoffe gibt.

Abb. 1: Sektor-Zielpfad 2030: Verkehr und Gebäude liegen drüber

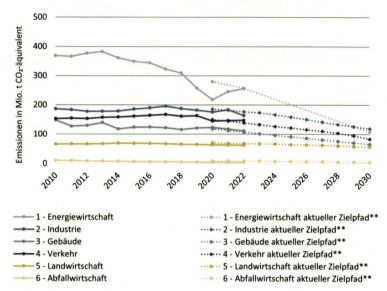

** entsprechend der Novelle des Bundes-Klimaschutzgesetz vom 12.05.2021 angepasst
Quelle: Umweltbundesamt.

2. Erneuerbare Energien in allen Sektoren

In allen Sektoren ist der Schlüssel zur Reduktion der Treibhausgasemissionen der Einsatz Erneuerbarer Energien. Der Einsatz von Strom oder strombasierten Energieträgern wie grünem Wasserstoff, der durch die Elektrolyse von erneuerbar erzeugtem Strom hergestellt wird, ermöglicht bei einem wachsenden Erneuerbaren-Anteil die Reduktion der Emissionen des Energieeinsatzes.

Auch zum klimafreundlichen Heizen in Gebäuden durch den Einsatz von Wärmepumpen und für das Laden von batterieelektrischen Fahrzeugen ist Strom mit einem möglichst hohen Anteil erneuerbarer Erzeugung der Schlüssel zur Reduktion der Emissionen. Demnach steigt die Stromnachfrage absehbar an, was die Möglichkeiten, durch Effizienzgewinne den Stromverbrauch zu senken, deutlich übersteigen wird (Doré et al. 2023). Das Stromangebot in Deutschland wurde jedoch durch die Abschaltung der Kernkraftwerke und das Überführen von Kohlekraftwerken in die Reserve verknappt, schon bevor Erneuerbare in Kombination mit leistungsfähigen Netzen und Speichern den Mehrbedarf decken können. Auch die geplanten zu den Erneuerbaren komplementären Gaskraftwerke sind noch nicht gebaut. Mit dem in Folge des russischen Angriffs auf die Ukraine verknappten Gasangebot und durch die höheren Kosten für Flüssig- als für Pipelinegas steigen nicht nur die Gaspreise, sondern ebenso die Strompreise, die den Energieträgerwechsel in Richtung Strom nun zusätzlich unattraktiv machen. Die Ampel-Koalition hat darauf mit einem Strompreispaket reagiert, welches allerdings nicht allen stromintensiven Unternehmen kurzfristig zu wettbewerbsfähigen Strompreisen verhilft.

Für 2030 plant die Bundesregierung 10 Gigawatt Elektrolysekapazität in Deutschland. Im Jahr 2022 waren lediglich 60 Megawatt vorhanden, also gerade einmal 0,6 Prozent des Ziels erreicht. Eine weitaus größere Menge des Wasserstoffs wird importiert werden müssen. Das ist insofern sinnvoll, als die hiesige Wasserstoffproduktion in unmittelbarer Konkurrenz zur Verwendung des hierzulande knappen erneuerbar erzeugten Stroms in der Direktelektrifizierung steht, die in aller Regel effizienter und auch kostengünstiger ist. Wasserstoff lässt sich zudem besser über größere Strecken transportieren als Strom. Deshalb arbeitet die Bundesregierung an Energiepartnerschaften mit potenziellen Produzenten Grünen Wasserstoffs wie beispielsweise Chile, Namibia oder Marokko. In all diesen Ländern müssen aber zunächst neue Erzeugungsanlagen für Strom gebaut werden. Schließlich soll die Wasserstofferzeugung nicht zulasten des vor Ort eingesetzten klimafreundlichen Stroms gehen. Hinzu kommen dort aufzubauende Elektrolysekapazitäten und geeignete Schiffe für den Transport, die es bislang nur im Pilotmaßstab gibt (Egenolf-Jonkmans et al. 2021). All dies deutet darauf hin, dass 2030 nur überschaubare Mengen an Grünem Wasserstoff zur Verfügung stehen werden.

Durch den Ausbau der Erneuerbaren Energien sollen bis 2030 80 Prozent des Bruttostromverbrauchs abgedeckt werden. Um dieses Ziel zu erreichen, hat die aktuelle Bundesregierung ein ganzes Bündel an Maßnahmen getroffen, um beispielsweise im Rahmen des Osterpakets aus dem Jahr 2022 den Ausbau von Erzeugungsanlagen für Wind- und Sonnenenergie voranzutreiben.

Abb. 2: EE-Ziel 2030: 80 Prozent am Bruttostromverbrauch

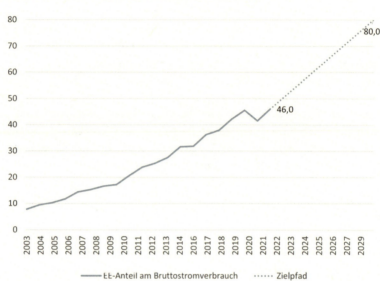

Quelle: AGEE-Stat.

Dass dies dringend nötig ist, zeigt nicht nur der Blick auf die Treibhausgasminderungsziele, sondern auch auf den Erneuerbaren-Anteil am Stromverbrauch (Abbildung 2). Hier ist in den verbleibenden Jahren bis 2030 ein deutlich höheres Tempo als in der Vergangenheit erforderlich. Gleichzeitig wächst auch die Herausforderung, geeignete Flächen für neue Windkraftanlagen bereitzustellen. Deshalb muss unter anderem das Potenzial des Repowerings, also das Ersetzen älterer Windkraftanlagen durch neue wesentlich leistungsfähigere Anlagen an bewährten Standorten genutzt werden. Diese bedürfen zwar einer Genehmigung, aber keiner gänzlich neuen Planung. Grundsätzlich sind die Planungs- und Genehmigungsverfahren im Laufe der Zeit immer aufwendiger und langwieriger geworden. Angesichts von Personalengpässen in den Genehmigungsbehörden müssen standardisierte Verfahren, die Bündelung von ähnlich gelagerten Verfahren, sowie Orientierung durch Leitfäden den zuständigen Beamtinnen und Beamten die Arbeit erleichtern und dadurch die Bearbeitungsgeschwindigkeit erhöhen. Ein entscheidender Schlüssel dafür ist die Digitalisierung, die nicht länger durch unterschiedliche Handhabung je nach Bundesland ausgebremst werden darf. An konstruktiven Vorschlägen mangelt es nicht, vielmehr an einem bundesländerübergreifenden politischen Schulterschluss zur Durchsetzung (Bogumil et al. 2022).

Dabei reicht es bei weitem nicht aus, die Windkraftanlagen auf See und an Land sowie die Photovoltaikanlagen im angestrebten Tempo auszubauen – was an sich bereits recht ambitioniert erscheint. Damit Strom aus regenerativen Quellen tatsächlich fossile Erzeugung ersetzen kann, werden darüber hinaus leistungsfähige Netze und Stromspeicher benötigt. Ein weiterer wichtiger Baustein ist die Regulierung, die nicht zu einem System mit vielen dezentralen volatilen Erzeugungsquellen passt. Die Netzentgeltsystematik beispielsweise setzt nicht die notwendigen Anreize für eine flexible Netznutzung, die auf die dargebotsabhängigen Schwankungen der Stromerzeugung reagiert. Auch wenn viele Großverbraucher auf verlässliche Grundlast im Dauerbetrieb angewiesen sind, gibt es doch häufig Möglichkeiten zur flexiblen Anpassung der Produktionsintensität auf die kurzfristigen Preissignale, die an der Strombörse angezeigt werden.

3. Herausforderungen der Industrietransformation

Viele industrielle Produktionsverfahren müssen zum Einsatz erneuerbar erzeugter Energie angepasst werden, was in vielen Betrieben umfangreiche Investitionen voraussetzt, die über den Rahmen üblicher Erneuerungszyklen hinausgehen. Wo dies nicht möglich ist, wie beispielsweise in der Stahlerzeugung, kann der Einsatz von Grünem Wasserstoff für eine klimafreundliche Produktion sorgen, zumal die Prozessemissionen der Primärstahlerzeugung mithilfe von Kokskohle im Hochofen dadurch vermieden werden können.

Die nächsten Jahre sind angesichts der Herausforderungen des Umbaus unter den genannten erschwerten Bedingungen demnach mit großen Kostenbelastungen und Kostennachteilen verbunden, die von Unternehmen zu tragen sind. Diese haben nach Coronakrise, Lieferengpässen und deutlich gestiegenen Kosten für den Energieeinsatz, aber auch für andere Vorprodukte deutlich weniger Spielraum für die notwendigen umfangreichen Investitionen als zuvor. Da der Staat die Beschleunigung der Transformation in Richtung Klimaneutralität forciert, lässt sich eine Abfederung der dadurch entstehenden Risiken und Belastungen durch den Staat in Form einer neu konzipierten Industriepolitik auch ordnungsökonomisch rechtfertigen (Hüther et al. 2023). Das darf gleichwohl nicht zu umfangreichen Dauersubventionen führen, sondern vielmehr zu intelligenten Förderprogrammen, die die entstandenen zusätzlichen Risiken gezielt adressieren beziehungsweise die Förderung auf den klimaschutzbedingten Mehraufwand beschränken. Einen solchen Ansatz verfolgen die vom BMWK konzipierten Klimaschutzverträge, die allerdings angesichts der umfangreichen Nachweispflichten zu bürokratischen Monstern zu geraten drohen. Hinzu kommt nun noch das Urteil des Bundesverfassungsgerichts vom 15.11.2023, das eine Umwidmung der nicht abgerufenen Corona-Mittel in den Klima- und Transformationsfonds (KTF), aus dem derartige Maßnahmen finanziert werden sollten, untersagt.

Die Industrieproduktion hat nach den multiplen Krisen der letzten Jahre noch nicht wieder das Niveau vor dem Ausbruch der Corona-Pandemie erreicht, sondern befindet sich in einer Seitwärtsbewegung, was sich auch in schwachen bis zuletzt sogar negativen Wachstumszahlen niederschlägt. Der Fokus auf die energieintensiven Industrien, deren Kapitalstock (Bardt/Bakalis 2023) bereits in den letzten Jahren geschrumpft ist, zeigt, dass in den fraglichen Branchen die Produktion jüngst massiv eingebrochen ist (Abbildung 3).

Abb. 3: Energieintensive Industrie: deutlicher Einbruch

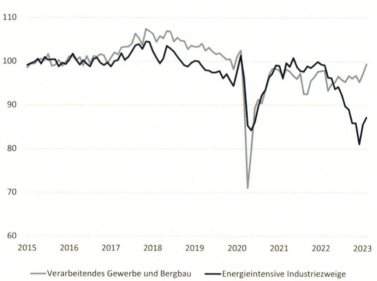

Quelle: Statistisches Bundesamt.

Prominente Beispiele wie die Produktion von Primäraluminium und Ammoniak bebildern diesen Einbruch, der darauf zurückzuführen ist, dass die Produktion an hiesigen Standorten angesichts der derzeitigen Kostensituation nicht mehr wettbewerbsfähig möglich ist. Weitere Unternehmen werden die bestehenden Kostennachteile gegenüber ihren Konkurrenten auf globalen Märkten nicht über längere Zeit durchhalten können. Deshalb ist neben kurzfristigen Hilfen auch eine mittelfristige Perspektive notwendig, insbesondere im Hinblick auf die Energiepreise. Prinzipiell sind die Gestehungskosten der Erneuerbaren vergleichsweise günstig und können bei erfolgreichem Ausbau von Anlagen, Netzen und Speichern zu rückläufigen Strompreisen beitragen. Angesichts der Notwendigkeit, weitere Strommarktprodukte für die Zeiten geringer Einspeisung aus Wind- und Sonnenenergie zu erwerben, um grundlastfähigen Strom zu beziehen, bleibt selbst bei einem Erreichen der oben genannten Erneuerbaren-Ziele bis 2030 unsicher, ob die Industriestrompreise wieder das Niveau der letzten Dekade erreichen können. Vielmehr droht ein Kostenunterschied zu verbleiben, zumal auch Alternativstandorte ihre Stromerzeugung verstärkt auf klimafreundliche Quellen umstellen – und das oftmals mit besseren Bedingungen für Wind- oder Solarenergie. So kann zunehmend die Produktion an anderen Standorten nicht nur günstiger, sondern auch klimafreundlicher erfolgen. Dieser sogenannte Renewables-Pull-Effekt ist aus klimapolitischer Sicht – anders als die reine Verlagerung von Emissionen (Carbon Leakage) – nicht als nachteilig zu bewerten, bedroht aber dennoch die Attraktivität deutscher und europäischer Standorte (Samadi/ Fischer/Lechtenböhmer 2023).

Zu befürchten ist deshalb, dass Standortnachteile im Hinblick auf die Energiekostenunterschiede dauerhaft bestehen bleiben und mittelfristige Standortentscheidungen von Unternehmen zulasten Deutschlands beeinflussen können (Bähr et al. 2023). Wenn hinzukommt, dass auch klimapolitisch die Standortsicherung angesichts des Renewables Pull Effekts nur bedingt gerechtfertigt werden kann, sind industriepolitische Maßnahmen eher aus Resilienzerwägungen zu begründen. Für den Umbau der Energieversorgung sind umfangreiche neue Leitungsinfrastrukturen vonnöten, nicht nur für Strom und Wasserstoff, sondern auch für den Transport von CO_2 im Sinne der von der Bundesregierung angekündigten Carbon Management Strategie.

Dazu sind politische Weichenstellungen auf allen föderalen Ebenen erforderlich, denn die Umsetzung muss letztlich vor Ort erfolgen, Wohn- und Mobilitätskonzepte in den Städten und Kommunen können Synergien heben und klimafreundliches Wohnen und Fortbewegen ermöglichen. Wichtig ist dabei die Einbindung der Unternehmen vor Ort, die beispielsweise als Wärmeproduzenten einen Beitrag zum Gelingen des Umbaus der Wärmenetze liefern können. Dabei ist zu beachten, dass bei einem Wechsel des Energieträgers zur effizienteren emissionsreduzierten Wärmeerzeugung auch die Potenziale zur Erzeugung von Fern- und Nahwärme sinken können.

4. Internationale Perspektive: Chancen für Koordination oder verstärkter Protektionismus?

Selbst wenn all dies gelingt und deutsche sowie europäische Klimaziele erreicht werden können, verpuffen diese Erfolge, wenn andernorts die Treibhausgasemissionen nicht in gleichem Maße sinken oder sogar steigen. Die größten Emittenten weltweit müssen ebenfalls ihren Ausstoß von Treibhausgasen reduzieren, um die in Paris im Jahr 2015 vereinbarten globalen Klimaschutzziele zu erreichen. Die im Nachgang des Klimaabkommens zugesagten nationalen Beiträge zur Emissionsreduktion reichen dazu jedoch bei Weitem nicht aus (United Nations Environment Programme 2023). Immerhin ist weltweit eine Zunahme an Bepreisungsmechanismen für CO_2-Emissionen zu beobachten, sei es in Form von CO_2-Steuern oder Emissionshandelssystemen (Abbildung 4). 23 Prozent der weltweiten Emissionen unterliegen inzwischen einer Bepreisung (Weltbank 2023).

Die CO_2-Preise divergieren zwischen den unterschiedlichen Regionen jedoch deutlich. Während im hiesigen EU-ETS Preise von umgerechnet bis zu 100 Dollar pro Tonne CO_2 anfallen, werden in China nur einstellige Beträge fällig. Dort sind auch deutlich weniger Industrieanlagen zertifikatspflichtig. In den USA gibt es kein flächendeckendes Bepreisungssystem; auf Bundesstaatenebene gibt es aber – wie zum Beispiel in Kalifornien – durchaus CO_2-Preise.

Abb. 4: Wettbewerbsverzerrung durch ungleiche CO_2-Bepreisung

Quelle: Weltbank, 2023. Einige Länder wie etwa die USA bepreisen CO_2 in einzelnen Regionen, dies wird an dieser Stelle nicht berücksichtigt.

Die Emissionen mit einem Preis zu versehen, sind nicht der einzige Ansatz, um Emissionen zu reduzieren und klimafreundlichen Technologien zum Durchbruch zu verhelfen. Auch in Europa geht die Verteuerung des Einsatzes fossiler Energie und Prozesse mit Maßnahmen zur Attraktivitätssteigerung der klimafreundlichen Alternativen Hand in Hand. Dazu gehören auf europäischer Ebene beispielsweise die IPCEIs (*Important Project of Common European Interest*) zur Förderung von Klimaschutzmaßnahmen oder im nationalen Kontext die schon angesprochenen Klimaschutzverträge. Die Europäer haben ihre Klimapolitik spätestens seit dem *Green Deal* als besonders ambitioniert wahrgenommen, schließlich hat Kommissionspräsidentin Ursula von der Leyen bei dessen Vorstellung angekündigt, dass der europäische Kontinent der erste sein solle, der bis 2050 die Klimaneutralität erreicht. Gleichzeitig müssen die in Europa ansässigen Unternehmen nicht nur bei den Investitionen zur Reduktion der Treibhausgasemissionen unterstützt, sondern auch vor einem durch die ambitionierten Ziele und Maßnahmen der europäischen Klimapolitik herbeigeführten Verlust an internationaler Wettbewerbsfähigkeit geschützt werden.

Dafür sorgte bislang die freie Zuteilung von Emissionszertifikaten an energieintensive Industrieunternehmen, die im internationalen Wettbewerb mit außereuropäischen Konkurrenten stehen. Angesichts einer Verschärfung des linearen Reduktionsfaktors, durch den die Menge der insgesamt zulässigen Emissionen im EU-ETS (Cap) jährlich sinkt, stehen zukünftig auch für die freie Zuteilung weniger Emissionszertifikate zur Verfügung. Deshalb plant die Kommission diese Regelung schrittweise durch einen Grenzausgleichsmechanismus (*Carbon border adjustment mechanism*, kurz CBAM) abzulösen, durch den importierte Grundstoffe zukünftig auch einer Zertifikatspflicht unterliegen. Dies ist geeignet, bei den Unternehmen, deren Produkte dem CBAM unterfallen, die Importkonkurrenz zu vergleichbaren Wettbewerbsbedingungen zu gestalten. Für deren Kunden werden diese Produkte in Europa jedoch in der Konsequenz teurer, sei es durch die Kürzung der freien Zuteilung oder durch die Zertifikatspflicht bei Importen (Fritsch et al. 2022). Die Kommission plant zwar eine Erweiterung des Geltungsbereichs, der Verlagerungsdruck steigt jedoch bei den nachgelagerten Branchen. Auch das Problem, dass Unternehmen, die nennenswerte Anteile ihrer Produktion auf außereuropäischen Märkten verkaufen, dann zu höheren Kosten anbieten müssen, möchte die Kommission noch mit einer Exportrabattierung adressieren, deren konkrete Ausgestaltung noch unklar ist.

Der CBAM wird im außereuropäischen Ausland nicht nur als Einladung, möglichst klimafreundlich zu produzieren, empfunden, um diese Waren dann auf dem europäischen Markt anbieten zu können. Vielmehr wird die Einführung der Zertifikatspflicht auf Importe als Handelsbeschränkung wahrgenommen, so dass Vergeltungsmaßnahmen drohen. Die EU-Kommission rechnet zusätzlich mit Umgehungsmaßnahmen, mit denen außereuropäische Unternehmen versuchen könnten, sich der Zertifikatspflicht zu entziehen. Im Endeffekt ist es kaum vorstellbar, dass der CBAM funktionsfähig in Kraft tritt, ohne dass grundlegende Standards der Verifikation und Bemessung von Emissionen mit den wichtigsten Handelspartnern der EU-Mitgliedstaaten vereinbart werden. Hierin liegt eine Chance, denn wenn ohnehin ein gemeinsames Verständnis über die Abgrenzung von Emissionen in unterschiedlichen Sektoren herbeigeführt werden muss, kann dies gleichzeitig eine Basis für Handelsvereinbarungen darstellen, mit deren Hilfe die Konkurrenz zwischen klimafreundlichen und emissionsintensiven Produkten abgemildert werden könnte. Inwieweit dies realistisch ist, werden die aktuellen Verhandlungen zwischen den USA und der EU über die Stahl- und Aluminiumzölle zeigen. Prinzipiell wäre hier eine bilaterale Vereinbarung auf sektoraler Ebene möglich (Kerstens/Lehne 2023).

Die US-Administration von Präsident Joe Biden hat einen anderen Weg gewählt als die Europäer. Sein *Inflation Reduction Act* dient bestenfalls mittelbar einer Senkung der Inflation in den USA. Vielmehr sollen dadurch einheimische Branchen stark unterstützt werden, wenn sie auf klimafreundliche Technologien setzen. Dazu wird die Batteriefertigung gefördert und grüner Wasserstoff verbilligt – und zwar für US- und teilweise nordamerikanische Unternehmen. Als Instrument sind vorrangig unbürokratische Steuererleichterungen vorgesehen. Auf diese Weise bringt die US-Regierung ein umfangreiches Klimaschutzprogramm mit dem Schutz der eigenen Unternehmen vor Nachteilen im Wettbewerb in Einklang. Für Unternehmen außerhalb Nordamerikas ist der Zugang beschränkt. Es gibt aber die Möglichkeit einer Teilhabe durch entsprechende Vereinbarungen in Handelsabkommen.

Dies hat nun die Europäer in Zugzwang gebracht: Hatten die US-Amerikaner sich bislang nicht gerade durch ambitionierte Klimaschutzpolitik hervorgetan, droht nun ernstzunehmende Konkurrenz um klimafreundliche Zukunftstechnologien, bei denen chinesische Unternehmen dank umfangreicher Subventionen längst stark im Rennen sind. Als Reaktion darauf hat die EU-Kommission den *Net Zero Industry Act* verabschiedet, der Beihilferegeln lockert und Förderprogramme stärkt.

Ob hieraus nun ein konstruktiver Wettbewerb um die Vorreiterrolle bei klimafreundlichen Technologien entsteht oder eher ein mit protektionistischen Handelsbeschränkungen geführter Konflikt, ist völlig offen. Angesichts der aktuellen geopolitischen Verwerfungen setzen viele Staaten verstärkt auf Maßnahmen zur Steigerung der Resilienz und versuchen Importabhängigkeiten zu reduzieren. Darunter leiden internationaler Handel und internationale Arbeitsteilung. Aktive internationale Klimaschutzpolitik wird deshalb wichtiger denn je. Auch wenn der von Nordhaus nobelpreiswürdig ersonnene Klimaclub in einer schlagkräftigen Form derzeit kaum erreichbar zu sein scheint, haben bilaterale Vereinbarungen und Allianzen auf sektoraler Ebene bessere Chancen, denn sie können auch positiv auf die Resilienz der beteiligten Staaten einzahlen (Kolev/Bardt 2021).

Literatur

Bähr, Cornelius/Bothe, David/Brändle, Gregor/Klink, Hilmar/Lichtblau, Karl/Sonnen, Lino/Zink, Benita (2023): Die Zukunft energieintensiver Industrien in Deutschland. Eine Studie von IW Consult und Frontier Economics im Auftrag des Dezernat Zukunft, Köln.

Bardt, Hubertus/Bakalis, Dennis (2023): Anhaltende Schwächung energieintensiver Branchen, in: IW-Kurzbericht, Nr. 76, Köln.

Bogumil, Jörg/Gerber, Sascha/Vogel, Hans-Josef (2022): Verwaltung besser machen. Vorschläge aus Wissenschaft und Praxis, ZEFIR-Materialien, 19. Bd., Bochum.

Doré, Larissa/Fischedick, Manfred/Fischer, Andreas/Hanke, Thomas/Holtz, Georg/Krüger, Christine/Lechtenböhmer, Stefan/Samadi, Sascha/Saurat, Mathieu/Schneider, Clemens/Tönjes, Annika (2023): Treibhausgasneutralität bis 2045. Ein Szenario aus dem Projekt SCI4climate.NRW, Köln.

Egenolf-Jonkmanns, Bärbel/Glasner, Christoph/Seifert, Ulrich/Küper, Malte/Schaefer, Thilo/Merten, Frank/Scholz, Alexander/Taubitz, Ansgar (2023): Wasserstoffimporte. Bewertung der Realisierbarkeit von Wasserstoffimporten gemäß den Zielvorgaben der Nationalen Wasserstoffstrategie bis zum Jahr 2030. Ergebnis der Themenfelder 1 (Technologien und Infrastrukturen) und 4 (Rahmenbedingungen und Geschäftsmodelle) des Forschungsprojektes SCI4climate.NRW, Köln.

Fritsch, Manuel/Neligan, Adriana/Schaefer, Thilo/Zink, Benita (2022): Nachhaltigkeit im internationalen Vergleich. Studie im Auftrag der Wirtschaftsvereinigung Stahl, Berlin/Köln.

Hüther, Michael/Bardt, Hubertus/Bähr, Cornelius/Matthes, Jürgen/Röhl, Klaus-Heiner/Rusche, Christian/Schaefer, Thilo (2023): Industriepolitik in der Zeitenwende, in: IW-Policy Paper, Nr. 7, Köln/Berlin.

Kerstens, Emilie/Lehne, Johanna (2023): Re-Greening the Global Steel Arrangement. Short Term Ambitions for Long Term Success, Website E3G Blog, [online] https://www.e3g.org/news/re-greening-the-global-steel-arrangement-short-term-ambitions-for-long-term-success/ [abgerufen am 29.11.2023].

Kolev, Galina/Bardt, Hubertus (2021): Trade Club for Climate, in: IW-Policy Paper, Nr. 8, Köln.

Samadi, Sascha/Fischer, Andreas/Lechtenböhmer, Stefan (2023): The renewables pull effect. How regional differences in renewable energy costs could influence where industrial production is located in the future, in: Energy Research & Social Science, Volume 104.

United Nations Evironment Programme (2023): Emissions Gap Report 2023. Broken Record – Temperatures hit new highs, yet world fails to cut emissions (again), Nairobi.

Weltbank (2023): Carbon Pricing Dashboard, Website Weltbank, [online] https://carbonpricingdashboard.worldbank.org/ [abgerufen am 29.11.2023].

Klimaneutralität 2045 – (wie) können wir das schaffen?

Maja Göpel/Johannes Zieseniß

1. Einleitung – worum geht es eigentlich?

Das Urteil des Bundesverfassungsgerichts vom 15. November 2023 stellt eine Zäsur dar – nicht juristisch, das Urteil war erwartbar, sondern politisch –, da der Haushalts-Kompromiss der Ampel-Koalition und damit ihr verbindender Kitt zunächst für ungültig erklärt wurden (Bundesverfassungsgericht 2023). Und diese finanzielle Spachtelmasse hatte dazu gedient, ein Trilemma zu verdrängen, das der Ampel-Koalition von Beginn an inhärent war: Einhaltung der Schuldenbremse bei gleichzeitiger Absage an Steuererhöhungen und gleichzeitigen Investitionen in industrielle Transformation und Klimaschutz. Im Laufe des ersten Regierungsjahres und der Suche nach finanzieller Unterstützung in der Corona-Pandemie wurde zudem deutlich: im Finanzministerium gab es auch keine Ambition für die Veränderung der bestehenden umweltschädlichen Subventionen wie die zum Benzin- oder Dieselkonsum.

Klimaziele zu erreichen, ohne die soziale und ökologische Lenkungswirkung der politischen Rahmenbedingungen anzuschauen, kann nicht funktionieren. Denn Klimapolitik ist das notwendige und korrigierende Ergebnis eines jahrzehntelangen – und auch jahrzehntelang diskutierten – Marktversagens bezüglich der Emission von CO_2 durch unsere Wirtschaftsweise. Seit Jahrzehnten werden in einer Vielzahl von Studien genauso die fehlsteuernden Anreize, Subventionen und Produktionsstandards diskutiert, die den Markteintritt von Alternativen erschweren. Wissenschaftliche Beratungsgremien stellen immer einen umfassenden Instrumente-Mix vor, wenn sie optionale Entwicklungspfade hin zu einer dekarbonisierten Wirtschaft und Gesellschaft beschreiben (IPCC 2023; APCC 2023; SVR 2019; WBGU 2016). Eine sinnvolle Lehre aus dem Stopp für die Umwidmung der Coronagelder wäre: Transformative Politik muss tradierte Privilegien konfrontieren, wenn sie in einer sich rasant verändernden Welt die Werte und Gestaltungskraft von Wirtschaft und Gesellschaft auf Kurs halten will. Die Kunst guten Regierens bedeutet, verfügbare Mittel auf ihre Wirkung in Richtung Zielsetzung zu überprüfen und im Zweifel anzupassen. Die Form folgt der Funktion.

Mit dem Urteil des Oberverwaltungsgerichtes Berlin-Brandenburg vom 30. November 2023 ist auch dies bekräftigt worden (Oberverwaltungsgericht Berlin-Brandenburg 2023). Es hat entschieden, dass einem dafür geschaffenen Klimaschutzgesetz Folge zu leisten sei, also Sofortprogramme vorgelegt werden müssen, wenn die aktuellen Rahmenbedingungen fehlsteuern. Genau das hatte nach dem breit diskutierten Urteil des Bundesverfassungsgerichtes aus dem Frühjahr 2021 zu einem kurz vor der letzten Bundestagswahl deutlich nachgebesserten Klimaschutzgesetz geführt (Bundesverfassungsgericht 2021). Insbesondere in den Bereichen Gebäude und Verkehr, das dokumentierten die wissenschaftlichen Studien seit langem, muss deutlich mehr getan werden. Das hatte der Expertenrat Klima bereits im Frühling folgenlos gefordert; nun wurde es noch einmal vom Oberverwaltungsgericht bestätigt.

Argumentiert wurde vom Bundesverfassungsgericht in dieser Fragestellung 2021 aus der Perspektive der Generationengerechtigkeit: je länger der Strukturwandel für die Dekarbonisierung verschleppt würde, umso geringer wären die Gestaltungsmöglichkeiten und Freiheiten in der Zukunft.[1] Und so entschied dieses Gericht 2023 auch nicht, dass eine Reform der Schuldenbremse oder eine Schuldenaufnahme durch die Erklärung eines Notstandes nicht möglich sei. Es entschied lediglich gegen eine Umwidmung von designierten Coronahilfen und deren überjährige Nutzung.

In der Gesamtschau ist eine rigide Beschränkung der öffentlichen Neuverschuldung also nicht mit generationengerechter Politik gleichzusetzen: die entscheidende Frage ist, was mit dem finanziellen Budget gestaltet wird – und was nicht. So wackeln durch die zunächst verlorenen 60 Milliarden Euro in der

---

1 Das Bundesverfassungsgericht schrieb 2021 explizit: »20a GG schließt die Notwendigkeit ein, mit den natürlichen Lebensgrundlagen so sorgsam umzugehen und sie der Nachwelt in solchem Zustand zu hinterlassen, dass nachfolgende Generationen diese nicht nur um den Preis radikaler eigener Enthaltsamkeit weiter bewahren könnten. […] Konkret erforderlich ist, dass frühzeitig transparente Maßgaben für die weitere Ausgestaltung der Treibhausgasreduktion formuliert werden, die für die notwendigen Entwicklungs- und Umsetzungsprozesse Orientierung bieten und diesen *ein hinreichendes Maß an Entwicklungsdruck und Planungssicherheit* vermitteln.« (Bundesverfassungsgericht 2021, Hervorhebungen durch die Autorinnen und Autoren)

Industrie- und Wirtschaftspolitik viele finanzielle Zusagen an Unternehmen, mit denen ihre Transformationsbemühungen für eine schnellere Reduktion der CO_2-Emissionen unterstützt werden sollten. Und das Urteil bringt die Ministerpräsidentinnen und Ministerpräsidenten der Länder, die Standorte der designierten Empfänger sind, in Nöte – egal welcher Partei sie angehören.

Damit sind wir bei den Voraussetzungen eines gelingenden Transformationsprozesses für die Klimaneutralität 2045. Die schuldzuweisende Partei-Politik-Paralyse und die damit einhergehende Verunsicherung in Wirtschaft und Gesellschaft sollte dem weichen, was zuletzt auch noch einmal der Expertenrat Klima eingefordert hat: »ein schlüssiges und in sich konsistentes Gesamtkonzept jenseits des gemeinsamen Ziels der Emissionsminderung« (Expertenrat für Klimafragen 2023: 25).

Dabei sind zwei relevante Ebenen der politischen Gestaltung systematisch miteinander verschränkt: auf der Ebene der konkreten Umsetzung sind Fragen wie der Ausbau der Energienetze, Elektrifizierung und Umbau des Mobilitätssektors oder die Dekarbonisierung der Wärmezufuhr für Gebäude und Industrie verortet. Hinsichtlich der Finanzierung dieser Projekte rücken auf der zweiten Ebene die richtungsleitenden Finanzströme in den Blick. Diese reichen von Verschuldungs- und Investitionsregeln über einen CO_2-Preis in ausreichender Höhe bis hin zu umfassenderen Steuerreformen.

In unserem Beitrag konzentrieren wir uns auf die zweite Ebene und erörtern die Gelingensbedingungen eines Strukturwandels durch ein Update von Anreiz- und Lenkungseffekten. Außerdem wollen wir darlegen, welche grundlegende Innovations- und Verständigungsbereitschaft im öffentlichen Diskurs hilfreich wären, um das Verständnis für diese Wirkungseffekte zu erhöhen.

2. Kurzer Exkurs – wie sind wir hier gelandet?

Bereits im Brundtland-Report 1987 wurde formuliert, dass nicht die ökologischen und ökonomischen Realitäten sich ändern würden, sondern die menschgemachten Institutionen verändert werden müssten, die Umwelt und Wirtschaft nicht adäquat beachten und die beiden Systeme künstlich trennen (World Commission on Environment and Development 1987: 55). Institutionen und Entscheidungsstrukturen können verändert werden.

In der nachhaltigkeits- und wirtschaftspolitischen Umsetzung folgte zunächst ein Fokus auf Bildung und Aufklärung sowie freiwillige Selbstverpflichtungen von Firmen und Regierungen. Wichtige Effizienzsteigerungen in der

Energie- und Ressourcenintensität wurden erzielt. Umweltprogramme wurden jedoch in aller Regel weiter in den so benannten Ministerien entwickelt. Um das Jahr 2000 herum unternahm die damals rot-grüne Bundesregierung mit der Ökosteuer-Reform einen ersten Versuch, mit marktbasierten Instrumenten die externen Effekte der Nutzung von fossilen Energieträgern auch preislich sichtbar zu machen. Dieser Ansatz wurde behutsam weiter ausgebaut, vor allem der europäische Emissionshandel (EU ETS) mit der Einführung 2005 war hier ein bedeutender Schritt (vgl. Siebenhüner 2006). Von Seiten der beratenden Wissenschaft wurde jedoch immer wieder darauf hingewiesen, dass die fehlende Abdeckung der Sektoren Verkehr, Landwirtschaft und Gebäude durch den EU ETS problematisch ist und dass die Höhe des Preises durch eine deutlich zu hohe Anzahl an Zertifikaten nicht die nötige Lenkungswirkung entfalten würde (SVR 2019).

Letztere bemisst sich aus Perspektive der Nachhaltigkeitsforschung nicht anhand des finanziellen Budgets, sondern aus der begrenzten Ressource, die durch ein Preissignal geschützt werden soll – in diesem Fall die maximale CO_2-Konzentration in der Atmosphäre. Die Klimaforschung bemüht sich seit Dekaden, hier Grenzwerte zu ermitteln, die nicht überschritten werden sollten, wenn die klimatischen Bedingungen für menschliches Wirtschaften stabil gehalten werden sollen.

Dieses physikalische Budget wurde zum Beispiel vom Wissenschaftlichen Beirat Globale Umweltveränderungen der Bundesregierung in 2009 mit 750 Milliarden Tonnen CO_2 (750 Gigatonnen) berechnet. Diese Größenordnung dürfe nach damaligem Stand bis 2050 noch ausgestoßen werden, wenn das politische Ziel ist, die Erwärmung der Welt auf zwei Grad zu beschränken[2] (WBGU 2009). Damals betrugen die jährlichen, globalen Emissionen 30 Gigatonnen CO_2 (ebd.). Daraus abgeleitet wurden auf Klimakonferenzen die jeweiligen nationalen Nutzungsbudgets und Reduktionsverpflichtungen. Mit besseren Erkenntnissen über die Auswirkungen von zwei Grad Erderwärmung und deren deutlich dramatischeren Auswirkungen auf Mensch, Wirtschaft und weitere Ökosysteme wie die Biodiversität (IPCC 2018), wurde das Budget auch für eine 1,5 Grad erwärmte Welt berechnet. Das Pariser Abkommen von 2015 verpflichtet die Länder auf einen Klimapfad »deutlich unter zwei Grad« (UNFCCC 2015). Die jährlichen Emissionen sind global seitdem jedoch nicht gesunken, sondern steigen weiter an, im Jahr 2022 summierten sie sich auf rund 37 Gigatonnen (IEA 2023). Der IPCC berechnete 2021 das Budget für 1,5

---

[2] Mit einer Wahrscheinlichkeit von 67 Prozent (WBGU 2009: 15).

Grad als 400 verbleibende Gigatonnen CO_2, für zwei Grad als 1150 Gigatonnen[3] (IPCC 2021). Beim Forschungsinstitut MCC lassen sich die Restbudgets für beide Grenzen, 2 Grad oder 1,5 Grad Erderwärmung, tagesaktuell ablesen (vgl. Link unter MCC 2023). Für den deutschen Anteil am global verbleibenden CO_2-Budget hat der Sachverständigenrat für Umweltfragen nach dem Bundesverfassungsgerichtsurteil 2021 umfangreiche Berechnungen vorgelegt. Bei strengen Annahmen muss Deutschland demnach bereits in den 30er Jahren Klimaneutralität erreichen (SRU 2022).

Wichtig zur Veranschaulichung: auch bei 2 Grad hätten global schon rund 80 Prozent der bekannten und nachgewiesenen fossilen Rohstoffe in ihren Lagerstätten bleiben müssen (McGlade und Ekins 2015; vgl. Welsby et al. 2021). Die Exploration geht jedoch insbesondere seit dem Krieg in der Ukraine wieder deutlich nach oben. Die Emissionen aus fossilen Energieträgern und Zement haben 2023 den höchsten Wert in der Weltgeschichte erreicht (Hausfather und Friedlingsstein 2023). Es lässt sich natürlich argumentieren, dass diese globalen Veränderungen insbesondere mit den Entwicklungen in China zu tun haben. Aber auch Deutschland fällt eben weit hinter seine versprochenen Fortschritte zurück. Sonst gäbe es keine entsprechenden Gerichtsurteile.

Beispiel Wärmewende: Die Notwendigkeit einer Dekarbonisierung der Wärmezufuhr, vor allem für Raumwärme in Gebäuden und für Prozesswärme in der Industrie, war lange bekannt. So legte die Bundesregierung 2010 ein Energiekonzept vor (Bundesministerium für Wirtschaft und Technologie 2010). Damit wurde angestrebt, die Sanierungsrate von Bestandsgebäuden von einem auf zwei Prozent zu heben. Diesem Ziel wurde jedoch nie Ausdruck verliehen, sei es durch ausreichende Anreizstrukturen oder Standardsetzung, sodass die Sanierungsrate bis heute unter einem Prozent liegt (Behr et al. 2023). Gleichzeitig fehlt eine ausreichende Datengrundlage wie ein Gebäuderegister oder großflächig repräsentative Untersuchungen, um den Sanierungsfortschritt und dessen Emissionseffekt wirklich zu messen (Klimaschutz- und Energieagentur Niedersachsen 2023).

Freundlich formuliert, war die Nachhaltigkeitspolitik der letzten Dekade eine Geschichte verpasster Chancen. Etwas weniger freundlich ausgedrückt ist es ein Reformstau, den die Ampel-Koalition 2021 geerbt hat. Und dieser ist ein wesentlicher Grund dafür, warum die nun vorgeschlagenen und eingeklagten Maßnahmen so radikal erscheinen: bei früherem Einsetzen ernsthafter Bemühungen wäre eine deutlich moderatere Emissionsreduktionsra-

---

3 Hier ebenfalls mit einer Wahrscheinlichkeit von 67 Prozent (IPCC 2021: 29).

te möglich gewesen – und damit längere Übergangszeiten und weniger harte Eingriffe in die Entscheidungen der Wirtschaft und Privathaushalte. Übrigens wären die Kosten der Klimapolitik – in weiten Teilen ja auch eine Infrastruktursanierungspolitik – nicht zuletzt durch das niedrige Zinsniveau der letzten 15 Jahre deutlich niedriger ausgefallen.

3. Wie ein Gesamtkonzept entstehen kann

Für eine Klimapolitik, die sich als *schlüssiges Gesamtkonzept* und damit umfassende Innovationspolitik versteht, scheint ein besonderes Augenmerk auf Infrastrukturen hilfreich. Diese sind in mindestens drei Varianten relevante Treiber von gesellschaftlicher Veränderung und damit unserem ökologischen Fußabdruck.

Materielle Infrastrukturen bilden die grundlegenden Adern einer Volkswirtschaft: Energieversorgung und ihre Netze, die Verkehrswegeplanung mit mehr oder weniger straßenfokussiertem Transport und öffentlichem Nah- und Fernverkehr, und nicht zuletzt der Gebäudebereich mit vielen fossil beheizten Wohnungen und Arbeitsflächen – diese drei Sektoren machen laut der aktuellen UBA-Schätzung für das Jahr 2022 zusammen 69,1 Prozent der deutschen Treibhausgasemissionen aus (Umweltbundesamt 2023)[4].

Staaten haben bei diesen Infrastrukturen allein aufgrund ihrer Verpflichtung zu öffentlicher Daseinsvorsorge immer eine relevante und Sicherheiten garantierende Rolle gespielt. Die Sicherheit, dass diese Strukturen nachhaltige Produktions- und Konsummuster unterstützen, sollte heute ebenfalls ein Key-Performance-Kriterium sein.

Immaterielle Strukturen (APCC 2023) wie die Lenkungswirkung eines Steuersystems oder Governance-Strukturen, beispielsweise die unterschiedlichen Sätze einer Mehrwertbesteuerung oder die Ressortaufteilung einer Ministerialverwaltung, sind ebenfalls bedeutsam, weil sie die Aufmerksamkeit, Anreize und Kostenstruktur für bestimmte Investitionen, Entwicklungen und Entscheidungen der gesellschaftlichen Akteurinnen und Akteure maßgeblich

---

4   In CO_2-Äquivalenten, ohne Landnutzung, Landnutzungsänderung und Forstwirtschaft (LULUCF). Anteilig an den Gesamtemissionen lassen sich die 69,1 % folgendermaßen aufschlüsseln: 34,3 % in der Energiewirtschaft, 15 % im Gebäudesektor und 19,8 % im Verkehrssektor (19,4 % durch Straße, 0,4 % durch Schiene, Schiff und Luftverkehr, vgl. Umweltbundesamt 2023).

prägen. Heute wird viel zu wenig darüber diskutiert, wie einschränkend so einige als *normal* verteidigten Strukturdesigns des Status Quo auf unsere Freiheiten zur Veränderung für Klimaneutralität wirken.

Und schließlich lohnt es sich auch, über die Lenkungswirkung mentaler Infrastrukturen (Welzer 2011) nachzudenken. Welche Glaubenssätze und Erzählungen über Vergangenheit, Gegenwart und Zukunft prägen unsere Urteile über realistische, wünschenswerte und plausible Lösungen und Entwicklungen? Welche Begriffe und Berechnungen – vom Bruttoinlandsprodukt bis zu Kosten-Nutzen Kalkulationen (Stiglitz et al. 2009; Dasgupta 2021) – brauchen ein Update, damit die Verbindung der ökologischen und ökonomischen Realität endlich auch in zentralen Metriken und Messgrößen Einzug halten?

Diese drei Formen von menschgemachten (Infra-)Strukturen untermauern, lenken und ermöglichen unternehmerisches, politisches und individuelles Handeln. Erst in ihrem Zusammenspiel verstehen wir, wie demokratische Verständigung und Regierungsfähigkeit entstehen.

4. Politische Maßnahmen und Instrumente für die Klimaneutralität 2045

Das wichtigste und häufig diskutierte Instrument ist ein Update der Bepreisungsstrukturen, um eine Übernutzung des CO_2-Budgets zu verhindern. Hier wird die Höhe darüber entscheiden, wann welche Investitionsentscheidungen getroffen werden und auch welche Innovationen sich wie wahrscheinlich durchsetzen können. Dass der ETS II für die Sektoren Gebäude und Verkehr eingeführt wird, ist hier eine überfällige Ergänzung. Das Element eines Preiskorridors, also Minimum- und Maximumpreisen zur Erhöhung der Planungssicherheit, ist schon lange Bestandteil der Diskussion. Forscherinnen und Forscher von Agora Energiewende und Agora Verkehrswende haben jüngst ein Konzept vorgelegt (2023), wie ein modifizierter Preispfad – u.a. mit einem Preiskorridor bereits ab 2025 – für den nationalen, deutschen Emissionshandel bis 2027 dazu beitragen kann, deutlich erhöhte Preissprünge ab 2027 zu vermeiden, wenn die Bepreisung auf die europäische Ebene übergeht.

Auch in herausfordernden Zeiten wie der Energiekrise empfiehlt sich also aus der Perspektive der Richtungssicherheit nicht, als erste Maßnahme den Anstieg des CO_2-Preises auszusetzen. Das Signal an die Märkte ist sonst, dass ein Dekarbonisierungsziel im Zweifel anderen Zielen untergeordnet wird. Um Parametern wie der Bezahlbarkeit gerecht zu werden, ist eine pauschale

Subventionierung wie die Gaspreisbremse oder auch Energiegeld geeignet, die ohne den Verlust der Lenkungswirkung auskommen. Gleichsam wäre auch im Sommer 2022 ein verkehrsmitteloffener Mobilitätsrabatt anstatt eines Tankrabatts nur für Autofahren denkbar gewesen. Im Falle der Gas- und Strompreisbremsen wäre auch in jedem Fall eine Deckelung der subventionierten Verbrauchshöhe ein klares Signal gewesen, dass Energieeinsparungen eine wichtige Rolle spielen (vgl. ExpertInnen-Kommission Gas und Wärme 2022; Schumacher et al. 2022), um den Umbau des Energiesystems mit möglichst wenig *Overshoot* des Klimabudgets erreichen zu können.

Gleichzeitig sind Fragen der Angemessenheit und Gerechtigkeit auch zentral für die Akzeptanz von politischen Maßnahmen. Drei Punkte haben sich z.B. in einer internationalen Studie des Social Economics Lab der Harvard University als besonders relevant für die Akzeptanz von Klimapolitik herausgestellt: die Wahrnehmung der *Effektivität* in Bezug auf die Reduktion von Emissionen, die *Verteilungswirkung* gerade in Bezug auf Haushalte mit geringeren Einkommen, und die Betroffenheit der eigenen *Interessen* (Dechezlepretre et al. 2023). Die Relevanz der sozialen Verträglichkeit ist daher nicht zu unterschätzen.

Ihre Wahrnehmung entwickelt sich allerdings auch durch die Zuspitzung und diskursive Produktion von Konfliktmustern in der »Heute-Morgen-Arena« (Mau et al. 2023). Anhand der Debatte um das Gebäudeenergiegesetz zeigte sich dies, in der die Darstellung der Ziele und Maßnahmen des Gesetzes von Affektorientierung und Personalisierungen geprägt war. Mit auf Wut und Reaktanz ausgelegten Argumentationsmustern und polarisierenden Wahlkampfstrategien hat die Partei-Politik-Paralyse hier neue Dimensionen erreicht.

Darüber hinaus ist der Vergleich zwischen sozialen Gruppen für die empfundene Fairness relevant (vgl. hierzu auch aus dem Vorläuferband: Schwickert/Fröhlich 2022). Die im Koalitionsvertrag vielleicht wichtigste soziale Abfederungsmaßnahme war deshalb das Klimageld. Sowohl Bezahlbarkeit als auch Gerechtigkeitsfragen sind berücksichtigt, wenn eine steigende CO_2-Bepreisung durch Pro-Kopf-Rückzahlung in ihrer tendenziell regressiven Wirkung ausgeglichen wird (Bach et al. 2023). Einen Auszahlungsmechanismus zu entwickeln, wurde allerdings vom Finanzministerium bislang nicht prioritär behandelt. Die politische Gestaltung des Instruments CO_2-Preis sollte aber immer die Verteilungswirkungen und sozialen Härtefälle, das Verursacherprinzip und die sukzessive wie ausreichend hohe Lenkungswirkung gemeinsam berücksichtigen.

Ebenfalls im Kontext der Schuldenbremse und ihrer Reform diskutiert wurde die transparente Kommunikation der zeitlichen Verteilungs- und Kostenwirkungen. Über öffentliche Investitionen in neue materielle Infrastrukturen oder ein mit Nachhaltigkeitskriterien versehenes öffentliches Beschaffungswesen werden die Einführung und der Absatz von neuen Produkten und Dienstleistungen verbessert. Durch einsetzende Skaleneffekte sinken in aller Regel auch die Kosten. Der rasante Preisverfall der Gestehungskosten pro Kilowattstunde aus erneuerbaren Energien ist das beste Beispiel dafür (IRENA 2023). Auch für Wärmepumpen ist eine Lernkurve in Form weiter sinkender Preise zu erwarten. Erfahrungen aus Schweden, wo Wärmepumpen einen sehr hohen Marktanteil haben, oder den Niederlanden, wo der Markthochlauf ab 2019 politisch flankiert wurde, können hier als positive Beispiele genannt werden (Öko-Institut und Fraunhofer ISE 2022). Ob eine staatliche Ausgabe eine lohnende Investition darstellt, sollte auch an den zukünftig vermiedenen Kosten gemessen werden. Deutlich reduzierte Brennstoffkosten, sowohl privat im Fall der Wärmepumpen als auch volkswirtschaftlich nach erfolgter Energiewende, werden zu selten und wenig klar kommuniziert.

Daher ist es nicht nur im Kontext der Energiewende oder der Schuldenbremse, sondern auch im Sinne eines schlüssigen Gesamtkonzeptes zentral, die Lenkungswirkung weiterer Subventionen und Steuern auf den Prüfstand zu stellen. Eine Mehrwertsteuerstruktur zum Beispiel, die tierische Produkte im Verhältnis zu pflanzlichen nicht weiter begünstigt, wäre ebenso sinnvoll, wie zu verhindern, dass To-Go-Produkte im Vergleich zum Verzehr vor Ort weniger hoch besteuert werden. Würden reparierte Produkte den günstigeren Steuersatz erhalten, würden weitere Anreize für das Recycling oder Upcycling und Reparaturangebote gesetzt. Die Veränderung der lange dokumentierten, umweltschädlichen Subventionen im Bereich Verkehr war im Koalitionsvertrag durchaus vereinbart, aber dann immer abgelehnt worden. Volkswirtschaftlich betrachtet lohnen sich auf Umweltschutz wirkende Steuern doppelt: die heute auflaufenden Schäden, die vom deutschen Steuersystem nicht erfasst werden, wurden vom Forschungsverbund Ariadne-Projekt auf 13 bis 19 Prozent des deutschen Bruttoinlandsprodukts (BIP) geschätzt (Amberg et al. 2022). Würden darauf entsprechende Preise erhoben, könnten bis zu 564 Milliarden Euro eingenommen und für soziale Abfederungen oder eben derartige Unterstützungszahlungen ausgegeben werden, die der Klima- und Transformationsfonds vorgesehen hatte.

Das genaue Design und Timing von Steuerreformen bedürfen großer Sorgfalt, insbesondere in Sachen Kommunikation. Wichtig wäre dafür, erst einmal transparent auf den Tisch zu legen, dass erhebliche Teile der politischen Rahmenbedingungen eine Lenkungswirkung entgegen einer erfolgreichen Transformation zur Klimaneutralität aufrechterhalten. Aus ökologischer Sicht sollte auch gerade im Design neuer industriepolitischer Förderprogramme ein klarer Schwerpunkt auf ökologischer Effizienz und ökologisch-technischer Innovation liegen, also weniger Gießkannenprinzip und mehr gut verständliche Priorisierung (vgl. Korinek et al. 2023). Wie kürzlich vom Sustainable Finance Beirat der Ampel-Koalition gefordert, sollte das auch für die Förderkulisse von Start-Ups gelten (Detzner et al. 2023).

Letztlich ist natürlich die Einbettung deutscher und europäischer Unternehmen im internationalen Wettbewerb anzuerkennen. Den Emissionshandel mit dem europäischen CO_2-Grenzausgleichsmechanismus (CBAM) zu begleiten, ist deshalb ein wichtiger Schritt. Dies gilt nicht zuletzt aus der Perspektive, dass natürlich gestritten wurde, ob dieser kompatibel mit der globalen Handelspolitik ist, ob zu hohe Risiken eines unilateralen Handelns erwachsen, oder wie negative Effekte auf ärmere, in die EU exportierende Länder entstehen. Anstatt einzuknicken, wurden durch diese Diskussion Nachbesserungen vorgenommen und Potenziale für positive Spill-Over-Effekte entdeckt – beispielsweise Überlegungen, durch eigene CO_2- Bepreisungen in anderen Ländern oder eine gezielte Rückführung der europäischen Einnahmen in die Partnerländer dort für Investitionen in die Verbesserung der CO_2-Intensität von betroffenen Produktreihen zu ermöglichen. Gleichzeitig werden so Impulse für den Ausbau erneuerbarer Energien und Energieeffizienz gesetzt (Ülgen 2023).

5. Mehr Zukunft wagen

Die aufgeführten Maßnahmen und Handlungsfelder sind natürlich nicht umfassend, sondern stehen exemplarisch für eine systemische Denkweise, die jenseits der Kalkulation einzelner Maßnahmen deren Zusammenspiel in den Fokus rückt. Ihre Botschaft ist heute wichtiger, als nur über fehlende Milliarden aus Sondervermögen zu diskutieren. Vielleicht ist die erfolgte Deckelung der Ausgaben in diesem Sinne sogar ein Durchbruch: ein richtungssicheres Update bestehender Finanzströme und Förderprogramme ist überfällig, auch wenn es ob vieler *vested interests* eine politisch herausfordernde Aufgabe ist. Doch kann ein Gesamtkonzept mit politischer Kohärenz in der Summe deutlich kostengünstiger seine transformative Wirkung und das Vertrauen in die Ernsthaftigkeit des Unterfangens entfalten, das Marktakteure und Bürgerinnen brauchen, um den Aufwand ihrer eigenen Verhaltensanpassungen rechtfertigen zu können.

Jedes Design einer Kosten-Nutzen-Kalkulation sollte daher daraufhin abgeklopft werden, ob die Parameter entsprechend sinnvoll gewählt sind: sowohl der Zeitraum als auch der geographische Raum beeinflussen die Berechnungen immens. Genauso, ob die vermiedenen Kosten ausreichend berücksichtigt und weit genug gefasst sind, zum Beispiel hohe politische Strafzahlungen bei verpassten Reduktionszielen im Rahmen des Effort Sharing der EU (Agora Energiewende und Agora Verkehrswende 2018) oder die nun immer häufiger angezeigten Gesundheitskosten der Klimaveränderung. Auf der anderen Seite der Rechnung könnten die hier vermiedenen Schäden und darüber hinaus die Ko-Benefits einer erfolgreichen Klimapolitik kommuniziert werden – nur ignoriert werden sollten sie nicht weiter. Unter dem Konzept der Planetary Health werden hier inzwischen systematisch die Zusammenhänge zwischen erfolgreichem Schutz der ökologischen Systeme und der menschlichen Lebensqualität herausgearbeitet (vgl. WBGU 2023; SRU 2023; Baltruks et al. 2022).

Zuletzt unterstreicht die Dramatik der Klimakrise ein Element der Demokratie, das allzu oft in Vergessenheit gerät: die Zumutung. Der Politikwissenschaftler Felix Heidenreich plädiert in seinem Buch »Demokratie als Zumutung« (2022) für ein stärker auf Verbindlichkeit und Pflichten ausgerichtetes Modell einer Demokratie, gerade in Krisenzeiten. Dazu lässt sich ergänzen, dass Transformationspolitik eben viel zu langfristige Herausforderungen adressieren muss, als dass die Politik sich täglich an der Erfüllung der aktuell erfassten Wünsche der Bevölkerung messen sollte oder könnte. Diesen Eindruck erweckt jedoch der mediale Fokus auf Umfragen, sowohl zu Beliebtheitswerten einzelner Politikerinnen und Politiker als auch die regelmäßig erhobenen Wahltrend-Sonntagsfragen. Neben dieser personalisierten *Voting*-Idee spiegelt diese Frequenz nicht die Wirkungszeiträume von Transformationspolitik. Die Effekte, gerade im Strukturwandel, sind oft erst nach einigen Jahren wirklich spürbar. Das Muster der Nachhaltigkeitstransformationen lässt sich daher auch als ein *erst schlechter, dann besser* beschreiben: erst die Aufwände, Baustellen, Renovierungen, Umschulungen, Zusatzinvestitionen – und dann die neuen Lebensbedingungen, Kostenvorteile, Infrastrukturen und Jobs.

Ein positives Zielbild, wie es in den Globalen Nachhaltigkeitszielen, dem European Green Deal und der deutschen Nachhaltigkeitsstrategie formuliert ist, sollte daher viel stärker zum Referenzpunkt werden, wenn einzelne Maßnahmen in ihrer Sinnhaftigkeit und Auswirkung diskutiert werden. Ein wichtiger Schritt der Ampel-Koalition in diese Richtung war daher die Ergänzung des Jahreswirtschaftsberichtes um eben solche Ziele und Indikatoren: eine Strategie wird genau dann eine, wenn sie auch zur Legitimation von Entscheidungen und zur Wirkungsmessung herangezogen wird. Das ist keine Ideologie, sondern effektives Regieren.

Literatur

Agora Energiewende, Agora Verkehrswende (2018): Die Kosten von unterlassenem Klimaschutz für den Bundeshaushalt. Die Klimaschutzverpflichtungen Deutschlands bei Verkehr, Gebäuden und Landwirtschaft nach der EU-Effort-Sharing-Entscheidung und der EU-Climate-Action-Verordnung, Website Agora Energiewende, [online] https://www.agora-energiewende.de/fileadmin/Projekte/2018/Non-ETS/142_Nicht-ETS-Papier_WEB.pdf [abgerufen am 15.12.2023].

Agora Energiewende, Agora Verkehrswende (2023): Der CO_2-Preis für Gebäude und Verkehr. Ein Konzept für den Übergang vom nationalen zum EU-Emissionshandel, Website Agora Energiewende, [online] https://static.agora-energiewende.de/fileadmin/Projekte/2023/2023-26_BEH_ETS_II/A-EW_311_BEH_ETS_II_WEB.pdf [abgerufen am 15.12.2023].

Amberg, Maximilian/aus dem Moore, Nils/Bekk, Anke/Bergmann, Tobias/Edenhofer, Ottmar/Flachsland, Christian/George, Jan/Haywood, Luke/Heinemann, Maik/Held, Anne/Kalkuhl, Matthias/Kellner, Maximilian/Koch, Nicolas/Luderer, Gunnar/Meyer, Henrika/Nikodinoska, Dragana/Pahle, Michael/Roolfs, Christina/Schill, Wolf-Peter (2022): Reformoptionen für ein nachhaltiges Steuer- und Abgabensystem: Wie Lenkungssteuern effektiv und gerecht für den Klima- und Umweltschutz ausgestaltet werden können, in: Perspektiven der Wirtschaftspolitik, 23. Bd., Nr. 3, S. 165–99.

APCC (2023): APCC Special Report: Strukturen für ein klimafreundliches Leben, Christoph Görg/Verena Madner/Andreas Muhar/Andreas Novy/Alfred Posch/Karl W. Steininger/Ernest Aigner (Hg.), Berlin, Heidelberg: Springer Spektrum.

Bach, Stefan/Buslei, Hermann/Felder, Lars/Haan, Peter (2023): Verkehrs- und Wärmewende: CO_2-Bepreisung stärken, Klimageld einführen, Anpassungskosten verringern, in: DIW Wochenbericht, Nr. 23/2023.

Baltruks, Dorothea/Gepp, Sophie/van de Pas, Remco/Voss, Maike/Wabnitz, Katharina (2022): Health within Planetary Boundaries. Open Questions for Policymakers, Scientists and Health Actors, in: Policy Brief 01–2022, Centre for Planetary Health Policy, Website CPHP, [online] https://cphp-berlin.de/wp-content/uploads/2023/01/CPHP_Policy-Brief_01-2022-en.pdf [abgerufen am 15.12.2023].

Behr, Sophie M./Küçük, Merve/Neuhoff, Karsten (2023): Energetische Modernisierung von Gebäuden sollte durch Mindeststandards und verbindliche Sanierungsziele beschleunigt werden, in: DIWaktuell, Nr. 87.

Bundesministerium für Wirtschaft und Technologie (2010): Energiekonzept für eine umweltschonende, zuverlässige und bezahlbare Energieversorgung, Website EnEV, [online] https://enev-online.de/energiekonzept/100928_bmwi_energiekonzept_2010.pdf [abgerufen am 15.12.2023].

Bundesverfassungsgericht (2021): Verfassungsbeschwerden gegen das Klimaschutzgesetz teilweise erfolgreich, Pressemitteilung, Karlsruhe: Bundesverfassungsgericht, Website Bundesverfassungsgericht, [online] https://www.bundesverfassungsgericht.de/SharedDocs/Pressemitteilungen/DE/2021/bvg21-031.html [abgerufen am 15.12.2023].

Bundesverfassungsgericht (2023): Zweites Nachtragshaushaltsgesetz 2021 ist nichtig, Pressemitteilung 101/2023, Karlsruhe: Bundesverfassungsgericht, Website Bundesverfassungsgericht, [online] https://www.bundesverfassungsgericht.de/SharedDocs/Pressemitteilungen/DE/2023/bvg23-101.html [abgerufen am 15.12.2023].

Dasgupta, Partha (2021): Economics of Biodiversity: The Dasgupta Review, London: HM Treasury, Website gov.uk, [online] https://www.gov.uk/government/publications/final-report-the-economics-of-biodiversity-the-dasgupta-review [abgerufen am 15.12.2023].

Dechezlepretre, Antoine/Fabre, Adrien/Kruse, Tobias/Planterose, Bluebery/Sanchez Chico, Ana/Stantcheva, Stefanie (2023): Fighting Climate Change: International Attitudes Toward Climate Policies, Harvard University Working Papers, Website Scholars at Harvard, [online] https://scholar.harvard.edu/sites/scholar.harvard.edu/files/stantcheva/files/international_attitudes_toward_climate_change.pdf?1 [abgerufen am 15.12.2023].

Detzner, Fridtjof/Löwenbourg-Brzezisnki, Elisabeth/Schmid, Caroline/Gehring, Constantin/Suchy, Olivia (2023): Shaping the Future is hard.

Fostering Sustainable Transformation by Improving Access to Finance for Hardware-based Climate Tech Startups, Discussion Paper, Sustainable Finance Beirat der Bundesregierung, Website Sustainable Finance, [online] https://sustainable-finance-beirat.de/wp-content/uploads/2023/12/SFB_Discussionpaper_Startups_Transformations_Finance_2023.pdf [abgerufen am 15.12.2023].

Expertenrat für Klimafragen (2023): Stellungnahme zum Entwurf des Klimaschutzprogramms 2023, Website Expertenrat Klima, [online] https://expertenrat-klima.de/content/uploads/2023/09/ERK2023_Stellungnahme-zum-Entwurf-des-Klimaschutzprogramms-2023.pdf [abgerufen am 15.12.2023].

ExpertInnen-Kommission Gas und Wärme (2022): Sicher durch den Winter«, Zwischenbericht, Berlin, Website BMWK, [online] https://www.bmwk.de/Redaktion/DE/Publikationen/Energie/expertinnen-kommission-gas-und-waerme.pdf?__blob=publicationFile&v=1 [abgerufen am 15.12.2023].

Hausfather, Zeke/Friedlingsstein, Pierre (2023): Analysis: Growth of Chinese Fossil CO_2 Emissions Drives New Global Record in 2023, Website CarbonBrief, [online] https://www.carbonbrief.org/analysis-growth-of-chinese-fossil-co2-emissions-drives-new-global-record-in-2023/ [abgerufen am 15.12.2023].

Heidenreich, Felix (2022): Demokratie als Zumutung: für eine andere Bürgerlichkeit. Sonderausgabe für die Bundeszentrale für politische Bildung, 64. Bd., bpb Schriftenreihe, Stuttgart: Klett-Cotta.

IEA (2023): CO_2 Emissions in 2022, International Energy Agency (IEA), Website IEA, [online] https://iea.blob.core.windows.net/assets/3c8fa115-35c4-4474-b237-1b00424c8844/CO2Emissionsin2022.pdf [abgerufen am 15.12.2023].

IPCC (2018): Global Warming of 1.5°C: IPCC Special Report on Impacts of Global Warming of 1.5°C above Pre-Industrial Levels in Context of Strengthening Response to Climate Change, Sustainable Development, and Efforts to Eradicate Poverty, Intergovernmental Panel on Climate Change (IPCC), Cambridge University Press.

IPCC (2021): Summary for Policymakers. Climate Change 2021: The Physical Science Basis. Contribution of Working Group I to the Sixth Assessment Report of the Intergovernmental Panel on Climate Change, Website IPCC, [online] https://www.ipcc.ch/report/ar6/wg1/downloads/report/IPCC_AR6_WGI_SPM_final.pdf#page=33 [abgerufen am 15.12.2023].

IPCC (2023): Climate Change 2023: Synthesis Report. Contribution of Working Groups I, II and III to the Sixth Assessment Report of the Intergovernmental Panel on Climate Change, Genf, Website IPCC, [online] https://www.ipcc.ch/report/ar6/syr/ [abgerufen am 15.12.2023].

IRENA (2023): Renewable Power Generation Costs in 2022, Abu Dhabi: International Renewable Energy Agency.

Klimaschutz- und Energieagentur Niedersachsen (2023): Klimaschutz- und Energieagentur Niedersachsen – Stichwort: Sanierungsrate, Website Klimaschutz- und Energieagentur Niedersachsen, [online] https://www.klimaschutz-niedersachsen.de/themen/bauen-und-sanieren/stichwort-sanierungsrate.php [abgerufen am 15.12.2023].

Korinek, Lydia/Meinke, Joshua/Bertram, Lukas/Hafele, Jakob/Barth, Jonathan/Schiefeling, Marla (2023): Drei W-Fragen der Industriepolitik Wer? Wofür? Wie? Ein Rahmen für zielgerichtete staatliche Unterstützung für ein zukunftsfähiges Deutschland, Köln: ZOE Institut für zukunftsfähige Ökonomien, Website ZOE, [online] https://zoe-institut.de/wp-content/uploads/2023/11/ZOE_Policy-Brief_3-W-Fragen-der-Industriepolitik.pdf [abgerufen am 15.12.2023].

Mau, Steffen/Lux, Thomas/Westheuer, Linus (2023): Triggerpunkte. Konsens und Konflikt in der Gegenwartsgesellschaft, Berlin: Suhrkamp.

MCC (2023): Verbleibendes CO_2-Budget: Carbon Clock, Mercator Research Institute on Global Commons and Climate Change, Website MCC, [online] https://www.mcc-berlin.net/forschung/co2-budget.html [abgerufen am 15.12.2023].

McGlade, Christophe/Ekins, Paul (2015): The Geographical Distribution of Fossil Fuels Unused When Limiting Global Warming to 2 °C, Nature 517. Bd., Nr. 7533, S. 187–90.

Oberverwaltungsgericht Berlin-Brandenburg (2023): Klagen der DUH und des BUND auf Sofortprogramm für die Sektoren Gebäude und Verkehr erfolgreich, Pressemitteilung 25/23, Website Berlin, [online] https://www.berlin.de/gerichte/oberverwaltungsgericht/presse/pressemitteilungen/2023/pressemitteilung.1391003.php [abgerufen am 15.12.2023].

Öko-Institut/Fraunhofer ISE (2022): Durchbruch für die Wärmepumpe. Praxisoptionen für eine effiziente Wärmewende im Gebäudebestand, Studie im Auftrag von Agora Energiewende, Website Agora, [online] https://www.agora-energiewende.de/fileadmin/Projekte/2022/2022-04_DE_Scaling_up_heat_pumps/A-EW_273_Waermepumpen_WEB.pdf [abgerufen am 15.12.2023].

Schumacher, Katja/Cludius, Johanna/Unger, Nelly/Zerzawy, Florian/Grimm, Fabian (2022): Energiepreiskrise: Wie sozial und nachhaltig sind die Entlastungspakete der Bundesregierung?, Öko-Institut und Forum Ökologisch-Soziale Marktwirtschaft.

Siebenhüner, Bernd (2006): Dancers of Change? Unternehmen im Governance-Prozess der Nachhaltigkeit, in: Georg Müller-Christ (Hg.), Unternehmen und Nachhaltigkeit: zwischen Selbst- und Fremdsteuerung 15–35, Beiträge & Berichte 6, Heidelberg: Vereinigung für Ökologische Ökonomie (VÖÖ).

SRU (2022): Wie viel CO_2 darf Deutschland maximal noch ausstoßen? Fragen und Antworten zum CO_2-Budget, Stellungnahme, Berlin: Sachverständigenrat für Umweltfragen (SRU), Website SRU, [online] https://www.umweltrat.de/SharedDocs/Downloads/DE/04_Stellungnahmen/2020_2024/2022_06_fragen_und_antworten_zum_co2_budget.pdf?__blob=publicationFile&v=33 [abgerufen am 15.12.2023].

SRU (2023): Umwelt und Gesundheit konsequent zusammendenken: Sondergutachten, Berlin: Sachverständigenrat für Umweltfragen (SRU).

Stiglitz, Joseph E./Sen, Amartya/Fitoussi, Jean-Paul (2009): Report by the Commission on the Measurement of Economic Performance and Social Progress, Website Europäische Kommission, [online] https://ec.europa.eu/eurostat/documents/8131721/8131772/Stiglitz-Sen-Fitoussi-Commission-report.pdf [abgerufen am 15.12.2023].

SVR (2019): Aufbruch zu einer neuen Klimapolitik, Sondergutachten, Wiesbaden: Sachverständigenrat zur Begutachtung der gesamtwirtschaftlichen Entwicklung (SVR), Website SVR, [online] https://www.sachverstaendigenrat-wirtschaft.de/fileadmin/dateiablage/gutachten/sg2019/sg_2019.pdf [abgerufen am 15.12.2023].

Ülgen, Sinan (2023): A Political Economy Perspective on the EU's Carbon Border Tax, Brüssel, Website Carnegie Europe, [online] https://carnegieeurope.eu/2023/05/09/political-economy-perspective-on-eu-s-carbon-border-tax-pub-89706 [abgerufen am 15.12.2023].

Umweltbundesamt (2023): UBA-Prognose: Treibhausgasemissionen sanken 2022 um 1,9 Prozent, Umweltbundesamt am 15.03.2023, Website Umweltbundesamt, [online] https://www.umweltbundesamt.de/presse/pressemitteilungen/uba-prognose-treibhausgasemissionen-sanken-2022-um [abgerufen am 15.12.2023].

UNFCCC (2015): Paris Agreement, United Nations Framework Convention on Climate Change, Website UNFCCC, [online] https://unfccc.int/sites/defau lt/files/english_paris_agreement.pdf [abgerufen am 15.12.2023].

WBGU (2009): Solving the Climate Dilemma: The Budget Approach, Berlin: Wissenschaftlicher Beirat der Bundesregierung Globale Umweltveränderung.

WGBU (2016): Entwicklung und Gerechtigkeit durch Transformation: die vier großen I: Sondergutachten, Berlin: Wissenschaftlicher Beirat der Bundesregierung Globale Umweltveränderungen (WBGU).

WGBU (2023): Gesund leben auf einer gesunden Erde, Berlin: Wissenschaftlicher Beirat der Bundesregierung Globale Umweltveränderung, Website WGBU, [online] https://www.wbgu.de/fileadmin/user_upload/wbgu/pub likationen/hauptgutachten/hg2023/pdf/wbgu_hg2023.pdf [abgerufen am 15.12.2023].

Welsby, Dan/Price, James/Pye, Steve/Ekins, Paul (2021): Unextractable Fossil Fuels in a 1.5 °C World, Nature 597. Bd., Nr. 7875, S. 230–34.

Welzer, Harald (2011): Mentale Infrastrukturen: wie das Wachstum in die Welt und in die Seelen kam, Schriften zur Ökologie 14, Berlin: Heinrich-Böll-Stiftung.

World Commission on Environment and Development (1987): Our Common Future. Report of the World Commission on Environment and Development (›Brundtland Report‹), Website Sustainable Development, [online] https://sustainabledevelopment.un.org/content/documents/5987ou r-common-future.pdf [abgerufen am 15.12.2023].

Zwischen Klimaschutz und Bezahlbarkeit – wie sozial ist die Transformation im Wohnungsmarkt?

Ralph Henger/Michael Voigtländer

1. Nachhaltiger und erschwinglicher Wohnraum – zwei (un-)vereinbare Ziele?[1]

Der Gebäudesektor ist essenziell für die Energiewende und den Klimaschutz. Rund 40 Prozent des Endenergieverbrauchs und 30 Prozent der Kohlendioxid-Emissionen gehen auf die Beheizung und Klimatisierung der Immobilien sowie Beleuchtung und Wasseraufbereitung zurück (BMWK 2023). Gleichzeitig verbrauchen Neubauten nur ein Drittel bis ein Viertel der Energie von Altbauten. Dies verdeutlicht die enormen Potenziale der energetischen Sanierung für den Klimaschutz. Mit Blick auf das letzte Jahrzehnt muss aber festgestellt werden, dass die energetische Sanierung kein Selbstläufer ist. Trotz guter Rahmenbedingungen bestehend aus niedrigen Zinsen und guter Konjunktur ist das Bauvolumen für energetische Sanierungen real gesunken (Gornig/Klarhöfer 2023). Nun haben sich in diesem Jahrzehnt die Rahmenbedingungen drastisch verschlechtert. Aufgrund der stark gestiegenen Inflation sind auch die Zinsen für Immobilieninvestitionen deutlich gestiegen. Lagen die Zinsen für Immobilienkredite mit einer anfänglichen Zinsbindung von zehn Jahren im Januar 2022 bei rund einem Prozent, sind sie bis zum Sommer 2022 auf bis zu vier Prozent gestiegen und verharren seitdem auf diesem Niveau (Deutsche Bundesbank 2023). Parallel hierzu sind die Baukosten

---

[1] Dieser Beitrag beruht auf einer gekürzten Version der folgenden Publikation: Henger, Ralph/Voigtländer, Michael, 2023, Nachhaltiger und erschwinglicher Wohnraum – zwei (un-)vereinbare Ziele?, IW-Policy Paper, Nr. 9, Köln.

deutlich gestiegen. Beide Entwicklungen belasten den Neubau, aber ebenso Modernisierungsinvestitionen wie die energetische Sanierung.

Ein Grund für die unbefriedigende Entwicklung der energetischen Modernisierungsmaßnahmen sind die hohen damit einhergehenden Kosten. Langfristig können sich die Investitionen über Energieeinsparungen auch betriebswirtschaftlich rechnen, kurzfristig überwiegen in vielen Fällen die Finanzierungskosten aus der Investition. Konkret fallen die daraus resultierenden Mieterhöhungen niedriger aus als die Einsparungen bei der Energie. Da gerade in besonders alten und damit sanierungsbedürftigen Wohnungen viele einkommensarme Haushalte leben, stehen die Sozialpolitik und der Klimaschutz in einem Zielkonflikt.

Der Zielkonflikt zwischen Klimaschutz und Erschwinglichkeit wird in der Politik sowie der öffentlichen Debatte zwar häufig und intensiv, aber nur oberflächlich thematisiert. Insbesondere fehlt die Diskussion über eine Gesamtstrategie, die aufzeigt, wie die Zielkonflikte aufgelöst werden können und auf welche Art und mit welchen Maßnahmen die mittel- und langfristigen Ziele erreicht werden sollen. Das Fehlen einer solchen Gesamtstrategie wurde in den letzten Jahren offenkundig. Nur mit Hilfe einer übergeordneten strategischen Neuausrichtung lassen sich aber bestehende Konflikte auflösen. In dem vorliegenden Beitrag werden daher zuerst die Zielkonflikte genauer diskutiert und anhand konkreter Berechnungen illustriert, ehe dann Lösungsansätze erörtert werden. Damit soll ein Impuls für den öffentlichen Diskurs gegeben werden.

2. Klimaneutrales vs. kostengünstiges Wohnen

Die 27 Mitgliedsstaaten der Europäischen Union haben sich im Rahmen des *European Green Deals* dazu verpflichtet, die Treibhausgasemissionen bis 2030 um 55 Prozent im Vergleich zu 1990 zu reduzieren und bis 2050 Klimaneutralität zu erreichen. Die Gesamtheit dieser Maßnahmen ist Teil des *Fit-for-55-* Pakets der EU, das darauf abzielt, die Ziele der 55-prozentigen Emissionsreduktion bis 2030 zu erreichen. Deutschland geht noch weiter und strebt eine Reduktion um 65 Prozent bis 2030 sowie Klimaneutralität bis 2045 an, wie im überarbeiteten Klimaschutzgesetz festgelegt wurde. Wie Abbildung 1 zeigt, sind die Treibhausgasemissionen im Gebäudesektor zwischen 1990 und 2022 um ca. 49 Prozent gesunken, obwohl seitdem ca. 9 Millionen Wohnungen gebaut wurden und die Wohnfläche insgesamt um ca. 42 Prozent zugenommen hat (Wahlberg et al. 2023; Statistisches Bundesamt 2023). Um aber die ehrgeizigen Ziele zu erreichen, muss noch deutlich mehr getan werden.

Abb. 1: Kohlendioxid-Emissionen des Gebäudesektors: Entwicklung und Ziele

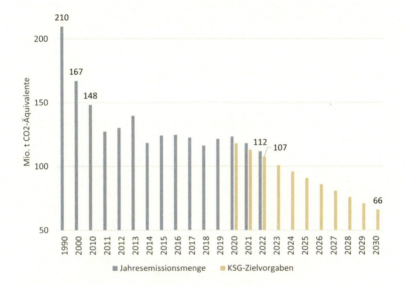

Quelle: Umweltbundesamt 2023; KSG = Klimaschutzgesetz.

Altbauten verbrauchen deutlich mehr Energie als Neubauten, weshalb über die Sanierung des Bestands ein erheblicher Beitrag zur Erreichung der Klimaschutzziele geleistet werden kann. Zur Erreichung der gesetzten Ziele muss der Kohlendioxid-Ausstoß im Gebäudesektor in den nächsten sieben Jahren um 38,3 Prozent reduziert werden. Es bedarf daher einer erheblichen Ausweitung der Investitionen in den Gebäudebestand. Hier gibt es auch einen Zielkonflikt mit dem Wohnungsbau, da in beiden Bereichen die gleichen Fachkräfte benötigt werden. Gerade im Bereich der Heizungsinstallationen gibt es einen signifikanten Fachkräfteengpass, nur jede fünfte Stelle konnte 2022 besetzt werden, doch auch in Wirtschaftszweigen wie der Bauelektrik gibt es einen Mangel an Fachkräften (Hickmann/Koneberg 2022).

Darüber hinaus stellen energetische Sanierungen Investitionen dar, die sich erst über einen längeren Zeitraum amortisieren. Wie schnell sie sich amortisieren, hängt unter anderem von der Entwicklung der Energiepreise ab. Denn die Energieersparnis stellt den Ertrag der Investition dar; Sanierungskosten und Zinsen den Aufwand. Dass sich Investitionen erst langfristig rechnen, ist eine besondere Herausforderung im Verhältnis von Vermietern und Mietern. Denn während Vermieter auf die langfristige Vermietbarkeit und den Werterhalt der Immobilien schauen, haben Mieter als temporäre Nutzer eher eine kurzfristigere Perspektive. Ähnlich stellt es sich im Neubau dar: Höhere Energieeffizienzstandards sind mit höheren Kosten und damit auch höheren Mieten verbunden, die sich möglicherweise erst sehr langfristig rechnen.

Abb. 2: Modernisierungskosten im Mietwohnungsbau in Abhängigkeit vom Effizienzhausstandard[2]

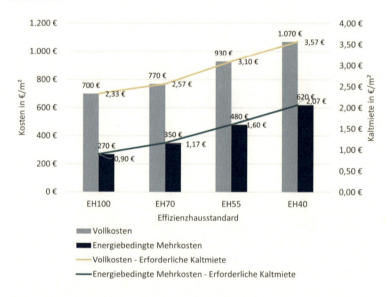

Quelle: Wahlberg et al. 2022; Statistisches Bundesamt 2023.

---

2   Herstellungskosten für die Kostengruppen 300 und 400 fortgeschrieben mit Baukostenindex vom Stand Q4.2021 auf Q2.2023; erforderliche Kaltmiete wurde einschließlich Grundstückskosten (1.050 €/m² Wohnfläche) für eine Bruttoanfangsrendite in Höhe von 4 Prozent berechnet, was den aktuell mindestens zu erzielenden Renditeforderungen von Immobilieninvestitionen entspricht.

Die Klimaschutzziele stehen in unmittelbaren Gegensatz zum Ziel, die Kosten im Wohnungsbau zu reduzieren. Höhere Standards und die erforderlichen Investitionen führen zu einer Verteuerung des Wohnungsbaus und höheren Kosten der Bereitstellung von Wohnraum. Auch das Klimaschutzziel und das Wohnungsbauziel stehen in einem Widerspruch, da höhere Standards und Investitionskosten zu einer Verringerung der Bautätigkeit führen. Beispielhaft zeigt Abbildung 2 die Mehrkosten, die durch höhere Standards bei der energetischen Sanierung entstehen. So steigen etwa die Mieten um über 1,20 Euro zusätzlich, wenn statt einer Sanierung auf Effizienzhaus-(EH)-100-Niveau eine Sanierung auf den EH-40-Standard stattfindet.

3. Ansätze für eine Harmonisierung der Ziele

In der Natur der Sache von Zielkonflikten liegt, dass sie sich nicht vollständig auflösen lassen. Jedoch gibt es Wege und es ist Aufgabe der Politik, bestehende Konflikte zu entschärfen und sich entgegenstehende Ziele in einer Gesamtstrategie mit gezielten Instrumenten zu adressieren. Das folgende Kapitel stellt mögliche Ansatzpunkte vor, die aus Sicht der Autoren im Rahmen einer strategischen Neuausrichtung angegangen werden sollten.

3.1 Widerstände auflösen durch weniger Gebote und Verbote

Das erste Halbjahr 2023 war geprägt von einer sehr intensiven Debatte über die zukünftigen ordnungsrechtlichen Vorgaben im Gebäudesektor. Diskutiert wurde insbesondere über die Novelle des GEG (Gebäudeenergiegesetz) und die Novelle der EU-Gebäuderichtlinie (EPBD). Nach der GEG-Novelle müssen Haushalte nun künftig bei einem Heizungstausch eine Heizung wählen, die zu mindestens 65 Prozent erneuerbare Energien nutzt. Alternativ kann dies auch über Fernwärme realisiert werden, sofern die Kommune das über ihre Wärmeplanung auch anbietet. Die Mindestenergiestandards (MEPS), die im Zentrum der EU-Pläne stehen, legen dagegen fest, dass bis zum Jahr 2030 respektive 2033 spezifische Energiestandards realisiert werden müssen, andernfalls kann ein Nutzungs- beziehungsweise Vermietungsverbot drohen. Damit sind die Pläne der EU noch umfassender als die viel diskutierte GEG-Novelle. Vor kurzem hat sich die Bundesregierung auch gegen die Pläne der EU gestellt.

Es bestehen berechtigte Zweifel, ob nicht andere Instrumente kostengünstiger zur Erreichung der Klimaschutzziele eingesetzt werden können als spezifische Verbote. Problematisch sind insbesondere die hohe Betroffenheit und der dadurch starke Eingriff in die Eigentumsrechte der Bürger. Rund 20 Prozent aller Wohneinheiten haben aktuell Effizienzklasse F/G/H und weitere 14 Prozent Klasse E (siehe Abbildung 3) – all diese Gebäude müssten nach den vorliegenden Plänen bis 2033 saniert werden. Zu hohe Mindeststandards sind äußerst problematisch, da es dann für Eigentümer erst gar nicht mehr lohnend ist, solche Maßnahmen durchzuführen, die zwar zur Energieeinsparung beitragen, die aber nicht ausreichen, den Mindestenergiestandard zu erreichen. Zudem ist zu berücksichtigen, dass bei einer tatsächlichen Umsetzung der Richtlinie ein Vermietungsverbot entstehen würde. Da Gebäude mit schlechter Energieeffizienz häufig besonders günstige Kaltmieten aufweisen, würde damit ein wichtiger Teil besonders günstiger Wohnungen dem Markt entzogen. Zu beachten ist auch, dass wahrscheinlich die Baukapazitäten nicht ausreichen, um die erforderlichen Sanierungen realisieren zu können.

Das zweite Problem der vorgesehenen Mindeststandards liegt in den erheblichen Umsetzungsproblemen, da bislang ein einheitlicher, bedarfsorientierter verpflichtender Energieausweis für alle Gebäude fehlt. Aktuell ist vollkommen offen, mit welchen Nachweisinstrumenten die Einteilung der Gebäudeeffizienz erfolgen wird. Energieausweise sind hierfür eigentlich prädestiniert, liegen jedoch bislang in Form von Bedarfs- und Verbrauchsausweisen vor, die zu unterschiedlichen Einstufungen führen (Kaestner et al. 2023). Solange nicht sichergestellt ist, auf welchem Weg der Nachweis in eine Energieeffizienzklasse vorgenommen werden soll, wird bei den Gebäudeeigentümern eine Unsicherheit darüber bestehen, ob sie von den Mindeststandards betroffen sein werden und entsprechend in den nächsten Jahren in ihr Gebäude investieren müssen oder nicht. Es gilt daher, den Energieausweis rasch grundlegend weiterzuentwickeln, sodass er als rechtssicheres Einstufungsinstrument genutzt werden kann.

Abb. 3: *Häufigkeitsverteilung der Energieeffizienzklassen des deutschen Wohngebäudebestands*[3]

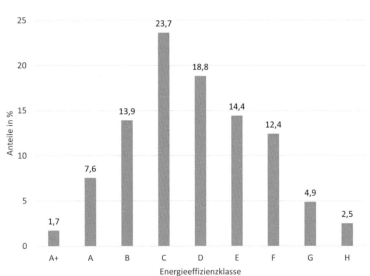

Quelle: Ariadne Wärme & Wohnen-Panel 2022, Kaestner et al. 2023.

Ein drittes Problem ist, dass höhere Energieeffizienzstandards zwar mit einem niedrigeren Energieverbrauch korrelieren, aber nicht notwendigerweise mit geringeren Kohlendioxid-Emissionen. Hierauf hat zuletzt auch die OECD (2023) hingewiesen. Abbildung 4 zeigt den Energieverbrauch für Wohnen je Einwohner in ausgewählten OECD-Ländern sowie den damit korrespondierenden Kohlendioxid-Ausstoß. Gemessen an den klimatischen Voraussetzungen – der Heizbedarf in Süd-Europa ist deutlich geringer als in Deutschland – belegt Deutschland mit Bezug auf den Energieverbrauch einen Rang im Mittelfeld. Deutlich schlechter steht Deutschland dagegen bei den Kohlendioxid-Emissionen dar. Dies liegt letztlich an den Energieträgern wie Gas, Öl und Kohle, die wesentlich mehr Treibhausgase freisetzen als Wasserkraft oder Atomenergie. Gerade dieser internationale Vergleich verdeutlicht,

---

3 Hinweise: Auswertung auf Basis von 11.803 Beobachtungen (7.664 Eigentümer und 4.139 Mieter), für die entweder ein Energieausweis und der Energiekennwert vorliegt oder die Teilnehmer die Energieeffizienzklasse für ihr Gebäude geschätzt haben, Angaben gewichtet.

dass die Wahl der Energieträger eine wesentlich größere Auswirkung hat als die Optimierung der Energieeffizienz.

Abb. 4: Energieverbrauch und CO2-Emissionen für Wohnen im internationalen Vergleich

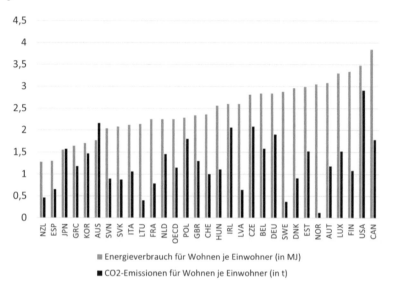

Quelle: OECD.

Die aktuell diskutierten Mindeststandards und Vorgaben beim Heizungseinbau sind ordnungsrechtliche Maßnahmen, die alle das Problem aufweisen, dass sie den Gebäudeeigentümern nicht flexibel die Entscheidung darüber belassen, zu welchem Zeitpunkt und mit welchen Maßnahmen sie konkret die CO_2-Emissionen ihres Gebäudes senken wollen. Diese eingeschränkte Flexibilität geht immer mit Effizienzverlusten einher. Zudem treten Härtefälle auf, wenn Kostensteigerungen und Einnahmeminderungen überwiegen. Können die Vorschriften von vielen Gebäudeeigentümern nicht ohne erheblichen Kostenaufwand umgesetzt werden, drohen Widerstände in weiten Teilen der Bevölkerung, die dann den Erfolg der Wärmewende insgesamt gefährden OECD (2023). Um die CO_2-Emissionen von Gebäuden zu verringern und den Klimaschutz zu fördern, bestehen viele verschiedene alternative Ansätze und Instrumente, die in einem breiten Policy-Mix zum Einsatz kommen müssen. Denn nur eine Kombination verschiedener Instrumente kann auf alle Marktteilnehmer wirken und nachhaltige Entwicklungen im Gebäudesektor umfassend anstoßen. Hierzu gehören neben den *richtigen* Preissignalen (siehe nächster Abschnitt) auch finanzielle Anreize, um den Einsatz energieeffizienter Technologien und Baumaßnahmen in Gebäuden zu fördern, die im Folgenden aber nicht thematisiert werden.

3.2 Modernisierungen anregen mit konsequent steigender CO_2-Bepreisung

Um die Investitionsanreize langfristig zu verbessern, müssen sich die relativen Preise zwischen fossilen und erneuerbaren Energien so verändern, dass erneuerbare Energien günstiger werden als die bislang in Deutschland üblichen fossilen Energieträger Erdgas und Heizöl. Daher hat Deutschland im Jahr 2021 die CO_2-Bepreisung auf fossile Kraftstoffe wie Benzin, Diesel, Heizöl und Erdgas im Rahmen eines nationalen Emissionshandelssystem (nEHS) eingeführt. Dieser CO_2-Preis wird in den kommenden Jahren schrittweise ansteigen und Anreize für den Wechsel zu klimafreundlicheren Alternativen bieten (Kattelmann et al. 2022). Ab dem Jahr 2026 soll der CO_2-Preis durch einen Zertifikatehandel auf dem Markt bestimmt werden, wobei davon ausgegangen wird, dass die Preise weiter steigen werden, sofern die Menge der ausgegebenen Zertifikate mit den geplanten Emissionseinsparungen übereinstimmt.

Es ist wichtig, dass die CO_2-Bepreisung in den nächsten Jahren im Rahmen einer umfassenden Strategie zur Förderung einer erfolgreichen Wärmewende sukzessive weiter erhöht wird. Veränderungen am Preispfad, wie sie in den letzten Jahren umgesetzt wurden, sind dabei äußerst kritisch zu betrachten, da auf diese Weise Gebäudeeigentümer und Investoren ihre Planungen nicht langfristig ausrichten können (Blanz et al. 2022). Da jedoch alle Reformen einen sukzessiven Anstieg des CO_2-Preises vorsahen und vorsehen, ist allen Marktteilnehmern im Grunde genommen klar, dass sie sich in Zukunft stärker umweltfreundlich ausrichten müssen, um höhere Mehrbelastungen zu vermeiden. Diese Erwartungshaltung ist von besonderer Bedeutung, da die Gebäudeeigentümer langfristige Investitionsentscheidungen treffen müssen und dabei Sanierungszyklen von typischerweise 20 bis 30 Jahren zu berücksichtigen haben. Erst durch den starken Anstieg der Energiepreise für Erdgas und Heizöl ist der Umstieg auf eine Wärmepumpe für viele Gebäude wirtschaftlich sinnvoll geworden, zumindest dann, wenn die hohen Förderungen in Anspruch genommen werden. Für die Zukunft müssen sich die Preisrelationen weiter zu Gunsten des Stroms verändern.

3.3 Anreize durch Modernisierungsumlage erhalten

Bei energetischen Sanierungen gibt es das so genannte Vermieter-Mieter-Dilemma (Neitzel et al. 2011; Kossmann et al. 2016; Henger et al. 2021). Die Interessenslage von Mietern und Vermietern kann unterschiedlich sein, da für Mieter vor allem die aktuelle Bruttowarmmiete relevant ist, der Vermieter sich dagegen an der langfristigen Nettokaltmiete orientiert. Für Vermieter ist eine energetische Sanierung also dann finanziell attraktiv, wenn er die Nettokaltmiete so weit steigern kann, dass sich seine Kosten über einen angemessenen Zeitraum amortisieren, wenn also die Rendite aus der Investition marktgerecht ist (Voigtländer 2018). Für Mieter kann dies aber eine Belastung darstellen, wenn die Steigerung der Nettokaltmiete zunächst stärker ausfällt als die Energieeinsparungen. In der Folge kann es zu individuellen Widerständen gegen gesamtgesellschaftlich erwünschte Modernisierungen kommen.

Das Mietrecht ist nach heutigem Stand nicht ausreichend auf die Wärmewende vorbereitet. Im Zentrum steht hier die Modernisierungsumlage nach § 559 BGB, die bei aktueller Ausgestaltung nicht ihrem Anspruch gerecht wird, einen fairen Interessensausgleich zwischen Vermietern und Mietern zu gewährleisten. Bis 2018 konnten Vermieter bei allen Modernisierungen 11 Prozent der Modernisierungskosten abzüglich der Instandsetzungskosten auf die Jahresmiete umlegen. Dies war, zumal unter den damals geltenden Zinssätzen, eine sehr attraktive Regelung und hat mitunter auch dazu geführt, dass ebenfalls sehr teure Investitionen getätigt wurden, die für Mieter nur mit geringen Zusatznutzen verbunden waren – dies galt zumindest für extrem angespannte Märkte (Voigtländer 2018), in denen Mieter trotz der starken Mietanstiege in Folge der Modernisierung keine Ausweichmöglichkeit hatten. Mit der Reform der Modernisierungsumlage im Jahr 2019 wurde der Höchstsatz für die Umlage auf 8 Prozent reduziert, gleichzeitig wurden absolute Kappungsgrenzen eingeführt: maximal 3 Euro pro Quadratmeter und Monat bei Nettokaltmieten von mehr als 7 Euro und 2 Euro pro Quadratmeter und Monat bei Nettokaltmieten, die darunter liegen.

Die gestiegenen Zinssätze haben die Attraktivität aller Investitionen verringert. Bei den aktuell geltenden Zinsen von rund 4 Prozent für langjährige zinsgebundene Sanierungsdarlehen ist der Wert der Modernisierungsumlage mit 8 Prozent deutlich reduziert. Ebenso problematisch sind die festen

Grenzen von 2 respektive 3 Euro, denn seit 2019 haben sich die Baukosten um fast ein Drittel erhöht. Damit hat sich entsprechend auch der Umfang der durch die Mieten refinanzierbaren möglichen Maßnahmen reduziert. Die geplante Novellierung des GEG sieht vor, eine zusätzliche Umlage für Modernisierungsmaßnahmen einzuführen, die ausschließlich für den Einbau neuer Heizungsanlagen verwendet werden kann. Diese Umlage kann nur dann in Anspruch genommen werden, wenn zuvor eine fachkundige Beratung erfolgt ist und Drittmittel für den Einbau genutzt werden. Die Umlage für diese Fälle beträgt 10 Prozent der Kosten und ist mit einer Kappungsgrenze in Höhe von 50 Cent pro Quadratmeter verbunden. Darüber hinaus können pauschal 15 Prozent der aufgewendeten Kosten von den Instandhaltungs- und Instandsetzungskosten abgezogen werden (Deutscher Bundestag 2023).

Grundsätzlich ist die Modernisierungsumlage kein idealer Weg, um den Interessenausgleich zwischen Mietern und Vermietern zu gestalten (Henger et al. 2021). Umlagefähig sind Kosten, die nicht generell einem Nutzen gegenüberstehen. Besser wäre es, Vermieter könnten die Mieten nach Modernisierungen in der Weise anpassen, wie sie für andere, vergleichbare Wohnungen gelten. Allerdings ist aktuell in Ermangelung einer guten Datenbasis keine bessere Lösung in Sicht, weshalb zunächst an der aktuellen Regelung festgehalten werden sollte (Henger et al. 2021). Wichtig ist insbesondere vor dem Hintergrund der gestiegenen Baukosten, eine Dynamisierung der absoluten Kappungsgrenzen mit der Baukostenentwicklung vorzunehmen. Ebenso sinnvoll wäre eine regelmäßige Anpassung der Modernisierungsumlage an das Zinsumfeld.

Darüber hinaus muss aber auch die Lage der Mieter stärker in den Blick genommen werden. Aufgrund steigender Energiekosten werden sich zukünftig mehr energetische Modernisierungen rechnen, doch für Mieter, die mitunter nur temporär eine Wohnung nutzen, kann dies trotzdem zu erheblichen Mehrbelastungen und mitunter zu sozialen Härten führen. Mit der deutlichen Anhebung des Wohngeldes zum 1.1.2023 kann bei Haushalten mit niedrigem Einkommen ein Teil der Zusatzbelastung abgefangen werden. Darüber hinaus sollte darüber nachgedacht werden, einen Teil der Förderung energetischer Modernisierungen direkt dem Mieter zukommen zu lassen, beispielsweise indem die Mieterhöhungen nach der Modernisierung zunächst reduziert werden. Ein konkreter Vorschlag, wie diese ausgestaltet werden könnten, wird in Henger und Krotova (2020) beschrieben.

4. Schlussfolgerungen

Die Wohnungspolitik ist aktuell mit verschiedenen Herausforderungen konfrontiert, die sich sowohl negativ auf die Bautätigkeit und Erschwinglichkeit von Wohnraum als auch auf den Klimaschutz auswirken. Zentrale Probleme bereiten insbesondere die stark steigenden Bau- und Finanzierungskosten, die den bereits bestehenden Zielkonflikt zwischen Klimaschutz sowie der Verfügbarkeit und Erschwinglichkeit von Wohnraum deutlich verschärft haben. Zur Auflösung der Zielkonflikte muss die gesamte Bandbreite an Instrumenten zu einem erfolgreichen Policy-Mix zusammengeführt werden. Der Beitrag beschreibt, dass in dieser Gesamtstrategie marktwirtschaftliche Instrumente im Zentrum stehen müssen, damit die Potenziale aller Marktakteure genutzt werden. Dies erfordert zwingend eine Neujustierung. Dabei darf das Ordnungsrecht mit Geboten und Verboten nur eine untergeordnete Rolle einnehmen, aber nicht als Leitinstrumentarium genutzt werden. Die letzten Jahre haben deutlich gemacht, dass die Energie- und Wärmewende mit einer Politik gegen die Marktkräfte nicht gelingen kann. Um die Energiewende im Gebäudesektor zum Erfolg zu führen, bedarf es einer Politik, die langfristig planbare Rahmenbedingungen schafft, die privatwirtschaftliche Investitionen anregt sowie Raum für Innovationen lässt. Denn nur wenn alle Effizienzpotenziale genutzt werden, kann die Wärmewende im gewünschten Tempo gelingen.

Literatur

Blanz, Alkis/Eydam, Ulrich/Heinemann, Maik/Kalkuhl, Matthias (2022): Energiepreiskrise und Klimapolitik: Sind antizyklische CO_2-Preise sinnvoll?, in: ifo Schnelldienst, 75. Bd., Nr. 5, S. 34–38.
Bundesministerium für Wirtschaft und Klimaschutz (2023): Energieeffizienz in Zahlen. Entwicklungen und Trends in Deutschland 2021, Berlin.
Deutsche Bundesbank (2023): Zinsstatistik, Website Bundesbank, [online] https://www.bundesbank.de/de [abgerufen am 28.07.2023].
Deutscher Bundestag (2023): Formulierungshilfe des BMWK für einen Änderungsantrag der Fraktionen von SPD, BÜNDNIS 90/DIE GRÜNEN und FDP zu dem Entwurf eines Gesetzes zur Änderung des Gebäudeenergiegesetzes, zur Änderung der Heizkostenverordnung und zur Änderung der Kehr- und Überprüfungsordnung, BT-Drs. 20/6875, Ausschussdrucksache 20(25)426, Berlin.

Gornig, Martin/Klarhöfer, Katrin (2023): Energetische Modernisierungen auf Talfahrt, in: DIW Wochenbericht, Nr. 33, S. 441–448.

Henger, Ralph/Krotova, Alevtina (2020): Auflösung des Klimaschutz-Wohnkosten-Dilemmas? Förderung energetischer Modernisierungen mit dem Energie- und Klimafonds, Gutachten im Auftrag der Deutsche Wohnen SE, Köln.

Henger, Ralph/Braungardt, Sibylle/Köhler, Benjamin/Meyer, Robert (2021): Anreize und Wirkungen verschiedener Reformoptionen der Modernisierungsumlage im Mietwohnungsbau, Ariadne-Analyse, Potsdam.

Hickmann, Helen/Koneberg, Filiz (2022): Die Berufe mit den aktuell größten Fachkräftelücken, in: IW-Kurzbericht, Nr. 67, Köln.

Kaestner, Kathrin et al. (2023): Einblicke in das Ariadne Wärme- & Wohnen-Panel, Ariadne-Analyse, Potsdam.

Kattelmann, Felix et al. (2022): Einfluss der CO_2-Bepreisung auf den Wärmemarkt, Ariadne-Analyse, Potsdam.

Kossmann, Bastian/von Wangenheim, Georg/Gill, Bernhard (2016): Wege aus dem Vermieter-Mieter-Dilemma bei der energetischen Modernisierung: Einsparabhängige statt kostenabhängige Refinanzierung, Kassel.

Neitzel, Michael/Dylewski, Christoph/Pelz, Carina (2011): Wege aus dem Vermieter-Mieter-Dilemma Konzeptstudie, Gutachten im Auftrag des GdW – Bundesverband deutscher Wohnungs- und Immobilienunternehmen e.V., Bochum.

OECD – Organisation für wirtschaftliche Zusammenarbeit und Entwicklung (2023): Brick by Brick (Volume 2), Better Housing Policies in the Post-Covid-19 Era, Paris.

Statistisches Bundesamt (2023): Genesis-Online, Die Datenbank des Statistischen Bundesamtes, Website Statistisches Bundesamt, [online] https://www-genesis.destatis.de [abgerufen am 28.07.2023].

Voigtländer, Michael (2018): Die Modernisierungsumlage zwischen Investitionshemmnis und Mieterüberforderung, in: IW-Policy Paper, Nr. 11, Köln.

Walberg, Dietmar et al. (2022): Studie zum 13. Wohnungsbautag 2022 und Ergebnisse aus aktuellen Untersuchungen, ARGE – Arbeitsgemeinschaft für zeitgemäßes Bauen (Hg.), Bauforschungsbericht Nr. 82, Kiel.

Walberg, Dietmar et al. (2023): Studie zum 14. Wohnungsbautag 2023 und Ergebnisse aus aktuellen Untersuchungen, ARGE – Arbeitsgemeinschaft für zeitgemäßes Bauen (Hg.), Bauforschungsbericht Nr. 86, Kiel.

Industriepolitik

Industriepolitik ist mehr als Standortpolitik

Hubertus Bardt

1. Eine erweiterte Rolle des Staates

Die industriepolitische Diskussion kannte in Deutschland traditionell zwei Pole: horizontale und vertikale Industriepolitik. Die horizontalen Ansätze umfassen Maßnahmen, die für die Industrie oder Wirtschaft als Ganzes gute Investitionsbedingungen schaffen und nicht zwischen Unternehmen verschiedener Branchen oder dergleichen differenzieren. Diese Standortpolitik umfasst beispielsweise das Ausmaß der Steuerbelastung, die Verfügbarkeit von gut ausgebildeten Fachkräften, eine effiziente Bürokratie, Rechtssicherheit, gute Infrastruktur und anderes mehr. Sie soll den Wettbewerb zwischen den Unternehmen und Branchen nicht verzerren, aber die Wachstumschancen insgesamt erhöhen. Die staatliche Rolle bleibt dabei neutral und auf die Setzung der Rahmenbedingungen beschränkt. Dem gegenüber stehen vertikale Ansätze, die die Wettbewerbsfähigkeit bestimmter Branchen oder Einzelunternehmen stärken sollen. Auch spezifische Regulierungen oder steuerrechtliche Regelungen gehören dazu. Die Auslobung gezielter Subventionen, politische Maßnahmen zur Bildung von nationalen oder europäischen *Champions* durch Fusion oder die Schaffung von Zollschranken zum gezielten Schutz zählen zu den interventionistischeren Instrumenten einer vertikalen Industriepolitik. Ihnen gemein ist eine aktive staatliche Rolle als Gestalter der Industriestruktur.

Die Beschränkung der staatlichen Rolle auf die Rahmenbedingungen, also auf eine horizontale Industrie- oder Standortpolitik bei gleichzeitiger Beschränkung der vertikalen Wirkungen auf das nötigste, entspricht der Tradition der Sozialen Marktwirtschaft. Speziell interventionistische Instrumente waren eher die Ausnahme und wurden kritisch bewertet. Der chinesische Staatskapitalismus hingegen kann als extreme Ausprägung einer interventionistischen Industriepolitik angesehen werden; aber auch in Frankreich gibt es eine stärkere Tradition staatlicher Steuerung. Oftmals wird der Begriff der Industriepolitik ausschließlich auf die mit ausgeprägter Intervention in Märkte verbundenen vertikalen Instrumente bezogen (Bulfone 2023). Mit Blick auf die industriepolitischen Ansätze der USA wird die Förderung von Forschung und Entwicklung als erfolgreicher angesehen als die Unterstützung einzelner Unternehmen oder der Schutz gegen Importe (Hufbauer/Jung 2021). Auch eine Analyse der OECD kommt zu dem Schluss, dass nicht zielspezifische, allgemeine Maßnahmen zur Verbesserung der Rahmenbedingungen effektiver sind als selektive Interventionen (Criscuolo et al. 2022).

Die skizzierte Polarität ist jedoch unrealistisch vereinfachend. Zum einen sind reale Ausprägungen immer ein Mix aus horizontalen und vertikalen Instrumenten. Spezifische Regulierungen für einzelne Technologien und damit Produkte und Branchen sind unumgänglich. Diese wirken unterschiedlich – durch einseitige Kosten oder ungleich verteilte Vorteile – auf die Unternehmen. Die Regulierung von Chemikalien beispielsweise ist zwar keine explizite Industriepolitik, wirkt aber spezifisch auf die betroffene Industrie. Zudem sind auch horizontale Instrumente mit vertikalen Wirkungen verbunden. Die Einrichtung von Forschungseinrichtungen zu bestimmten Themen ist nützlicher für die Branchen, die diese Technologien nutzen können. Die Förderung von Neuansiedlungen nützt wachsenden Branchen; von einer auf wettbewerbsfähige Preise achtenden Energiepolitik profitieren die energieintensiven Unternehmen.

Aktuelle und für die nächsten Jahre und Jahrzehnte prägende, politisch ausgelöste Entwicklungen, die zu erheblichen Strukturveränderungen führen können (Bardt 2019; Bardt/Lichtblau 2020), begründen eine erweiterte Rolle des Staates. Der Koalitionsvertrag der Ampel-Regierung erkennt die Bedeutung des Sektors an: »Der Industrie kommt eine zentrale Rolle bei der Transformation der Wirtschaft mit Blick auf Klimaschutz und Digitalisierung zu. Wir werden die Innovations-, Investitions- und Wettbewerbsfähigkeit der Industrie stärken, um weiter Hochtechnologieland zu bleiben (SPD/Bündnis 90/Die Grünen/FDP 2021: 21).

Mit der Dekarbonisierung *auf Termin* wird ein bestimmtes Marktergebnis, nämlich der Verzicht auf fossile Energiequellen, bis 2045 vorgegeben. Das politisch gesetzte Ziel kann die industrielle Produktion in erheblichem Umfang gefährden. Die uneinheitliche internationale Bepreisung von Emissionen verteuert die emissions- und energieintensive Produktion in den klimapolitisch ambitionierteren Ländern mit strengeren und kostspieligeren Vorgaben und gibt einen Anreiz zur Verlagerung dahin, wo die entsprechenden Kosten niedriger sind. Die Preisasymmetrien und die unterschiedlichen Anspruchsniveaus sind eine politisch eingeführte Marktverzerrung, die zu nicht intendierten negativen Effekten führt. Die notwendigen Investitionen am heimischen Standort lassen sich vielfach kaum refinanzieren und können für einzelne Betriebe Milliardendimensionen erreichen – ohne das dem eine erweiterte Produktionsmöglichkeit zur Verfügung steht. Eine marktbasierte Lösung ist damit kaum möglich. Neben der Emissionsbepreisung müssen daher auch unterstützende Instrumente stehen. Zudem basiert die Dekarbonisierungs-Transformation bis zum Jahr 2045 darauf, dass schnell genug eine klimafreundliche Energieversorgung zu wettbewerbsfähigen Preisen möglich ist. Damit soll auch energieintensiven Grundstoffproduzenten die Möglichkeit gegeben werden, am Standort Deutschland zu vertretbaren Kosten zu produzieren. Ein wettbewerbsfähiges Energieangebot am Ende der Transformation ist aber nicht ausreichend, vielmehr muss auch der Zeitraum dahin so gestaltet sein, dass die Unternehmen nicht aufgrund der Transformationsphase zur Produktionsstilllegung gezwungen werden. Daher sind Maßnahmen zur Gestaltung des Übergangs ebenso wichtig. Die ursprüngliche staatliche Intervention zum Schutz des Klimas, hat zu Konsequenzen in Form von international ungleichen Emissionspreisen und einseitigen Kostenbelastungen geführt, die nur durch weiteres staatliches Handeln wieder ausgeglichen oder zumindest begrenzt werden können. Eine einseitig kostentreibende Energie- und Klimapolitik würde den Anspruch, der auch im Koalitionsvertrag zum Ausdruck kommt, nicht gerecht werden, der Industrie am Standort Deutschland eine dekarbonisierte Zukunft zu ermöglichen.

Der andere Einfluss, der eine erweiterte staatliche Rolle erfordert, sind die neu erwachten geopolitischen Konflikte. Das Beispiel Russlands nach dem Angriff auf die Ukraine hat gezeigt, wie bedeutsam es für freiheitliche Demokratien ist, keine zu große Abhängigkeit von einzelnen autokratischen Strukturen einzugehen. Es ist politisch vielmehr vorteilhaft, durch Technologievorsprünge über ökonomische Druckmittel zu verfügen. Aus diesen politischen Machtüberlegungen heraus können ebenfalls erweiterte industriepolitische Maßnahmen notwendig werden – beispielsweise zur Förderung der Diversifizierung bei der Versorgung mit nicht schnell substituierbaren kritischen Rohstoffen.

Beide Überlegungen erweitern die Argumentation für eine horizontale Industriepolitik. Gleichzeitig unterscheiden sie sich von klassisch vertikaler industriepolitischer Intervention dadurch, dass nicht einfach mit vermeintlichen zukünftigen Marktchancen bestimmter Unternehmen oder Branchen argumentiert und dies Ergebnis mit staatlichen Mitteln herbeigeführt werden soll. Klar ist aber auch, dass mit einer erweiterten Industriepolitik immer die Gefahr besteht, dass dies protektionistisch missbraucht wird und sich eine zunehmende interventionistische Marktergebnisgestaltung etabliert. Die Aufgabe ist daher insbesondere, die Grenzen dieser Industriepolitik zu beschreiben und die Maßnahmen hinsichtlich Zeit und Umfang zu limitieren.

2. Standort D

Auch unter den sich verändernden politischen Rahmenbedingungen bleibt eine investitionsfördernde Standortqualität die Basis einer wettbewerbsbasierten wirtschaftlichen Dynamik. Die Transformationsherausforderungen erfordern mehr denn je gute Standort- und attraktive Investitionsbedingungen. Nur eine sich dynamisch entwickelnde Wirtschaft hat die Veränderungsfähigkeit und insbesondere Investitions- und Innovationsperformance, die für die Anpassung an sich stark verändernde Umweltbedingungen notwendig sind. Die Dekarbonisierung bedingt erhebliche Investitionen, die nur bei adäquaten Rahmenbedingungen erbracht werden können. Die staatliche Förderung erfordert eine dynamisch wachsende Wirtschaft auch in den nicht unmittelbar von der Transformation betroffenen Branchen, um die nötigen fiskalischen Impulse setzen zu können. Und um im Systemkonflikt der marktwirtschaftlichen Demokratien mit China bestehen zu können, ist eine prosperierende Wirtschaft Voraussetzung dafür, das Wohlstandsversprechen der Marktwirtschaft einzulösen – besser als der chinesische Staatskapitalismus dazu in der Lage ist.

Die Attraktivität eines Standorts für Investitionen hängt von vielfältigen Faktoren ab. Der IW-Standortindex misst die industrielle Standortqualität in 45 Ländern auf Basis einer Reihe von Variablen in den Kategorien Staat, Wissen, Infrastruktur, Markt, Ressourcen und Kosten (Institut der deutschen Wirtschaft 2013). Aufgrund der an das Verarbeitende Gewerbe angepasste Entwicklung werden Faktoren berücksichtigt, die für die Industrie in Deutschland insgesamt relevant sind. Unterschiedliche Kostenstrukturen und Geschäftsmodelle der verschiedenen Branchen und Unternehmen führen natürlich zu weiter divergierenden Ergebnissen, für die Industrie als Ganzes sind die Ergebnisse jedoch aussagefähig. Derzeit ist aufgrund der internationalen Datenverfügbarkeit ein Datenstand bis 2021 fortschreibbar – die asymmetrischen Energiekostensteigerungen im Jahr 2022 sind damit noch nicht berücksichtigt.

Abb. 1: Top 20 der industriellen Standortqualität (IW-Standortindex), Gesamtsample. 45 Länder, Index 0–200, Mittelwert 100, 2021

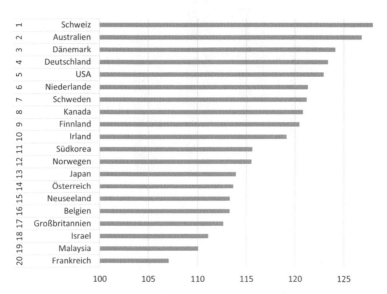

Quelle: eigene Berechnungen.

Deutschland liegt traditionell in Summe auf einem guten vierten Platz im internationalen Vergleich – mit deutlichem Abstand nach der Schweiz und Dänemark, knapp vor den USA (Abbildung 1). Verglichen mit anderen aktuellen Indizes (ZEW/Stiftung Familienunternehmen 2023) ist dies ein positives und über die Zeit auch stabiles Ergebnis. Der Unterschied dürfte stark durch die unterschiedliche Gewichtung der Kostenfaktoren geprägt sein, die im IW-Standortindex mit verschiedenen anderen Faktoren gemeinsam bewertet werden, während andere Indizes stärker auf die Kostenseite fokussieren. Zum anderen erlaubt der Datenstand 2021 (bei einigen Indikatoren auch früher) keine Berücksichtigung des Energiekostenschocks von 2022. Dieser hat insbesondere für die energieintensiven Industrien zu einer massiven Verschlechterung hierzulande geführt.

Abb. 2: *Industrielle Standortqualität in Deutschland (IW-Standortindex). Nach Teilkategorien, Indikatoren 2016 und 2021. Durchschnitt im jeweiligen Jahr=100*

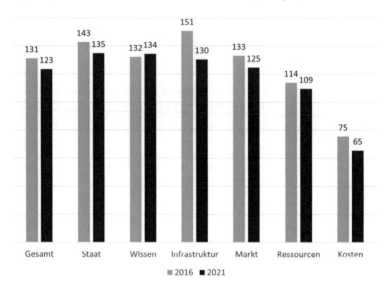

Quelle: eigene Berechnungen.

Der Blick auf die Teilindizes (Abbildung 2) macht das Profil der deutschen Standortqualität deutlich. Zu den Stärken gehören der staatliche Ordnungsrahmen und die Wissensbasis für die Industrie, die im internationalen Vergleich gute Infrastruktur sowie der erreichbare Markt. Die Ressourcenausstattung ist hingegen nur im internationalen Mittelfeld angesiedelt. Auf der Gegenseite stehen die Kostendimensionen wie insbesondere Arbeits- und Energiekosten sowie Steuerbelastungen. Hier liegt Deutschland auf dem vorletzten Platz. In dem kurzen Zeitraum zwischen 2016 und 2021 hat sich die Standortqualität im Vergleich zu den Wettbewerbsländern in fast allen Kategorien zum Teil deutlich verschlechtert (die Verbesserung in der Kategorie Wissen ist im Wesentlichen ein statistisches Artefakt aufgrund nicht mehr verfügbarer Einzelindikatoren, im letzten vollständigen Jahr 2020 lag Deutschland hier auf einem ebenfalls verschlechterten Rangplatz 9). Insbesondere die Kostendimension ist noch einmal deutlich schlechter geworden. Dies gilt sowohl auf Basis der dargestellten Indexwerte als auch auf Basis der Rangplätze. Industriepolitisch bedrohlich ist, dass sich die ausgesprochene Standortschwäche zuletzt deutlich verschärft hat, während die bisherigen Stärken erodieren. Angesichts der Fachkräftelücke schwindet die Basis gut ausgebildeter Mitarbeiter, die Infrastrukturmängel treten deutlich zutage und die Regulierungsqualität leidet unter engen bürokratischen Vorgaben bei gleichzeitig schwacher staatlicher Verwaltung. Auf der Gegenseite sind die Lohnstückkosten weiter angestiegen, die Steuerlast ist relativ zu anderen Ländern höher geworden, während bei den Sozialabgaben steigende Kosten drohen – und der hohe Anstieg der Energiekosten, die insbesondere im Vergleich zu den USA erhebliche Wettbewerbsnachteile mit sich gebracht haben, war für die Unternehmen eine nicht zu unterschätzende Belastung.

Mit der Industriestrategie, die Wirtschaftsminister Robert Habeck Ende Oktober vorgelegt hat, wird unter Beweis gestellt, dass das BMWK die Sorgen der Unternehmen in Deutschland versteht und ernst nimmt. Trotzdem ist die Strategie nicht der große Befreiungsschlag. Sie bekennt sich zur Industrie als Kern der deutschen Wirtschaft, und die Analyse der eigenen politischen Performance uns ungeschönt, vor allem mit Blick auf erdrückende Bürokratie, hohe Steuern und hohe Energiekosten

Dennoch bleibt die Sorge, dass sich die politische Kraft der Regierung erschöpft hat – es fehlen konkrete Ableitungen und eine gemeinsame Position der Koalition. Immerhin hat das BMWK verstanden, dass Deutschland zu hoch besteuert – einen Vorschlag, wie eine Steuerreform aussehen könnte, bleibt es aber schuldig. Wie sich eine Reform finanzieren lässt, wird nur angedeutet, und das Streitthema *Schuldenbremse* wird gemieden. Und bezüglich der Energiekosten bleibt es beim Versprechen auf wettbewerbsfähige Preise in einer ferneren Zukunft und der Wiederholung der Forderung nach einem Brückenstrompreis. Eine glaubwürdige kurz- und mittelfristige Perspektive für Unternehmen entsteht daraus nicht.

3. Dekarbonisierung und Geopolitik

Die Schwächung der bisherigen Standortstärken Deutschlands und die Verschärfung der traditionellen Schwächen erfordern eine angemessene horizontale Industriepolitik zu Verbesserung der Standort- und Investitionsbedingungen. Daneben stellen sich mit Dekarbonisierung und Geopolitik zwei neue Herausforderungen an eine erweiterte Industriepolitik.

Mit Blick auf die Dekarbonisierung der Industrie gibt es verschiedene Begründungen für eine über das Setzen von Preissignalen für Emissionen hinausgehende Rolle des Staates:

- Die internationalen Preise für Emissionen unterliegen einer erheblichen Verzerrung. In Europa werden industrielle Treibhausgasemissionen mit fast 100 Euro je Tonne bepreist, während in den meisten anderen Ländern keine nennenswerte explizite Bepreisung existiert. Implizite Preise in Form von Regulierungsvorgaben sind ebenfalls sehr unterschiedlich. Das politisch gewollte höhere Anspruchsniveau in Europa verursacht eine Preisverzerrung. Industriepolitische Instrumente zur Abmilderung der unerwünschten Wirkungen dieser Verzerrung sind damit keine Eingriffe in einen eigentlich funktionierenden Markt, sondern der Versuch, politisch begründete Ungleichbehandlungen auszugleichen.
- Die klimapolitisch begründete Dekarbonisierung bis 2045 schreibt ein bestimmtes Marktergebnis zumindest in Form der Emissionsmengen vor. Daraus resultiert ein erheblicher Investitionsbedarf in Technologien zur Dekarbonisierung, aus denen aber kein zusätzliches Produktionspotenzial erwächst. Alte Anlagen müssen ersetzt werden, klimaneutrale Produktionstechnologien sind vielfach erheblich teurer als traditionelle. Diese Mehrkosten fallen in einzelnen Branchen konzentrierter an als in anderen. Sie können vielfach nicht an Kunden weitergegeben werden, da auf dem Weltmarkt auch konventionell hergestellte Angebote zu niedrigeren Preisen existieren und die Zahlungsbereitschaft für klimaneutrale Produkte überschaubar ist. Die staatlich gesetzten Investitionsbedarfe lassen sich nicht allein über wettbewerbliche Märkte finanzieren, sondern benötigen eine Teilkostenträgerschaft durch die öffentliche Hand, wie dies beispielsweise bei der Förderung von wasserstoffbasierten Anlagen in der Stahlproduktion bereits Realität ist.
- Es besteht ein Gleichzeitigkeitsproblem, weil die staatlich zu gestaltenden Voraussetzungen für ein klimaneutrales Energieangebot in Form von Strom oder Wasserstoff zu wettbewerbsfähigen Preisen erst in den späten 2030er Jahren Realität werden könnte. Unternehmen, die nach der Transformation ebenso wettbewerbsfähig zu sein versprechen wie vorher, werden dieses Ziel aber nicht erreichen, wenn sie zwischenzeitlich durch transformationsbedingt hohe Energiekosten aus dem Markt gedrängt werden. Daraus begründet sich eine temporäre Unterstützung, wie sie beispielsweise in Form eines Brückenstrompreises diskutiert wird.

Auch die geopolitischen Herausforderungen berühren industriepolitische Überlegungen. Insbesondere der Systemwettbewerb mit China und die Erfahrungen aus der wirtschaftspolitischen Auseinandersetzung im Anschluss an den russischen Überfall auf die Ukraine verändern die Rolle des Staates. Wirtschaftliche Beziehungen werden in dieser Situation stärker zu einem Instrument politischer Macht. Folgende Überlegungen spielen dabei eine Rolle:

- Wirtschaftliche Abhängigkeiten von kurz- und mittelfristig nicht ersetzbaren Vorprodukten (z.B. Rohstoffen) schaffen das Risiko, in politischen Konfliktsituationen verstärktem ökonomischem Druck ausgesetzt zu sein. Daher wird Diversifizierung und technologische Wettbewerbsfähigkeit außenpolitisch bedeutsam. Daraus begründen sich spezifische Technologieförderungen sowie staatliche Maßnahmen zu ihrer Förderung.
- Umgekehrt können Technologievorsprünge genutzt werden, um politischen Druck in Krisensituationen aufzubauen und damit Sanktionsfähigkeit herzustellen. Neben Technologieförderung kann dies dazu führen, dass Übernahmen von Technologieunternehmen verhindert oder der Technologieexport in bestimmten Fällen verhindert werden – auch über militärrelevante Produkte hinaus.

Die erweiterten industriepolitischen Aufgaben müssen entsprechend ihrer spezifischen Begründungen in zeitlicher und sachlicher Hinsicht begrenzt sein, um nicht schrittweise zu einer rein politisch motivierten, interventionistischen Industriepolitik zu werden. Beide Entwicklungen erfordern aber nicht nur spezifische industriepolitische Reaktionen, sondern auch einen attraktiven Investitionsstandort als Basis. Nur durch Innovationsfähigkeit, Investitionstätigkeit und Investitionsbereitschaft lassen sich die Transformationsaufgaben bewältigen. Nur eine wachsende Wirtschaft kann das Wohlstandsversprechen der marktwirtschaftlichen Demokratien einlösen und damit in einem wertebasierten Systemkonflikt erfolgreich sein.

Literatur

Bardt, Hubertus (2019): Ordnungspolitik ohne industriepolitische Blindheit, Beitrag zum Wirtschaftsdienst-Zeitgespräch »Industriepolitik – ineffizienter staatlicher Eingriff oder zukunftsweisende Option?«, in: Wirtschaftsdienst, 99. Bd., Nr. 2, S. 87–91.

Bardt, Hubertus/Lichtblau, Karl (2020): Industriepolitische Herausforderungen. Horizontale Ansätze und neue Aufgaben für den Staat, in: IW-Analyse, Nr. 139, Köln.

Bulfone, Fabio (2023): Industrial policy and comparative political economy: A literature review and research agenda; in: Competition & Change, 27. Bd., Nr. 1, S. 22–43.

Criscuolo, Chiara/Gonne, Nicolas/Kitazawa, Kohei/Lalanne, Guy (2022): Are industrial policy instruments effective? A review of the evidence in OECD countries; in: OECD Science, Technology and Industry Papiers, Nr. 128, Paris.

Hufbauer, Gary Clyde/Jung, Euijin (2021): Scoring 50 Years of US Industrial Policy, 1970–2020, in: Peterson Institute for International Economics Briefing 21–5, Washington DC.

Hüther, Michael/Bardt, Hubertus/Bähr, Cornelius/Matthes, Jürgen/Röhl, Klaus-Heiner/Rusche, Christian/Schaefer, Thilo (2023): Industriepolitik in der Zeitenwende, in: IW-Policy Paper, Nr. 7, Köln.

Institut der deutschen Wirtschaft (Hg.) (2013): Industrielle Standortqualität. Wo steht Deutschland im internationalen Vergleich?, in: IW-Studien, Köln.

SPD/Bündnis 90/Die Grünen/FDP (2021): Mehr Fortschritt wagen – Koalitionsvertrag 2021–2025 zwischen der Sozialdemokratischen Partei Deutschlands (SPD), BÜNDNIS 90/DIE GRÜNEN und den Freien Demokraten (FDP), Berlin.

Industriepolitik in der Zeitenwende – die Rolle des Staates

Markus Heß

1. Standort D: hohe Bedeutung der Industrie

Deutschland ist ein starkes Industrieland im Herzen der EU und kann dabei auf eine lange Erfolgsgeschichte zurückblicken. Die Industrie prägt uns nicht nur ökonomisch, sondern auch sozial, gesellschaftlich und kulturell. Der Anteil des Verarbeitenden Gewerbes an der Bruttowertschöpfung liegt weiterhin bei gut einem Fünftel (2023: 20,8 Prozent). Die Stärke der Industrie liegt zuallererst in den vielen innovativen und produktiven Unternehmen selbst sowie der Leistung der gut ausgebildeten Beschäftigten begründet. Mit rund 8 Millionen Beschäftigten ist die Industrie ein wichtiger Arbeitgeber in Deutschland. Hinzu kommen Millionen von Arbeitsplätzen in Unternehmen in den vor- und nachgelagerten Dienstleistungsbranchen.

Wesenskern der deutschen Industrie ist ihre Vielfalt. Zu oft wird Industrie gleichgesetzt mit einigen wenigen Großkonzernen. Die gibt es, aber ebenso gibt es die vielen Mittelständler und erfolgreichen Familienunternehmen mit ihren vielen Hidden Champions. 90 Prozent aller Unternehmen im Verarbeitenden Gewerbe sind kleine und mittelständische Firmen mit weniger als 250 Beschäftigten. Die Branchen- und Produktpalette der deutschen Industrie ist ausgesprochen vielfältig und die Unternehmen sind auch regional breit verteilt. Überall im Land gibt es kleine und mittelständische Unternehmen, die ihre Städte und Regionen prägen.

Zwei weitere Strukturmerkmale sind zentral für die deutsche Industrie. Erstens lange *integrierte Wertschöpfungsketten*: Es werden nicht nur Endprodukte in Deutschland gefertigt, sondern auch Komponenten und Ausgangsmaterialien. Zweitens eine starke *Innovationstätigkeit*. So lagen die internen Aufwendungen für Forschung und Entwicklung (FuE) der Industrie in 2021 bei 62,8

Milliarden Euro. Das sind rund 83 Prozent der FuE-Ausgaben der Wirtschaft in Deutschland.

Der Anteil der Industrie an der deutschen Bruttowertschöpfung lag 2023 bei 20,8 Prozent. Das ist im europäischen und internationalen Vergleich immer noch hoch – trotz aller Herausforderungen. In der EU liegt der Durchschnitt bei 16,2 Prozent, in den USA bei 10,6 Prozent und in Japan bei 19 Prozent (jeweils 2021). Unser Wohlstand hängt daher in besonderem Maße von der Industrie ab.

2. Erarbeitung einer industriepolitischen Strategie

Die Sicherung des Industriestandorts verlangt einen klaren Kurs der Politik – eine *strategische Industriepolitik in der Zeitenwende*. Um die Wettbewerbsfähigkeit der Industrie im Rahmen der Sozial-ökologischen Marktwirtschaft zu sichern und auszubauen, braucht es vornehmlich Investitions- und Planungssicherheit für die notwendige Transformation. Dazu wurde bereits im Koalitionsvertrag die Erarbeitung einer *Industriestrategie* angekündigt. An der Umsetzung hat das Bundesministerium für Wirtschaft und Klimaschutz (BMWK) im Jahr 2023 intensiv gearbeitet, auch im Rahmen eines umfassenden Stakeholderprozesses.

Die vom BMWK im Herbst 2023 vorgelegte Strategie »Industriepolitik in der Zeitenwende: Industriestandort sichern, Wohlstand erneuern, Wirtschaftssicherheit stärken« betont die Bedeutung der Industrie für Deutschland, berücksichtigt die im Stakeholderprozess gewonnenen Erkenntnisse und gibt eine umfassende und strategische Begründung der Industriepolitik der Bundesregierung. Es ist unübersehbar, dass die deutsche Industrie und der Industriestandort vor großen *Herausforderungen* stehen, die tiefer reichen als konjunkturelle Schwankungen:

- Die Industrie muss sich den Herausforderungen einer neuen geopolitischen Lage stellen.
- Zentrale Standortfaktoren haben sich seit einigen Jahren verschlechtert – auch durch ausgebliebene Reformen und strategische Fehler.
- Es bedarf dringend einer klimaneutralen Erneuerung unseres Wohlstands und damit einer Transformation industrieller Produktion.

Angesichts dieser drei großen Herausforderungen, vor denen unser Wirtschaftsstandort in dieser Zeitenwende steht, gibt die Industriepolitik des BMWK eine *strategische Antwort*, die sich auf drei Ansätze fokussiert:

- Industriepolitik in der Zeitenwende ist notwendigerweise immer europäisch ausgerichtet.
- Industriepolitik in der Zeitenwende bedeutet in erster Linie eine Stärkung der Standortbedingungen. Unternehmen können hier nur erfolgreich sein und im internationalen Wettbewerb bestehen, wenn sie Bedingungen vorfinden, unter denen sie langfristig profitabel wirtschaften und auf die sie sich verlassen können.
- Industriepolitik in der Zeitenwende erfordert in vielen Fällen auch eine aktive Förderpolitik. Wirtschaftssicherheit ist eine neue Priorität der Industrie- und Wirtschaftspolitik des BMWK. Dazu müssen wir auch strategische Ansiedlungspolitik betreiben.

Das *Hauptaugenmerk der Industriepolitik* des BMWK liegt dabei auf der Verbesserung der Standortbedingungen durch eine transformative Angebotspolitik. Dazu gehört insbesondere eine gute Energieversorgung zu wettbewerbsfähigen Preisen, eine moderne Infrastruktur, eine effiziente Verwaltung mit schnellen Prozessen und der gesicherte Zugang zu ausreichend vielen und gut ausgebildeten Fachkräften und Arbeitskräften. Dazu gehört auch, über die Abschaffung der EEG-Umlage die Unternehmen noch weiter zu entlasten.

In jedem dieser Felder hat die Bundesregierung bereits erhebliche Anstrengungen unternommen. Wichtige Schritte sind aber noch zu gehen – insbesondere bei der Energiewende, bei der Sicherstellung wettbewerbsfähiger Strompreise, bei der weiteren Planungsbeschleunigung und Entbürokratisierung und bei der konkreten Umsetzung der Fachkräfteeinwanderung. Die weitere Verbesserung der Angebotsbedingungen muss den Schwerpunkt der zweiten Halbzeit der Bundesregierung bilden.

3. Förderpolitik: Hin zu einer aktiveren Rolle des Staates

Teil der Industriepolitik des BMWK ist in bestimmten, klar definierten Fällen die gezielte finanzielle Unterstützung und Förderung von Unternehmen und Branchen und damit eine *aktivere Rolle des Staates* über das Setzen von Rahmenbedingungen hinaus. Damit sind wir nicht allein: Von den USA bis hin zu vielen unserer europäischen Partnerinnen und Partner nutzen Staaten diese Form aktiver staatlicher Industriepolitik.

Diese Form von Industriepolitik ist – nicht nur, aber besonders in Deutschland – politisch wie ökonomisch umstritten. Entsprechende Einwände lassen sich über eine kluge Ausgestaltung von Förderinstrumenten abmildern, aber selten ganz entkräften. Deshalb bedarf eine breit angelegte und großvolumige Förderung, wie sie das BMWK als Teil seiner Industriepolitik nutzt, einer besonderen Begründung. In der Wirtschaftswissenschaft ist eine ganze Reihe von Fällen beschrieben, in denen eine aktive staatliche Förderpolitik aus sich heraus gerechtfertigt ist, weil es zu Marktversagen kommt. In diesen Fällen kann es etwa sinnvoll sein, mit staatlicher Förderung Innovationen zur Marktgängigkeit zu verhelfen oder das Hochskalieren von Produktion zu unterstützen. Für bestimmte Zukunftstechnologien ist es im besten Sinne gute Wirtschaftspolitik, wenn wir hier in Deutschland den Innovationsprozess bis hin zur Marktreife unterstützen und damit offensiv daraufsetzen, Technologieführerschaft in einem zentralen Feld zu übernehmen.

Doch über diese allgemeine ökonomische Begründung für eine aktive Förderpolitik hinaus gibt es im spezifischen deutschen Kontext gute Gründe, warum ein gezieltes – auch finanzielles – Engagement des Staates Teil unseres industriepolitischen Instrumentenkastens in der Zeitenwende ist:

- Deutschland und Europa müssen auf die veränderte geopolitische Lage insbesondere in Folge des russischen Angriffskrieges gegen die Ukraine und im Angesicht des immer aggressiveren Auftretens Chinas reagieren. Wirtschaftssicherheit ist deshalb eine neue Priorität unserer Industrie- und Wirtschaftspolitik.
- Das bedeutet zunächst, Rohstoffbeziehungen, Lieferketten und Absatzmärkte zu diversifizieren. Gefährliche Abhängigkeiten müssen abgebaut, die Handelsbeziehungen insgesamt diversifiziert und mit Verbündeten intensiviert werden. Viele Unternehmen haben diesen Weg aus eigener Entscheidung aber mit Blick auf die auch für die Neupositionierung der Bundesregierung erheblichen Veränderungen durch Pandemie, Krieg und geopolitische Entwicklungen beschritten. Angemessen auf diese Veränderungen zu reagieren bedeutet aber auch, strategisch wichtige Industrien durch geeignete Rahmenbedingungen in Europa zu halten, verloren gegangene zurückzuholen und neue Schlüsselindustrien anzusiedeln. Autarkie wäre ein völlig falsches Ziel und kontraproduktiv, auch weil sie die Widerstandskraft unserer Volkswirtschaft gegen inländische

Schocks erheblich verringern würde – notwendig ist aber, dass wir im Netzwerk mit unseren engsten Verbündeten und insbesondere innerhalb der EU über Kompetenzen und Produktionskapazitäten verfügen, die bei Bedarf hochskaliert werden können. Dafür werden einfach umsetzbare Resilienzkriterien in öffentlichen Ausschreibungen stärker eingesetzt und darauf geachtet, dass bei öffentlichen Förderungen die europäische Wertschöpfungskette gestärkt wird. Doch für den Aufbau von Produktionskapazitäten muss auch eine direkte Förderung vorgesehen werden.

- In der Klimapolitik wird häufig mit Recht darauf verwiesen, dass die beste – weil effizienteste – Lösung in einem globalen CO_2-Preis liege. Ein globaler CO_2-Preis ist aber derzeit genauso unrealistisch wie die Gründung eines großen Klimaclubs mit einheitlichem CO_2-Preis: In den USA ist eine CO_2-Bepreisung auf absehbare Zeit nicht durchsetzbar. Mit dem *Inflation Reduction Act* setzen die USA im Rahmen einer strategischen Industriepolitik stattdessen auf massive Subventionen und Steuererleichterungen. Auch China hat nur einen sehr niedrigen CO_2-Preis, sehr wohl aber eine massive Förder- und Subventionspolitik für Transformationstechnologien wie E-Autos, Wind und Solar. Auf diese Realität der klimapolitischen Second-Best-Lösungen und auf das daraus resultierende Wettbewerbsumfeld müssen die Europäische Union und Deutschland reagieren.

- Denn in einem solchen Umfeld führt ein rein marktgetriebener Ansatz über Emissionshandelssysteme zu schwerwiegenden Wettbewerbsnachteilen. Es gilt somit, die Industrie vor unfairem Wettbewerb zu schützen und ihr die Umstellung auf klimafreundliche Produktionstechnologien zu ermöglichen – einerseits über Ausgleichsinstrumente wie den CO_2-Grenzausgleichsmechanismus CBAM (*Carbon Border Adjustment Mechanism*) oder handelspolitische Schutzmaßnahmen der EU, andererseits aber eben auch über Förderung zentraler Klimaschutztechnologien. Dabei wird versucht, möglichst marktnah vorzugehen, etwa im Fall der Klimaschutzverträge auf Basis eines Auktionssystems und damit auf den Wettbewerb der Unternehmen um die kostengünstigste Emissionsvermeidung.

- In Deutschland gestalten wir aktiv den Übergang zur Klimaneutralität und damit den Wechsel zu den Erneuerbaren Energien: Wir investieren in die grundlegende Erneuerung unseres Energiesystems. Diese Anstrengung wird sich auszahlen: Das Energieangebot, das so entsteht, bietet wettbewerbsfähige Preise. Versorgungssicherheit und Klimaneutralität. Wir erleben allerdings gerade in Deutschland vor allem deshalb eine Phase des harten Übergangs, weil im letzten Jahr zusätzlich zu den Versäumnissen beim EE-Ausbau auch die Brücke billigen russischen Gases weggebrochen ist. Diese Übergangsphase bis Anfang der 2030er Jahre bringt hohe Anpassungs- und Investitionskosten und große Unsicherheit mit sich. Diese Übergangsphase zu glätten, um Unternehmen, die hier dauerhaft wettbewerbsfähig produzieren können, zu halten, ist ökonomisch wie politisch gut begründet. Dabei ist klar: Es haben auf Dauer nur Unternehmen eine Chance, die mit den langfristigen Kosten des neuen Energiesystems in Deutschland werden wettbewerbsfähig arbeiten können. Deutschland war nie der Standort mit den niedrigsten Energiepreisen und wird dies schon aufgrund seiner geographischen Lage auch in Zukunft nicht sein.

Die Förderung von Industrieunternehmen, die oft jahrzehntelang hohe Gewinne eingefahren haben, ist kein Selbstzweck, sondern sie muss gesellschaftlichen Zielen wie der Sicherung von guter Arbeit und Wohlstandsteilhabe, dem Klimaschutz oder der Wirtschaftssicherheit unseres Landes dienen. Deshalb muss die Förderung auch an Beiträge zu diesen Zielen gebunden sein. Das BMWK setzt deshalb zum Beispiel auf Garantien für den Erhalt von Standorten und macht – wo möglich – die Bindung an Tarifverträge zur Bedingung seiner Förderung.

Bei der Gestaltung der Förderprogramme leiten das BMWK zudem verschiedene Grundsätze: Kredite, Bürgschaften oder rückzahlbare Zuschüsse sollen, wenn möglich, Vorrang vor nicht-rückzahlbaren Subventionen haben. Das Fördersystem soll kohärent sein und einer wissenschaftlichen Erfolgskontrolle unterzogen werden. Jede Förderung braucht eine Exit-Strategie, damit ungewollte Dauersubventionen vermieden werden. Zudem wird das BMWK darauf achten, dass der Zugang zu seinen Förderprogrammen erleichtert und die Antragsstellung und Abwicklung entbürokratisiert wird. Schließlich wird das BMWK die Fördermechanismen klug weiterentwickeln, so dass haushaltspolitische Spielräume bestmöglich ausgenutzt und im Erfolgsfall auch Rückzahlungen möglich werden. Die Klimaschutzverträge sind ein wichtiger Schritt in diese Richtung.

Außerdem wird das BMWK mit den engsten Verbündeten auf engere Absprachen im Hinblick auf die Gewährung von finanzieller Förderung hinarbeiten und damit teure Subventionswettläufe möglichst eindämmen.

Der Erfolg der Sozial-ökologischen Marktwirtschaft und ihrer Grundsätze hat sich immer daran messen lassen, wie gut Herausforderungen bewältigt wurden: Das Hauptaugenmerk der Industriepolitik des BMWK liegt daher auch weiter auf der Verbesserung der Standortbedingungen durch eine transformative Angebotspolitik. Die weitere Verbesserung der Angebotsbedingungen muss den Schwerpunkt der zweiten Halbzeit der Bundesregierung bilden.

Aber wir müssen zur Kenntnis nehmen, dass sich die geopolitische Lage verändert hat und andere die Spielregeln ändern. Die Konsequenz für uns: Kritische Abhängigkeiten müssen abgebaut werden. Zudem: wenn Technologie-, Industrie- und Handelspolitik von anderen Ländern politisiert und instrumentalisiert wird, dann müssen wir handeln. Deshalb steht auch die Stärkung von Wirtschaftssicherheit im Zentrum der Industriestrategie: Um mit stärkerer Diversifizierung und mit dem Aufbau eigener Produktionskapazitäten für kritische Produkte die nötige Sicherheit für eine offene Volkswirtschaft wie die unsere erst zu schaffen. Das ist eine Investition in unsere eigene Sicherheit und unseren Wohlstand.

Literatur

Bundesministerium für Wirtschaft und Klimaschutz (2023): Industriepolitik in der Zeitenwende: Industriestandort sichern, Wohlstand erneuern, Wirtschaftssicherheit stärken, Industriestrategie des Bundesministeriums für Wirtschaft und Klimaschutz (BMWK), Website BMWK, [online] https://www.bmwk.de/Redaktion/DE/Publikationen/Industrie/industriepolitik-in-der-zeitenwende.pdf?__blob=publicationFile&v=16ustriepolitik in der Zeitenwende (bmwk.de) [abgerufen am 18.12.2023].

SPD/Bündnis 90/Die Grünen/FDP (2021): Mehr Fortschritt wagen – Koalitionsvertrag 2021–2025 zwischen der Sozialdemokratischen Partei Deutschlands (SPD), BÜNDNIS 90/DIE GRÜNEN und den Freien Demokraten (FDP), Berlin.

Finanzpolitik

Wettbewerbsfähigkeit trotz Transformation: Priorisierung in der Finanzpolitik

Tobias Hentze

1. Politische Aufgabe der Transformationsgestaltung

Es besteht offensichtlich ein breiter Konsens, dass umfangreiche Investitionen insbesondere in den Bereichen Klimaschutz, Digitalisierung und Mobilität notwendig sind, um Lebensqualität und Wohlstand in der Zukunft zu sichern. Das Ausmaß der zur Transformation von Wirtschaft und Gesellschaft erforderlichen Investitionen erscheint immens. Schätzungen kommen auf mehr als 50 Milliarden Euro pro Jahr zusätzlich zu den bestehenden Ausgaben.

Entscheidend für die Bewältigung dieser Aufgabe ist ein effizienter Einsatz der zur Verfügung stehenden Finanzmittel. Unter der Prämisse, die Schuldenbremse jenseits von Notsituationen wie Pandemien oder Kriege einzuhalten, unterliegt die öffentliche Hand in Deutschland einer strikten Budget-restriktion. Durch das Urteil des Bundesverfassungsgerichts zum Nachtragshaushalt des Bundes für das Jahr 2021 hat sich diese Restriktion noch einmal verschärft. Denn das Urteil hat Auswirkungen weit über den Nachtragshaushalt hinaus, da es den von der Bundesregierung gewählten Finanzierungsweg wesentlicher Mittel des Klima- und Transformationsfonds, aber auch darüber hinaus, als verfassungswidrig einstuft. Dadurch ist es fortan nicht mehr möglich, bei Aussetzen der regulären Verschuldungsgrenzen in einer Notsituation Kreditermächtigungen zu beschließen, die in späteren Jahren ohne Notsituation genutzt werden sollen. Dies war insbesondere für den Klima- und Transformationsfonds der Plan der Bundesregierung, Eine Umgehung der Regelgrenzen ist fortan auf diesem Wege nicht mehr möglich, so dass die Regelgrenzen wieder stärker in den Fokus rücken.

Während der Bund im Rahmen der Schuldenbremse jenseits von konjunkturellen Schwankungen maximal 0,35 Prozent des BIP als Nettoneuverschuldung nutzen darf – im Jahr 2024 entspricht dies rund 15 Milliarden Euro –, ist den Bundesländern in Zeiten wirtschaftlicher Normalität eine strukturelle Nettokreditaufnahme nicht erlaubt. Die Kommunen sind formal zwar nicht von der Schuldenbremse betroffen, sind jedoch angehalten, einen ausgeglichenen Haushalt anzustreben.

Die haushalts- und finanzpolitischen Rahmenbedingungen sind zudem jenseits des Verfassungsgerichtsurteils heute deutlich schwieriger als vor den Krisenjahren. Auf der Einnahmenseite hat der Beschäftigungsaufbau im vergangenen Jahrzehnt für Spielräume gesorgt, weitere Zuwächse sind in den kommenden Jahren schon demografiebedingt kaum möglich. Die Ausgabenseite wurde insbesondere durch gesunkene Zinsausgaben entlastet (Beznoska et al. 2021a). Die erfolgten Zinserhöhungen der Europäischen Zentralbank sind bereits deutlich in den öffentlichen Haushalten zu sehen. Der Bund gibt aktuell wieder rund jeden zehnten Euro aus Steuern für Zinsen aus, in den Jahren vor der Zinswende war es im Schnitt lediglich die Hälfte davon.

Zusätzlich steigt der Druck auf den Haushalt durch die Verpflichtung gegenüber dem NATO-Bündnis, 2 Prozent des BIP für Verteidigung auszugeben. Für einige Jahre können die dafür zusätzlich benötigten Mittel aus dem Sondervermögen Bundeswehr bereitgestellt werden, mittel- bis langfristig muss das Geld aus dem laufenden Haushalt kommen. Auch die veränderte Energieversorgung ohne Öl- und Gaslieferungen aus Russland führt zu höheren Kosten.

Erschwerend kommt hinzu, dass für die aufgrund des notlagebedingten Aussetzens der Regelverschuldung aufgenommenen Nettokredite in den Jahren 2020 bis 2022 künftig Tilgungszahlungen anfallen, die den Handlungsspielraum weiter verengen. Diese Entwicklungen vergrößern die Herausforderung für die Politik, öffentliche Zukunftsinvestitionen in den Bereichen Klimaneutralität, Digitalisierung und Bildung zu stärken. Gleichwohl muss sich die Politik an der Erreichung dieser Ziele messen lassen.

2. Haushalts- und finanzpolitischer Rahmen

Möglich war die starke Ausweitung der Verschuldung in den Corona-Krisenjahren durch das notlagebedingte Aussetzen der Regelverschuldung gemäß der Schuldenbremse. Insgesamt hat der deutsche Staat in den drei Jahren von

2020 bis 2022 zusätzliche Schulden in Höhe von rund 500 Milliarden Euro aufgenommen (Deutsche Bundesbank 2023). Dies ist gleichbedeutend mit einer Steigerung des Schuldenstands um knapp ein Viertel gegenüber 2019. Da es sich hierbei um Werte der Volkswirtschaftlichen Gesamtrechnungen handelt, bei denen die tatsächliche Nettokreditaufnahme gezählt wird, hat das Urteil des Bundesverfassungsgerichts zum Nachtragshaushalt des Bundes für das Jahr 2021 keine Relevanz. Der Pandemie vorausgegangen waren Jahre mit gesamtstaatlichen Überschüssen, die vor allem dank stark steigender Steuereinnahmen infolge des Arbeitsmarktbooms bei gleichzeitig historisch geringen Zinsausgaben zustande kamen.

Die Schuldenstandsquote Deutschlands, also der gesamtstaatliche Schuldenstand im Verhältnis zum nominalen BIP, ist in der Folge nach der globalen Finanz- und Wirtschaftskrise von mehr als 80 Prozent im Jahr 2010 auf 59,6 Prozent im Jahr 2019 gefallen. Die staatlichen Maßnahmen in der Covid-19-Pandemie ließen die Schuldenstandsquote bis Ende des Jahres 2021 auf 69,3 Prozent steigen. Insbesondere aufgrund der hohen Inflationsraten in den Jahren 2022 und 2023 ist die Quote wieder auf etwa 65 Prozent gesunken, wobei sie damit weiterhin oberhalb des Maastricht-Kriteriums von 60 Prozent liegt. Obwohl Deutschlands Schuldenstandsquote sowohl im weltweiten als auch im europäischen Vergleich unterdurchschnittlich ist, haben die noch wirkenden Krisen gezeigt, dass ein handlungsfähiger Staat gut daran tut, die Verschuldung in wirtschaftlich stabilen Zeiten moderat zu gestalten, um bei Bedarf fiskalisch reagieren zu können. Entsprechend heißt es auch im Koalitionsvertrag der Ampel-Koalition:

> »Deutschland muss als Stabilitätsanker weiterhin seiner Vorreiterrolle in Europa gerecht werden. Finanzielle Solidität und der sparsame Umgang mit Steuergeld sind Grundsätze unserer Haushalts- und Finanzpolitik.« (SPD/Bündnis 90/Die Grünen/FDP 2021: 126)

Das Maastricht-Kriterium hat Deutschland in den vergangenen 20 Jahren nur einmal, nämlich im Jahr 2019, unterschritten. Dabei entspringt die 60-Prozent-Grenze keiner ökonomischen Logik; sie reflektiert vielmehr die durchschnittliche Verschuldungssituation der EU-Staaten bei Abschluss des Maastricht-Vertrags Anfang der 1990er Jahre.

Um die Staatsfinanzen trotz der aufgezählten Ausgabenbedarfe nachhaltig zu gestalten, sollte die Schuldenstandsquote stabilisiert und perspektivisch wieder in Richtung des Maastricht-Kriteriums bewegt werden, um die EU-Vorgabe einzuhalten. Eine umfassende Finanzierung der bestehenden Herausforderungen über zusätzliche Steuereinnahmen ist nicht nur aufgrund der im internationalen Vergleich bereits überdurchschnittlichen Steuer- und Abgabenquote problematisch – mit 38 Prozent des BIP liegt Deutschland am aktuellen Rand 4,5 Prozentpunkte oberhalb des OECD-Durchschnitts (OECD 2023) –, der demografische Wandel wird in den kommenden Jahren überdies zu einer Dämpfung der Einnahmenentwicklung führen. Die Steuerquote ist zudem in den vergangenen 20 Jahren insgesamt deutlich gestiegen.

Aus ökonomischer Sicht stellt sich die Frage nach der Nachhaltigkeit einer restriktiven Schuldenpolitik à la Schuldenbremse. Zwar sind die Zinsen wieder merklich gestiegen, allerdings erscheint eine Finanzierung der wichtigen Zukunftsaufgaben wie Klimaneutralität und Digitalisierung über zusätzliche Schulden zumindest teilweise erforderlich. Von daher wäre es vertretbar, den Verschuldungsspielraum wachstumspolitisch zu öffnen, um wichtige Investitionen in die Zukunftsfähigkeit zu ermöglichen und das Wachstumspotenzial zu stärken. Eine Simulation verschiedener Szenarien zeigt, dass ein dauerhaftes Defizit von 1,5 Prozent bis 2 Prozent des BIP verkraftbar wäre, sofern langfristig ein Nominalwachstum von 3,0 Prozent erreicht wird (Abbildung 1). Die Schuldenstandsquote würde bei einem entsprechenden Defizit voraussichtlich nicht weiter steigen und je nach Entwicklung sogar sinken.

Unerlässlich ist dabei jedoch auch ein Vertrauen in die politischen Entscheidungsträger, Prioritäten zu benennen und verfügbare Finanzmittel zielgenau im Sinne einer erfolgreichen Transformation einzusetzen. Die Erfahrung zeigt, dass geplante Investitionsvorhaben oft das erste Opfer eines Sparzwangs werden. Von daher muss die Haushaltsplanung der Gebietskörperschaften weiterhin kritisch begleitet werden.

Abb. 1: Entwicklung der Schuldenstandsquote in Deutschland

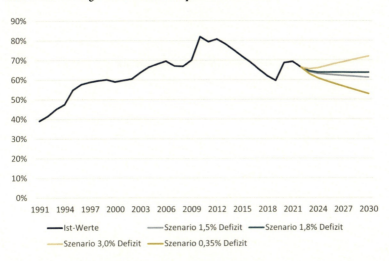

Gesamtstaatliche Schulden gemäß Maastricht-Vertrag in Prozent des Bruttoinlandsprodukts. Quellen: Deutsche Bundesbank, 2023; Beznoska et al., 2023a.

3. Aktuelle Ausgabenentwicklung der Gebietskörperschaften

Öffentliche Investitionen sind für die wirtschaftliche Entwicklung einer Volkswirtschaft von großer Bedeutung. Sind die Investitionen der öffentlichen Hand größer als die Abschreibungen, vergrößern sie den Kapitalstock und damit das gesamtwirtschaftliche Produktionspotenzial. Insbesondere in Sachen Digitalisierung und Klimaschutz besteht ein erhöhter Bedarf (Bardt et al. 2019).

Verschärfend hinzu kommt, dass es die öffentliche Hand in den letzten Jahren versäumt hat, staatliche Investitionen nachhaltig zu steigern. Gefragt sind alle Gebietskörperschaften. Ein wichtiger Indikator zur Beurteilung der Investitionstätigkeit ist die entsprechende Quote, also der Anteil der Investitionen an den Gesamtausgaben (Abbildung 2). Dabei zeigt sich, dass es Bund, Ländern und Kommunen im vergangenen Jahrzehnt gelungen ist, Investitionen ein größeres Gewicht im Budget einzuräumen. Die Corona-Pandemie hatte für einen Abbruch des Trends gesorgt, da durch die Hilfspakete die sozialen Ausgaben stärker an Bedeutung gewonnen haben. Am aktuellen Rand ist wieder ein leichter Anstieg zu verzeichnen.

Abb. 2: Investitionsquote von Bund, Ländern und Kommunen

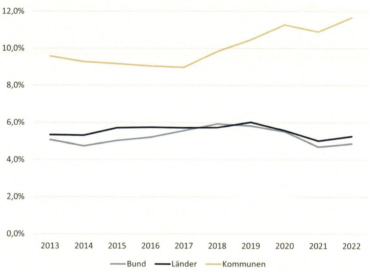

Bruttoinvestitionen als Anteil der Gesamtausgaben nach Gebietskörperschaften. Quellen: Statistisches Bundesamt, 2023; eigene Berechnung.

Es ist dabei wichtig zu beachten, dass die Fokussierung auf die Investitionsquote zwei wichtige Aspekte übersehen kann. Zum einen kann die Qualität einer Investition in Bezug auf ihren Beitrag zum Wirtschaftswachstum erheblich variieren, und zum anderen können auch konsumtive Ausgaben wachstumsfördernd sein. Sowohl der Bau oder die Renovierung einer Schule (investiv) als auch die Einstellung einer Lehrerin/eines Lehrers oder der Kauf von Lehrmaterial (konsumtiv) sind entscheidend für ein Bildungssystem. Die klare Abgrenzung zwischen konsumtiven und investiven Staatsausgaben erscheint aus wirtschaftlicher Sicht daher unzureichend. In der Literatur wird seit Langem empfohlen, zwischen wachstumsfördernden und nichtwachstumsfördernden Staatsausgaben zu differenzieren (Beznoska et al. 2021b).

Auffällig mit Blick auf die Kommunen ist, dass die Investitionen am aktuellen Rand stärker gestiegen sind als andere Ausgabearten. Insgesamt lässt sich seit 2017 ein kräftiger Aufwuchs bei den kommunalen Bruttoinvestitionen beobachten. Von 2010 bis heute haben sie sich annähernd verdoppelt. Dabei sollte bedacht werden, dass das Niveau im Jahr 2016 nur geringfügig höher war als 2010. Insbesondere ab 2017 kam Dynamik in das kommunale Investitionsgeschehen.

Auch wenn die Kommunen ihre Investitionen gesteigert haben, ist die Lage weiter schwierig. Städte und Gemeinden stehen angesichts des gestiegenen Zinsniveaus und eines festgestellten Investitionsdefizits von kumuliert 166 Milliarden Euro unter Druck (KfW Research 2023). Insgesamt sind die öffentlichen Investitionen in den letzten Jahren nicht ausreichend ausgeweitet worden. In vielen Bereichen und Regionen ist ein Mangel an Planungskapazitäten bei der Verwaltung zu beklagen. Vielfach hat die öffentliche Verwaltung in den Planungsabteilungen Stellen abgebaut. Der Mangel an Kapazitäten der Bau- und Handwerksunternehmen kommt hinzu, auch wenn die Bautätigkeit durch den Zinsniveauanstieg in Teilen in einer Krise ist.

Die kommunale Ebene ist bei öffentlichen Investitionen grundsätzlich bedeutsamer als die Bundes- und Landesebene. Die Kommunen stemmen rund 40 Prozent der Bruttoinvestitionen, Länder und Bund jeweils 30 Prozent. Obwohl Investitionen des Landes und des Bundes in vielen Fällen auch den Städten und Gemeinden zugutekommen, stellt sich dennoch die Frage, wie es ermöglicht werden kann, die Kommunen mit zusätzlichen finanziellen Ressourcen auszustatten. Dabei sollte es auch darum gehen, für Kommunen mit hohen Altschulden eine Lösung zu finden, um den künftigen Gestaltungsspielraum im Sinne gleichwertiger Lebensverhältnisse zu erhöhen (Beznoska et al. 2023b).

Viel wird in diesem Zusammenhang über das Konnexitätsprinzip diskutiert, nach dem die Aufgabenverantwortung mit der Sicherstellung einer angemessenen Finanzierung einhergeht. Auch im Koalitionsvertrag ist ein Passus dazu enthalten, wonach ganz im Sinne der Konnexität auf eine »ausgewogene Lastenverteilung zwischen den Ebenen der öffentlichen Haushalte geachtet werden« müsse. »Insbesondere bei neuen Aufgaben, die der Bund auf die anderen Ebenen übertragen will, wird auf die Ausgewogenheit der Finanzierung stärker geachtet« (SPD/Bündnis 90/Die Grünen/FDP 2021: 164). Die Diskussion zwischen Bund und Ländern um die Finanzierung der Flüchtlingsaufnahme zeigt allerdings beispielhaft, wie komplex die Anwendung dieses hehren – und in der Theorie unstrittigen – Prinzips in der Tagespolitik ist. Es liegt an den Kommunen, die vom Bund übertragene Aufgabe der Unterbringung und Integration zu organisieren. Die Höhe der anfallenden Kosten, die demnach vom Bund zu erstatten ist, ist jedoch nicht eindeutig zu beziffern. Es steht zu befürchten, dass viele Kommunen auf Basis der aktuellen Finanzausstattung mit ihrer Rolle bei der Transformation überfordert sind.

Den Ländern sind angesichts des Verbots einer strukturellen Nettokreditaufnahme und einer mangelnden Einnahmeautonomie die Hänge gebunden. Beim Bund ist zwar in jüngerer Vergangenheit eine leichte Investitionsdynamik zu verzeichnen, allerdings fehlt es an Geschwindigkeit. Zwischen 2018 und 2022 sind die Ausgaben für Digitalisierung, Klimaschutz, Mobilität sowie Bildung und Forschung (absolut und relativ) deutlich stärker gestiegen als zwischen 2014 und 2018. Insgesamt betrugen diese zukunftsbezogenen Ausgaben im Jahr 2022 knapp 90 Milliarden Euro.

Der Vergleich zwischen Soll-Werten und Ist-Werten zeigt jedoch, dass gerade bei den Zukunftsthemen eine deutliche Kluft zwischen politischen Plänen und ihrer Umsetzung liegt. Am deutlichsten wird dies bei der Betrachtung der relativen Abweichungen. Im Bereich Digitalisierung betrug die Abweichung nach unten im Jahr 2022 über 50 Prozent. Auch die Ausgaben für Umwelt- und Naturschutz, Klimaschutz, Mobilitätswende sowie Bauen und Wohnen lagen zum Teil deutlich unter den Planzahlen. Die Kreation neuer Förderprojekte und die Projektbezogenheit sowie dessen Vergabe scheinen hier die Umsetzung der Pläne zu bremsen. Die negative Abweichung der Ist-Werte von den Soll-Werten ist keinesfalls die Regel, wenn man auf die Vergangenheit schaut. Für einige Aufgabenbereiche gab es in den 2010er Jahren regelmäßig höhere Ist-Ausgaben als geplant (vgl. Beznoska/Hentze 2020). Folglich sollte die Bundesregierung daran arbeiten, die im Haushalt gesteckten Ziele auch zu erreichen.

4. Künftige Spielräume für die Transformation

Der Ausblick auf die kommenden Jahre wirft Zweifel daran auf, wie die Politik die Transformation finanzieren kann. Dies gilt umso mehr seit dem Urteil des Bundesverfassungsgerichts zum Nachtragshaushalt 2021. Länder, deren Sondervermögen nun auch juristisch zweifelhaft sind, und Kommunen werden sich weiter schwertun, den vorgeschriebenen Haushaltsausgleich zu schaffen. Die Investitionen des Bundes drohen zu stagnieren. Die Investitionen im Kernhaushalt des Bundes, die aus laufenden Einnahmen finanziert werden, steigen von 2024 bis 2027 nicht kontinuierlich und nachhaltig. Zweifelsfrei ist es herausfordernd, zusätzlichen Spielraum für Investitionen zu schaffen, da ein beträchtlicher Teil des Budgets fix ist und Ausgaben insbesondere im Sozialbereich automatisch ansteigen. So steigt der Zuschuss zur gesetzlichen Rentenversicherung von 2022 bis 2027 laut Finanzplanung um 27 Milliarden Euro auf dann 135 Milliarden Euro – ein Plus von einem Viertel. Die jährlichen Zinsausgaben liegen in den kommenden Jahren leicht ober- oder unterhalb der Marke von 40 Milliarden Euro. Das ist zehnmal so viel wie im Jahr 2021. Im historischen Vergleich sind die Zinsausgaben gemessen an den Gesamtausgaben damit zwar nicht übermäßig hoch, gegenüber den vorausgegangenen Jahren stellt der abrupte Anstieg jedoch eine bemerkenswerte Haushaltsbelastung dar (Deutscher Bundestag 2023).

Die Alterung der Gesellschaft verschärft nicht nur den Druck auf die Ausgaben, sondern mindert gleichzeitig das Einnahmepotenzial. Steuererhöhungen sind angesichts einer historisch hohen Steuerquote und negativer Effekte auf das Wachstumspotenzial jedoch kaum zu begründen. Aktuell liegt der Anteil der Steuereinnahmen am BIP mit knapp 25 Prozent so hoch wie seit den 1980er Jahren nicht mehr (Beznoska/Hentze 2021).

Trotz dieser eher schwierigen Konstellation bleibt es Aufgabe der Politik, mittel- bis langfristig Wege zu finden, um im Haushalt Ressourcen für die anstehende Transformation der Wirtschaft freizusetzen. Für künftigen Wohlstand wird es entscheidend sein, welche Antwort die Politik auf diese Herausforderung findet. Dabei ist hervorzuheben, dass der deutsche Staat aus ökonomischer Sicht weiterhin über ausgeprägte Handlungsspielräume verfügt, um wichtige Investitionen in den Bereichen Energiewende, Klimaschutz und Digitalisierung voranzubringen. Restriktionen wie die engen Grenzen der Schuldenbremse sind eher politischer als ökonomischer Natur. Ein Defizit von bis zu 1,5 bis 2 Prozent statt wie aktuell 0,35 Prozent des BIP würde zusätzlichen Spielraum von bis zu 65 Milliarden Euro im Jahr bedeuten und wäre im Einklang mit nachhaltigen Staatsfinanzen, (Beznoska et al. 2023a). Ob die Politik diese Chance im Sinne einer erfolgreichen Transformation für mehr Zukunftsinvestitionen nutzen würde, bliebe abzuwarten.

Literatur

Bardt, Hubertus/Dullien, Sebastian/Hüther, Michael/Rietzler, Katja (2019): Für eine solide Finanzpolitik: Investitionen ermöglichen!, in: IW-Policy Paper, Nr. 10, Köln.

Beznoska, Martin/Hentze, Tobias/Hüther, Michael (2021a): Zum Umgang mit den Corona-Schulden – Simulationsrechnungen zur Schuldenstandsquote, in: IW-Policy Paper, Nr. 7, Köln.

Beznoska, Martin/Kauder, Björn/Obst, Thomas (2021b): Investitionen, Humankapital und Wachstumswirkungen öffentlicher Ausgaben, in: IW-Policy Paper, Nr. 2, Köln.

Beznoska, Martin/Hentze, Tobias/Rietzler, Katja/Werding, Martin (2023a): Herausforderungen für nachhaltigen Staatsfinanzen, in: IW-Trends, 50. Bd., Nr. 3, S. 127–147.

Beznoska, Martin/Hentze, Tobias/Kauder, Björn (2023b): »Kommunale Kassenkredite in Nordrhein-Westfalen: Bestandsaufnahme und Lösungsansätze«, in: Helmut Dedy/Benjamin Holler (Hg.), Zeitschrift für Kommunalfinanzen, 9. Bd., S. 193–199.

Beznoska, Martin/Hentze, Tobias (2021): Einkommensteuerpolitik im Bundestagswahlkampf, in: IW-Policy Paper, Nr. 19, Köln.

Beznoska, Martin/Hentze, Tobias (2020): Entstehung und Verwendung des zusätzlichen Spielraums im Bundeshaushalt in den Jahren 2013 bis 2018, in: List Forum für Wirtschafts- und Finanzpolitik, 45. Bd., S. 281–294.

Deutscher Bundestag (2023): Finanzplan des Bundes 2023 bis 2027, Unterrichtung durch die Bundesregierung, Drucksache 20/7801.

KfW Research (2023): KfW-Kommunalpanel 2023, KfW Bankengruppe.

OECD (2023): OECD data, Website OECD, [online] https://data.oecd.org/ [abgerufen am 16.10.23].

SPD/Bündnis 90/Die Grünen/FDP (2021): Mehr Fortschritt wagen – Koalitionsvertrag 2021–2025 zwischen der Sozialdemokratischen Partei Deutschlands (SPD), BÜNDNIS 90/DIE GRÜNEN und den Freien Demokraten (FDP), Berlin.

Statistisches Bundesamt (2023): Ergebnisse über die Entwicklung der Einnahmen und der Ausgaben des Staates seit 1991 im Rahmen der Volkswirtschaftlichen Gesamtrechnungen, Wiesbaden.

Überlegungen zur Transformationspolitik

Jakob von Weizsäcker

1. Einleitung

Deutschland und Europa haben mit ihren ambitionierten Klimaschutzzielen eine Vorreiterrolle übernommen. Für unsere klimapolitische Glaubwürdigkeit ist entscheidend, dass wir diese Ziele auch erreichen. Für unsere Prosperität ist entscheidend, dass wir die Ziele mit wirtschaftlicher Dynamik erreichen statt mit wirtschaftlicher Stagnation. Für unseren sozialen Zusammenhalt ist entscheidend, dass die Lasten der Umstellung sozial ausgewogen verteilt und, wo erforderlich, kompensiert werden.

Für unseren Beitrag zur Rettung des Weltklimas ist es als vergleichsweise kleiner Teil der Welt entscheidend, dass wir alles drei kombinieren: klimapolitische Glaubwürdigkeit, Prosperität und sozialen Zusammenhalt. Wenn uns das nicht gelingt, werden wir zu einem traurigen Vorreiter, dem man eigentlich nicht folgen mag, weil ihm auf seinem Ritt ein unschönes Schicksal ereilte. Aber wenn uns die Vorreiterrolle gelingt, werden wir zum hoch attraktiven Vorbild für andere Teile der Welt, die derzeit noch überlegen, wie rasch und ambitioniert sie den Klimaschutz wirklich betreiben werden.

Glücklicherweise verlangt das gerade international motivierte Ziel, klimapolitische Glaubwürdigkeit, Prosperität und sozialen Zusammenhalt miteinander zu kombinieren, keine innenpolitischen Opfer ab. Im Gegenteil, es ist genau die Kombination, die man benötigt, um im nationalen politischen Wettbewerb zu bestehen. Klimaschutz, der die wirtschaftliche Dynamik und den sozialen Zusammenhalt gefährdet, geht auch innenpolitisch schief. Die Ziele sind somit klar.

2. Instrumente für den Klimaschutz

Werfen wir im nächsten Schritt einen Blick auf die drei zentralen Instrumente für den Klimaschutz: 1) Die CO_2-Bepreisung, die in der Regel die Form von CO_2-Steuern oder Emissionszertifikaten annimmt. 2) Das Ordnungsrecht, also die Nutzung exekutiver und legislativer Instrumente zur Steuerung der Emissionen über Ge- und Verbote. 3) Die klimafreundliche Subventionierung. Dabei ist der Subventionsbegriff hier recht breit zu fassen. Es kann um die Förderung von Innovation und technischem Fortschritt gehen. Es kann sich um Investitionen in Infrastrukturen für die Transformation handeln. Auch industriepolitische Projekte sind damit abgedeckt. Das gilt gleichermaßen für Vorhaben, die die Transformation innerhalb bestehender Branchen vorantreiben, und für solche, die Wertschöpfungsstrukturen branchenübergreifend verändern.

Jedes dieser Instrumente hat seine Berechtigung, aber auch seine Probleme. Bis zu einem gewissen Grad können die drei Instrumente einander ersetzen, sind also Substitute. So können zusätzliche Tonnen CO_2 durch einen höheren CO_2-Preis, durch mehr Ordnungsrecht oder auch durch mehr Subventionen eingespart werden. Bis zu einem gewissen Grad ergänzen sie aber auch einander, sind also Komplemente. So kann der CO_2-Preis in manchen Märkten viel besser wirken, wenn er mit darauf abgestimmten regulatorischen Anpassungen und von einer vorausschauenden Innovations-, Infrastruktur- und Industriepolitik begleitet wird.

Im Ergebnis wird jedes dieser Instrumente in einem optimalen Politik-Mix benötigt. Tatsächlich nutzen wir auch jedes dieser Instrumente auf dem Weg zur Klimaneutralität bereits heute ausgiebig und werden es in Zukunft noch stärker tun. Den klügsten Instrumentenmix zur Erreichung der Emissionsziele zu finden ist dabei eine – wenn nicht die – zentrale finanz-, sozial- und wirtschaftspolitische Aufgabe unserer Zeit. Je näher wir diesem bestmöglichen Mix kommen, desto erfolgreicher können wir Klimaschutz, wirtschaftliche Dynamik und sozialen Zusammenhalt miteinander kombinieren.

Die CO_2-*Bepreisung* ist aus ökonomischer Sicht ein ganz zentrales Instrument, um eine effektive Reduktion der Treibhausgasemissionen zu erreichen. Wie außerordentlich wirksam der Preis als Lenkungsinstrument sogar ganz kurzfristig sein kann, hat der durch den Ukrainekrieg ausgelöste Energiepreisschock eindrucksvoll gezeigt. Er hat aber auch gezeigt, welch enormen wirtschaftlichen und sozialen Verwerfungen mit dem Preisinstrument einhergehen können. Deshalb war das entsprechende Maßnahmenbündel der

Bundesregierung als Reaktion darauf so wichtig. Wenn aber die CO_2-Bepreisung entsprechend durch Begleitmaßnahmen eingebettet wird, spricht viel dafür, sie noch deutlich stärker als bislang zu nutzen.

Dabei ist allerdings aus fiskalischer Sicht zu berücksichtigen, dass die staatlichen Begleitmaßnahmen typischerweise so kostspielig sind, dass dafür ein signifikanter Teil der CO_2-Preis-Mehreinnahmen benötigt wird. Und im Hinblick auf die Wettbewerbsfähigkeit darf nicht übersehen werden, dass die CO_2-Bepreisung sich international auf sehr verschiedenen Niveaus bewegt und sich mit unterschiedlicher Geschwindigkeit entwickelt. Deshalb ist das Problem des *Carbon Leakage*, also der Gefahr von Umgehung von CO_2-Bepreisung durch die Verlagerung CO_2-intensiver Wertschöpfungsschritte an CO_2-Niedrigpreisstandorte, real. In der Praxis setzt dies auch der Höhe der effektiven CO_2-Bepreisung in bestimmten Bereichen Grenzen, solange Abwehrmechanismen gegen das Leakage nicht weiter gestärkt werden. Ein vielversprechender Abwehrmechanismus könnte in der Schaffung eines internationalen Klimaclubs bestehen, in dem sich gleichgesinnte Länder zusammenschließen, um gemeinsam wirkungsvoller gegen ein Leakage vorzugehen. Bundeskanzler Olaf Scholz verfolgt diesen Ansatz im Rahmen der G7 und G20 mit Nachdruck.

Das *Ordnungsrecht* spielt eine wichtige Rolle bei der Forcierung und der Normierung von technologischen Entwicklungen, bei der Entstehung neuer Märkte und der Senkung von Transaktionskosten und Risiken. Auch findet es bisweilen Anwendung in Bereichen, wo Kostentransparenz nicht opportun erscheint oder eine intramarginale Bepreisung von Emissionen politisch nicht durchsetzbar wäre. Trotz dieser Vorteile birgt Ordnungspolitik auch erhebliche Risiken. So besteht immer die Gefahr, dass sie zu präskriptiv oder zu sehr am Status Quo orientiert ausgestaltet wird, was zu statischen und dynamischen Ineffizienzen führt. Auch ist die Verschleierung von Kosten im Rahmen des Ordnungsrechts ein zweischneidiges Schwert. Es kann nämlich dazu führen, dass distributive Unwuchten oder überhöhte wirtschaftliche Kosten zu spät erkannt werden.

Auch im Lichte der Herausforderung der vorgenannten Instrumente kommt dem dritten Instrument, nämlich der *Subventionierung*, in der Praxis ein erhebliches Gewicht zu. Dies gilt nicht nur für die ordungsökonomisch unstrittige Rolle des Staates für Innovationen und Infrastruktur, die in beiden Feldern für eine erfolgreiche Klimatransformation in Deutschland weiter ausgebaut werden muss. Sondern dies gilt auch für industriepolitische Maßnahmen, wie sie in den USA in Ermangelung einer nationalen CO_2-

Bepreisung mit ganz besonderem Schwung zum Beispiel im Rahmen des *Inflation Reduction Act* betrieben werden. Dekarbonisierung und Geopolitik machen eine aktivere und damit auch teurere Industriepolitik unvermeidlich. Dies ist jedoch nicht als Freibrief misszuverstehen, sondern Aufruf für eine noch deutlich sorgfältigere analytische Fundierung des staatlichen Handelns in diesem Bereich. Die Summe der erforderlichen staatlichen Unterstützung für diese drei Is (Innovation, Infrastruktur und Industriepolitik) dürfte sich nicht überall allein aus dem Kernhaushalt finanzieren lassen werden, zumal die Einnahmen aus der CO_2-Bepreisung zu signifikanten Anteilen durch Kompensationsmaßnahmen gebunden sein dürften.

3. Transformationsfonds für den Strukturwandel im Saarland

Das Saarland steht in diesem Zusammenhang vor einem doppelten Problem: Es ist klassisches Industrieland mit einer Abhängigkeit der bestehenden Wertschöpfung von CO_2-Emissionen. Es hat die höchste Konzentration von Arbeitsplätzen in den Sektoren Automobilwirtschaft und Metallverarbeitung aller Bundesländer, ist aber gleichzeitig eines der finanzschwächsten Bundesländer. Weiter zugespitzt hat sich die Situation durch den Ukrainekrieg und den damit einhergehenden Energiepreisschock. Denn damit wurde klar, dass viele Investitionsentscheidungen, die sich sonst über die nächsten 22 Jahre bis 2045 eher gleichförmig abgespielt hätten, sich deutlich beschleunigen und verteuern.

Um dieser Situation zu begegnen, hat das Saarland einen Transformationsfonds mit einem Volumen von 3 Milliarden Euro eingerichtet. Davon wurden 590 Millionen Euro aus dem Kernhaushalt zugeführt und 2,41 Milliarden im Rahmen einer außergewöhnlichen Notsituation kreditfinanziert. Inhaltich konzentriert sich der Fonds auf investive Ausgaben für die drei Is, also Innovation, Infrastruktur und Industriepolitik für die beschleunigte Transformation im Saarland.

Um zu verhindern, dass es dabei zu einer Verlagerung von Investitionen aus dem Kernhaushalt kommt, wurde gleichzeitig eine erhöhte Investitionsquote im Kernhaushalt festgesetzt und verstetigt. Um eine hohe Qualität der Entscheidungen bei der Verausgabung der Fondsmittel zu sichern, wurde ein hochkarätiger Beirat für den Transformationsfonds eingerichtet. Er bündelt ökonomischen Sachverstand aus der Wissenschaft und der Saarwirtschaft.

Ursprünglich war der Fonds auf 10 Jahren ausgelegt, ganz einfach, weil sich größere Investitionsvorhaben in Deutschland trotz der beschleunigten Transformation typischerweise über Jahre hinziehen. Aufgrund des Urteils des Bundesverfassungsgerichts vom 15. November 2023 mit seiner starken Betonung von Jährlichkeit und Jährigkeit wird der Transformationsfonds nunmehr durch jährlich zu fassende Notlagenbeschlüsse abgestützt. Dabei kann ein Mindestmaß an Planungssicherheit für mehrjährige Transformationsprojekte durch den glücklichen Umstand des hohen Eigenfinanzierungsanteils von knapp 0,6 Milliarden erreicht werden. Es stellt sich aber gleichwohl die Frage, weshalb der Notwendigkeit überjähriger Planungssicherheit bei ganz konkreten investiven Vorhaben, die sich aus der Notlage ergeben, im Urteilsspruch aus Karlsruhe keine größere Beachtung geschenkt wurde.

Die saarländische Projektliste für den beschleunigten Strukturwandel im Rahmen des Transformationsfonds nimmt immer konkreter Gestalt an. Es geht um grünen Stahl. Es geht um eine Chipfabrik von Wolfspeed mit der innovativen Siliziumkarbid-Halbleiter-Technologie. Es geht um die rasche Erweiterung von CISPA, des deutschlandweit größten Forschungszentrums für Cybersicherheit. Es geht um die Förderung von innovativen Gründungen und Transformationsprojekten des saarländischen Mittelstands. Es geht um Wasserstoffinfrastruktur.

Es geht darum, dass sich selbst ein kleines, finanzschwaches Bundesland mit starken Investitionen in der beschleunigten Transformation eine erfolgreiche Zukunft aufbauen kann. Es geht darum, dass auch im Saarland Klimaschutz, wirtschaftliche Dynamik und sozialer Zusammenhalt Hand in Hand gehen. Natürlich ist dieser Weg über einen partiell schuldenfinanzierten Transformationsfonds nicht ohne Risiko für die Tragfähigkeit der öffentlichen Finanzen. Aber die Chancen stehen gut, dass sich kluge Investitionen auch fiskalisch rechnen werden. Viel riskanter für die Tragfähigkeit der öffentlichen Finanzen und die Zukunft des Landes wäre es, die Zukunftsinvestitionen zu unterlassen und sich damit auf den Weg des wirtschaftlichen Abstiegs, der Perspektivlosigkeit und der Abwanderung zu begeben.

4. Finanzierung der Transformation

Ein solcher, öffentlicher Investitionsschub für eine erfolgreiche Zukunft unter den Bedingungen der beschleunigten Transformation wird vielerorts nicht ausschließlich aus dem Kernhaushalt zu stemmen sein. Die Erfahrungen auf Bundesebene und einer ganzen Reihe von Bundesländern zeigen dies eindrücklich. Manchmal wird deshalb vorschnell die Abschaffung der Schuldenbremse gefordert. Dies halte ich für falsch. Eine Schuldenbremse brauchen wir als Fairnessabkommen zwischen der zeitlichen Abfolge von Regierungen, damit die heutige Regierung die Handlungsspielräume künftiger Regierungen nicht zu stark einschränkt. Auch brauchen wir eine Schuldenbremse in Europa als Fairnessabkommen zwischen Ländern in einer Währungsunion.

Aber ob die Schuldenbremse, wie sie heute im Grundgesetz steht und wie sie durch das Urteil des Bundesverfassungsgerichts vom 15. November ausgedeutet wurde, die beste aller möglichen Schuldenbremsen ist, diese Frage muss man sich stellen: Die Frage, ob sie nicht angepasst werden muss, um Investitionen in die Zukunft besser zu berücksichtigen, damit wir Klimaschutz, wirtschaftliche Dynamik und sozialen Zusammenhalt miteinander in Einklang bringen können.

Dabei darf aber nicht der Eindruck entstehen, dass eine Änderung der Schuldenbremse alle Probleme löst. Genauso ist es richtig, die bestehenden Haushalte zu durchforsten. Ein staatlicher Haushalt ist nie perfekt. Es gibt immer Verbesserungsmöglichkeiten. Prioritäten können klarer definiert werden. Die Wirkung und Zielgenauigkeit können verbessert werden. Immer wieder muss auch die Aufgabenverteilung zwischen Staat und Wirtschaft, zwischen Sozialstaat und den privaten Haushalten nachjustiert werden. Kurzum: Um die Transformation zu bewältigen, muss es auch gelingen, die Qualität der öffentlichen Finanzen zu erhöhen, um den Finanzierungsbeitrag aus dem Kernhaushalt für die Transformation zu steigern. Dies ist kein Widerspruch zu einer partiellen Kreditfinanzierung von Zukunftsinvestitionen, sondern beides muss Hand in Hand gehen. Um dies in der Praxis zu erleichtern, kann es hilfreich sein, den kreditfinanzierten Anteil der Transformation als ein Sondervermögen vom Kernhaushalt abzugrenzen und gleichzeitig die Investitionsquote im Kernhaushalt als einen Anspruch an die Qualität der öffentlichen Finanzen zu erhöhen.

5. Fazit

Eine Politik der gelingenden Transformation ist keine Politik der einfachen Rezepte, sondern des anspruchsvollen Sowohl-als-auch. Wir müssen Klimaschutz mit wirtschaftlicher Prosperität und sozialem Zusammenhalt zusammendenken. Wir müssen CO_2-Bepreisung, Ordnungsrecht und Investitionen in Innovation, Infrastruktur und Industriepolitik zusammen denken. Und finanzpolitisch müssen wir die Verbesserung der Qualität der öffentlichen Finanzen und der Verbesserung der Qualität der Schuldenbremse zusammen denken. Wenn uns das gelingt, dann gelingt uns die Transformation.

Arbeitsmarkt- und Sozialpolitik: Zuwanderung, Sozialpartnerschaft, Inklusion, Gerechtigkeit, Rente

Grenzen und Potenziale der Zuwanderung für die Fachkräftesicherung

Axel Plünnecke

1. Die demografische Herausforderung ist gewaltig

»Für unsere Wirtschaft und eine nachhaltige Transformation sind wir darauf angewiesen, dass Menschen zu uns kommen, hier leben und arbeiten und so ein fester Bestandteil unserer Wirtschaft und Gesellschaft werden. Mit dem heutigen Bundestagsbeschluss für ein neues und modernes Einwanderungsrecht für Fachkräfte schaffen wir dafür die Grundlagen. Wir senken die Einwanderungshürden.« (BMWK 2023)

So äußerte sich Vizekanzler und Bundeswirtschafts- und Klimaschutzminister Robert Habeck anlässlich des Beschlusses des Bundestags zum neuen Fachkräfteeinwanderungsgesetz am 23. Juni 2023. Tatsächlich steht Deutschland vor dem Hintergrund der großen vier »D« – der gleichzeitig wirkenden Trends Digitalisierung, Dekarbonisierung, Deglobalisierung und Demografie – vor großen Herausforderungen (Demary et al. 2021). Die Digitalisierung prägt bereits die Beschäftigung in IT-Berufen, die in den letzten zehn Jahren besonders stark gewachsen ist. Datengetriebene Geschäftsmodelle werden in den Unternehmen immer wichtiger, wobei vor allem fehlende Fachkräfte insbesondere bei innovierenden Unternehmen die Umsetzung der Digitalisierungsstrategie stark hemmen. Für die kommenden fünf Jahre erwarten daher rund die Hälfte der Unternehmen weiter steigende Bedarfe an IT-Expertinnen und -Experten (Anger et al. 2023a). Diesen Bedarf sowie den an anderen MINT-Fachkräften erwarten Unternehmen für dieselbe Zeitspanne, um klimafreundliche Technologien und Produkte zu entwickeln. Der Green Deal ist herausfordernd, schafft aber besonders bei innovierenden Betrieben starke Anreize, in klimafreundliche Produkte und Technologien zu investieren (Anger et al. 2023a). Auch das Handwerk braucht mehr Fachkräfte, um beispielsweise die Energiewende im Gebäudebereich umzusetzen.

Die Gefahr einer einsetzenden Deglobalisierung führt zu einer zunehmenden ökonomischen Verunsicherung. Deutliche, im Vergleich zu wichtigen Konkurrenten auf den Weltmärkten spürbar steigende Energiepreise sowie politische Unsicherheiten mit Blick auf wichtige Absatzmärkte wie China erhöhen den Druck, Geschäftsmodelle anzupassen oder diese durch mehr Innovationen krisenresilienter zu machen. Das politische Ziel, die Forschungsausgaben am BIP auf 3,5 Prozent zu erhöhen, ist hierzu konsistent. Zugleich bedeutet es aber auch, dass insgesamt etwa 50.000 Personen mit einer MINT-Qualifikation zusätzlich benötigt werden (Anger et al. 2023a).

Als vierter Treiber wird die Demografie die Fachkräftebedarfe weiter erhöhen. Die demografische Herausforderung wird schon dadurch deutlich, dass die Kohorte der 55- bis 64-Jährigen aus etwa 12,6 Millionen Personen besteht und durch gut 8,3 Millionen Personen der Kohorte der 15- bis 24-Jährigen am Arbeitsmarkt in den kommenden zehn Jahren ersetzt werden muss (Abbildung 1).

Bezogen auf die für die Innovationskraft besonders relevanten MINT-Akademikerinnen und Akademiker zeigt sich, dass aktuell jährlich etwa 64.700 von ihnen aus Altersgründen aus dem Arbeitsmarkt ausscheiden und diese Zahl des jährlichen Ersatzbedarfs in fünf Jahren um 7.400 auf 72.100 und in zehn Jahren um 13.200 auf 77.900 steigen wird. Bei den beruflich qualifizierten MINT-Fachkräften nimmt der Ersatzbedarf vor allem in den kommenden fünf Jahren stark zu und verbleibt danach auf diesem Niveau (Anger et al. 2023a).

Vor dem Hintergrund der abgeleiteten steigenden Fachkräftebedarfe macht der zu erwartende Rückgang beim Fachkräfteangebot große Sorgen. So ist der Anteil junger Erwachsener mit einer beruflichen MINT-Qualifikation am Altersjahrgang in den letzten zehn Jahren deutlich gesunken (Anger et al. 2023a). Und auch bei den MINT-Hochschulabsolventen ist der Ausblick ungünstig: Betrug die Zahl der MINT-Studierenden im ersten Hochschulsemester im Studienjahr 2016 noch rund 198.000, so nahm die Zahl der Studienanfängerinnen und Studienanfänger stark auf lediglich 176.300 im Studienjahr 2022 ab (Statistisches Bundesamt 2023).

Abb. 1: Qualifikationsangebot nach Altersgruppen, 2021, in 1.000

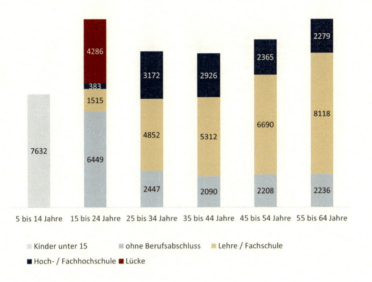

Quelle: Sonderauswertung des Statistischen Bundesamtes 2023.

In den kommenden Jahren ist mit keiner Trendwende zu rechnen – im Gegenteil: die Kohorten werden tendenziell kleiner; die durchschnittlichen Mathematik-Kompetenzen bei Schülerinnen und Schülern sind in den letzten Vergleichsarbeiten deutlich gesunken. Dazu hat der Anteil derjenigen, die die Mindestkompetenzen nicht erreicht, zugenommen (Stanat et al. 2022; Lewalter et al. 2023). Das Potenzial an Studentinnen und Studenten dürfte folglich abnehmen wie zugleich das Angebot junger Menschen mit entsprechender Ausbildungsreife für die MINT-Berufe. Die Effekte der Corona-Pandemie dürften sich darüber hinaus zusätzlich belastend auf das Fachkräfteangebot auswirken (Anger/Plünnecke 2020).

Abb. 2: Studierende im ersten Hochschulsemester

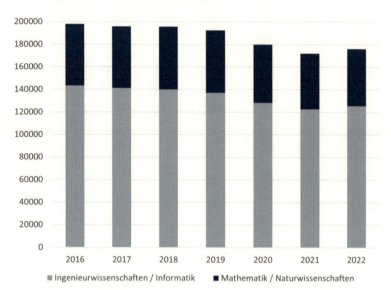

■ Ingenieurwissenschaften / Informatik ■ Mathematik / Naturwissenschaften

Quelle: Statistisches Bundesamt 2023.

2. Zuwanderung trägt bereits heute zu Innovationskraft und Fachkräftesicherung bei

Für die Fachkräftesicherung in akademischen MINT-Berufen und zur Sicherung der Innovationskraft der Gesellschaft gewinnt die Zuwanderung daher in den kommenden Jahren weiter an Bedeutung. Eine Auswertung der IW-Patentdatenbank zeigt, dass Migrantinnen und Migranten einen unverzichtbaren Beitrag zur Innovationskraft Deutschlands leisten. Ein Rekordwert von 12,2 Prozent aller hierzulande entwickelten Patentanmeldungen geht im Jahr 2019 auf Erfindende mit ausländischen Wurzeln zurück. Ohne die steigenden Patentaktivitäten der Zuwanderer wäre die Patentleistung am Standort Deutschland in den letzten Jahren sogar gesunken. In der IT-Branche und in Digitalisierungstechnologien ist die Bedeutung der Erfinderinnen und Erfinder mit ausländischen Wurzeln besonders hoch (Haag et al. 2022).

Die verbesserten Rahmenbedingungen für die Zuwanderung und die Umsetzung der Hochqualifizierten-Richtlinie der Europäischen Union im August

2012 haben in den vergangenen zehn Jahren einen positiven Einfluss auf die Beschäftigung von Personen aus Drittstaaten, insbesondere in den akademischen MINT-Berufen, gehabt. Im Zeitraum von Ende Dezember 2012 bis Ende Dezember 2022 zeigte sich ein Anstieg der sozialversicherungspflichtigen Beschäftigung in akademischen MINT-Berufen von 1.078.731 auf 1.594.874, was einer Zunahme um 47,8 Prozent entspricht. Bei ausländischen Personen verzeichnete man sogar einen Anstieg von 69.612 auf 201.781 – ein beeindruckendes Beschäftigungswachstum von 189,9 Prozent (Plünnecke 2023). Besonders auffällig war die dynamische Entwicklung der Zuwanderung aus bevölkerungsreichen Drittstaaten. Während die Beschäftigung von Personen mit Staatsangehörigkeit aus der Europäischen Union und gleichgestellten Ländern im Zeitraum von Ende 2012 bis Ende 2022 um 91 Prozent anstieg, verzeichnete die Beschäftigung in akademischen MINT-Berufen von Personen mit Drittstaatsangehörigkeit (ohne Herkunftsländer der Geflüchteten Syrien, Afghanistan, Eritrea und Irak) im gleichen Zeitraum einen Zuwachs von 30.298 auf 121.810 – ein Anstieg um 302 Prozent.

Die Bundesregierung setzte dabei mit dem Projekt Make-it-in-Germany gezielt auf die Anwerbung von MINT-Fachkräften aus Indien. Die Anzahl der Beschäftigten aus Indien in akademischen MINT-Berufen stieg innerhalb eines Jahrzehnts von 3.750 auf 27.566 – eine Zunahme um 635 Prozent. Ebenso verzeichnete man einen signifikanten Anstieg der Beschäftigung von Personen mit Staatsangehörigkeit aus Mittel- und Südamerika von 2.305 auf 9.869 (eine Zunahme um 328 Prozent) sowie von Personen aus Nordafrika mit einem Anstieg von 1.265 auf 8.054 (eine Zunahme um 537 Prozent). Es ist anzumerken, dass die Regionen Indien, Lateinamerika und Nordafrika voraussichtlich auch langfristig attraktive Potenziale für eine qualifizierte Zuwanderung nach Deutschland bieten (vgl. Geis-Thöne 2022a; 2023).

Ein anderes Bild ergibt sich bei der Beschäftigung in MINT-Facharbeiterberufen. Hier nahm die Beschäftigung von ausländischen Personen mit einer EU-Staatsbürgerschaft ähnlich stark wie bei den akademischen MINT-Berufen um 95 Prozent zu, die Beschäftigungsdynamik von Drittstaatsangehörigen lag mit einem Plus von rund 33 Prozent aber weit unter der Beschäftigungsdynamik von Drittstaatlern in akademischen MINT-Berufen mit einem Plus von 302 Prozent. Die mit den neuen Zuwanderungsregeln verbesserten Möglichkeiten für Drittstaatsangehörige haben sich in akademischen MINT-Berufen folglich schon stark auf den Arbeitsmarkterfolg ausgewirkt; bei MINT-Facharbeiterberufen werden die Potenziale bisher hingegen nur in sehr geringem Maße gehoben.

Abb. 3 und Abb. 4: *Sozialversicherungspflichtig Beschäftigte in akademischen MINT-Berufen (oben) und MINT-Facharbeiterberufen (unten) nach EU- und Drittstaaten*

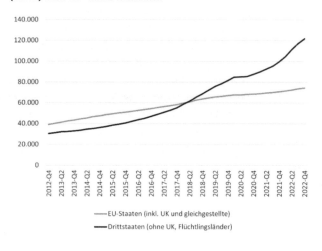

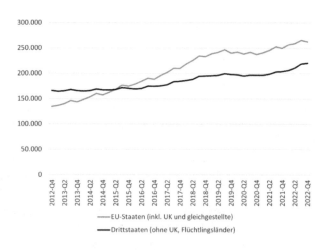

Quelle: eigene Berechnungen auf Basis der BA, 2023.

Die Steigerungen der Beschäftigung in akademischen MINT-Berufen in Deutschland zeigen erhebliche regionale Unterschiede, wie durch die Analyse der Beschäftigungsentwicklung in Ingenieurberufen veranschaulicht werden kann. Der Anteil ausländischer Arbeitskräfte an allen sozialversicherungspflichtig beschäftigten Personen in Ingenieurberufen stieg von Ende 2012 bis Ende 2022 von 6,0 Prozent auf 10,5 Prozent. Dabei bestehen signifikante Divergenzen zwischen den Bundesländern. Zum Ende des Jahres 2022 lag der Anteil ausländischer Ingenieurinnen und Ingenieure in Berlin bei 19,0 Prozent, in Hamburg bei 13,6 Prozent und in Bayern bei 12,9 Prozent. Hingegen wiesen Sachsen-Anhalt (4,1 Prozent) und Mecklenburg-Vorpommern (3,9 Prozent) vergleichsweise niedrige Ausländeranteile in den Ingenieurberufen auf (vgl. Plünnecke 2023).

Bei der dynamischen Entwicklung helfen größere internationale Unternehmen und die Standorte von Technischen Universitäten. Während Kreise mit Standorten von technischen Universitäten einen Anteil von 22,1 Prozent aller sozialversicherungspflichtig Beschäftigten und 30,9 Prozent aller Beschäftigten in Ingenieurberufen repräsentieren, beträgt ihr Anteil an allen ausländischen Ingenieurbeschäftigten 43,8 Prozent. Dieser Anteil ist in den letzten zehn Jahren um über 4 Prozentpunkte gestiegen (Anger et al. 2023b).

3. Fachkräfteeinwanderungsgesetz: was läuft gut, was wird besser, was bleibt schlecht

Unübersehbar ist: Zuwanderung gewann bereits in der Vergangenheit und gewinnt zunehmend in der Zukunft für die Sicherung der Fachkräfteverfügbarkeit und Innovationskraft an Bedeutung. Durch die Weiterentwicklung des Fachkräfteeinwanderungsgesetzes entstehen Chancen, die Zuwanderung von Fachkräften auch in den MINT-Berufen weiter zu erhöhen. Zur Stärkung der Zuwanderung sind dabei drei Stellschrauben von besonderer Bedeutung, bei denen das neue Fachkräfteeinwanderungsgesetz Impulse setzen kann.

Zunächst hat dieses Gesetz im Jahr 2023 die Regeln für Zuwanderung weiter verbessert. So gibt es deutliche Fortschritte für beruflich Qualifizierte. Auch werden bei der Blauen Karte der Kreis der Engpassberufe deutlich ausgeweitet und die Gehaltsgrenzen gesenkt. Außerdem können Drittstaatsangehörige mit Berufserfahrung leichter einreisen und in nicht-reglementierten Berufen beschäftigt werden, ohne die Gleichwertigkeit der ausländischen Qualifikation nachweisen zu müssen. Ferner wird mit der Chancenkarte ein neues Instrument für die Zuwanderung eingeführt, das stärker auf die Potenziale der Zuwandernden blickt.

Wichtig sind auch die im Gesetz verankerten Informationsangebote sowie Maßnahmen zur Vorintegration und die Stärkung regionaler Netzwerke. Eine wichtige Rolle spielt die Zuwanderung über die Hochschulen, da hierdurch Netzwerke in demografiestarken Drittstaaten entstehen. Zudem wählen international Studierende häufig MINT-Studiengänge und sind nach dem Studium zu hohen Anteilen in MINT-Experten- und Spezialistentätigkeiten erwerbstätig (Geis-Thöne 2022b). Hochschulen sollten in Kooperation mit anderen Institutionen wie dem DAAD diese Studierenden eng begleiten, frühzeitig zum Bleiben motivieren und den Erwerb von Deutschkenntnissen unterstützen (Plünnecke 2023).

Die dritte Stellschraube sind schnellere Prozesse bei der Zuwanderung. Auch hier soll das neue Fachkräfteeinwanderungsgesetz Impulse setzen. So erfolgt die Zustimmung zur Beschäftigung von Auszubildenden und Berufskraftfahrern nun ohne Vorrangprüfung. Parallel soll die Digitalisierung der Prozesse vorangetrieben werden. Zum Beispiel soll das Chancenkarte-Visum primär online stattfinden. Problematisch bleibt jedoch, dass weiterhin die Kernprobleme der Verfahrensdauer und der überlasteten Bürokratie nicht durch das beschlossene Bundesgesetz gelöst werden können.

Aufgrund der weiterhin kritisch zu betrachtenden Bürokratie und den zu langsamen Prozessen hält Bettina Offer, Expertin für Zuwanderungsrecht, in ihrer Bundestagsstellungnahme den »Gesetzesvorschlag dennoch nicht für geeignet, das in der Gesetzesbegründung genannte Ziel zu erreichen, ein Signal des Willkommens und der Dienstleistung an Fachkräfte zu vermitteln und die Anzahl der im Rahmen der Erwerbsmigration zuwandernden Drittstaatsangehörigen in den nächsten Jahren signifikant zu erhöhen«. Sie schließt, dass ohne »eine drastische Ertüchtigung der kommunalen Verwaltung und die Einführung zusätzlicher Verfahrenswege bei den bestehenden Bundesbehörden oder gar einer Bundeseinwanderungsbehörde [...] eine Erhöhung der Zuwanderungszahlen im Sektor der gesteuerten Migration nicht zu erreichen sein [wird]« (Offer 2023). Als Gründe führt Offer an, dass es sich in der täglichen Praxis zeige, dass deutsche Auslandsvertretungen und die im Inland befindlichen Ausländerbehörden mit dem aktuellen Antragsaufkommen überfordert sind und Wartezeiten von 6 bis 18 Monaten bei jeder der Behörden inzwischen der Normalfall sei. Auch Verlängerungsanträge seien häufig nur durch Notterminvergaben möglich. Dazu fehle eine Transparenz zu den Wartezeiten, was Planungen für die betroffenen Personen und Unternehmen erschwere. Die geplanten Verwaltungsvereinfachungen reichen nicht aus, um das zu erwartende Aufkommen administrativ umzusetzen (Offer 2023).

Abb. 5: Stellschrauben für mehr Zuwanderung

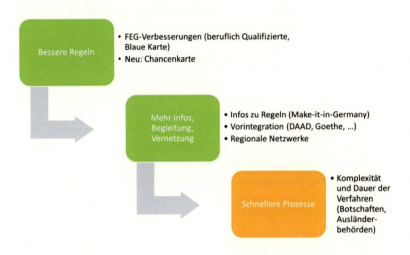

Quelle: eigene Darstellung.

Als Fazit zeigt sich, dass die Bundesregierung die Bedeutung qualifizierter Zuwanderung für die Sicherung des Wohlstands in Deutschland klar erkennt und auch bei allen Diskussionen rund um Fragen der Integration geflüchteter Menschen am richtigen Kurs festhält. Die neuen Regeln zur Fachkräfteeinwanderung bieten wichtige Chancen, zusätzliche Fachkräfte für Deutschland zu gewinnen, die mithelfen, die Herausforderungen von Klimaschutz, Digitalisierung und Demografie zu meistern und Deutschland durch mehr Innovationskraft auch resilienter gegen globale Verwerfungen zu machen. Die Regeln werden aber nur ihre volle Kraft entfalten, wenn es zusätzlich gelingt, die deutlich zu langsamen Verfahren und Verwaltungsprozesse zu beschleunigen.

Literatur

Anger, Christina/Betz, Julia/Plünnecke, Axel (2023a): MINT-Bildung stärken, Potenziale von Frauen, Älteren und Zuwandernden heben, Gutachten für BDA, MINT Zukunft schaffen und Gesamtmetall, Köln.

Anger, Christina/Betz, Julia/Plünnecke, Axel (2023b): Die Aufgaben der Hochschulen im Transformationsprozess, Gutachten für die Initiative Neue Soziale Marktwirtschaft (INSM), Köln.

Anger, Christina/Plünnecke, Axel (2020): Schulische Bildung zu Zeiten der Corona-Krise, in: Perspektiven der Wirtschaftspolitik, 21. Bd., Nr. 4, S. 353–360.

Bundesagentur für Arbeit (2023): Sonderauswertung der Bundesagentur für Arbeit aus der Beschäftigtenstatistik, Nürnberg.

Bundesministerium für Wirtschaft und Klimaschutz (2023): Pressemitteilung zur Novelle des Fachkräfteeinwanderungsgesetzes, Website Bundesministerium, [online] https://www.bmwk.de/Redaktion/DE/Pressemitteilungen/2023/06/20230623-einigung-der-bundestagsfraktionen-der-ampel-koalition-auf-die-novelle-des-fachkrafteeinwanderungsgesetzes.html/ [abgerufen am 24.10.2023].

Demary, Vera/Matthes, Jürgen/Plünnecke, Axel/Schaefer, Thilo (2021): Gleichzeitig: Wie vier Disruptionen die deutsche Wirtschaft verändern, IW-Studie, Köln.

Geis-Thöne, Wido (2022a): Zuwanderung aus Indien: Ein großer Erfolg für Deutschland. Entwicklung und Bedeutung für die Fachkräftesicherung, in: IW-Report, Nr. 1, Köln.

Geis-Thöne, Wido (2022b): Fachkräftesicherung durch Zuwanderung über die Hochschule. Aktueller Stand und Handlungsansätze für die Politik, in: IW-Trends, 49. Bd., Nr. 3, S. 67–88.

Geis-Thöne, Wido (2023): Zuwanderung aus Lateinamerika. Erfolge und Potenziale für die Fachkräftesicherung, in: IW-Report, Nr. 25, Köln.

Haag, Maike/Kohlisch, Enno/Koppel, Oliver (2022): Innovation und Vielfalt. Migration verhindert Rückgang bei Patentanmeldungen, in: IW-Kurzbericht, Nr. 88, Köln.

Lewalter, Doris/Diedrich, Jennifer/Goldhammer, Frank/Köller, Olaf/Reiss, Kristina (Hrsg.) (2023): PISA 2022. Analyse der Bildungsergebnisse in Deutschland, München

Offer, Bettina (2023): Gutachterliche Stellungnahme zu dem Entwurf eines Gesetzes zur Weiterentwicklung der Fachkräfteeinwanderung, in: Stellungnahme Bundestagsanhörung, BT-Drucksache 20/6500, 22. Mai 2023, Website Bundestag, [online] https://www.bundestag.de/resource/blob/94 9546/4e2fa864c418cb1e270a64391a02d33e/20-4-219-H-data.pdf [abgerufen am 2.11.2023].

Plünnecke, Axel (2023): Zuwanderung in akademischen MINT-Berufen – zunehmende Bedeutung und erste Erfolge, in: Wirtschaftsdienst, 103. Bd., Nr. 9, S. 648–650.

Stanat, Petra/Schipolowski, Stefan/Schneider, Rebecca/Sachse, Karoline A./Weirich, Sebastian/Henschel, Sofie (2022) (Hg.): IQB-Bildungstrend 2021, Kompetenzen in den Fächern Deutsch und Mathematik am Ende der 4. Jahrgangsstufe: Erste Ergebnisse nach über einem Jahr Schulbetrieb unter Pandemiebedingungen, Berlin: Waxmann.

Statistisches Bundesamt (2023): Nichtmonetäre hochschulstatistische Kennzahlen, Fachserie 11, Reihe 4.3.1, Wiesbaden.

Abnehmende Tarifbindung trotz Gestaltungsanforderungen: Sozialpartnerschaft in Bedrängnis?

Hagen Lesch

1. Einleitung

Die Tarifautonomie ist in Deutschland verfassungsrechtlich verankert und seit Jahrzehnten eine tragende Säule der Sozialen Marktwirtschaft. Sie umfasst die positive Koalitionsfreiheit und damit das Recht, zur Wahrung und Förderung der Arbeits- und Wirtschaftsbedingungen Vereinigungen zu bilden. Sie gewährt aber auch die negative Koalitionsfreiheit und damit das Recht, solchen Vereinigungen auch fernzubleiben. Von der positiven Koalitionsfreiheit wird zunehmend weniger und von der negativen immer mehr Gebrauch gemacht. Erfassten kollektive Regelungen durch Tarifverträge Mitte der 1990er Jahre in Westdeutschland über 80 Prozent und in Ostdeutschland mehr als 70 Prozent aller Arbeitnehmer, sind es aktuell noch rund 50 Prozent, wobei die Reichweite der Tarifverträge im Westen etwas höher ausfällt als im Osten (Hohendanner/Kohaut 2023). Die rückläufige Reichweite von Tarifverträgen hat nicht nur eine politische Debatte darüber ausgelöst, wie sich die Reichweite wieder steigern lässt. Sie hat im Rahmen des 2014 verabschiedeten *Tarifautonomiestärkungsgesetzes* auch zu ersten politischen Eingriffen geführt. Bei diesen Eingriffen ging es über eine Erleichterung des Instruments der Allgemeinverbindlichkeit nicht allein um eine Zurückdrängung der negativen Koalitionsfreiheit und »weißer Flecken« in der Tariflandschaft (Vogel 2019). Mit dem 2015 eingeführten gesetzlichen Mindestlohn griff die Politik auch direkt in die positive Koalitionsfreiheit ein. In einigen Branchen wurden Tariflöhne durch den gesetzlichen Mindestlohn außer Kraft gesetzt und der Mindestlohn determinierte mehr oder weniger die Tariflohnentwicklung (Lesch 2017; Bispinck et al. 2020).

Im Koalitionsvertrag hat die seit 2021 regierende Ampelkoalition vereinbart, »die Tarifautonomie, die Tarifpartner und die Tarifbindung [zu] stärken, damit faire Löhne in Deutschland gezahlt werden« (SPD/Bündnis 90/Die Grünen/FDP 2021: 71). Als erste konkrete Maßnahme wurde bereits zum Oktober 2022 eine Anhebung des gesetzlichen Mindestlohns auf 12 Euro je Stunde umgesetzt. Dies geschah über den parlamentarischen Weg an der eigentlich dafür zuständigen Mindestlohnkommission vorbei und stellte daher einen neuerlichen Eingriff in die positive Koalitionsfreiheit dar. Laufende Tarifverträge wurden zum Teil unwirksam, was in einigen Branchen dazu führte, vorzeitige Tarifverhandlungen aufzunehmen (Bispinck et al. 2023). Als weitere Maßnahmen plant die Bundesregierung ein digitales Zugangsrecht der Gewerkschaften im Betrieb, ein Bundestariftreuegesetz und eine Fortgeltung von geltenden Tarifverträgen bei Betriebsausgründungen. Mit dem Bundestariftreuegesetz soll die öffentliche Auftragsvergabe des Bundes an die Einhaltung eines repräsentativen Tarifvertrags der jeweiligen Branche gebunden werden. Weitere Schritte zur Stärkung der Tarifbindung sollen laut Koalitionsvertrag »mit den Sozialpartnern [...] erarbeitet« (SPD/Bündnis 90/Die Grünen/FDP 2021: 71) werden.

Die Zielsetzung der Bundesregierung wirft eine Reihe von Fragen auf: Zunächst ist nach dem optimalen Grad der Tarifbindung zu fragen: Welche ökonomischen Folgen hätte denn eine flächendeckende Tarifbindung? Dann ist das in der politischen Debatte gepflegte Narrativ »nur ein Tariflohn ist ein fairer Lohn« zu hinterfragen. Wie hoch ist denn überhaupt die *Tarifbindungslücke* zwischen tarifgebundenen und nicht-tarifgebundenen Betrieben? Abschießend ist eine Evidenzbasierung politischer Maßnahmen einzufordern. Dabei ist zu beantworten, was sich aus den politischen Maßnahmen der Vergangenheit ableiten lässt und worin eigentlich die tieferliegenden Ursachen einer rückläufigen Tarifgeltung liegen.

2. Begriffsbestimmungen

Um diese Fragen beantworten zu können, wird zunächst einmal eine definitorische Abgrenzung der Begriffe »Tarifgeltung« und »Tarifbindung« vorgenommen (Lesch/Schröder 2023: 5). Im juristischen Sinne erfasst die Tarifbindung nach dem Tarifvertragsgesetz (TVG) erstens die Tarifbindung kraft Mitgliedschaft in einem Arbeitgeberverband und in einer Gewerkschaft, zweitens die Tarifbindung des Arbeitgebers über einen Haus- oder Firmentarifvertrag und drittens die Tarifbindung kraft ehemaliger Mitgliedschaft über die sogenannte Nachbindung. Eine Tarifgeltung kann aus einer dieser Formen von Tarifbindung resultieren. Sie kann aber auch ohne Vorliegen einer Tarifbindung im Sinne des TVG entstehen. Das ist dann der Fall, wenn der Staat Tarifnormen (etwa im Wege der Allgemeinverbindlichkeit) auf nicht-tarifgebundene Betriebe erstreckt (Tarifgeltung aufgrund gesetzlicher Anordnung) oder tarifgebundene Unternehmen Tarifnormen kraft arbeitsrechtlicher Bezugnahme des Tarifvertrags (freiwillig) auch bei unorganisierten Mitarbeitern anwenden.

Tarifgeltung und Tarifbindung »beschreiben also unterschiedliche Tatbestände«, wobei die Tarifgeltung einen »Oberbegriff« darstellt (Lesch/Schröder 2023: 6). Eine Schätzung der beiderseitigen Tarifbindung im Sinne des TVG kommt zu dem Ergebnis, dass die Reichweite kollektiver Regelungen im Jahr 2019 bei gut 48 Prozent aller Arbeitnehmer lag. Davon waren lediglich 12,4 Prozent der Beschäftigten im Sinne des TVG tarifgebunden (Bach 2022). Weitere 35,7 Prozent der Beschäftigten kamen in den Genuss einer Tarifgeltung durch Bezugnahmeklausel und aufgrund gesetzlicher Anordnung. Die zwangsweise (durch den Staat) und die freiwillige (durch die Betriebe über Bezugnahmeklauseln) Erstreckung von Tarifnormen sind demnach zwei zentrale Einflussgrößen der Tarifgeltung. Eine Gewerkschaftsmitgliedschaft ohne Tarifbindung gaben hingegen nur 2,8 Prozent der Beschäftigten an. Geschuldet ist die geringe Tarifbindung also nicht nur der geringen Tarifbindungsbereitschaft von Betrieben, sondern auch einem mangelnden Organisationswillen unter den Arbeitnehmern.

Zwar ist die Tarifbindung auch arbeitgeberseitig im Durchschnitt aller Betriebe nicht besonders hoch. An einen Branchen- oder Firmentarifvertrag ist noch jeder vierte Betrieb gebunden (Hohendanner/Kohaut 2023). Dabei ist unklar, in welchem Umfang dies auf eine staatliche Anordnung zurückzuführen ist. Neben der formalen Tarifbindung gibt es auch eine ausgeprägte Orientierung an Branchentarifverträgen. Über alle Branchen hinweg gilt dies für 28 Prozent der Betriebe. Auch wenn eine Orientierung mit einer unterschiedlichen Intensität verbunden ist (Ellguth/Kohaut 2021: 308ff.): Branchentarifverträge strahlen weit über ihren eigentlichen Kernbereich hinaus aus.

Die Politik muss demnach klären, ob sie die Reichweite von Tarifverträgen ausweiten will oder einen höheren Organisationsgrad von Betrieben und Beschäftigten anstrebt, um die Tarifbindung zu steigern. Wenn die Politik die Tarifbindung steigern will, sollten erst einmal Kenntnisse über die Motive von Unternehmen gewonnen werden, die zu einer Tarifbindung führen. Inwieweit eine Tarifbindung für Unternehmen vorteilhaft ist, wird in der politischen Debatte bisher kaum diskutiert.

3. Motive für Tarifbindung

Auf der Arbeitgeberseite lässt sich beobachten, dass größere Betriebe häufiger als kleinere Betriebe tarifgebunden sind (Hohendanner/Kohaut 2023). Im Westen waren zuletzt mehr als 80 und im Osten über 70 Prozent der Betriebe mit 500 und mehr Beschäftigten tarifgebunden, während das nur für 22 beziehungsweise 13 Prozent der Kleinbetriebe mit weniger als 10 Beschäftigten gilt. Offenbar stiftet der Branchentarifvertrag einen unterschiedlichen Nutzen.

Ein Blick auf die Tarifbindungsmotive zeigt, dass den *klassischen* Motiven einer Tarifbindung – Sicherung von Wertschöpfungsketten durch eine allgemeine Friedenspflicht, weniger Transaktionskosten, sichere Kalkulationsgrundlage oder Unterstützung aus dem Streikfonds im Falle eines Arbeitskampfes – im Kontext einer internationalisierten oder gewerkschafsfreien Wirtschaft keine besonders große Bedeutung mehr zukommt. In einer Umfrage unter 787 Unternehmen im Frühjahr 2022 gaben nur noch 37 Prozent der Personalverantwortlichen an, ihr Unternehmen sei tarifgebunden, um eine sichere Kalkulationsgrundlage zu haben, 17 Prozent nannten das Einsparen von Transaktionskosten, 11 Prozent die Sicherung der Wertschöpfungskette und weniger als 1 Prozent die Unterstützung aus dem Streikfonds als Motiv (Fulda/Lesch 2023: 13).

Interessant ist, dass 32 Prozent der Personaler die Fachkräftesicherung durch standardisierte Löhne als Tarifbindungsmotiv ansahen. Der Arbeits- und Fachkräftemangel wird damit zu einem Treiber, der den Druck in nicht-tarifgebundenen Betrieben erhöhen wird, sich an einem Tarifvertrag zu orientieren. Das gilt auch für kleine und mittlere Betriebe. Damit dürfte die vielfach thematisierte *Tarifbindungslücke*, deren Ausmaß in empirischen Studien unterschiedlich berechnet wird, zukünftig schrumpfen. Sie gibt die durchschnittliche Entlohnungsdifferenz zwischen Arbeitnehmern an, die in tarifgebundenen Betrieben arbeiten und Beschäftigten, die in nicht-tarifgebundenen Betrieben arbeiten. Die Tarifbindungslücke wird in der politischen Debatte so interpretiert, dass nur die Welt der Tarifbindung eine *gerechte* Welt ist, während es in den nicht-tarifgebundenen Betrieben *ungerecht* zugeht. In diesem Sinne drückt sich auch der oben zitierte Koalitionsvertrag aus, indem er eine unmittelbare Verbindung zwischen Tarifbindung und fairen Löhnen herstellt. Eine Ausweitung der Tarifbindung – auch mit Hilfe staatlicher Interventionen – führt demnach zu mehr Gerechtigkeit bei der Bezahlung. Dieses Narrativ blendet aus, dass im Falle einer vollständigen Tarifbindung viele Betriebe nicht mehr am Markt existieren würden und damit auch weniger Menschen beschäftigt wären (Fritsch/Kolev 2019). Wettbewerbspolitisch stellt Außenseiterkonkurrenz durch nicht-tarifgebundene Betriebe ein wichtiges Korrektiv dar, um die negativen externen Effekte eines bilateralen Monopols der Tarifvertragsparteien zu vermeiden (Haucap et al. 2007: 94f.). Hinzu kommt, dass auch tarifgebundene Betriebe keinesfalls einheitlich entlohnen. Einerseits kann die Nutzung tariflicher Öffnungsklauseln zu einer untertariflichen Bezahlung führen. Andererseits können tarifgebundene Betriebe auch über Tarif zahlen. Insgesamt dürfte hinsichtlich der Vergütung von tarifgebundenen und nicht-tarifgebundenen Betrieben eine große Streuung bestehen. Dabei erweist sich die Bestimmung der Tarifbindungslücke als methodisch schwierig. Je mehr Kontrollvariablen wie Betriebsmerkmale, Personenmerkmale oder beobachtbare Faktoren in die ökonometrischen Modellschätzungen einbezogen werden, desto geringer fällt auch die Tarifbindungslücke aus (Fulda/Schröder 2023: 8ff.). Werden nur Betriebsmerkmale berücksichtigt – beispielsweise der Effekt herausgerechnet, dass tarifgebundene Großbetriebe aufgrund ihrer Betriebsgröße besser zahlen als nicht-tarifgebundene Kleinbetriebe und eine Lohnlücke damit nicht der Tarifbindung, sondern der Betriebsgröße geschuldet ist – liegt die Lücke bei etwa 11 Prozent. Kommen Personenmerkmale hinzu, sind es noch 1,9 bis 6 Prozent. Berücksichtigt man, dass es eine Art Selbstselektion gibt – Betriebe wählen eine Tarifbindung, weil sie es sich leisten können – schrumpft die Differenz auf 2,5 Prozent oder wird gar statistisch insignifikant.

4. Historische Erfahrungen

In der politischen Debatte scheint inzwischen angekommen zu sein, dass eine größere Reichweite von Tarifverträgen nicht gleichbedeutend ist mit einer höheren Tarifbindung oder gar einer Stärkung der Tarifautonomie. Der im *Tarifautonomiestärkungsgesetz* unternommene Versuch, die Tarifgeltung durch die Ausweitung des Arbeitnehmer-Entsendegesetzes und die Erleichterung der Allgemeinverbindlichkeit zu steigern, erwies sich als wirkungslos. Beide Maßnahmen konnten die Erosion der Tarifbindung nicht aufhalten. Ein tieferer Blick in die Historie zeigt, dass staatliche Versuche, die Tarifautonomie in eine bestimmte, von der jeweiligen Regierung angestrebte Richtung zu lenken, ohnehin selten erfolgreich war (Lesch et al. 2021: 377ff.). Die Tarifparteien waren dann stark, wenn sie gemeinsame Ziele verfolgten. Das gemeinsame Bestreben, den Staat aus der Regelung der Arbeitsbedingungen möglichst herauszuhalten, führte nach dem Ersten Weltkrieg zum Stinnes-Legien-Abkommen und damit zur Geburtsstunde der Tarifautonomie. Die Tarifparteien nahmen sich ihre Autonomie und der neue demokratische Staat akzeptierte dies. Als der Staat glaubte, sich in die Konflikte zwischen den Parteien einmischen zu müssen, verschärfte er die Konflikte. Die 1923 eingeführte staatliche Zwangsschlichtung enthob die Tarifparteien ihrer Verantwortung, die sie auf den Staat abwälzten. Dies trug zweifellos mit zu dem politischen Klima bei, das zum Untergang der Weimarer Republik führte. Auch nach dem Zweiten Weltkrieg waren sich die Tarifparteien darin einig, Löhne und Arbeitsbedingungen autonom festlegen zu wollen. Diesmal etablierte sich dieses Modell, fing in den 1990er Jahren aber an zu bröckeln, um in eine neuerliche Krise zu geraten. Wo kein gemeinsamer Nenner mehr gefunden wurde, griff der Staat ein oder drohte einzugreifen. Das gilt für die in den späten 1990er Jahren einsetzende Diskussion über tarifliche Öffnungsklauseln ebenso wie für die seit Mitte der 2000er Jahre geführten Debatten zur Tarifeinheit und dem gesetzlichen Mindestlohn.

Bedenklich stimmt dabei, dass die Tarifparteien nicht mehr nach einem gemeinsamen Nenner suchen, sondern staatliche Hilfe einfordern. Beim Mindestlohn und bei der Tarifgeltung waren (und sind) es die Gewerkschaften, die nach dem Staat riefen, bei der Tarifeinheit und aktuell beim Thema obligatorische Schlichtung und Arbeitskampfrecht vor allem die Arbeitgeber. Der Staat griff das jeweilige Ansinnen erst zögernd, dann aber aktiv auf. Dabei wurden Staatseingriffe zuletzt immer häufiger vorgenommen. Angesichts der jüngsten Gesetzgebungsprojekte sollten historische Fehlentwicklungen noch einmal eindringlich ins Gedächtnis gerufen werden (Höpfner 2018: 262).

5. Schlussfolgerungen

Es bestehen Zweifel, ob der Weg einer zunehmenden staatlichen Intervention die Tarifautonomie wirklich stärken wird. Maßnahmen zur Erstreckung von Tarifverträgen stärken nicht unbedingt Tarifparteien und Tarifautonomie. Sie sind einseitig auf die Unternehmen ausgerichtet und dürften Arbeitnehmer noch mehr zum Trittbrettfahren einladen: Warum soll ein Arbeitnehmer für eine Leistung (den Tarifvertrag) durch eine Mitgliedschaft in einer Gewerkschaft zahlen, wenn er sie ohnehin kraft staatlicher Anordnung bekommt. Eingriffe wie die direkte Mindestlohnsetzung schränken die Tarifautonomie ein und führen zu einer Politisierung der Lohnpolitik. Beschleunigt wurde diese Politisierung durch die von der Bundesregierung vorgenommene Erhöhung des gesetzlichen Mindestlohns auf 12 Euro je Stunde zum Oktober 2022. Seitdem gibt es nicht nur immer neue Forderungen aus der politischen Debatte, den Mindestlohn deutlich zu erhöhen. Es wurde auch der jüngste Beschluss der Mindestlohnkommission wiederholt öffentlich kritisiert, den Mindestlohn wieder nachlaufend an die Tariflohnentwicklung anzupassen – auch von Mitgliedern der regierenden SPD und Grünen. Damit wird die Kommission nicht nur politisch unter Druck gesetzt, sondern auch ihre Reputation in der Öffentlichkeit gefährdet.

Das von der Bundesregierung angekündigte Bundestariftreuegesetz setzt zwar die Anwendung eines einschlägigen Tarifvertrags im Zuge der Ausführung eines öffentlichen Auftrags durch. Die Maßnahme dürfte allerdings im Hinblick auf die angestrebte Zielsetzung, die Tarifbindung zu stärken, wirkungslos bleiben. Unternehmen, die nicht tarifgebunden sind und sich an einer öffentlichen Ausschreibung mit Tariftreueerfordernis beteiligen, können auch den Tariflohn zahlen, ohne eine Mitgliedschaft in einem Arbeitgeberverband einzugehen. Die Bundesregierung hat sich durch ihr Narrativ, nur der Tariflohn sei ein fairer Lohn, unnötig selbst unter Zugzwang gesetzt. Sie kann nicht Tarifbindung und faire Löhne einfordern und bei der öffentlichen Auftragsvergabe dann den Zuschlag an nicht-tarifgebundene Unternehmen mit *unfairen* Löhnen erteilen. Dies wird mit dem Bundestariftreuegesetz erreicht.

Die Funktionsfähigkeit der Tarifautonomie setzt gestaltungsfähige und gestaltungswillige Tarifpartner voraus. Um diesem Gestaltungsauftrag nachkommen zu können, müssen beide Tarifpartner ihre jeweilige Mitgliederbasis stärken. Hierfür ist ein erfolgreicheres Geschäftsmodell eine unverzichtbare Voraussetzung. Das gilt insbesondere für die Gewerkschaften. Sie müssen selektive Anreize anbieten, um ihre Mitgliederbasis zu stärken. Hier lohnt der Blick nach Skandinavien, wo die Gewerkschaften erfolgreicher agieren. Die Arbeitgeberverbände haben ihr Organisationsproblem durch Mitgliedschaften ohne Tarifbindung in sogenannten OT-Verbänden gelöst. Die Gewerkschaften werfen ihnen vor, damit zum Totengräber des Tarifsystems zu werden. Diese Kritik übersieht, dass viele OT-Mitgliedsfirmen Haus- oder Anerkennungstarifverträge haben, sich am Tarifvertrag orientieren und ohne eine solche OT-Mitgliedschaft gar keine Bindung an einen Arbeitgeberverband hätten. Natürlich sind die regionalen Arbeitgeberverbände darin gefordert, für Tarifverträge zu werben. Dies wird aber nur Früchte tragen, wenn Tarifverträge nicht nur für größere Betriebe eine attraktive Option darstellen. Die Tarifparteien müssen gemeinsam am Produkt Tarifvertrag und an dessen Image arbeiten. Sie tragen ein hohes Maß an Eigenverantwortung. Der Staat kann ihnen diese Aufgabe nicht dadurch abnehmen, dass er Tarifverträge erstreckt und auf diese Weise die Schwäche der Tarifparteien kaschiert. Er würde nur ein Symptom kurieren, ohne an der Ursache anzusetzen. Das stärkt aber nicht die Tarifautonomie.

Dies führt zum Kernproblem der derzeitigen Krise der Tarifautonomie: Eine funktionsfähige Tarifautonomie setzt gemeinsame Ziele von Gewerkschaften und Arbeitgeberverbänden und das Überwinden bestehender Zielkonflikte voraus. Dies war jüngst in Krisenzeiten wie der Wirtschafts- und Finanzkrise oder der Corona-Pandemie möglich. Die Bewältigung der Transformation könnte eine neue Brücke schlagen (Hüther/Lesch 2023: o. S.). Notwendig ist dazu, eingetretene Pfade zu verlassen. Es müssen attraktive Tarifverträge für kleine und mittlere Unternehmen und für junge Unternehmen entwickelt werden, um deren Akzeptanz zu gewinnen. Das könnte im Wege einer modularen Tarifbindung geschehen, wie sie regelmäßig von der Arbeitgeberseite in die Diskussion eingebracht wird. Denkbar wäre aber auch, Mitgliedschaften auf Probe zu ermöglichen und so die Experimentierfreude der Betriebe zu erhöhen. Solange die Tarifparteien ihre Möglichkeiten nicht ausgeschöpft haben, sollte sich der Staat zurückhalten. Andernfalls schwächt er deren Anreize, die Tarifbindung und Tarifautonomie auf bilaterale Weise zu stärken.

Literatur

Bach, Helena (2022): Tarifsystem in Deutschland: Fehlende Beteiligung trotz großer Wertschätzung, in: IW-Kurzbericht, Nr. 6, Köln.

Bispinck, Rainer/Dribbusch, Heiner/Kestermann, Christian/Lesch, Hagen/Lübker, Malte/Schneider, Helena/Schröder, Christoph/Schulten, Thorsten/Vogel, Sandra (2020): Entwicklung des Tarifgeschehens vor und nach der Einführung des gesetzlichen Mindestlohns, in: BMAS-Forschungsbericht, Nr. 562.

Bispinck, Rainer/Fulda, Carolin/Lesch, Hagen/Lübker, Malte/Schröder, Christoph/Schulten, Thorsten/Vogel, Sandra (2023): Auswirkungen des gesetzlichen Mindestlohns auf das Tarifgeschehen, Studie im Auftrag der Mindestlohnkommission.

Ellguth, Peter/Kohaut, Susanne (2021): Tarifbindung und betriebliche Interessenvertretung: Ergebnisse aus dem IAB-Betriebspanel 2020, in: WSI-Mitteilungen, 74. Bd., Nr. 4, S. 306–314.

Fritsch, Manuel/Kolev, Galina (2019): Ökonomische Auswirkungen einer einheitlichen Tarifbindung in der M+E-Industrie, Gutachten im Auftrag der Forschungsstelle Tarifautonomie im IW.

Fulda, Carolin/Lesch, Hagen (2023): Motive für Tarifbindung. Tariflöhne als Mittel zur Fachkräftesicherung?, in: IW-Report, Nr. 29, Köln.

Fulda, Carolin/Schröder, Christoph (2023): Tarifbindung und Verteilung. Erkenntnisse aus der Fachliteratur, in: IW-Report, Nr. 32, Köln.

Haucap, Justus/Pauly, Uwe/Wey, Christian (2001): Collective wage setting when wages are generally binding: An antitrust perspective, in: International Review of Law and Economic, 21. Bd., Nr. 3, S. 287 – 308.

Höpfner, Clemens (2018): Die Schlichtung von Tarifkonflikten. Historische Entwicklung, rechtliche Grundlagen und offene Rechtsfragen, in: Zeitschrift für Arbeitsrecht, 49. Bd., Nr. 2, S. 254–305.

Hohendanner, Christian/Kohaut, Susanne (2023): Tarifbindung und Mitbestimmung: Keine Trendumkehr in Westdeutschland, Stabilisierung in Ostdeutschland, Website IAB-Forum, [online] https://www.iab-forum.de/tarifbindung-und-mitbestimmung-keine-trendumkehr-in-sicht/ [abgerufen am 24.10.2023].

Hüther, Michael/Lesch, Hagen (2023): Interdependenzen zwischen Transformation und Sozialpartnerschaft, in: Vierteljahreshefte zur Wirtschaftsforschung, 92. Bd., Nr. 4 (in Vorbereitung).

Lesch, Hagen (2017): Mindestlohn und Tarifgeschehen: Die Sicht der Arbeitgeber in betroffenen Branchen, in: IW-Report, Nr. 13, Köln.

Lesch, Hagen/Schneider, Helena/Vogel, Sandra (2021): Die Legitimität der Tarifautonomie, in: Gesamtmetall (Hg.), Tarifautonomie und Tarifgeltung. Zur Legitimation und Legitimität der Tarifautonomie im Wandel der Zeit, Berlin: Duncker & Humboldt, S. 179–392.

Lesch, Hagen/Christoph Schröder (2023): Die statistische Erfassung von Tarifbindung und Tarifgeltung. Bestandsaufnahme und Reformvorschläge, in: IW-Report, Nr. 45, Köln.

SPD/Bündnis 90/Die Grünen/FDP (2021): Mehr Fortschritt wagen – Koalitionsvertrag 2021–2025 zwischen der Sozialdemokratischen Partei

Deutschlands (SPD), BÜNDNIS 90/DIE GRÜNEN und den Freien Demokraten (FDP), Berlin.

Vogel, Sandra (2019): Die Allgemeinverbindlicherklärung im Tarifvertragssystem: Wirkung und Bedeutung der Reform von 2014, in: IW-Analyse, Nr. 128, Köln.

Sozialpartnerschaftliche Transformationspolitik braucht funktionierende Rahmenbedingungen durch staatliches Handeln

Johanna Wenckebach

1. Politisches Handeln in der Transformation geboten

Die Bundesregierung hat sich, wie *Hagen Lesch* in diesem Band beschreibt, im Koalitionsvertrag sehr konkrete Ziele gesetzt, deren Umsetzung geboten ist, aber noch aussteht. Auch die Mindestlohnrichtlinie der Europäischen Union (Amtsblatt der Europäischen Union 2022) drängt zu politischem Handeln. Dieser Text soll kein Beitrag sein, der einzelne Instrumente zur Stärkung von Tarifautonomie und Tarifbindung analysiert und ihre Notwendigkeit oder Rechtmäßigkeit begründet. Das ist an anderen Stellen bereits ausführlich getan worden (Wenckebach 2023; Däubler 2022). Im Folgenden soll es vielmehr darum gehen, warum gerade in der Transformation politisches Handeln zur Stärkung der Tarifautonomie geboten ist. Dazu werden einige der sinnvollen rechtspolitischen Handlungsmöglichkeiten aufgezeigt. Und zwar ausgehend von der These, dass staatliches Handeln im Bereich des Arbeitsrechts die Sozialpartnerschaft nicht in Bedrängnis bringt, sondern vielmehr eine sinnvolle Ergänzung ist und ihrer Stärkung dienen kann. Was Tarifautonomie viel eher in Bedrängnis bringt, ist, wenn sie nicht mehr vorwiegend als Freiheit zum tarifpolitischen Handeln verstanden wird – mit der auch ein Auftrag an die Koalitionen zur Regelung der Arbeits- und Wirtschaftsbedingungen verbunden ist –, sondern fehlinterpretiert wird als Freiheit, Tarifbindung im Wesentlichen zu verhindern oder ihr zu entgehen. Diese Interpretation der Tarifautonomie erweist denjenigen, die tatsächlich Sozialpartnerschaft leben und Tarifautonomie nutzen, um Arbeits- und Wirtschaftsbedingungen eigenständig möglichst staatsfrei miteinander zu regeln, einen Bärendienst. Vielmehr ist es ebendiese Ablehnung von Tarifverträgen – etwa durch OT-Mitgliedschaften und Outsourcing –, die Tarifautonomie in Bedrängnis bringt, als dies etwa Tariftreueregeln tun, die doch Bemühungen honorieren, durch Tarifverträge staatliches Handeln im Bereich der Arbeitsbedingungen obsolet zu machen. Doch der Reihe nach.

2. Alarmierende Zustände

Die Daten zur kontinuierlichen Abnahme der Tarifbindung, wie sie im Beitrag von *Hagen Lesch* dargestellt sind, sind alarmierend. Denn Tarifautonomie – zur Herstellung von Tarifbindung und damit zur Schaffung tariflich geregelter Arbeitsbedingungen genutzt – ist kein Selbstzweck: Die positiven Auswirkungen für Beschäftigte etwa bei Arbeitszeiten und Einkommen sind nachweisbar und bekannt, in der jüngsten pandemiebedingten Krise hat sich zudem gezeigt, von wieviel mehr sozialer Sicherheit tarifgebundene Beschäftigte im Vergleich zu ungebundenen profitieren, etwa von aufgestocktem Kurzarbeitergeld (Hans-Böckler-Stiftung 2020; BDA 2020: 1). Die Tarifautonomie ist außerdem auch von unmittelbarer Relevanz für das Sozialrecht, weshalb von einer Stärkung der Tarifautonomie zu Recht auch eine Stärkung der sozialen Sicherungssysteme erhofft wird (Deinert et al. 2020: 547ff.). Weniger Tarifverträge mit besseren Löhnen bedeuten Mindereinnahmen bei der Einkommensteuer und in Sozialversicherungssystemen – Arbeitslosen-, Renten- und Krankenversicherung (DGB 2023).

Während in der Analyse des inzwischen verheerenden Zustands der Tarifbindung Einigkeit besteht – unter Sozialpartnern, Politik und in der Wissenschaft –, gehen die Meinungen sowohl bei der Begründung der Ursachen für diesen Zustand als auch bezüglich der gebotenen rechtspolitischen Maßnahmen weit auseinander. Wenig überraschend, zugegeben.

3. Rechtliche Grundlagen

Verfassungsrechtlich ist die Tarifautonomie in Art. 9 Abs. 3 Grundgesetz garantiert und wird auch durch Art. 12 Abs. 1 Grundrechte-Charta und Art. 11 EMRK gewährleistet. Die Koalitionsfreiheit beinhaltet das individuelle Recht, Gewerkschaften und Arbeitgeberverbände als sogenannte Koalitionen zu gründen. Zugleich schützt sie die kollektive Koalitionsfreiheit der Gewerkschaften und Arbeitgeberverbände als Betätigungsfreiheit (Kingreen 2020: 9). Tarifautonomie ist des Weiteren Ausdruck des im Grundgesetz verankerten Demokratie- sowie des Sozialstaatsprinzips: Es geht (auch) um soziale Teilhabe (Berg et al. 2020: 77ff.). Das Arbeitsrecht insgesamt ist Ausdruck des Sozialstaatsprinzips in Art. 20 Abs. 1 Grundgesetz, das den Staat zu einem Engagement für eine gerechte Sozialordnung verpflichtet. Damit legitimiert das Sozialstaatsprinzip die für das Arbeitsrecht zentrale Funktion, angesichts der strukturellen Unterlegenheit von Arbeitnehmerinnen und Arbeitnehmern auf Deregulierungsansprüche der Marktwirtschaft mit staatlicher Intervention zu reagieren. Nach der Rechtsprechung des Bundesverfassungsgerichts ist es demnach die Aufgabe des Gesetzgebers, Lebensverhältnisse insbesondere auch auf dem Gebiet der Wirtschaft gestaltend zu ordnen[1] (BVerfG 2007; Deinert et al. 2023). Genau dort, wo fehlende Tarifbindung abhängig Beschäftigte schutzlos zurücklässt, ist diese sozialstaatliche Verantwortung von Nöten. Es ist die Aufgabe des Staates, ein funktionierendes Tarifvertragssystem zur Verfügung zu stellen und seine Ausgestaltung im Arbeitsrecht an geänderte wirtschaftliche und soziale Rahmenbedingungen anzupassen (BVerfG 2000; Berg et al. 2020). Von diesem Ineinandergreifen staatlicher Regulierung und tariflicher Autonomie von Verbänden geht laut ihrer Erwägungsgründe auch die Mindestlohnrichtlinie aus. Die Richtlinie verfolgt das Ziel: »Vor dem Hintergrund einer rückläufigen tarifvertraglichen Abdeckung ist es von grundlegender Bedeutung, dass die Mitgliedstaaten Tarifverhandlungen fördern, die Wahrnehmung des Rechts auf Tarifverhandlungen zur Lohnfestsetzung erleichtern und damit die tarifvertragliche Lohnfestsetzung stärken.«[2]

Auch die arbeitsrechtlich geregelte Mitbestimmung ist Ausdruck einer verfassungsrechtlichen Wertentscheidung und des Sozialstaatsprinzips (Däubler 2022; Deinert 2023: 29ff.). Sie wird in der aktuellen Debatte zu wenig im Zusammenhang mit einer Stärkung der Tarifbindung diskutiert (Wenckebach 2023: 228ff.).

Und um es gleich vorwegzunehmen: Ja, zur verfassungsrechtlich gesicherten Tarifautonomie gehört auch ein Recht, Koalitionen – Arbeitgeberverbänden und Gewerkschaften – fernzubleiben. Die Rechtsprechung hat

---

1 BVerfG 20.3.2007 – 1 BvR 1047/05 und 18.7.1967 – 2 BvF 3; Deinert, O.: § 1, Rn. 11, in: Deinert/Wenckebach/Zwanziger (Hg.): Arbeitsrecht. Handbuch für die Praxis, 11. Aufl.
2 Erwägungsgrund 24.

Art. 9 Abs. 3 des Grundgesetzes so interpretiert, dass die so genannte negative Koalitionsfreiheit eine Voraussetzung der positiven Freiheit ist, Vereinigungen zu bilden, ihnen anzugehören und ihre Handlungsmacht zu nutzen. Das Bundesverfassungsgericht spricht von der Freiheit, Koalitionen fernzubleiben (BVerfG 1979). Das Gewicht und die Folgen der negativen Koalitionsfreiheit werden in der rechtspolitischen Debatte jedoch teilweise überbewertet. Negative und positive Koalitionsfreiheit stehen sich nicht spiegelbildlich – und somit rechtlich gleichwertig – gegenüber. »Das Spiegelbildlichkeitsargument, das positive und negative Freiheit stets gleichsetzt, mag zwar sehr eingängig sein, es ist aber zu schlicht.« (Kingreen 2020: 43) Verfassungsrechtlich ist stattdessen die Mitgliedschaft in einer Koalition und der damit verbundene Abschluss von Tarifverträgen etwas qualitativ Anderes als das Fernbleiben aus dieser Koalition und das Vermeiden von Tarifverträgen (Kingreen 2020: 43ff.).

4. OT-Mitgliedschaften als Aufgabe tarifpolitischer Verantwortung

Und vor diesem rechtlichen Hintergrund ist äußerst bedenklich, wie stark die Zunahme so genannter OT-Mitgliedschaften (Deinert/Walser 2015) ist – Mitgliedschaften in Arbeitgeberverbänden, die allerdings nicht zu Tarifbindung führen und damit gerade nicht dem verfassungsrechtlich geschützten Ziel dienen, Arbeits- und Wirtschaftsbedingungen mit den Gewerkschaften zu regeln. Inzwischen haben 54 Prozent – somit mehr als die Hälfte der Mitglieder in Arbeitgeberverbänden – eine OT-Mitgliedschaft (Hans-Böckler-Stiftung 2023). Arbeitgeberverbände müssen die Frage beantworten, ob sie angesichts dieser Zahlenverhältnisse ihrem verfassungsrechtlichen Auftrag, die Arbeits- und Wirtschaftsbedingungen autonom zu regeln, noch ausreichend nachkommen können und wollen. Sich gleichzeitig zur ausufernden Schaffung von OT-Mitgliedschaften immer dann auf die Tarifautonomie zu berufen, wenn der Staat ansetzt, die durch mangelnde tarifpolitische Verantwortung entstandenen Lücken durch arbeitsrechtliche Regulierung zu schließen oder Anreize für tarifpolitisches Handeln zu setzen, ist politisch wie rechtlich wenig überzeugend. Äußerst fraglich ist auch, inwieweit die Arbeitgeberverbände ihrem Auftrag, ihre eigenen – tarifgebundenen – Mitglieder vor Unterbietungskonkurrenz zu schützen, nachkommen und eine Interessenvertretung angesichts dieser Konkurrenzsituation innerhalb eines Verbandes überhaupt gelingt.

5. Veränderte Rahmenbedingungen in der Wirtschaft: Transformation

Die Arbeitswelt steht als Feld tarifautonomer Betätigung unter großem Veränderungsdruck – durch grundsätzlich positive Entwicklungen wie technischen Fortschritt durch Digitalisierung (Däubler 2020), aber leider auch durch enorme Krisen: Kriege und der Bedarf enormer Anstrengungen zum Klimaschutz bei bereits voranschreitendem Klimawandel. Die als Transformation diskutierte Dekarbonisierung der Wirtschaft nimmt Fahrt auf und trifft mit ihren Veränderungsprozessen vor allem Arbeitsplätze in den Kernbereichen funktionierender Tarifbindung (Iwer/Strötzel 2019: 259ff.). Für die Sozialpartner ist dabei vor allem die Schnelligkeit der Veränderungsprozesse eine Herausforderung (Hassel et al. 2019: 9).

Auch die Globalisierung macht nicht halt.

Stehen auch Algorithmen still, wenn ein starker Arm es will? Digitalisierung verschärft Vereinzelung, die Gift ist für die Ausübung kollektiver Rechte auf Arbeitnehmerseite. Begegnung und (auch physisch) spürbare Solidarität sind Grundvoraussetzung für die Nutzung der Tarifautonomie seitens der Gewerkschaften. Wie gehen gewerkschaftliche Mobilisierung, Arbeitskampf (Wenckebach 2018: 448ff.) und betriebliche Interessenvertretung, wenn nur noch kleine Teile einer Belegschaft überhaupt im Betrieb anwesend sind und der Rest – oder sogar alle – mobil arbeiten, im Homeoffice? Dass dies sich etwa auf die Mitgliederwerbung auf Gewerkschaftsseite auswirkt, zeigen die Zahlen zur Mitgliederentwicklung im Jahr der Corona-Krise (Hagelüken/Peters 2021). Und wie kann Tarifautonomie rein faktisch funktionieren, wenn gar eine App die Arbeitgeberfunktion einnimmt (Ivanova et al. 2018)? Es entstehen in rasantem Tempo ganz neue Arbeitsformen wie Crowd- und Gigwork. Die Beschäftigtenzahlen in diesen Bereichen steigen und die angewandten Methoden algorithmischen Managements werden auch Stammbelegschaften betreffen (Wenckebach 2020: 165ff.).

6. Rechtliche Rahmenbedingungen

Auch das Recht setzt den Rahmen für die Praxis der Ausübung von positiv verstandener Tarifautonomie. Es kann Anreize zur Verbandsmitgliedschaft setzen, aber Autonomie auch behindern. Es wird bereits seit langem diskutiert und aufgezeigt, dass arbeitsrechtliche Deregulierung etwa im Bereich der Leiharbeit und Werkverträge, aber auch der enorme Zuwachs atypischer Beschäftigungsverhältnisse kollektive Handlungsmöglichkeiten einschränkt und in der Praxis erschwert (Deinert et al. 2020). Arbeitsrechtliche Reformen haben Methoden zum Auseinanderdividieren von Belegschaften und somit der Schwächung von Kollektivierungsprozessen ermöglicht. Gewerkschaftliche Autonomie lässt sich durch legalisiertes *Teilen und Herrschen* von Beschäftigten unterwandern. Digitalisierung erweitert dabei die technischen Möglichkeiten für dieses Vorgehen in der Praxis – das Recht kommt den neuen Phänomenen der Arbeitswelt kaum hinterher: die europäische Richtlinie zur Plattformarbeit ist immerhin ein wichtiger erster Schritt.

7. Vorschläge der Sozialpartner: keine Schnittmenge

Natürlich sind auch die Sozialpartner mit eigenen Vorschlägen zur Tarifbindung an der rechtspolitischen Debatte beteiligt. Schaut man in das im Juni 2020 veröffentlichte Papier der *BDA* (BDA 2020), wird dort die Stärkung der Sozialpartnerschaft als erstes Handlungsfeld benannt. Wenn dabei vor allem auf die »Stärkung aus eigener Kraft« (BDA 2020: 2) verwiesen wird, lässt dies die oben beschriebenen rechtlichen und tatsächlichen Rahmenbedingungen zum Teil außer Acht. Die Forderung nach einer »modularen Tarifbindung« (BDA 2020: 2), die als Einstieg für nicht tarifgebundene Arbeitgeber infrage kommen solle, bedeutet nichts anderes als die Abkehr vom Konzept des Flächentarifvertrags und verkennt, dass Tarifverträge als Gesamtpaket ausgehandelt werden. Selten sind einzelne Regelungen eines Tarifvertrages deshalb mit eigenen Kündigungsfristen ausgestattet, um eine separate Verhandlung zu ermöglichen. Unklar bleibt auch, wie sich etwa die Arbeitskampffreiheit – als entscheidender Teil der Tarifautonomie – aber auch das arbeitgeberseitige Interesse an Friedenspflicht gestalten sollen, wenn *Module* von Tarifverträgen zum Streitgegenstand werden.

Die »Positionen zur Stärkung der Tarifbindung« des *DGB* (DGB 2019) umfassen einen großen Maßnahmenkatalog, der sowohl auf veränderte Rahmenbedingungen und Lücken in gesetzlichen Regelungen als auch auf die sehr unterschiedlichen Situationen der Branchen eingeht. Zu den Vorschlägen, auf die hier nur verwiesen werden kann, gehören die Weiterentwicklung der gesetzlichen Regeln der Allgemeinverbindlichkeit, bundesweite Tariftreueregeln aber z.B. auch eine effektivere Rechtsdurchsetzung etwa durch Verbandsklagerechte und Sanktionsmöglichkeiten. Zudem wird auf den Regelungsbedarf bei Betriebsübergängen (Klengel 2020) verwiesen, der auch im Koalitionsvertrag Eingang gefunden hat. Wichtig ist auch der Hinweis auf die Verzahnung von betrieblicher Mitbestimmung – die ebenfalls einer Reform bedarf – und Tarifautonomie. Sie begünstigen sich gegenseitig.

Außer dem erklärten gemeinsamen Ziel lässt sich also bei den Sozialpartnern keine Überschneidung feststellen. Auf etwas wie einen kleinsten gemeinsamen Nenner sollte seitens der Politik somit nicht gewartet werden.

8. Was ist also zu tun?

Die Mindestlohnrichtlinie sieht die Mitgliedsstaaten in der Pflicht, die tarifvertragliche Lohnfestsetzung stärken (Amtsblatt der Europäischen Union 2022). Sie ist nun ins deutsche Recht umzusetzen. Art.4 der Richtlinie sieht verschiedene Maßnahmen zur Förderung von Tarifverhandlungen zur Lohnfestsetzung vor, die auch in Deutschland zur Anwendung kommen müssen.

Zielführend gerade vor dem Hintergrund der Aufforderung durch die Mindestlohnrichtlinie ist, die Stärkung der Tarifautonomie vor allem zu verstehen als »Förderung von kollektiven Organisations- und Mobilisierungsprozessen« (Kocher 2017: 51, 55). Hierzu bedarf es einer Stärkung der Verbände, nicht nur des Tarifvertrags (Franzen 2013: 13ff.). Andernfalls wird es in Zukunft arbeitsrechtlich darum gehen, immer größere Löcher in einem Flickenteppich der Tarifbindung zu stopfen, um soziale Folgen fehlender Tarifbindung abzumildern.

Nicht alle Vorschläge für sinnvolles rechtspolitisches Vorgehen können hier dargestellt werden. Seitens der Wissenschaft wurde etwa vorgeschlagen, die bisher durch die Rechtsprechung eingeengte Möglichkeit, mithilfe von Differenzierungsklauseln nach Gewerkschaftszugehörigkeit zu differenzieren (Deinert et al. 2020: 551ff.). Besonders hingewiesen sei hier zudem auf zwei Beispiele, die vor dem Hintergrund von Transformation und Digitalisierung von Bedeutung sind: Einerseits, ist die Tarifautonomie für Soloselbstständige in den Blick zu nehmen, hierzu bedarf §12 a TVG einer Erweiterung (Bayreuther 2018; Deinert et al. 2020: 558). Es ist erfreulich, dass die Europäische Union auch wegen des kartellrechtlichen Klarstellungsbedarfs im September 2022 Leitlinien zur Anwendung des EU-Wettbewerbsrechts auf Tarifverträge über die Arbeitsbedingungen von Solo-Selbständigen verabschiedet hat (Europäische Kommission 2022; Seifert 2022). Auch das *BMAS* hat für die kollektiven Handlungsmöglichkeiten von Solo-Selbstständigen

Regulierungsbedarf jedenfalls für die Plattformökonomie definiert (BMAS 2020: 4).

Des Weiteren wird die Forderung nach digitalen Zugangsrechten (Däubler 2022) sowohl für eine Reform des BetrVG (Allgeier 2022) als auch als gewerkschaftliches Zugangsrecht erhoben (Krause 2016: B107.; Hlava 2019; Klebe 2020; Wenckebach 2020: 9). Art.9 Abs.3 GG ist auch ein Kommunikationsgrundrecht (BVerfG 2020). In einer digitalen Arbeitswelt darf diese Kommunikation explizit nicht auf analoge Kommunikationsmittel und Zugänge begrenzt sein. Datenschutz muss geregelt, darf aber nicht vorgeschoben werden, um Zugänge zu verweigern. Gerade um die Tarifautonomie als Gestaltungsmöglichkeit zu stärken, ist die Normierung digitaler Mobilisierungsmöglichkeiten auf Gewerkschaftsseite ein ganz wesentlicher Hebel.

Und schließlich: wenn *Hagen Lesch* in diesem Band analysiert, dass »vor allem Gewerkschaften« ein »erfolgreicheres Geschäftsmodell« bräuchten, so muss zur Vervollständigung des Bildes nicht nur wie oben geschehen auf die veränderten Rahmenbedingungen hingewiesen werden, die Geschäftsmodelle ermöglichen oder verhindern, sondern auch auf die aktive Behinderung gewerkschaftlicher Organisierung. Diese beginnt häufig bereits mit der Bekämpfung von Betriebsratsgründungen, die in der Regel dem tarifpolitischen Agieren von Gewerkschaften vorausgeht (Rügemer/Wigand 2014: 228ff.; Wenckebach 2023: 228ff.). Dieser Zusammenhang, aber auch die im Arbeitsrechtssystem angelegte Aufgabenteilung zwischen Gewerkschaften und Betriebsräten als Interessenvertretung sprechen dafür, auch die im Koalitionsvertrag vorgesehene *Weiterentwicklung* der betrieblichen Mitbestimmung als Handlungsfeld für gewerkschaftliches Wirken im Betrieb zu verstehen. Der Reformvorschlag des DGB für ein modernes Betriebsverfassungsgesetz sieht konkrete Maßnahmen zu Stärkung gewerkschaftlicher Handlungsmöglichkeiten im Betrieb, die das BetrVG ermöglichen sollte, vor (Wenckebach 2023: 228ff.).

Die enormen Transformationsprozesse, die Gesellschaft und Belegschaft bewältigen müssen, werden nicht gegen den Widerstand von Bürgerinnen und Bürgern gelingen, die von Unternehmen nicht gegen deren Beschäftigte. Es herrscht enorme Verunsicherung und das Vertrauen in demokratische Institutionen nimmt erheblich ab, menschenfeindliche Einstellungen nehmen zugleich zu (Schulz/Trappmann 2023; Hövermann et al. 2021). Das spiegelt sich auch in Wahlergebnissen wider. Mitbestimmung und Tarifautonomie sind entscheidend, um Demokratie und gesellschaftlichen Zusammenhalt in Krisenzeiten zu stärken. Der Staat tut gut daran, diese gerade in der Transformation so wichtigen Instrumente zu fördern, ihre Rahmenbedingungen zu sichern und zu verbessern. Und dort, wo die leider rapide wachsenden weißen Flecken der Tarifabdeckung Menschen in Arbeit schutzlos zurücklassen, ist der Staat auch zum arbeitsrechtlichen Handeln verpflichtet.

Literatur

Allgeier, Antonius/Bolte, Michael/Buschmann, Rudolf/Däubler, Wolfgang/Deinert, Olaf/zu Dohna, Vera/Eder, Isabel/Heilmann, Micha/Jerchel, Kerstin/Klapp, Micha/Klebe, Thomas/Wenckebach, Johanna (2022): Betriebliche Mitbestimmung für das 21. Jahrhundert. Gesetzentwurf für ein modernes Betriebsverfassungsgesetz, Arbeit und Recht, Sonderausgabe April 2022.

Amtsblatt der Europäischen Union (2022): Richtlinie (EU) 2022/2041 des Europäischen Parlaments und des Rates vom 19. Oktober 2022 über angemessene Mindestlöhne in der Europäischen Union, Website EUR-Lex, [online] https://eur-lex.europa.eu/legal-content/DE/TXT/PDF/?uri=CELEX:32022L2041 [abgerufen am 01.12.2023].

Bayreuther, Frank (2018): Sicherung der Leistungsbedingungen von (Solo-)Selbständigen, Crowdworkern und anderen Plattformbeschäftigten. HSI-Schriftenreihe, 26. Bd., Frankfurt a.M.

BDA (2020): Gesetzentwurf zur Ratifizierung der Revidierten Europäischen Sozialcharta. Stellungnahme der BDA, Stellungnahme im Juni 2020.

Berg, Peter et al. (2020): Tarifvertragsgesetz und Arbeitskampfrecht. 7. Auflage.

Bundesministerium für Arbeit und Soziales (2020): Faire Arbeit in der Plattformökonomie- Positionspapier des BMAS.

BVerfG (1979): BVerfGE 50, 290 (367), vom 1.3.1979, Website Bundesverfassungsgericht, [online] https://www.bundesverfassungsgericht.de/DE/Entscheidungen/Liste/50ff/liste_node.html [abgerufen am 01.12.2023].

BVerfG (2000): 1 BvR 948/00, vom 18.7.2000, Website Bundesverfassungsgericht, [online] https://www.bundesverfassungsgericht.de/SharedDocs/Entscheidungen/DE/2000/07/rk20000718_1bvr094800.htm [abgerufen am 01.12.2023].

BVerfG (2007): 1 BvR 1047/05 und 18.7.1967 – 2 BvF 3, vom 20.3.2007, Website Bundesverfassungsgericht, [online] https://www.bundesverfassungsgeri

cht.de/SharedDocs/Entscheidungen/DE/2007/03/rk20070320_1bvr10470
5.html [abgerufen am 01.12.2023].
BVerfG (2020): 1 BvR 719/19, vom 9.7.2020. Website Bundesverfassungsgericht, [online] https://www.bundesverfassungsgericht.de/SharedDocs/E ntscheidungen/DE/2020/07/rk20200709_1bvr071919.html [abgerufen am 01.12.2023].
Däubler, Wolfgang (2020): Digitalisierung und Arbeitsrecht, 7. Auflage, Frankfurt a.M.: Bund-Verlag.
Däubler, Wolfgang (2022): Einleitung., in: Wolfgang Däubler/Thomas Klebe/ Peter Wedde (Hg.): Betriebsverfassungsgesetz, 18. Auflage, Frankfurt a.M.: Bund-Verlag.
Däubler, Wolfgang (2022): Interessenvertretung durch Betriebsrat und Gewerkschaften im digitalen Betrieb. HSI-Schriftenreihe, 41. Bd., Frankfurt a.M.
Deinert, Olaf/Maksimek, Elena/Sutterer-Kipping, Amelie (2020): Die Rechtspolitik des Arbeits- und Sozialrechts, HSI-Schriftenreihe, 30. Bd., Frankfurt a.M.
Deinert, Olaf/Walser, Manfred (2015): Tarifvertragliche Bindung der Arbeitgeber, Bindungswille und -fähigkeit der Arbeitgeber und ihrer Verbände als juristisches und rechtspolitisches Problem.
Deinert, Olaf/Wenckebach, Johanna/Zwanziger, Bertram (2023): Arbeitsrecht. Handbuch für die Praxis, 11. Auflage, Frankfurt a.M.: Bund-Verlag.
DGB (2019): April 2019; Website DGB, [online] www.dgb.de [abgerufen 30.1.2021].
DGB (2023): DGB-Tarifflucht-Bilanz 2023: Tarifflucht und Lohndumping verursachen enormen finanziellen Schaden. Pressemitteilung 054, vorgelegt am 06.11.2023.
Europäische Kommission (2022): Kartellrecht: Leitlinien zu Tarifverträgen für Selbstständige verabschiedet, Pressemitteilung vom 29.09.2022, Website Europäische Kommission, [online] https://germany.representation.ec.eu ropa.eu/news/kartellrecht-leitlinien-zu-tarifvertragen-fur-selbstandig e-verabschiedet-2022-09-29_de [abgerufen 25.11.2023].
Franzen, Martin (2013): Stärkung der Tarifbindung durch Anreize zum Verbandseintritt, HSI-Schriftenreihe, 27. Bd., Frankfurt a.M.
Hagelüken, Andreas/Peters, Benedikt (2021): Der Kampf um die Arbeitnehmer, Süddeutsche Zeitung, 29.1.2021, Website Süddeutsche Zeitung, [online] https://www.sueddeutsche.de/wirtschaft/corona-deutschland-aktu ell-1.5189173 [abgerufen 30.1.2021].

Hans-Böckler-Stiftung (2023): Böckler Impuls, Ausgabe 18/2023.

Hans-Böckler-Stiftung (2020): Corona-Krise: 14 Prozent in Kurzarbeit – 40 Prozent können finanziell maximal drei Monate durchhalten – Pandemie vergrößert Ungleichheiten. Pressemitteilung vom 21.04.2020.

Hassel, Anke/Ahlers, Elke/Schulze-Buschoff, Karin/Sieker, Felix (2019): Die Rolle der Sozialpartnerschaft in der digitalen Transformation. Stellungnahme für die Enquêtekommission Digitale Transformation der Arbeitswelt in NRW, WSI Policy Brief Nr. 29.

Hlava, Daniel (2019): Stellungnahme zur Anhörung der Enquetekommission I »Digitale Transformation der Arbeitswelt in Nordrhein-Westfalen« des Landtags NRW am 03.09.2019 zum Thema »Hybridisierung von Erwerbsformen«, Stellungnahme 17/1749.

Hövermann, Andreas/Kohlrausch, Bettina/Voss, Dorothea (2021): Anti-demokratische Einstellungen. Der Einfluss von Arbeit, Digitalisierung und Klimawandel, in: Hans-Böckler-Stiftung (Hg.) Forschungsförderung, Policy Brief, Nr. 007, September 2021.

Ivanova, Mirela/Bronowicka, Joanna/Kocher, Eva/Degner, Anne (2018): The App as a Boss? Control and Autonomy in Application-Based Management, Working Paper.

Iwer, Frank/Strötzel, Maximilian (2019): Verkehrswende und ökologischer Umbau der Automobilindustrie, in: Klaus Dörre et al. (Hg.), Große Transformation? Zur Zukunft moderner Gesellschaften, Sonderband des Berliner Journals für Soziologie, S. 259–276.

Kingreen, Thorsten (2020): Exklusive Tariföffnungsklauseln. Einfach-rechtliche Ausgestaltung und verfassungsrechtliche Zulässigkeit, HSI-Schriftenreihe, 35. Bd., Frankfurt a.M.

Klebe, Thomas (2020): Betriebsverfassung digital?, Kommentar in: Neue Zeitschrift für Arbeitsrecht (NZA), Heft 15/2020, S. 977–1056.

Klengel, Ernesto (2020): Kollektivverträge im EU-Betriebsübergangsrecht, Nomos-Verlag.

Kocher, Eva (2017): Was kann die Tarifautonomie? Überlegungen aus rechtlicher Sicht, in: Solidarische Arbeitsgesellschaft – spw, Ausgabe 222, S. 51–55.

Krause, Rüdiger (2016): Digitalisierung der Arbeitswelt –Herausforderungen und Regelungsbedarf, Gutachten B zum 71. Deutschen Juristentag, Beck Juristischer Verlag.

Rügemer, Werner/Wigand, Elmar (2014): Union-Busting in Deutschland. Die Bekämpfung von Betriebsräten und Gewerkschaften als professionelle

Dienstleistung, in: Otto Brenner Stiftung (Hg.), Arbeitsheft 77, Frankfurt a.M.

Schulz, Felix/Trappmann, Vera (2023): Erwartungen von Beschäftigten an die sozial-ökologische Transformation. Ergebnisse einer repräsentativen Umfrage zu Klimawandel und Arbeitswelt, Working Paper der HBS-Forschungsförderung Nr. 308.

Seifert, Achim (2022): Kollektivverträge für wirtschaftlich abhängige Selbständige und unionsrechtliches Kartellverbot, HSI-Schriftenreihe, 26. Bd., Frankfurt a.M.

Wenckebach, Johanna (2018): Arbeitskampf 4.0 – Streikrecht in einer Arbeitswelt im Wandel, in Olaf Deinert et al., Demokratisierung der Wirtschaft durch Arbeitsrecht, Bund-Verlag, S. 448ff.

Wenckebach, Johanna (2020): Crowdwork ante portas! Von persönlicher Abhängigkeit in der digitalen Arbeitswelt, Soziales Recht 2020.

Wenckebach, Johanna (2020): Schriftliche Stellungnahme. Deutscher Bundestag (Hg.), Ausschuss für Arbeit und Soziales, 19. Wahlperiode, Ausschussdrucksache 19(11)747.

Wenckebach, Johanna (2023): Stärkung der Tarifbindung durch Erweiterung betrieblicher Mitbestimmung. Vorschläge für ein modernes Betriebsverfassungsgesetz, in: WSI Mitteilungen 03/2023, Schwerpunktheft »Der Staat und die Tarifautonomie«.

Zwischenstand Inklusion: Vorgaben und Umsetzung

Andrea Kurtenacker

1. Inklusion von Menschen mit Behinderungen

Der Koalitionsvertrag der Bundesregierung hat dem Thema »Inklusion von Menschen mit Behinderungen« einen eigenen kurzen Abschnitt gewidmet (Bundesregierung 2021: 78–80).

Ganz Deutschland soll in allen Bereichen des öffentlichen und privaten Lebens barrierefrei werden. Im Mittelpunkt steht die digitale Barrierefreiheit, die Barrierefreiheit bei der Mobilität, beim Wohnen sowie in der Gesundheit. Ziel soll es auch sein, alle öffentlichen Gebäude umfassend barrierefrei zugänglich zu machen. Hierfür wird ein Bundesprogramm Barrierefreiheit aufgelegt. Ein weiterer Schwerpunkt liegt auf der Arbeitsmarktintegration von Menschen mit Behinderungen. Für eine bessere Integration sollen *Einheitliche Ansprechstellen für Arbeitgeber* (EAA) implementiert, die sogenannte Ausgleichsabgabe erhöht und Fördermaßnahmen angepasst bzw. gestärkt werden. Die Werkstätten für behinderte Menschen (WfbM) sollen die Integration der dort Beschäftigten auf den ersten Arbeitsmarkt durch eine verstärkte Begleitung von Beschäftigungsverhältnissen verbessern. Auch das dort gültige Entgeltsystem soll transparenter gestaltet werden. Inklusionsunternehmen, die als Unternehmen des ersten Arbeitsmarktes gelten, werden durch formale Privilegierung im Umsatzsteuergesetz gestärkt.

Fast zeitgleich zur Halbzeit der Ampellegislatur muss sich Deutschland im Rahmen des Staatenprüfverfahren zur Umsetzung der UN-Behindertenrechtskonvention (UN-BRK) durch den UN-Ausschuss für die Rechte von Menschen mit Behinderungen messen lassen.

2. Was bedeutet Inklusion von Menschen mit Behinderungen?

Bereits 2009 hat die Bundesrepublik Deutschland die UN-Behindertenrechtskonvention ratifiziert, deren Ziel es ist, Menschen mit Behinderungen die Teilhabe an allen gesellschaftlichen Prozessen zu garantieren. In diesem Kontext versteht man unter Inklusion gemeinhin die selbstverständliche Einbeziehung von Menschen mit Behinderungen in alle Bereiche des gesellschaftlichen Lebens.

»Zu den Menschen mit Behinderungen zählen Menschen, die langfristige körperliche, seelische, geistige oder Sinnesbeeinträchtigungen haben, welche sie in Wechselwirkung mit verschiedenen Barrieren an der vollen, wirksamen und gleichberechtigten Teilhabe an der Gesellschaft hindern können.« (§ 1, UN-BRK)

Dieses neue Verständnis von Behinderung basiert auf einem ganzheitlichen, bio-psycho-sozialen Modell. Die von der WHO entwickelte *International Classification of Functioning, Disability and Health (ICF)* liegt diesem Modell zugrunde. Die ICF gibt neben dem Gesundheitsproblem auch Aufschluss darüber, welche Faktoren die Teilhabe eines Menschen in allen Lebensbereichen beeinträchtigen oder fördern. Hierzu zählt die Teilhabe am Leben in der Gesellschaft, etwa die soziale Teilhabe, die Teilhabe an Bildung oder am Arbeitsleben. Daher werden gegenständliche oder soziale Barrieren in der persönlichen Lebenswelt des betroffenen Menschen ausdrücklich auch als Mitverursacher für Behinderung gesehen. Vereinfacht gesagt, gelten Menschen dann als behindert, wenn ein Gesundheitsproblem im Zusammenspiel mit ungünstigen Umweltbedingungen zu dauerhaften Beeinträchtigungen führt.

Der Behinderungsbegriff wurde in Deutschland mit der Reform des SGB IX im Jahr 2018 durch das Bundesteilhabegesetz (BTHG) in Anlehnung an die UN-BRK erweitert. Im allgemeinen Teil des Gesetzestextes heißt es:

»Menschen mit Behinderungen sind Menschen, die körperliche, seelische, geistige oder Sinnesbeeinträchtigungen haben, die sie in Wechselwirkung mit einstellungs- und umweltbedingten Barrieren an der gleichberechtigten Teilhabe an der Gesellschaft mit hoher Wahrscheinlichkeit länger als sechs Monate hindern können.« (§ 2 SGB IX)

In Deutschland sind Menschen mit einer anerkannten Behinderung oder einer anerkannten Schwerbehinderung Personen, deren Behinderung von einem zuständigen Amt (in der Regel das Versorgungsamt) anerkannt wurde. Als Maß für die Beeinträchtigung gilt der sogenannte Grad der Behinderung. Ab einem Grad der Behinderung von 50 liegt eine Schwerbehinderung vor. Schwerbehinderte Menschen haben zum Ausgleich behinderungsbedingter Nachteile Anspruch auf besondere Förderleistungen und Hilfen. Diese sind im Teil 3 des SGB IX, dem *Schwerbehindertenrecht*, geregelt. Der Grad der Behinderung sagt aber nichts über die generelle Leistungsfähigkeit der Person aus und lässt auch keinen Schluss auf eine mögliche Erwerbsminderung zu.

Tab. 1: Menschen mit Beeinträchtigungen in Deutschland

	2009	2013	2017	Veränderung 2009 bis 2017 in Prozent
Insgesamt	11.967	12.612	13.041	9
Darunter				
Mit anerkannter Schwerbehinderung	7.102	7.549	7.767	9
Mit anerkannter Schwerbehinderung GdB unter 50	2.452	2.665	2.749	12
Chronisch kranke Menschen (anerkannte Behinderung)	2.413	2.398	2.525	5

Quelle: in Anlehnung an den Dritten Teilhabebericht der Bundesregierung (BMAS 2021).

3. Die Bundesinitiative Barrierefreiheit

Die *Bundesinitiative Barrierefreiheit – Deutschland wird barrierefrei*, unter Federführung des Bundesministeriums für Arbeit und Soziales (BMAS), gilt als das zentrale Vorhaben für die Umsetzung der angekündigten Maßnahmen zur Barrierefreiheit im Koalitionsvertrag der Ampelregierung. Die Regierung will in allen Bereichen des öffentlichen und privaten Lebens, vor allem bei der Mobilität (u.a. bei der deutschen Bahn), beim Wohnen, in der Gesundheit und im digitalen Bereich Barrierefreiheit voranbringen (BMAS 2022a: 2). Das

Ministerium bezieht sich in seinem Eckpunkte-Papier ausdrücklich auf die Verpflichtung der Vertragsstaaten zur Umsetzung der UN-BRK. In Artikel 9 der UN-BRK heißt es, dass die Vertragsstaaten Maßnahmen treffen müssen,

> »mit dem Ziel, für Menschen mit Behinderungen den gleichberechtigten Zugang zur physischen Umwelt, zu Transportmitteln, Information und Kommunikation, einschließlich Informations- und Kommunikationstechnologien und -systemen, sowie zu anderen Einrichtungen und Diensten, die der Öffentlichkeit in städtischen und ländlichen Gebieten offenstehen oder für die bereitgestellt werden, zu gewährleisten«.

Zur Umsetzung der Maßnahmen sollen rechtliche Erweiterungen im Allgemeinen Gleichbehandlungsgesetz (AGG), im Behindertengleichstellungsgesetz (BGG) und im Barrierefreiheitsstärkungsgesetz (BFSG) umgesetzt werden.

3.1 Das Allgemeine Gleichstellungsgesetz

Das AGG ist das Antidiskriminierungsgesetz in Deutschland, das

> »Benachteiligungen aus Gründen der Rasse oder ethnischen Herkunft, des Geschlechts, der Religion oder Weltanschauung, einer Behinderung, des Alters oder der sexuellen Identität verhindern oder beseitigen soll« (§ 1 AGG).

Das AGG soll europäische Antidiskriminierungsrichtlinien sowie die UN-BRK national umsetzen. Es regelt den Schutz vor Diskriminierung im arbeitsrechtlichen Kontext für Beschäftigte, Auszubildende und Stellensuchende. Zivilrechtlich regelt das AGG beispielsweise Einkäufe, Gaststätten- und Diskothekenbesuche, Wohnungssuche sowie Versicherungs- und Bankgeschäfte. Die Koalition sieht etwa eine erneute Evaluation vor, will Schutzlücken schließen, den Rechtsschutz verbessern und den Anwendungsbereich ausweiten. Zudem will die Ampelregierung die Leitung der Antidiskriminierungsstelle des Bundes zukünftig durch den Deutschen Bundestag wählen lassen. Die notwendige Abänderung des AGG ist bereits erfolgt. § 26 AGG legt nun fest, dass die oder der *Unabhängige Bundesbeauftragte für Antidiskriminierung* nun auf Vorschlag der Bundesregierung vom Deutschen Bundestag für fünf Jahre gewählt wird. Die erste Wahl fand bereits statt.

Unter der neuen Leitung von Ferda Ataman hat die Antidiskriminierungsstelle des Bundes Mitte 2023 ein Grundlagenpapier zur Reform des Allgemeinen Gleichbehandlungsgesetzes vorgelegt (Antidiskriminierungsstelle des Bundes 2023). Demnach sollen die in § 1 AGG genannten Gründe der Benachteiligung durch die Merkmale »Staatsangehörigkeit«, »Sozialer Status« und »Familiäre Fürsorgeverantwortung«, »Sprache«, »chronische Krankheit« und »Geschlechtsidentität« ergänzt werden. Formulierungen wie »aus Gründen der Rasse« werden ersetzt durch »aufgrund rassistischer Zuschreibungen«, »Alter« durch »Lebensalter« (Antidiskriminierungsstelle des Bundes 2023: 3). Der komplette Anwendungsbereich des AGG soll auf staatliches Handeln des Bundes ausgeweitet werden. Das Grundlagenpapier will auch Menschen mit Behinderungen besser vor Diskriminierung schützen. Es sollen »angemessene Vorkehrungen« getroffen werden, damit Menschen mit Behinderungen gleichberechtigt am öffentlichen Leben, bei der Arbeit und am Geschäftsverkehr teilhaben können. Dies ist insofern neu, als der Begriff der angemessenen Vorkehrungen bislang im deutschen Recht kein eigenständiger Rechtsbegriff ist, in den USA und dem Vereinigten Königreich ist der Begriff seit Beginn der 1970er Jahre dagegen geläufig (Eichenhofer 2018). Der UN-Ausschuss empfiehlt Deutschland an der Stelle eine rechtliche Definition des Begriffes aufzunehmen, die sich an Artikel 2 der UN-BRK orientiert. Angemessene Vorkehrungen sind dort notwendige oder geeignete Änderungen und Anpassungen, die gewährleisten sollen, dass Menschen mit Behinderungen gleichberechtigt mit anderen alle Menschenrechte und Grundfreiheiten genießen und ausüben können.

Der Reformvorschlag greift den Begriff auf und sieht für § 3 AGG vor,

> »dass die Verweigerung angemessener Vorkehrungen eine Benachteiligung im Sinne des AGG ist und dass bei einem Verstoß gegen die Verpflichtung zur Herstellung von Barrierefreiheit das Vorliegen einer Benachteiligung widerleglich als Indiz gewertet kann« (Antidiskriminierungsstelle des Bundes 2023: 5).

Darüber hinaus soll der arbeitsrechtliche Anwendungsbereich des AGG um Freiberufler, Freiwilligendienstleistende, Praktikanten, Beschäftigte in Fremdbetrieben ergänzt werden. Arbeitgeber und Vertragspartner sollen nicht unverhältnismäßig belastet werden.

Ob der erweiterte Anwendungsbereich bei einer Novellierung zu einer Flut von Rechtsstreitigkeiten führt, bleibt abzuwarten. In Bezug auf die Einhaltung der UN-BRK sind die Reformen überfällig.

3.2 Das Behindertengleichstellungsgesetz

Das Behindertengleichstellungsgesetz (BGG) setzt die EU-Gleichbehandlungsrichtlinien sowie die UN-BRK in Bundesbehörden um. Die Länder wiederum haben eigene Behindertengleichstellungsgesetze, die nicht unbedingt mit dem BGG identisch sind. Eine vom BMAS in Auftrag gegebene Evaluation des BGG beklagt das Nebeneinander von Bundes- und Landesrecht, das die Transparenz der Rechtsschutzmöglichkeiten beeinträchtigt (Deutscher Bundestag 2022: 33).

3.3 Das Barrierefreiheitsstärkungsgesetz

Im Zuge der *Übergeordneten Gesetzgebung zur Barrierefreiheit* ist Mitte 2021 das Barrierefreiheitsstärkungsgesetz in Kraft getreten und ein Jahr später wurde das Gesetz zur Umsetzung für die Barrierefreiheitsanforderungen für Produkte und Dienstleistungen veröffentlicht. Das Gesetz verpflichtet Unternehmen, ab Juni 2025 digitale Produkte und Dienstleistungen barrierefrei anzubieten. Das Gesetz kommt damit einer EU-Richtlinie nach, die bereits 2019 durch das Europäische Parlament und den Rat veröffentlicht wurde. Demnach müssen Produkte und Dienstleistungen, wie Websites, Mobilgeräte oder Verbraucherendgeräte der Kommunikations- und Informationstechnologie barrierefrei gestaltet sein. Hierzu zählen Standard-Verbrauchergeräte wie Notebooks oder Tablets, Selbstbedienungsterminals und der komplette Online-Handel sowie Ticket- und Buchungssysteme. Für Bankautomaten und einige Selbstbedienungsterminals gelten lange Übergangszeiten. Ebenso sind Haushaltsgeräte (z.B. Produktbeschreibungen) ausgenommen. Dennoch lohnt ein Blick ins Gesetz mit den gelisteten Produkten und Dienstleistungen. Mit Ausnahme der großen internationalen Player, die längst die Anforderungen im Blick haben, ist es fraglich, ob grade die klein- und mittelständischen Unternehmen über die Anforderungen ausreichend informiert werden. Die Kriterien zur Barrierefreiheit sind in der BITV 2.0 (Barrierefreie Informationstechnik-Verordnung) sowie in der europäischen Norm EN 301 549 mit dem Titel *Accessibility requirements for ICT products and services* definiert. Hierzu zählen etwa gut strukturierte Texte auf Programmierebene und im Anwendungsbereich der Nutzer, barrierefreies Design, Untertitelung von Videos und Angebote in Gebärdensprache sowie Alternativtexte in Leichter Sprache. Der Sprung von konservativ programmierten Anwendungen hin zu barrierefreien Angeboten ist groß. Bisher gibt es kaum Schulungs- oder Unterstützangebote. Verbraucher können bei der Marktüberwachungsbehörde Maßnahmen zur Beseitigung der Barrierefreiheit beantragen. Bei Ablehnung von Maßnahmen könnten sie im Anschluss eine Verwaltungsklage anstreben. Darüber hinaus lässt das Gesetz auch Verbandsklagen zu. Im Extremfall kann die Behörde das Produkt oder die Dienstleistung vom Markt nehmen oder Bußgelder verhängen.

Die positiven Synergieeffekte der digitalen Barrierefreiheit sind unbestritten. Barrierefreie Anwendungen bieten grundsätzlich einen besseren Bedienkomfort für unterschiedlichste Gruppen, insbesondere für ältere Menschen, der den Zugang zu digitalen Produkten oder Dienstleistungen vereinfacht. Für Unternehmen, die dies mitbedenken, können sich relevante Wettbewerbsvorteile ergeben. Doch die Kosten für Umprogrammierungen bereits implementierter Produkte und Dienstleistungen sind hoch, der zeitliche Aufwand für Relaunchs ist erheblich. Die Ergebnisse eines aktuellen Testberichts der Aktion Mensch aus 2023 verwundern daher nicht: 75 Prozent der untersuchten Shops sind nicht barrierefrei. Untersucht wurden knapp 80 der meistbesuchten Websites, die über einen kompletten E-Commerce-Webshop verfügen (Aktion Mensch 2023).

Bereits seit 2019 sind Bundesbehörden und öffentliche Einrichtungen auf Landesebene und kommunaler Ebene gesetzlich verpflichtet, mit wenigen Ausnahmen ihre Internetpräsenzen barrierefrei zu gestalten. Auch hier hinkt die Realität dem Anspruch weit hinterher. Der letzte Monitoring-Bericht vom Dezember 2021 ergab, dass keine der geprüften 1.900 Webauftritte der Stichprobe die vorgeschriebenen Anforderungen erfüllt (Flüter-Hoffmann/Rabung 2022).

3.4 Barrierefreiheit im Bereich Mobilität und barrierefreier Aus- und Umbau öffentlicher Gebäude

Die Bundesregierung will den Bus- und Bahnverkehr sowie On-Demand-Angebote des Linienverkehrs barrierefrei gestalten. Dies bedeutet, dass sämtliche Zugangswege für Personen mit eingeschränkter Mobilität barrierefrei ausgestaltet werden. Die eingerichtete Bundesfachstelle für Barrierefreiheit zählt als Beispiele die Bus- und Bahnsteighöhen, Leitsysteme für blinde und sehbehinderte Menschen oder visuelle sowie akustische Fahrgastinformationen auf. Als entscheidend für eine barrierefreie Nutzung wird die bauliche Infrastruktur und der damit verbundene Zugang zum Fahrzeug gesehen. Wie die Modernisierung sämtlicher Bahnsteige oder Zugangswege umgesetzt werden soll, bleibt offen. Vielerorts, besonders in ländlichen Regionen, ist das öffentliche Verkehrsnetz eher schlecht ausgebaut, teilweise verfügen Bahnhöfe nicht über barrierefreie Zugänge. Nicht zu vergessen sind auch sämtliche digitalen Angebote, die die Nutzung des Bus- und Bahnverkehrs ermöglichen, wie beispielsweise der Zugang zu Ticketsystemen oder komplizierten Tarifsystemen. Insgesamt ist das Geld für Investitionen in den Öffentlichen Nahverkehr seit Jahren knapp bemessen. Das Deutsche Institut für Urbanistik (Difu) stellt in einer aktuellen Studie fest, dass sich bei der kommunalen ÖPNV-Infrastruktur der Nachhol- und Ersatzbedarf auf 64 Milliarden Euro bis zum Jahr 2030 beläuft. Hinzu kommt ein Investitionsbedarf von etwa 4,5 Milliarden Euro für den Ausbau von U-Bahn sowie Stadt- und Straßenbahnstrecken (Arndt/Schneider 2023). Ob Barrierefreiheit in der Mobilität bei Investitionen uneingeschränkt mitgedacht wird, ist offen. Das Personenbeförderungsgesetz (PBefG) enthält bereits seit 2013 den Passus, dass eine vollständige Barrierefreiheit bis zum 1. Januar 2022 zu erreichen ist. Die Umsetzung ist allerdings Ländersache und das Gesetz bietet einige Ausnahmeregelungen bei der Umsetzung an. So reicht es bei Nichterfüllung der Anforderungen unter anderem aus, vorliegende Barrieren für betroffene Kunden eindeutig kenntlich zu machen und die Gründe für die Nichterfüllung zu nennen sowie Alternativen für Routen oder Fahrten aufzuzeigen.

Die UN-Behindertenrechtskonvention dagegen verpflichtet Deutschland dazu, die uneingeschränkte Zugänglichkeit für Menschen mit Behinderungen zu gewährleisten. Die aktuelle Staatenprüfung Deutschlands vom Oktober 2023 zur Umsetzung der UN-BRK durch den UN-Fachausschuss für die Rechte von Menschen mit Behinderungen in Genf mahnt an, dass in den Ländern und Kommunen die menschenrechtlich gebotene Priorität eingeräumt wird und Maßnahmen ausreichend finanziert werden. Die im Koalitionsvertrag angekündigte Abschaffung von Ausnahmemöglichkeiten des Personenbeförderungsgesetzes bis 2026 ist nicht mehr als eine Aufschiebung notweniger Investitionen. Zudem bleibt im Koalitionsvertrag völlig offen, wie die Barrierefreiheit im Bahn- bzw. Fernverkehr umgesetzt werden soll. Dieser ist nämlich vom Personenbeförderungsgesetz ausgeschlossen.

Die EU-Verordnung TSI – *Zugänglichkeit des Eisenbahnsystems für Menschen mit Behinderung und Menschen mit eingeschränkter Mobilität* aus 2014 regelt in Ab-

satz 4, dass »die Vertragsstaaten geeignete Maßnahmen treffen, um für Menschen mit Behinderungen einen gleichberechtigten Zugang zu gewährleisten« (Verordnung [EU] Nr. 1300/2014).
Immerhin baut die Deutsche Bahn nach eigenen Angaben jährlich rund 100 Bahnhöfe und 150 Bahnsteige barrierefrei um (Deutsche Bahn 2023a). Hierfür hat der Bund die Förderinitiative zur Attraktivitätssteigerung und Barrierefreiheit von Bahnhöfen aufgelegt. Im Zeitraum 2019 bis 2026 sollen kleine und mittlere Bahnhöfe ausgebaut werden (Deutsche Bahn 2023b).

4. Die Arbeitsmarktintegration von Menschen mit Behinderungen

Der Koalitionsvertrag legt neben der Barrierefreiheit einen weiteren Schwerpunkt auf die »Arbeitsmarktintegration von Menschen mit Behinderungen« (Bundesregierung 2021: 78–79). Erklärtes Ziel ist, Menschen mit Behinderungen darin zu unterstützen, einer Erwerbstätigkeit nachzugehen. In diesem Zusammenhang wurde ein »Maßnahmenpaket zur Förderung eines inklusiven Arbeitsmarkts« (BMAS 2022b) beschlossen. Das Maßnahmepaket beinhaltet etwa die Einführung einer vierten Staffel im Rahmen der sogenannten Schwerbehindertenausgleichsabgabe, die flächendeckende Einrichtung von Einheitlichen Ansprechstellen für Arbeitgeber, die Einführung einer Genehmigungsfiktion bei der Bewilligung von Förderleistungen durch die Integrations- bzw. Inklusionsämter von sechs Wochen sowie die Auflösung der Entgeltobergrenze beim Budget für Arbeit.

Die Arbeitslosenquote schwerbehinderter Menschen (und ihnen gleichgestellte) lag 2022 bei 10,8 Prozent. Damit ist sie deutlich höher als die Arbeitslosenquote aller Arbeitslosen (6,4 Prozent) – Grundlage dieser Berechnung ist die Statistik der Schwerbehinderten Menschen der Bundesagentur für Arbeit (Bundesagentur für Arbeit Statistik 2023: 37f).

5. Die Erhöhung der Ausgleichsabgabe ab dem Anzeigejahr 2024 ist beschlossen

Arbeitgeber von mindestens 20 Arbeitsplätzen sind in Deutschland gesetzlich verpflichtet, auf mindestens fünf Prozent ihrer Arbeitsplätze Menschen mit einer anerkannten Schwerbehinderung zu beschäftigen. Tun sie dies nicht, müssen sie für jeden nicht besetzten Pflichtplatz eine sogenannte Ausgleichsabgabe entrichten (Beschäftigungspflicht, § 154 SGB IX). Die Beträge für einen nicht besetzten Pflichtarbeitsplatz sind gestaffelt und liegen derzeit monatlich zwischen 140 bis 360 Euro. Die Informationen, die zur Überprüfung der Erfüllung der Beschäftigungspflicht notwendig sind, werden jährlich in einem sogenannten Anzeigeverfahren an die für das Unternehmen zuständige Agentur für Arbeit übermittelt (Frist 31. März). Die fällige Ausgleichsabgabe muss parallel an das zuständige Integrations- bzw. Inklusionsamt überwiesen werden. Im Kalenderjahr 2020 betrug die Ausgleichsabgabe rund 583 Millionen Euro. Die Ausgleichsabgabe fließt nicht in den allgemeinen Haushalt ein, sondern wird für die Teilhabe schwerbehinderter Menschen am Arbeitsleben verwendet. Hierzu zählen beispielsweise Maßnahmen zur Schaffung und Sicherung von Ausbildungs- und Arbeitsplätzen in Unternehmen oder begleitende Hilfen im Arbeitsleben für schwerbehinderte Menschen.

In der jährlichen Beschäftigtenstatistik der Bundesagentur für Arbeit werden auf Grundlage des Anzeigeverfahrens Informationen über die Anzahl der insgesamt anzeigepflichtigen Unternehmen sowie der besetzten bzw. unbesetzten Pflichtarbeitsplätze geliefert. Auch die Statistik der schwerbehinderten Menschen und deren Erwerbstätigkeit greift auf diese Daten zurück. Die aktuelle Statistik bezieht sich auf das Anzeigejahr 2021. Demnach gab es in Deutschland 174.919 beschäftigungspflichtige Betriebe. Davon haben 68.138 Arbeitgeber ihre Beschäftigungspflicht vollständig erfüllt (39 Prozent). 61.463 haben sie teilweise erfüllt (35 Prozent) und 45.318 haben keine schwerbehinderten Menschen beschäftigt (26 Prozent). Von den 45.318 Unternehmen, ohne mindestens einen Beschäftigten mit einer Schwerbehinderung, hatten 34.363 (76 Prozent) Unternehmen zwischen 20 und 40 Arbeitsplätze. 7.002 Unternehmen (15 Prozent) hatten 40 bis 60 Arbeitsplätze und 3.963 Unternehmen 60 oder mehr Arbeitsplätze (9 Prozent). Damit erfüllen immerhin 74 Prozent der abgabepflichtigen Unternehmen ihre Beschäftigungspflicht ganz oder teilweise.

6. Einführung einer vierten Staffel für über 45.000 Unternehmen

Die 45.318 Unternehmen gelten als sogenannte *Null-Beschäftiger*. Für diese Betriebe wird künftig eine vierte Staffel eingeführt und eine höhere Ausgleichsabgabe erhoben.

Laut Bundesagentur für Arbeit war 2021 die Mehrzahl der 45.318 Arbeitgebern, die keinen schwerbehinderten Menschen beschäftigten, kleine Unternehmen. Die vierte Staffel ist erstmals bis zum 31. März 2025 zu zahlen, wenn die Ausgleichsabgabe für das Jahr 2024 fällig wird. Sie kann dann bis zu 210 Euro pro Monat und nicht besetzten Pflichtarbeitsplatz bei Unternehmen mit bis zu 39 Arbeitsplätzen betragen. Bei Arbeitgebern von 40 bis 59 Arbeitsplätzen liegt die Höchstgrenze bei 410 Euro pro Monat und nicht besetztem Pflichtarbeitsplatz (BGBl. 2023 I Nr. 146 vom 13.06.2023).

Ob die Erhöhung der Ausgleichsabgabe tatsächlich zu einer Erhöhung der Erwerbstätigkeit von Menschen mit Schwerbehinderung führen wird, bleibt abzuwarten. Die Anzahl der Beschäftigten unterscheidet sich von Bundesland zu Bundesland und es wird nicht überall möglich sein, Bewerberinnen und Bewerber mit einer Schwerbehinderung zu rekrutieren. Zudem beschäftigen auch Unternehmen mit weniger als 20 Arbeitsplätzen (nicht abgabepflichtig) Menschen mit Schwerbehinderung. In der aktuellen Teilerhebung 2020 der Bundesagentur für Arbeit waren dies immerhin 223.400 Menschen mit einer Schwerbehinderung oder Gleichstellung. Zudem zeigt die Statistik, dass die Beschäftigung von Schwerbehinderten grade in Kleinbetrieben zwischen 2015 und 2020 sehr stark zugenommen hat. 55.700 Beschäftigte kamen in den fünf Jahren hinzu. Dies entspricht einem Anstieg von 33 Prozent (Bundesagentur für Arbeit Statistik 2020).

Zu bedenken ist auch, dass nicht alle Menschen mit einer Schwerbehinderung ihrem Arbeitgeber ihren GdB mitteilen. Der überwiegende Teil der Menschen (90 Prozent) erwirbt seine Behinderung erst im Laufe des Lebens durch eine Krankheit. Die Offenlegung einer Schwerbehinderung gegenüber dem Arbeitgeber hat bei allen arbeitsrechtlichen Vorteilen des Betroffenen immer auch eine Vertrauenskomponente. In diesem Zusammenhang spielt eine inklusiv ausgerichtete Unternehmenskultur, in der ein als unterstützend empfundenes Betriebsklima herrscht, eine große Rolle.

Inklusion dient der Fachkräftesicherung. Menschen mit Behinderungen können dazu einen wichtigen Beitrag leisten. Good-Practice-Beispiele, wie sie beispielsweise im öffentlich zugänglichem Informationsportal REHADAT dokumentiert sind, sensibilisieren Unternehmen dafür, wie Menschen mit Beeinträchtigungen durch gelungene Arbeitsplatzgestaltungen optimal eingesetzt werden können. Oftmals lassen sich Arbeitsplätze oder die Arbeitsumgebung mittels technischer Hilfen an die individuellen Einschränkungen einer Person sehr gut anpassen. Die Förderstruktur bietet viele Unterstützungsinstrumente wie die Förderung von technischen Hilfsmitteln oder die Förderung von Baumaßnahmen für eine barrierefreie Arbeitsumgebung. Hinzu kommen etwa Lohnkostenzuschüsse, Probebeschäftigung, Einstiegsqualifizierungen oder Ausbildungsvergütungen. Allerdings sind insbesondere klein- und mittelständische Unternehmen sehr häufig nicht über die Unterstützungsinstrumente informiert oder empfinden die Förderlandschaft als intransparent, langwierig oder umständlich. Einheitliche Ansprechstellen für Arbeitgeber sollen hier Abhilfe schaffen.

7. Flächendeckende Einrichtung von Einheitlichen Ansprechstellen für Arbeitgeber (EAA)

Den 45.318 Unternehmen, die als sogenannte *Null-Beschäftiger* gelten, sollen zukünftig Beraterinnen und Berater mit Lotsenfunktion zur Verfügung stehen, um einen niederschwelligen und direkten Zugang zu der Unterstützungs- und Förderstruktur in Deutschland zu erhalten. In diesem Kontext hat die Regierung die Implementierung von *Einheitlichen Ansprechstellen für Arbeitgeber* (EAA) gesetzlich festgelegt. Die Einheitlichen Ansprechstellen werden seit Jahresbeginn 2022 deutschlandweit implementiert. Sie sollen Arbeitgeber unabhängig und trägerübergreifend zur Ausbildung, Einstellung und Beschäftigung schwerbehinderter Menschen beraten sowie bei der Beantragung von Förderleistungen unterstützen. Sie übernehmen somit die Funktion eines Lotsen im Förderprozess, der sowohl die Bedürfnisse der Arbeitnehmer kennen soll als auch den Überblick über die Förderlandschaft in Deutschland hat.

Die Mitarbeiterinnen und Mitarbeiter der EAA haben den Auftrag, aktiv auf die Unternehmen zuzugehen. Sie müssen daher in der Region gut vernetzt sein. Ein Grund hierfür ist, dass die EAA, je nach Bundesland, bei unterschiedlichen Trägern angesiedelt sind. Verantwortlich für die Einrichtung und Organisation der EAA sind die Integrations- beziehungsweise Inklusionsämter. Laut Bericht der Bundesarbeitsgemeinschaft der Integrationsämter und Hauptfürsorgestellen (BIH) haben die Anlaufstellen im Jahr 2022 in allen Bundesländern ihre Arbeit aufgenommen (BIH 2022: 4). Zum überwiegenden Teil wurden die Träger der EAA von den Integrationsfachdiensten beauftragt (82 Träger). Hinzu kommen 12 Kammern und 10 Bildungsträger. Die genannten Träger sind grundsätzlich schon vor der Einrichtung der EAA als Ansprechpartner für Arbeitgeber präsent gewesen. Beispielsweise stehen die Inklusionsberater der Kammern und auch die Integrationsfachdienste Arbeitgebern seit Jahren beratend zur Seite. Die Aufstockung von Personal und die bundesweite Bekanntmachung lässt hoffen, dass das Beratungsangebot der

EAA entsprechend genutzt wird. Im Jahr 2022 haben die EAA laut BIH-Bericht über 10.000 Betriebe kontaktiert und 4.300 Betriebsbesuche absolviert (BIH 2022: 4). 65 Prozent der Kontakte betrafen beschäftigungspflichtige Betriebe. Darüber hinaus erwarten Arbeitgeber zu Recht, dass bei Inanspruchnahme der Beratungsleistungen der EAA langwierige Antragsverfahren auf Förderleistungen, beispielsweise bei notwendigen Arbeitsplatzgestaltungen mit technischen Hilfen, deutlich beschleunigt werden. Für Anträge an die Integrations- beziehungsweise Inklusionsämter hat die Bundesregierung für einige wenige Leistungen wie die Arbeitsassistenz per Gesetzesänderung eine sogenannte Genehmigungsfiktion festgelegt. Binnen sechs Wochen muss das Amt entscheiden, ansonsten gilt der Antrag als genehmigt. Die beantragte Leistung muss in Art und Umfang genau beziffert werden. Dies ist zum Zeitpunkt der Antragstellung aber meist noch nicht möglich. Für die meisten Leistungen, die Arbeitnehmern und Arbeitgebern bei der Einstellung zugutekommen, gilt die Genehmigungsfiktion nicht. Der Sozialverband VDK Deutschland e.V. bedauert in seiner Stellungnahme zur Genehmigungsfiktion, dass Menschen mit Behinderungen und deren potenzielle Arbeitgeber von schleppenden Verfahren berichten, die dazu führen, dass Arbeitgeber am Ende doch Abstand von der Einstellung eines schwerbehinderten Menschen nehmen (Deutscher Bundestag 2023: 10f).

8. Werkstätten für behinderte Menschen

Der Koalitionsvertrag der Bundesregierung kündigt an, dass die Angebote der Werkstätten für behinderte Menschen (WfbM) stärker auf die »Integration sowie die Begleitung von Beschäftigungsverhältnissen auf den allgemeinen Arbeitsmarkt« (Bundesregierung 2021: 79) ausgerichtet werden. Zudem sollen die Ergebnisse vom »Beteiligungsvorhaben zur Entwicklung eines transparenten, nachhaltigen und zukunftsfähigen Entgeltsystems in den WfbM« (Bundesregierung 2021: 79) umgesetzt werden. Der UN-Fachausschuss für die Rechte von Menschen mit Behinderungen hat in der aktuellen Staatenprüfung zur Umsetzung der UN-BRK ein weiteres Mal die hohe Zahl von Menschen mit Behinderungen in Werkstätten und deren geringe Vermittlung in den allgemeinen Arbeitsmarkt angemahnt. Auch das Deutsche Institut für Menschenrechte (DIMR) spricht im Zusammenhang von WfbM von Sonderstrukturen (DIMR 2023: 42–43).

Offiziell sind Werkstätten für behinderte Menschen Einrichtungen der beruflichen Rehabilitation, deren Aufgabe es ist, Menschen, die wegen ihrer Behinderung nicht oder noch nicht dem allgemeinen Arbeitsmarkt zur Verfügung stehen, zu helfen, ihre Leistungsfähigkeit durch Qualifizierungsmaßnahmen zu erhöhen. Laut Jahresbericht der Bundearbeitsgemeinschaft der WfbM (BAG WfbM) waren im Jahr 2022 310.000 Menschen mit Behinderungen in deren Mitgliedswerkstätten beschäftigt. Davon waren allein 260.000 Menschen im internen Arbeitsbereich tätig, 26.000 im Berufsbildungsbereich (früher Arbeitstrainingsbereich) und 20.000 Personen im sogenannten Förderbereich, der eine besondere Betreuung und Förderung von behinderten Menschen ermöglicht. Insgesamt verfügt die BAG WfbM über rund 700 Hauptwerkstätten an rund 3.000 Standorten in Deutschland.

Werkstattbeschäftigte gelten, unabhängig von ihrer Leistungsfähigkeit und persönlichen Entwicklung als voll erwerbsgemindert und haben keinen Arbeitnehmerstatus, sondern stehen in einem arbeitnehmerähnlichen Rechtsverhältnis (§ 221 SGB IX). Daher gilt der Mindestlohn für Werkstattbeschäftigte nicht. Werkstattbeschäftigte erhalten für ihre Tätigkeiten ein Arbeitsentgelt, das sich aus dem Arbeitsförderungsgeld sowie einem pauschalen Grundbetrag und einem individuellen Steigerungsbetrag errechnet. Letzteres setzt sich aus dem Arbeitsergebnis der Werkstätten zusammen, das von Werkstatt zu Werkstatt stark variieren kann. Das Bundesministerium für Arbeit und Soziales hat im September 2023 die Ergebnisse einer Studie zum Thema Entgeltsystem für Menschen mit Behinderungen in WfbM und deren Perspektiven auf dem Arbeitsmarkt veröffentlicht (BMAS 2023).

Demnach lag das komplette Arbeitsentgelt in den Werkstätten im Jahr 2019 im Durchschnitt bei monatlich 225 Euro und einer durchschnittlichen Bruttoarbeitszeit von 37,2 Stunden. Die Studie hat ermittelt, dass unter Einbeziehung des WfbM-Entgelts und des Anspruches auf Grundsicherung im Jahr 2019 Werkstattbeschäftigte in Privathaushalten durchschnittlich 973 Euro zur Verfügung hatten. Bei Bezug einer Erwerbsminderungsrente lag das Einkommen bei durchschnittlich 1.051 Euro.

Die Auslegung des fehlenden Arbeitnehmerstatus und die damit verbundene Abhängigkeit von einer ergänzenden Grundsicherung wird seit Jahren stark kritisiert. Hinzu kommt die den WfbM zugeschriebene mangelnde Bereitschaft, Werkstattbeschäftigte in den allgemeinen Arbeitsmarkt zu integrieren, obwohl Förderinstrumente, wie beispielsweise das Budget für Arbeit (ein quasi Lohnkostenzuschuss für Arbeitgeber), seit Jahren existieren. So wurden im Jahr 2019 gerade mal 447 Personen auf den allgemeinen Arbeitsmarkt überführt. Diesen Umstand will die Bundesregierung ändern, wobei nicht damit zu rechnen ist, dass Werkstattbeschäftigte einen Arbeitnehmerstatus erhalten und damit auch den gesetzlichen Mindestlohn. Die Argumente gegen einen Mindestlohn sind sehr vielfältig. Zum einen arbeiten die WfbM, je nach Branche und Größe, nicht durchgängig wirtschaftlich erfolgreich, müssen aber dennoch ihren Auftrag erfüllen. Darüber hinaus ist die Leistungs- oder Erwerbsfähigkeit der Werkstattbeschäftigten unterschiedlich. Nicht immer steht die Arbeitsleistung, sondern die Betreuung und Förderung des Menschen im Vordergrund. Eine erwartete Arbeitsleistung, wie in regulären Arbeitsverträgen festgelegt, gibt es in WfbM nicht. Viele Werkstattbeschäftigte arbeiten allerdings in Vollzeit oder sogar auf ausgelagerten Arbeitsplätzen in Unternehmen des ersten Arbeitsmarktes. Es ist zumindest in diesen Fällen nicht ersichtlich, warum die Beschäftigten nicht generell oder mit Hilfe des Budgets für Arbeit den Sprung auf den ersten Arbeitsmarkt schaffen sollten.

9. Privilegierung im Umsatzsteuergesetz für Inklusionsunternehmen

Inklusionsbetriebe sind im Unterschied zu den Werkstätten für behinderte Menschen Unternehmen des ersten Arbeitsmarktes, die sozialversicherungspflichtige Arbeitsverhältnisse für Menschen mit Behinderungen anbieten. Inklusionsbetriebe sollen mindestens 30 Prozent schwerbehinderte Menschen beschäftigen. Deren Anteil soll in der Regel nicht 50 Prozent überschreiten. In Deutschland gibt es mehr als 1.000 Inklusionsunternehmen in den unterschiedlichsten Branchen mit unterschiedlichsten Geschäftsmodellen.

Inklusionsbetriebe können Förderungen beim Aufbau, der Ausstattung oder Modernisierung des Unternehmens erhalten. Zudem stehen ihnen, wie jedem anderen Unternehmen auch, finanzielle Unterstützungen unter anderem bei behinderungsgerechten Einrichtungen von Arbeitsplätzen, Eingliederungszuschüsse oder Beschäftigungssicherungszuschüsse zu. Im Ergebnis müssen sich Inklusionsunternehmen, anders als die WfbM, am Markt behaupten. Was nun genau mit der Privilegierung im Umsatzsteuergesetz gemeint ist, bleibt unklar. Die Anwendung eines ermäßigten Steuersatzes für Inklusionsunternehmen macht deren Produkt- und Dienstleistungen günstiger. Sie müssten sich dann dem Vorwurf der ungleichen Wettbewerbsbedingungen stellen.

Insgesamt bleiben die Maßnahmen zur Inklusion von Menschen mit Behinderungen eher halbherzig. Die im Koalitionsvertrag angekündigten Schritte wirken in der Umsetzung mitunter wie eine notgedrungene Reaktion auf längst überfällige Anforderungen des internationalen Rechts. Die Novellierungen der nationalen Gesetze zur Umsetzung der UN-BRK sind mehr als 14 Jahre nach Inkrafttreten der Konvention von Ausnahmen und langen Übergangszeiten geprägt.

Privatunternehmen müssen ab Juni 2025 digitale Produkte und Dienstleistungen barrierefrei anbieten. Die Ampelregierung folgt damit einer EU-Richtlinie von 2019. Große Unternehmen, die international agieren, werden dies längst für ihre E-Commerce-Auftritte berücksichtigen. Kleine und mittelständische Unternehmen wird dies dagegen möglicherweise härter treffen.

Ob eine Erhöhung der Ausgleichsabgabe tatsächlich zu mehr Beschäftigung von Menschen mit Behinderungen bei den sogenannten *Null-Beschäftigern* führt, bleibt abzuwarten. Die Einheitlichen Ansprechstellen für Arbeitgeber stehen vor großen Herausforderungen. Sie müssen gerade die Unternehmen überzeugen, die bisher keine Menschen mit Behinderungen beschäftigt oder ausgebildet haben. Mögliche Förderungen etwa für notwendige technische Hilfsmittel bei der Arbeitsplatzgestaltung müssen unkompliziert und zeitnah bewilligt werden.

Literatur

Aktion Mensch (2023): Testbericht: So barrierefrei sind Online-Shops in Deutschland, Website Aktion Mensch, [online] https://aktion-mensch.stylelabs.cloud/api/public/content/aktion-mensch-testbericht-onlineshops_062023.pdf [abgerufen am 29.11.2023].

Antidiskriminierungsstelle des Bundes (2023): Vielfalt, Respekt, Antidiskriminierung. Grundlagenpapier zur Reform des Allgemeinen Gleichbehandlungsgesetzes (AGG), Website Antidiskriminierungsstelle, [online] https://www.antidiskriminierungsstelle.de/SharedDocs/downloads/DE/Sonstiges/20230718_AGG_Reform.pdf?__blob=publicationFile&v=12 [abgerufen am 29.11.2023].

Arndt, Wulf-Holger/Schneider, Stefan (2023): Investitionsbedarfe für ein nachhaltiges Verkehrssystem. Schwerpunkt kommunale Netze, Website Deutsches Institut für Urbanistik, [online] https://repository.difu.de/handle/difu/57 [abgerufen am 29.11.2023].

BGBl. 2023 I Nr. 146 vom 13.06.2023 – Bundesgesetzblatt 2023 I Nr.146 vom 13.06.2023, Gesetz zur Förderung eines inklusiven Arbeitsmarktes, Website Bundesgesetzblatt, [online] https://www.recht.bund.de/eli/bund/bgbl_1/2023/146 [abgerufen am 29.11.2023].

BIH – Bundesarbeitsgemeinschaft der Integrationsämter und Hauptfürsorgestellen (2022): Einheitlichen Ansprechstellen für Arbeitgeber (EAA). Einrichtung, Betrieb und Aktivitäten. Berichtszeitraum 01.01.2022 – 31.12.2022, Website, [online] https://www.bih.de/fileadmin/user_upload/EAA_BIH_Bericht_2022.pdf [abgerufen am 29.11.2023].

Bundesagentur für Arbeit Statistik (2022): Arbeitsmarkt für Menschen mit Behinderung (Jahreszahlen). Deutschland 2022, Website Arbeitsagentur, [online] https://statistik.arbeitsagentur.de/Statistikdaten/Detail/202212/analyse/analyse-arbeitsmarkt-schwerbehinderte/analyse-arbeitsmarkt-schwerbehinderte-d-0-202212-pdf.pdf?__blob=publicationFile&v=2 [abgerufen am 29.11.2023].

Bundesagentur für Arbeit Statistik (2020): Schwerbehinderte Menschen in Beschäftigung (Teilerhebung) – Deutschland, West/Ost, Länder und Regionaldirektionen (Jahreszahlen), Website Bundesagentur für Arbeit Statistik, [online] https://statistik.arbeitsagentur.de/Statistikdaten/Detail/202012/iiia6/bsbm-bsbm-teilerhebung/bsbm-teilerhebung-d-0-202012-xls.xlsx?__blob=publicationFile&v=2 [abgerufen am 29.11.2023].

Bundesministerium für Arbeit und Soziales (2021): Dritter Teilhabebericht der Bundesregierung über die Lebenslagen von Menschen mit Beeinträchtigungen. Teilhabe – Beeinträchtigung – Behinderung, Website BMAS, [online] https://www.bmas.de/SharedDocs/Downloads/DE/Publikationen/a125-21-teilhabebericht.pdf?__blob=publicationFile&v=7 [abgerufen am 29.11.2023].

Bundesministerium für Arbeit und Soziales (2022a): Eckpunkte: »Bundesinitiative Barrierefreiheit – Deutschland wird barrierefrei«, Website BMAS, [online] https://www.bmas.de/SharedDocs/Downloads/DE/Pressemitteilungen/2022/eckpunkte-bundesinitiative-barrierefreiheit.pdf?__blob=publicationFile&v=5 [abgerufen am 29.11.2023].

Bundesministerium für Arbeit und Soziales (2022b): Bessere Chancen für Menschen mit Behinderungen am Arbeitsmarkt, Website BMAS, [online] https://www.bmas.de/DE/Service/Presse/Pressemitteilungen/2022/bessere-chancen-fuer-menschen-mit-behinderungen.html [abgerufen am 29.11.2023].

Bundesministerium für Arbeit und Soziales (2023): Studie zu einem transparenten, nachhaltigen und zukunftsfähigen Entgeltsystem für Menschen mit Behinderungen in Werkstätten für behinderte Menschen und deren Perspektiven auf dem allgemeinen Arbeitsmarkt. Abschlussbericht, Website BMAS, [online] https://www.bmas.de/SharedDocs/Downloads/DE/Publikationen/Forschungsberichte/f626-entgeltsystem-wfbm.pdf?__blob=publicationFile&v=3 [abgerufen am 29.11.2023].

Bundesregierung (2021): Mehr Fortschritt wagen. Bündnis für Freiheit, Gerechtigkeit und Nachhaltigkeit. Koalitionsvertrag 2021–2025 zwischen der Sozialdemokratischen Partei Deutschlands (SPD), BÜNDNIS 90/DIE GRÜNEN und den Freien Demokraten (FDP), Website Bundesregierung, [online] https://www.bundesregierung.de/resource/blob/974430/1990812/1f422c60505b6a88f8f3b3b5b8720bd4/2021-12-10-koav2021-data.pdf?download=1 [abgerufen am 29.11.2023].

Deutsche Bahn (2023a): Barrierefreie Bahnhöfe, Website Deutsche Bahn, [online] https://www.deutschebahn.com/de/geschaefte/infrastruktur/bahnhof/Barrierefreie-Bahnhoefe-8121530 [abgerufen am 29.11.2023].

Deutsche Bahn (2023b): Förderinitiative zur Attraktivitätssteigerung und Barrierefreiheit von Bahnhöfen (FABB), Website Deutsche Bahn (Stand: 19.06.2023), [online] https://www.deutschebahn.com/de/konzern/bahnwelt/bauen_bahn/Bauen_an_Personenbahnhoefen/Bauprogramme_an_Personenbahnhoefen/FABB-6874128 [abgerufen am 29.11.2023].

Deutscher Bundestag (2022): Bericht der Bundesregierung über die Wirkungen der Novellierung des Gesetzes zur Weiterentwicklung des Behindertengleichstellungsrechts. Unterrichtung durch die Bundesregierung, Drucksache 20/4440, Website Bundestag, [online] https://dserver.bundestag.de/btd/20/044/2004440.pdf [abgerufen am 29.11.2023].

Deutscher Bundestag (2023): Stellungnahme des Sozialverbands VdK Deutschland e. V. zum Kabinettsentwurf eines Gesetzes zur Förderung eines inklusiven Arbeitsmarkts, Ausschuss für Arbeit und Soziales, Ausschussdrucksache 20(11)301, Berlin.

Deutsches Institut für Menschenrechte (2023): Parallelbericht an den UN-Ausschuss für die Rechte von Menschen mit Behinderungen zum 2./3. Staatenprüfverfahren Deutschlands, Website DIMR, [online] https://www.institut-fuer-menschenrechte.de/fileadmin/Redaktion/Publikationen/Parallelbericht/DIMR_Parallelbericht_an_UN-Ausschuss_fuer_die_Rechte_von_Menschen_mit_Behinderungen_2023.pdf [abgerufen am 29.11.2023].

Eichenhofer, Eberhard (2018): Angemessene Vorkehrungen als Diskriminierungsdimension im Recht. Menschenrechtliche Forderungen an das Allgemeine Gleichbehandlungsgesetz, Baden-Baden: Nomos.

Flüter-Hoffmann, Christiane/Rabung, Eva (2022): Digitale Barrierefreiheit: (noch) keine Vorbildfunktion der öffentlichen Verwaltung, in: IW-Kurzbericht, Nr. 50, Website IW, [online] https://www.iwkoeln.de/fileadmin/user_upload/Studien/Kurzberichte/PDF/2022/IW-Kurzbericht_2022-Digitale-Barrierefreiheit.pdf [abgerufen am 29.11.2023].

Verordnung (EU) Nr. 1300/2014: VERORDNUNG (EU) Nr. 1300/2014 DER KOMMISSION vom 18. November 2014 über die technischen Spezifikationen für die Interoperabilität bezüglich der Zugänglichkeit des Eisenbahnsystems der Union für Menschen mit Behinderungen und Menschen mit eingeschränkter Mobilität, Website EUR-Lex, [online] https://eur-lex.europa.eu/legal-content/DE/TXT/PDF/?uri=CELEX:32014R1300 [abgerufen am 29.11.2023].

Verteilungs- und Sozialpolitik: Ist mehr besser?
Sinkendes Gerechtigkeitsempfinden in Zeiten wachsender Sozialausgaben

Judith Niehues

1. Zunehmende Bedeutung des Sozialstaates

Um das soziale Leistungsniveau eines Staates einzuordnen, wird zumeist die Höhe und Entwicklung der Sozialleistungen in Relation zum Bruttoinlandsprodukt (BIP) herangezogen. In Deutschland wurden im Jahr 2022 voraussichtlich rund 30,5 Prozent der Wirtschaftskraft des Landes oder knapp 1,2 Billionen Euro für soziale Leistungen ausgegeben (BMAS 2023). Wenngleich die absoluten Ausgaben gestiegen sind, fällt die Sozialleistungsquote im Jahr 2022 gegenüber den bisherigen Höchstwerten in den Jahren 2020 (32,8 Prozent) und 2021 (32,0 Prozent) wieder etwas niedriger aus. Ein wesentlicher Einflussfaktor für den Rückgang der Quote liegt in der sinkenden Anzahl an Menschen in Kurzarbeit nach der Coronapandemie begründet. So sind die Auszahlungen für Leistungen der Arbeitslosenversicherung zwischen 2021 und 2022 um knapp 40 Prozent zurückgegangen. Eine weitere Erklärung liefert der starke Anstieg des BIP. Während die Sozialleistungsquote bei sinkender Wirtschaftskraft und umfangreichen staatlichen Hilfsprogrammen im Jahr 2020 deutlich anstieg, ist sie vor dem Hintergrund der deutlichen nominalen BIP-Steigerungsraten in den Jahren 2021 (5,8 Prozent) und 2022 (7,4 Prozent) rückläufig, da der prozentuale Anstieg vieler Sozialleistungen geringer ausgefallen ist.

Mit einem voraussichtlichen Sozialausgabenanteil in Höhe von 30,5 Prozent im Jahr 2022 liegt die Quote etwas oberhalb einer linearen Trendfortschreibung der Anteile nach der Finanzkrise, die in einem Wert von rund 30,3 Prozent resultiert. Denn die Sozialleistungsquote ist nicht erst im Zuge der Coronapandemie angestiegen, sondern hat sich auch in den Jahren 2011 bis 2019 – also in einem Zeitraum sehr positiver Beschäftigungs- und Wirtschaftsentwicklung – von 28,8 Prozent auf 30,0 Prozent erhöht und im Jahr 2019 ihren Höchstwert für Nicht-Krisenjahre erreicht.

Mit Blick auf die zeitliche Entwicklung lässt sich somit eine zunehmende Bedeutung der sozialstaatlichen Absicherung im Verhältnis zur Wirtschaftskraft festhalten. Darüber hinaus ist das Ausmaß sozialstaatlicher Absicherung in Deutschland im europäischen Vergleich hoch: Unter den EU-Staaten war die Sozialleistungsquote nach aktuell verfügbarer Datenlage im Jahr 2021 nur in Frankreich, Österreich und Italien höher, die kaufkraftbereinigten Sozialausgaben je Einwohner nur in Luxemburg und Österreich.

2. Mehrheitliche Unzufriedenheit mit der sozialen Gerechtigkeit

Bevor weiter auf die Vielschichtigkeit des Sozialbudgets und die damit einhergehende Komplexität von möglichen Zusammenhängen mit anderen Größen eingegangen wird, soll zunächst die Frage im Zentrum stehen, ob der beobachtbare Anstieg der Sozialleistungsquote in den vergangenen Jahren mit einem steigenden Gerechtigkeitsempfinden in der Bevölkerung einherging. Während es für die Entwicklung der Sozialausgaben jährliche, weitestgehend objektivierbare Kennziffern gibt, lässt sich dem Gerechtigkeitsempfinden in der Bevölkerung nur über Befragungen nachspüren. Trotz nuancierter Unterschiede im konkreten Wortlaut der Fragestellungen zeichnet die verfügbare Befragungsempirie ein robustes Bild: Durchweg empfindet eine deutliche Mehrheit der Befragten die Verhältnisse in Deutschland als eher ungerecht. In einer von civey durchgeführten Befragung im Auftrag vom SPIEGEL gaben im Frühjahr 2020 beispielsweise drei von vier der rund 5.000 Befragten an, dass sie die Verteilung der Einkommen (und Vermögen) in Deutschland »eher nicht« oder »auf keinen Fall« für gerecht halten (Diekmann 2020). In einer Erhebung von infratest dimap für den ARD-DeutschlandTrend urteilten im August 2023 sogar 83 Prozent der 1.310 zufällig ausgewählten Wahlberechtigten, der Wohlstand in Deutschland sei nicht gerecht verteilt – ein etwas höherer Wert als im Herbst 2017 sowie im Herbst 2021, als die Frage ebenfalls gestellt wurde (infratest dimap 2023).

Während sich recht eindeutig festhalten lässt, dass das Gerechtigkeitsempfinden bezüglich der Verteilung des Wohlstands in Deutschland nicht besonders hoch ausgeprägt ist, ist es aufgrund der unterschiedlichen Fragestellungen und Datensätze ungleich schwerer, einen zeitlichen Trend auszumachen. In der Allgemeinen Bevölkerungsumfrage der Sozialwissenschaften (ALLBUS) zeigt die unregelmäßig abgefragte Einschätzung zur empfundenen Gerechtigkeit sozialer Unterschiede, dass seit der Wiedervereinigung immer zwei Drittel bis drei Viertel der Befragten »eher nicht« oder »überhaupt nicht« zustimmten, »dass die sozialen Unterschiede in unserem Land gerecht sind«. Ein gewisser zeitlicher Trend lässt sich darin erkennen, dass ab 2004 der Anteil der »eher Unzufriedenen« mit nur einer Ausnahme bei über 70 Prozent liegt, während er zuvor mehrheitlich unter 70 Prozent lag. Ihren bisherigen Höchstwert von rund 75 Prozent erreichte die Einschätzung ungerechter Verhältnisse im ALLBUS zu Zeiten der Finanzkrise. Ähnlich viele Menschen empfanden die sozialen Unterschiede aber nach einem zwischenzeitlichen Rückgang erneut in den wirtschaftlich guten Zeiten im Jahr 2018 als ungerecht. Im aktuell verfügbaren Erhebungsjahr 2021 lag der Anteil Unzufriedener mit knapp 71 Prozent wieder etwas niedriger. Da der Erhebungsmodus während der Coronapandemie von persönlichen Interviews zu einer Web- und Mailumfrage umgestellt wurde, die mit einer (weiteren) Überrepräsentation hoher formaler Bildungsabschlüsse im ALLBUS einherging, lässt sich jedoch nicht klären, ob es sich um einen strukturellen Rückgang des Anteils »Unzufriedener« handelt.

Zwar lässt sich somit kein eindeutiger Trend bezüglich der Entwicklung des Gerechtigkeitsempfindens in Deutschland nachzeichnen, aber es verbleibt die Beobachtung, dass aktuell, sowie auch zu früheren Zeitpunkten, eine große Mehrheit von 70 bis über 80 Prozent die hiesigen Verteilungsverhältnisse als eher ungerecht einordnet. Trotz merklich gestiegener Sozialausgaben und umfangreicher Krisenunterstützung schätzt eine gleichbleibend überwältigende Mehrheit die Verwirklichung sozialer Gerechtigkeit in Deutschland weiterhin sehr kritisch ein. An diese Beobachtung schließt sich unmittelbar die Frage an, welche Gründe es für die Vermutung eines steigenden Gerechtigkeitsempfindens in Folge steigender Sozialausgaben gibt – und welche Erklärungsfaktoren wiederum dagegensprechen.

3. Wachsende Verantwortungszuweisung an den Sozialstaat

Auf der Suche nach einem Zusammenhang zwischen Sozialausgaben und Gerechtigkeitsempfinden ist es aufschlussreich, auf Einschätzungen der Bürgerinnen und Bürger zum Thema Sozialstaat zu schauen. Zunächst lässt sich aus der entsprechenden Befragungsempirie ableiten, dass es in der deutschen Bevölkerung einen breiten Konsens bezüglich der Verantwortungszuweisung an die sozialstaatliche Tätigkeit gibt: Im ALLBUS 2021 stimmten 92 Prozent der Befragten eher oder voll zu, dass der Staat dafür sorgen müsse, »dass man auch bei Krankheit, Not, Arbeitslosigkeit und im Alter ein gutes Auskommen hat«. Mit Blick auf die Frage, ob die Sozialleistungen ausgeweitet oder eingeschränkt werden sollten, spricht sich im Jahr 2021 knapp die Hälfte für eine Beibehaltung des Status Quos aus; knapp 36 Prozent für eine Ausweitung der Leistungen; nur 15 Prozent meinen, dass die Sozialleistungen gekürzt werden sollten. Bei den vorherigen Erhebungen dieser Fragestellung sprachen sich im Jahr 2014 (2012) rund 57 Prozent (53 Prozent) für eine Beibehaltung des Leistungsniveaus aus, 10 Prozent (12 Prozent) für eine Kürzung und 33 Prozent (35 Prozent) für eine Ausweitung der Sozialleistungen. Ohne grundlegende Verschiebungen der Präferenzen deuten die Antworten im ALLBUS somit etwas stärker in Richtung »Sozialstaat ausweiten«.

Eine Umfrage des Instituts für Demoskopie Allensbach (IfD 2021) kommt ebenso zu dem Ergebnis, dass der Anteil derjenigen, die für einen Ausbau des sozialen Netzes votieren, mit 60 bis 63 Prozent im Zeitraum 2015 bis 2021 eine robuste, und in diesem Zeitraum weitgehend stabile, Mehrheit darstellt. Gegenüber den Werten für die Jahre 2011 (54 Prozent) und 2012 (47 Prozent) hat der Wunsch einer stärkeren sozialen Absicherung merklich zugenommen. Zudem stellt die Umfrage heraus, dass »der Anteil, der die soziale Absicherung für ausreichend hält, langsam, aber kontinuierlich abgesunken« ist (IfD 2021: 16). Obwohl die beobachtete steigende Sozialleistungsquote somit dem in Befragungen ausgedrückten Wunsch nach einer Ausweitung des Sozialstaats entspricht, spiegelt sich die Entwicklung offenbar trotzdem nicht in einem evidenten Anstieg des Gerechtigkeitsempfinden der Bevölkerung wider.

Zweifellos lassen sich unmittelbar eine Reihe von möglichen Gründen anführen, warum sich kein entsprechender Zusammenhang zwischen den Größen zeigt. Eine Erklärung könnte darin liegen, dass der steigende Anteil an Sozialleistungen in den vergangenen Jahren nicht wahrgenommen wurde – weil beispielsweise, wie es Georg Cremer (2023) beschreibt, über »die sozialen Verhältnisse und den Sozialstaat in Deutschland [...] häufig im Duktus des Niedergangs gesprochen« wird (Cremer 2023: 213). Ein weiterer Erklärungsansatz könnte in den vielseitigen Funktionen des Sozialstaats liegen. Mit einem Anteil von aktuell 61,7 Prozent stellen Leistungen der Sozialversicherungen den mit Abstand größten Anteil des Sozialbudgets dar (BMAS 2023). Bei diesen Ausgabengrößen handelt es sich nicht um eine Umverteilung von hohen Einkommen zu niedrigen Einkommen, vielmehr versichern die Leistungen einen Teil des beitragsrelevanten Einkommens, beispielsweise durch Zahlung des Arbeitslosengelds im Falle der Arbeitslosigkeit oder der gesetzlichen Rente bei Eintritt in den Ruhestand. Zum Sozialbudget zählen zudem nicht nur Leistungsauszahlungen des Staates, sondern ebenso die Entgeltfortzahlung im Krankheitsfall, die betriebliche Altersvorsorge, Leistungen der privaten Krankenversicherung und Renten der berufsständischen Versorgungswerke. Förder- und Fürsorgeleistungen wie beispielsweise der Familienleistungsausgleich, Elterngeld, Grundsicherung, Sozialhilfe, Ausbildungsförderung und Wohngeld machten im Jahr 2022 etwas mehr als 18 Prozent des Sozialbudgets aus. Neben der Unterstützung von Familien fokussiert dieser Anteil des Sozialbudgets im Wesentlichen auf den sozialen Ausgleich im Sinne einer zielgerichteten Unterstützung bedürftiger Menschen.

Das wenig ausgeprägte Gerechtigkeitsempfinden könnte darauf zurückgehen, dass sich bei einem weiteren Blick in die Befragungsdaten eine große Unzufriedenheit damit zeigt, wie der Staat der verbreiteten normativen Anspruchshaltung gerecht wird, für sozialen Ausgleich zu sorgen. Im International Social Survey Programme (ISSP) zur Sozialen Ungleichheit empfanden im Jahr 2020 über 90 Prozent der deutschen Befragten die Einkommensunterschiede in Deutschland als zu groß und über 70 Prozent wiesen dem Staat explizit die Verantwortung zu, »die Einkommensunterschiede zwischen den Leuten mit hohen Einkommen und solchen mit niedrigem Einkommen zu verringern.« Das typischerweise als Umverteilungspräferenz interpretierte Antwortmuster fällt damit im Jahr 2020 noch einmal deutlich ausgeprägter aus als in den vorherigen ISSP-Ungleichheitserhebungen in Deutschland in den Jahren 2010 (62,9 Prozent) und 2000 (57,1 Prozent). Die steigende Verantwortungszuweisung an den Staat, die Einkommensunterschiede zwischen Arm und Reich zu reduzieren, deckt sich mit einer ähnlichen Fragestellung im ebenfalls im zehnjährigen Turnus durchgeführten ISSP zur Rolle der Regierung. Während in den 1990er Jahren noch rund zwei Drittel der Befragten zustimmten, dass es die Verantwortung des Staates sei, die Einkommensunterschiede zu reduzieren, hat sich dieser Anteil im Jahr 2016 auf knapp 80 Prozent deutlich erhöht (Niehues 2019). Eine große und in der Tendenz steigende Mehrheit der Deutschen wünscht sich somit, dass der Staat dafür sorgen solle, die Einkommensunterschiede zwischen Arm und Reich zu reduzieren. Liegt die anhaltende Unzufriedenheit mit der Verwirklichung der sozialen Gerechtigkeit somit in dem zunehmenden Wunsch begründet, der Staat solle über das Sozialbudget zielgerichteter die soziale Ungleichheit reduzieren?

4. Wenig Unterstützung für zielgerichtete Sozialleistungen

Die deutsche Bevölkerung spricht sich mehrheitlich für den Ausbau sozialer Leistungen aus und sieht den Staat zunehmend in der Verantwortung, für eine Verringerung der Einkommensunterschiede zu sorgen. Im Rahmen einer Studie zur Zukunft des Wohlfahrtsstaates der Friedrich-Ebert-Stiftung wurden 2.000 Wahlberechtigte in Deutschland dazu befragt, in welchen Bereichen sie sich konkret für Ausgabenausweitungen oder Kürzungen aussprechen (Heinrich et al. 2016). Während sich eine überwiegende Mehrheit der Befragten für mehr Ausgaben in den Bereichen Bildung, Pflege und Kinderbetreuung aussprechen, sehen die Befragten deutlich weniger Handlungsbedarf bei den Ausgaben für das Arbeitslosengeld I und Hartz IV. Tatsächlich sind letztere die einzigen abgefragten Bereiche, in denen sich keine Mehrheit der Befragten für eine Erhöhung der Ausgaben ausspricht. Im kürzlich erschienenen Sozio-oekonomischen Panel (SOEP) 2021 wird für unterschiedliche Bereiche abgefragt, inwiefern der Staat für diese verantwortlich sein sollte. In den Antworten offenbart sich ein ähnliches Ranking an Verantwortungszuweisung: Die ausdrücklichste Zustimmung zeigt sich für die Bereiche Gesundheitsversorgung, Bildung/Weiterbildung und Kinderbetreuung, während die Aspekte »einen angemessenen Lebensstandard für Arme und sozial Bedürftige [/für Arbeitslose] sicherstellen« zwar ebenfalls mehrheitlich befürwortet werden, aber unter allen abgefragten Bereichen die am geringsten ausgeprägte Zustimmung erfahren.

Auch die Zustimmung zu konkreten Politikmaßnahmen steht keineswegs im Einklang mit dem ausgeprägten Wunsch nach Ungleichheitsreduktion. Beispielhaft zeigt sich dies am eher kritischen Blick auf die Einführung des Bürgergelds, aber auch mit Blick auf die Präferenzen bezüglich der Entlastungsmaßnahmen während der Energiepreiskrise. Zwar sprachen sich in einer Sinus-IW-Befragung im Herbst 2022 eine Mehrheit von 58 Prozent dafür aus, »nur Haushalte mit niedrigen Einkommen« bei ihren Energiekosten zu entlasten (Diermeier et al. 2022), mit Blick auf die Abfrage konkreter Maßnahmen wie dem Tankrabatt, ÖPNV-Vergünstigungen und Energiepreisdeckelungen sprach sich jedoch die gleiche Gruppe mehrheitlich explizit dafür aus, dass diese Maßnahmen für alle gelten sollten. Hierzu passt, dass sich selbst Mitte Oktober 2022, also nach Ankündigung des *Doppelwumms* mit einem angekündigten Umfang von 200 Milliarden Euro, 65 Prozent der Menschen in Haushalten mit über 4.500 Euro monatlichen Haushaltsnettoeinkommen nicht ausreichend entlastet sahen (Diekmann 2022).

Die Bürgerinnen und Bürger monieren somit zwar immer wieder in großer Mehrheit, die Einkommensunterschiede seien zu groß, und wünschen sich einen stärkeren sozialen Ausgleich. Gleichzeitig sprechen sie sich jedoch mehrheitlich vor allem für Maßnahmen aus, von denen auch mittlere und obere Schichten der Gesellschaft profitieren. In der bereits zitierten Allensbach-Umfrage tritt ebenso hervor, dass sich 77 Prozent der Befragten dafür aussprechen, dass Arbeitslose, die zuvor lange berufstätig waren und in die Arbeitslosenversicherung eingezahlt haben, ein höheres Arbeitslosengeld bekommen sollten. Demgegenüber sprechen sich nur 15 Prozent für eine gleich hohe Unterstützung für alle Arbeitslosen aus (IfD 2021: 30). Wenngleich etwas weniger stark ausgeprägt, zeigt sich auch mit Blick auf die Alterseinkünfte ein großer Wunsch nach Differenzierung bezüglich vorheriger Beitragsleistung – 52 Prozent der Befragten wünschen sich starke Unterschiede, 25 Prozent eine ähnlich hohe Altersvorsorge (IfD 2021: 29). Bei bedeutenden Posten des Sozialbudgets wünscht sich somit eine breite Mehrheit der Bevölkerung explizit eine Berücksichtigung der vorherigen Beitragshöhe – wird diesen Präferenzen entsprochen, geht ein Ausbau des Sozialstaats somit keineswegs zwangsläufig mit einer Ungleichheitsreduktion einher.

5. Überforderung des Sozialstaats und Enttäuschungspotenziale

Der Sozialstaat hat nicht nur in der Pandemie, sondern auch in der Energiepreiskrise kaum vorstellbare Milliarden-Summen abgerufen, um die wirtschaftlichen Auswirkungen weit über besonders betroffene und bedürftige Bevölkerungsgruppen hinaus abzufedern. Bereits in den Jahren guter wirtschaftlicher Entwicklung zwischen der Finanz- und Coronakrise hat die Sozialleistungsquote von 28,8 Prozent im Jahr 2011 auf 30,0 Prozent im Jahr 2019 zugenommen – wenngleich die positive Beschäftigungsentwicklung auch eine rückläufige Quote hätte erklären können. Obwohl die steigenden Sozialausgaben im Einklang mit einer ausgeprägten sozialstaatlichen Verantwortungszuweisung durch die Bevölkerung stehen, hat sich die Zufriedenheit mit der sozialen Gerechtigkeit im Zuge dieser Entwicklung nicht erhöht: Weiterhin hält eine deutliche Mehrheit der deutschen Bevölkerung die sozialen Unterschiede für ungerecht und sieht den Staat zunehmend in der Verantwortung, die Einkommensunterschiede zu verringern. Trotz des ausdrücklichen Wunschs, die Ungleichheit zu reduzieren, finden zielgerichtete sozialpolitische Maßnahmen eher geringe Zustimmung in der Bevölkerung.

Im Gegenteil: Bei vielen Sozialleistungen spricht sich eine breite Mehrheit explizit für eine Differenzierung nach Beitragshöhe aus. Insofern deutet nicht nur die bereits von Bergmann/Diermeier (in diesem Band) herausgearbeitete hohe und offenbar unbefriedigte Anspruchshaltung an Entlastungen in der Energiekrise auf enttäuschte Erwartungshaltungen hin. Auch der vielfach ausgedrückte Wunsch nach Ungleichheitsreduktion im Zusammenspiel mit Ausgestaltungspräferenzen bezüglich konkreter Politiken wird sich schwer zur Zufriedenheit der Bürgerinnen und Bürger lösen lassen.

Das Urteil des Bundesverfassungsgerichts zum Zweiten Nachtragshaushaltsgesetz 2021 hat zudem weitere Enttäuschungspotenziale in den Vordergrund gerückt: die Schwierigkeit, eine umfangreiche sozialstaatliche Absicherung langfristig und nachhaltig zu finanzieren. So hatte die bereits erwähnte Studie der Friedrich-Ebert-Stiftung auch die Einstellungen zu verschiedenen Finanzierungsoptionen wohlfahrtsstaatlicher Leistungen abgefragt und urteilte, dass zwar »einerseits der Wunsch nach weiterer Expansion des Wohlfahrtsstaates [bestehe], andererseits begrenzte und vor allem selektive Akzeptanz höherer Beteiligung bei der Finanzierung« (Heinrich et al. 2016: 7). Von den abgefragten Instrumenten wurden einzig höhere Steuern auf Unternehmen und Vermögen mehrheitlich befürwortet – somit Steuern, bei denen viele vermuten dürften, dass sie durch eine Erhöhung nicht vornehmlich selbst belastet würden. Auch eine Finanzierung über Kredite kommt in der Befragung der Friedrich-Ebert-Stiftung mehrheitlich nicht gut an.

Eine überaus große Zustimmung zeigt sich wiederum regelmäßig in der Präferenz, »Wohlhabende« oder »Reiche« stärker zu besteuern. Im ISSP zur Sozialen Ungleichheit teilten im Jahr 2020 78 Prozent der Befragten die Einschätzung, dass Wohlhabende zu wenig Steuern zahlten. Eine vergleichbare Abfrage in einer von Yougov durchgeführten SINUS-IW-Befragung im August 2021 offenbarte eine ähnlich verbreitete Zustimmung über Menschen mit niedrigen und mittleren Einkommen hinaus: Auch 71 Prozent der Befragten mit einem Haushaltsnettoeinkommen oberhalb von 4.500 Euro – und somit die zehn Prozent der Befragten mit dem höchsten Einkommen – teilten diese Auffassung. Von dieser Gruppe waren für sich selbst wiederum fast zwei Drittel der Auffassung, dass sie persönlich zu viele Steuern an den Staat zahlten, im Verhältnis zu dem, was sie dafür bekämen.

Eine zusätzliche Belastung *Reicher* lässt sich insbesondere leicht fordern, da sich selbst nur sehr wenige Bundesbürger in hohe Einkommensbereiche einsortieren. Während sich selbst kaum jemand der Gruppe der *Reichen* zuordnet, vermuten die Bundesbürger im Durchschnitt, dass 25 Prozent der

Menschen in Deutschland »wegen eines hohen persönlichen Nettoeinkommens oder Nettovermögens als reich« bezeichnet werden können (Adriaans et al. 2021: 37). Während die Bemessungsgrundlage und damit das Aufkommenspotenzial einer höheren Besteuerung *Reicher* somit offenbar überschätzt wird, fließen mögliche negative Investitions- und Arbeitsanreize vermutlich kaum in die Betrachtungen ein.

Die Wünsche und Erwartungshaltungen breiter Bevölkerungsschichten an den Sozialstaat, insbesondere in Kombination mit der begrenzten Bereitschaft, zur Finanzierung zusätzlicher sozialstaatlicher Leistungen beizutragen, bergen Enttäuschungspotenziale. Diese könnten sich insbesondere dann manifestieren, wenn der finanzielle Spielraum durch die Herausforderungen des demografischen Wandels und die Ausgaben für die klimapolitische Transformation weiter eingeschränkt würde. Daher ist es die Aufgabe der Politik, Zielkonflikte verschiedener Sozialstaatsfunktionen offenzulegen, Ausgaben zu priorisieren und mögliche Zumutungen klar zu kommunizieren, um enttäuschte Erwartungen und damit einhergehenden Politikverdruss zu vermeiden.

Literatur

Adriaans, Jule et al. (2019): Einstellungen zu Armut, Reichtum und Verteilung in sozialen Lagen in Deutschland, Begleitforschung zum Sechsten Armuts- und Reichtumsbericht der Bundesregierung, BMAS Berlin.

Bundesministerium für Arbeit und Soziales (BMAS, 2023): Sozialbudget 2022, Website BMAS, [online] https://www.bmas.de/DE/Service/Publikationen/Broschueren/a230-23-sozialbudget-2022.html [abgerufen am 6. November 2023].

Cremer, Georg (2023): Das kritische Korrektiv fehlt: Erwartungsgelenkte Verzerrungen in der Berichterstattung über den Sozialstaat, in: Journalistik. Zeitschrift für Journalismusforschung, 6. Bd., Heft 2, S. 213–231.

Diekmann, Florian (2020): Bürger empfinden Deutschland als extrem ungerecht, in: Der SPIEGEL vom 05.03.2020, Website Der Spiegel, [online] https://www.spiegel.de/wirtschaft/soziales/buerger-empfinden-deutschland-als-extrem-ungerecht-a-bed86bc6-aecc-4b00-b0a5-a1519ebfc111 [abgerufen am 20. November 2023].

Diekmann, Florian (2022): Eine große Mehrheit der Deutschen fühlt sich in Preiskrise nicht ausreichend entlastet, Der SPIEGEL vom 20.10.2022,

Website Der Spiegel, [online] https://www.spiegel.de/wirtschaft/soziales/energiekrise-und-inflation-72-prozent-fuehlen-sich-nicht-ausreichend-entlastet-a-04c41a45-e051-437b-9dfd-98ae2f90762c [abgerufen am 20. November 2023].

Diermeier, Matthias/Gensheimer, Tim/Niehues, Judith/Borgstedt, Silke (2022): Energiepreise: Teure Forderungen aus der Mitte der Bevölkerung. in: IW-Kurzbericht, Nr. 82, Köln.

Heinrich, Roberto/Jochem, Sven/Siegel, Nico A. (2016): Die Zukunft des Wohlfahrtsstaates – Einstellungen zur Reformpolitik in Deutschland, Friedrich-Ebert-Stiftung, Bonn.

Infratest dimap, 2023, ARD-DeutschlandTrend September 2023, Website infratest dimap, [online] https://www.infratest-dimap.de/fileadmin/user_upload/DT2309_Report.pdf [abgerufen am 20. November 2023].

Institut für Demoskopie Allensbach (IfD, 2021): Gerechtigkeitsvorstellungen der Bürger und Erwartungen an den Sozialstaat, Website SSOAR, [online] https://nbn-resolving.org/urn:nbn:de:0168-ssoar-74994-2 [abgerufen am 15. November 2023].

Niehues, Judith (2019): Subjektive Umverteilungspräferenzen in Deutschland, in: IW-Trends, 46. Bd., Heft 1, S. 79–98.

Der Sozialstaat im Niedergangsdiskurs

Georg Cremer

1. Einleitung

Es gibt in Deutschland die paradoxe Parallelität eines ausgebauten Sozialstaats und zugleich eines sozialpolitischen Niedergangsdiskurses; der Sozialstaat sei auf dem Rückzug und werde seiner Aufgabe nicht gerecht. Eine überwältigende Mehrheit der Bürgerinnen und Bürger ist zwar mit der eigenen Lebenssituation recht zufrieden und dennoch zugleich überzeugt, dass es in Deutschland höchst ungerecht zugeht. Vielfältige Erwartungen richten sich an *den Staat*; er soll in der Sicht einer breiten Mehrheit Gesundheitsversorgung und Pflege verbessern, Familien fördern, mehr für die Rentner tun, dabei aber die Jungen nicht schröpfen, das Bildungssystem ausbauen und so weiter. Und er soll mehr Anstrengungen unternehmen, um die Ungleichheit in Deutschland abzubauen. Gleichzeitig aber erwartet eine ebenso große Mehrheit der Bürger, bei Steuern und Abgaben entlastet zu werden (Institut für Demoskopie 2017, 2021).[1] Das ist gefährlich für die Sicherung politischer Mehrheiten, auf die Regierungshandeln in der Transformation angewiesen ist. Reformen können nur Mehrheiten finden, wenn dieser Diskurs verändert wird.

Ein Beispiel für die Diskrepanz zwischen staatlicher Handlungsfähigkeit und verbreiteten Erwartungen ist der Bereich der Pflege. Die Politik erscheint als untätig, obwohl sie es keineswegs ist. Seit 2017 hat es eine Serie von Leistungsverbesserungen gegeben. Zu nennen sind der neue Pflegebedürftigkeitsbegriff, diverse Initiativen zur Stärkung der Pflegeausbildung, die nach der Dauer des Aufenthalts gestaffelte proportionale Mitfinanzierung zur Begrenzung der Eigenleistungen in der stationären Pflege (§ 43c SGB

---

1 Zu weiteren Befunden vgl. den Beitrag von Judith Niehues in diesem Band.

XI), die Roadmap zur stufenweisen Umsetzung eines verbesserten Personalbemessungsverfahrens, die Verpflichtung, Mitarbeitende in der Pflege und Betreuung nach oder in Anlehnung an einen Tarif zu bezahlen sowie das Angehörigenentlastungsgesetz und damit der weitgehende Verzicht auf einen Regress des Sozialhilfeträgers gegenüber den Kindern (und Eltern) von Pflegebedürftigen bei der Hilfe zur Pflege.

Diese substanziellen Schritte werden in Stellungnahmen von Sozial-, Wohlfahrts- und Pflegeverbänden kommentarlos abgehakt, wenn nicht gar als *Reförmchen* oder *Trippelschritte* diskreditiert. Teil der Rhetorik des Kleinredens der jeweiligen Reformschritte ist die Klage über ein fehlendes *Gesamtkonzept*, wobei sich hinter diesem hochtrabenden Wort meist nicht mehr verbirgt als die Erwartung, alles, was als notwendig oder wünschenswert angesehen wird, müsse mit Steuermitteln des Bundes aufgefangen werden. Höchst populär ist die Forderung, das Teilleistungssystem der Pflegeversicherung durch eine Pflegevollversicherung abzulösen (zur Kritik: Cremer 2023). Damit würden auch vermögende Menschen von der Mitfinanzierung der direkten Pflegekosten befreit. De facto wirkt eine Pflegevollversicherung im Vergleich zum Status quo des Teilleistungssystems wie ein Erbenschutzprogramm. Zudem könnte eine Pflegevollversicherung zur Segmentierung des Pflegemarktes beitragen. Das drohte dann, wenn künftig die Widerstände gegen wachsende Belastungen zu groß würden und es daher nicht gelänge, mit einer Vollversicherung Bürger, auch die der gehobenen Mitte, zu entlasten und zugleich faire Bezahlung und gute Qualität in der Pflege zu sichern. Dann werden, so ist zu erwarten, Angehörige der gehobenen Mitte ihren aufgrund einer Pflegevollversicherung gewonnenen finanziellen Spielraum dazu nutzen, sich bessere Pflege hinzuzukaufen; Bürger mit niedrigen Alterseinkommen oder gar auf Sozialhilfe Angewiesene können das nicht.

Der Schlachtruf für die Pflegevollversicherung lautet: *Pflegebedürftigkeit darf nicht arm machen.* Gemeint ist die bedürftigkeitsgeprüfte Hilfe zur Pflege als Zweig der Sozialhilfe. Damit ist häufig zugleich eine Diskreditierung der Sozialhilfe verbunden; sie zu beziehen sei würdelos. Aufgrund dieser Abqualifizierung unterbleibt eine Debatte zur Reform der Hilfe zur Pflege, mit der Menschen am unteren Rande zielgenau unterstützt werden könnten.

2. Paradoxe Umverteilungspräferenzen und die Debatte zu Prioritäten

Was fehlt, ist bisher eine Auseinandersetzung mit den Prioritäten in der Sozialpolitik. Es wird nicht diskutiert, was die Zeitenwende für die Sozialpolitik bedeuten wird, nachdem durch den Angriff auf die Ukraine deutlich geworden ist, dass die Vorstellung einer dauerhaften Friedensdividende nicht trägt. Zugleich ist die Herausforderung des Klimawandels mittlerweile so dringend wie politisch präsent, dass auch er die staatliche Handlungsfähigkeit massiv herausfordert. Und zugleich schränkt das Urteil des Bundesverfassungsgerichts vom 15.11.2023 zur Nichtigkeit des Zweiten Nachtragshaushaltsgesetzes 2021 vom 15. November 2023 (2 BvF 1/22) den Verschuldungsspielraum der Bundesregierung deutlich ein.

Einer Debatte über Prioritäten stehen die paradoxen Umverteilungspräferenzen im Wege, die Judith Niehues in ihrem Beitrag in diesem Band thematisiert. Zwar bekunden die Bürgerinnen und Bürger, solange es abstrakt bleibt, ihre Unterstützungsbereitschaft für Menschen mit niedrigem Einkommen. Dieses Bekenntnis trägt aber nicht, sobald die Politik konkrete Entscheidungen treffen muss. Dann wird mit großen Mehrheiten die Unterstützung für alle gefordert. Die breite Mitte priorisiert sozialpolitisches Handeln, das ihr selbst nutzt. Darüber hinaus steht der bekundeten Erwartung nach einer Ausweitung der Sozialpolitik keine entsprechende Finanzierungsbereitschaft gegenüber. Mehrheitliche Zustimmung finden nur Finanzierungsformen, von denen die Befragten glauben, selbst nicht betroffen zu sein. Folge dieser paradoxen Umverteilungspräferenzen ist, dass was immer die Sozialpolitik leistet, sie die widersprüchlichen Erwartungen nicht erfüllen kann; sie macht zu wenig, sie belastet zu viel, letztlich scheitert sie.

Eine Echokammer der Unzufriedenheit, zu der die paradoxen Umverteilungspräferenzen führen, sind die Sozial- und Wohlfahrtsverbände. Bei allen Differenzen zwischen ihnen im Detail fordern sie, den Sozialstaat weiter auszubauen, wobei sie – trotz einer dominanten Armutsrhetorik – die weitere Absicherung der Mitte fest im Blick haben: Allgemeine Erhöhung des Rentenniveaus, Pflegevollversicherung, kostenlose Kindertagesstätten für alle oder elternunabhängiges BAföG würden auch die Absicherung der Mitte und der gehobenen Mitte ausbauen – sie zugleich aber, was weit weniger im Blick ist, über höhere Beiträge und Steuern belasten. Eine Debatte über Prioritäten wird bisher mit dem floskelhaften Bekenntnis vermieden, Sicherheitspolitik, Klimapolitik und Sozialpolitik dürften nicht *gegeneinander ausgespielt* werden.

Die paradoxen Umverteilungspräferenzen lassen nichts Gutes erwarten für eine Prioritätendebatte, die nach dem Urteil des Bundesverfassungsgerichts zur Nichtigkeit des Zweiten Nachtragshaushaltsgesetzes 2021 unvermeidlich sein wird. Die Forderungen nach Einsparungen im Sozialbereich, die bis zum Abschluss dieses Manuskripts Anfang Dezember 2023 von der CDU erhoben wurden, passen sehr gut zu den von Judith Niehues analysierten Umverteilungspräferenzen der breiten Mitte. Der Vorschlag von Friedrich Merz, die Erhöhung des Bürgergelds 2024 zu streichen, trifft eine Gruppe, die ohnehin wenig Sympathie genießt. So kategorisch, wie dieser Vorschlag formuliert wurde, würde sich die Ampelregierung, wenn sie ihm folgte – wozu freilich eine Gesetzesänderung nötig wäre –, zudem einem erheblichen verfassungsrechtlichen Risiko aussetzen. Die Regelsätze müssen, wie das Bundesverfassungsgericht 2010 geurteilt hat, die materiellen Voraussetzungen sichern, die für die physische Existenz und »für ein Mindestmaß an Teilhabe am gesellschaftlichen, kulturellen und politischen Leben« der Hilfebedürftigen unerlässlich sind (BVerfG 125, 175–260, Leitsatz 1). Der Vorstoß von CDU-Generalsekretär Carsten Linnemann, das Bürgergeld nach einem halben Jahr auslaufen zu lassen und durch verpflichtende gemeinnützige Arbeit zu ersetzen, trifft den gleichen Personenkreis. Angesichts der hohen Zahl von Menschen im verhärteten Kern der Langzeitarbeitslosigkeit müssten die Jobcenter, damit die Verpflichtung nicht ins Leere läuft, gemeinnützige Ersatzstellen für mehrere hunderttausend, wenn nicht für mehr als eine Million Menschen bereitstellen. Der Vorschlag ignoriert die Erfahrungen, die mit dem Masseneinsatz öffentlich geförderter Beschäftigung nach der Wiedervereinigung gemacht wurden.

Substanzielle Einsparungen im Sozialbereich würden die breite Mitte treffen und damit in Konflikt treten zu ihren Gerechtigkeitsvorstellungen. Weniger konfliktiv dürften dagegen Einsparungen zu Lasten von Programmen sein, die der Qualifizierung und Teilhabe von Menschen am unteren Rand der Gesellschaft dienen, wie etwa das im Koalitionsvertrag vorgesehene Startchancen-Programm zugunsten von Schulen mit einem hohen Anteil von Kindern aus sozial benachteiligten Familien. Nachdem Bund und Länder sich in zähen Verhandlungen im September 2023 auf Eckpunkte geeinigt hatten (Bundesministerium für Bildung und Forschung 2023), wird das Programm zum Schuljahr 2024/25 starten. Der Bund wird sich über eine Laufzeit von 10 Jahren mit einer Milliarde Euro pro Jahr engagieren, die Länder wenden den gleichen Betrag auf. Es spricht für die Ampelkoalition, dass sie an dem Programm festhält und damit eine in der Mitte der Gesellschaft vermutlich wenig konfliktträchtige Einsparoption nicht ergriffen hat. Solche Programme finden jedoch in dem stark verteilungspolitisch verengten Diskurs zu sozialer Gerechtigkeit wenig Beachtung.

3. Fehlendes Erwartungsmanagement

Was tun? Ich vermisse von Seiten der sozialpolitischen Verantwortungsträger ernsthafte Bemühungen zu einem Erwartungsmanagement, das das Verständnis fördern könnte, dass auch im Bereich der Sozialpolitik Prioritätenentscheidungen notwendig sind.

Auch in jüngster Zeit wurden unrealistische Erwartungen politisch bedient. So verband Familienministerin Lisa Paus ihren politischen Kampf für eine Kindergrundsicherung über längere Zeit mit einer Rhetorik der Schande und griff dabei auf die Daten der relativen Armutsrisikomessung zurück (Bundesministerium für Familie, Senioren, Frauen und Jugend 2022). Nimmt man diese Rhetorik wörtlich, so wäre die Kindergrundsicherung nur dann ein Erfolg, wenn es in Deutschland keine Kinder mehr gäbe, die in Familien leben, deren Einkommen unterhalb der 60-Prozent-Schwelle liegt. Das haben aber selbst die gut ausgebauten Wohlfahrtsstaaten in Skandinavien nie erreicht.

Der Gesundheitsminister hat zeitweise Hoffnungen geweckt, man könne ökonomische Grenzziehungen für das Gesundheitswesen deutlich ausweiten, so jedenfalls ist seine Aussage, in allen Bereichen des Gesundheitswesens gäbe es »zu viel Ökonomie und zu wenig Medizin« (Lauterbach 2022), in der Öffentlichkeit verstanden worden. Es ist notwendig, eine Debatte zu führen, zu welchen Fehlsteuerungen der Übergang zu den Fallpauschalen in den Krankenhäusern geführt hat, man muss aber zugleich einer nostalgischen Verklärung der Zeiten des Selbstkostendeckungsprinzips entgegentreten. Im schwer steuerbaren Gesundheitssystem ist die Gefahr stets groß, bei der Bekämpfung von Ineffizienzen und Fehlsteuerungen den Teufel mit Beelzebub auszutreiben. Jede Steuerung, die nicht in Kürze aufgrund stark steigender Kosten wieder korrigiert werden muss, muss Ressourcenüberlegungen in den medizinischen Betrieb integrieren.

Zum Erwartungsmanagement würde gehören, sich auch konfliktbereit mit den vielfältigen Fundamentalkritiken am Status quo des Sozialstaats auseinanderzusetzen. Sozialpolitiker verweisen im persönlichen Gespräch auf das hohe Risiko, damit einen Shitstorm auszulösen – etwa den Vorwurf, Armut, Pflegenotstand oder was auch immer schönreden zu wollen. Solange aber eine solche Konfliktbereitschaft nicht besteht, ist die Sozialpolitik in der Rolle des Hasen, der rastlos zwischen dem Igel und seiner Frau hin und her hetzt, die – in leichter Abwandlung des Märchens – stets dem erschöpften Hasen zurufen, das reiche alles nicht.

4. Empathie für den unteren Rand der Gesellschaft

Wirksam dem Niedergangsdiskurs entgegenzutreten, wird nicht allein dadurch gelingen, dass man auf die vielfältigen Leistungen des Sozialstaats verweist. Wer den Sozialstaat – dies gilt ebenso für die Soziale Marktwirtschaft – wirksam verteidigen will, muss Empathie für den unteren Rand der Gesellschaft zeigen. Dazu braucht es eine Stärkung von Systemen, die zielgenau den unteren Rand unterstützen. Dass hier Defizite bestehen, haben die Programme, die die infolge des Ukrainekrieges stark steigenden Energie- und Lebensmittelpreise abgefedert haben, gezeigt. Die Politik war 2022 mit hohen Kompensationserwartungen aus der Mitte konfrontiert (Diermeier et al. 2022), was sicherlich auch durch das verbreitete Narrativ der ständig schrumpfenden Mitte befördert wird. Zugleich laufen die Grundsicherungszusagen des Sozialstaats bei einem Teil der Leistungsberechtigten ins Leere – aufgrund der hohen Nichtinanspruchnahme, insbesondere bei der Grundsicherung im Alter (Buslei et al. 2019). Die gesetzlich garantierte Übernahme steigender Heizkosten durch den Sozialleistungsträger erreicht verdeckt arme Menschen nicht; die deutlichen Erhöhungen der Regelsätze 2023 und 2024 sind für sie wirkungslos. Der Sozialstaat muss in der Umsetzung seiner Zusagen verlässlicher werden. Zudem fehlen, wie die Beratungen der in der ExpertInnen-Kommission Gas und Wärme (2022: 23f.) gezeigt haben, derzeit die technischen und gesetzlichen Voraussetzungen, um die Einkommensgruppen oberhalb des Transferbezugs über die bestehenden sozialpolitischen Instrumente (z.B. das Wohngeld) hinaus zielgenau zu unterstützen. Diese Instrumente sind dringend aufzubauen.

Eine konstruktive Debatte zu Prioritäten wird nicht gelingen, ohne zugleich eine konzeptionelle Debatte zu führen. Hier muss ich es bei Andeutungen belassen. Der Befähigungsansatz (im Sinne von Amartya Sen) könnte als produktive Ressource für die sozialpolitische Reformagenda genutzt werden (Cremer 2021). Eine Sozialpolitik, die Menschen in den Unsicherheiten politischer Krisen und der ökologischen und digitalen Transformation schützen will, muss sich zugleich als Politik der Befähigung begreifen. Befähigungsgerechtigkeit ist aus dieser Blickrichtung ein zentraler normativer Anspruch. Relevanz kann der Befähigungsansatz auch für die Sozialversicherungssysteme entfalten. Wenn es gelingt, Menschen dabei zu unterstützen, ihre Handlungsoptionen und Verwirklichungschancen zu erweitern und damit zugleich Notlagen vorzubeugen, so kann dies die von der Solidargemeinschaft zu tragenden Belastungen verringern und somit zur Nachhaltigkeit der sozialen Sicherung beitragen.

Der Sozialstaat ist auf den Erhalt demokratischer Mehrheiten angewiesen. Auch dazu kann möglicherweise die Rezeption des Befähigungsansatzes einen Beitrag leisten. Er ist anschlussfähig an unterschiedliche politische Denktraditionen und mutet ihnen zugleich zu, einen Teil ihrer Gewissheiten zu überdenken. Und da er auf die Verwirklichungschancen von Menschen fokussiert, enthält er zudem eine optimistische Botschaft, die in Zeiten, in denen wir uns – so Philipp Staab – angesichts massiver Krisen und konkurrierender Herausforderungen mehr auf Anpassung statt auf immerwährenden Fortschritt einzustellen haben, hilfreich sein kann.

Literatur

Bundesministerium für Bildung und Forschung (2023): Eckpunkte zum Startchancen-Programm – Ergebnis der gemeinsamen Verhandlungsgruppe des Bundesministeriums für Bildung und Forschung und der Länder vom 29.09.2023, Website BMBF, [online] https://www.bmbf.de/SharedDocs/Downloads/de/2023/230921-eckpunktepapier-startchancenprogramm.pdf?__blob=publicationFile&v=2 [abgerufen am 30.11.2023].

Bundesministerium für Familie, Senioren, Frauen und Jugend (2022): Lisa Paus: »Kinderarmut ist eine Schande, mit der wir uns nicht abfinden dürfen«, Pressemitteilung des BMFSFJ vom 05.05.2022, Website BMFSFJ, [online] https://www.bmfsfj.de/bmfsfj/aktuelles/presse/pressemitteilungen/lisa-paus-kinderarmut-ist-eine-schande-mit-der-wir-uns-nicht-abfinden-duerfen--197210 [abgerufen am 08.12.2023].

Buslei, Hermann/Geyer, Johannes/Haan, Peter/Harnisch, Michelle (2019): Starke Nichtinanspruchnahme von Grundsicherung deutet auf hohe verdeckte Altersarmut, in: DIW Wochenbericht Nr. 49/2019.

Cremer, Georg (2021): Sozial ist, was stark macht. Warum Deutschland eine Politik der Befähigung braucht und was sie leistet, Freiburg: Herder, [online] https://www.econstor.eu/bitstream/10419/282020/1/Cremer-202 1-Sozial-ist-was-stark-macht.pdf [abgerufen am 08.03.2024].

Cremer, Georg (2023): Ist die Pflegevollversicherung »gerecht«?, in: Neue Zeitschrift für Sozialrecht, Heft 6, S. 201–206.

Diermeier, Matthias/Gensheimer, Tim/Niehues, Judith/Borgstedt, Silke (2022): Energiepreise: Teure Forderungen aus der Mitte der Bevölkerung, in: IW-Kurzbericht Nr. 82.

ExpertInnen-Kommission Gas und Wärme (2022): Sicher durch den Winter. Abschlussbericht, Berlin, 31.10.2022, Bundesministerium für Wirtschaft und Klimaschutz (Hg.), Website BMWK, [online] https://www.bmwk.de/ Redaktion/DE/Publikationen/Energie/abschlussbericht.pdf?__blob=publ icationFile&v=1 [abgerufen am 30.11.2023].

Institut für Demoskopie (2017): Generation Mitte. IfD-Umfrage 7261, Allensbach.

Institut für Demoskopie (2021): Generation Mitte. IfD-Umfrage 8278, Allensbach.

Lauterbach, Karl (2022): »Wir haben die Balance zwischen Medizin und Ökonomie verloren«, Interview in: Die Zeit, vom 14. Dezember 2022, Website Bundesgesundheitsministerium, [online] https://www.bundesge sundheitsministerium.de/presse/interviews/interview/krankenhausrefo rm-diezeit-14-12-22 [abgerufen am 30.11.2023].

Staab, Philipp (2022). Anpassung. Leitmotiv der nächsten Gesellschaft, Berlin: Suhrkamp.

Wieviel Solidarität können und wollen wir uns im demografischen Wandel leisten?
Die gesetzliche Kranken- und Pflegeversicherung auf dem Prüfstand

Jochen Pimpertz

1. Einleitung

Stetig wiederkehrende Defizite in der gesetzlichen Kranken- und Pflegeversicherung führen zu immer höheren Beitragssätzen – und das nicht erst, seit die Ampelkoalition die Regierungsgeschäfte übernommen hat. Bislang konzentrieren sich die politischen Bemühungen nahezu reflexhaft auf die Suche nach zusätzlichem Geld. Doch was mit einer vermeintlich *gerechteren* oder *solidarischeren* Finanzierung begründet wird, verstellt den Blick dafür, was ökonomisch wie sozialpolitisch sinnvoll ist.

2. Vorrangiges Problem auf der Ausgabenseite

Ob Anhebung der Beitragsbemessungsgrenze, Ausweitung der Beitragspflicht auf weitere Einkünfte oder Einbeziehung privat versicherter Personen – vor allem mit Blick auf die gesetzliche Krankenversicherung (GKV) werden Reformvorschläge diskutiert, die offenkundig darauf abzielen, zusätzliche Einnahmen zu generieren. Beworben werden diese jedoch damit, vermeintliche Gerechtigkeitsdefizite zu beheben und das Solidaritätsprinzip zu stärken. Dagegen werden das Leistungsversprechen und der daraus resultierende, stetig steigende Finanzbedarf meist für sakrosankt erklärt.

Dabei leidet die GKV weniger unter einer ungerechten Verteilung der Finanzierungslasten, sondern vielmehr unter dem überproportional starken Ausgabenwachstum. Seit der Wiedervereinigung sind die Ausgaben pro Kopf durchschnittlich um mehr als einen Prozentpunkt pro Jahr stärker gestiegen als die Beitragsbemessungsgrundlage, ohne dass diese bislang erodiert wäre (Abbildung 1) (Pimpertz 2023).

Abb. 1: Entwicklung der GKV-Ausgaben und der beitragspflichtigen Einkommen je Versicherter und je Mitglied der GKV, Index 2000 = 100

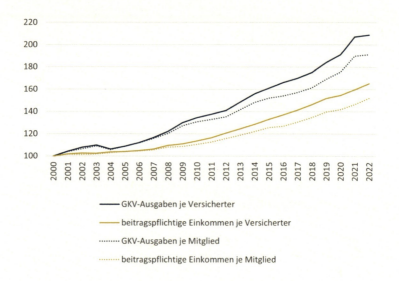

Quelle: Pimpertz 2023.

Dafür gibt es vor allem drei Gründe:

- Zum einen verursacht die marktferne Steuerung des Gesundheitssystems Fehlanreize (zum Beispiel Schmidt 2022: 20f.). Versicherte verspüren kaum einen Anreiz, ihre Krankenkasse oder Versorgungsleistungen kostenbewusst zu wählen. Denn ob jemand darauf achtet, dass seine medizinisch notwendige Behandlung das Gesundheitssystem möglichst wenig belastet, spielt für die Höhe seines Beitrags keine Rolle. Gleichzeitig mangelt es an knappheitsgerechten Preissignalen, um das Verhalten der Krankenkassen und Versorgungsanbieter zu steuern. Ein Beispiel: In der ambulanten Versorgung werden gleichartige ärztliche Leistungen zu

einheitlichen Entgelten abgerechnet, selbst wenn es in der einen Praxis gelingt, dieselbe Qualität kostengünstiger bereitzustellen als in einer anderen Praxis.
- Zum anderen führt der medizinische Fortschritt zu einer stetigen Erweiterung der Behandlungsmöglichkeiten. Das kostet aber mehr Geld. Die marktferne Steuerungslogik belohnt jedoch kaum Innovationen, die zu Einsparungen bei qualitativ gleichwertiger Versorgung führen. Können einzelne Anbieter mithilfe innovativer Techniken die gleiche Behandlungsqualität zu geringeren Kosten produzieren, verhindern einheitliche Entgelte, dass Effizienzgewinne bei den Krankenkassen und deren Beitragszahlern landen.
- Schließlich muss der demografische Wandel bewältigt werden. Denn typischerweise steigen die durchschnittlichen Leistungsausgaben mit zunehmendem Alter an. Werden die höheren Altersklassen häufiger besetzt, steigen zwangsläufig die Finanzierungserfordernisse (Beznoska et al. 2023: 510ff.). Selbst wenn wir gesünder altern, am Ende werden es mehr Menschen sein, die ihre letzte Lebensphase erreichen und auf das Gesundheitssystem in besonderem Maße angewiesen sind.

3. Solidarität ist nicht gleich Gerechtigkeit

Doch statt das Ausgabenwachstum zu bremsen, konzentriert sich die Gesundheitspolitik auf die Frage, wie zusätzliche Einnahmen und zu Lasten welcher Gruppen diese erzielt werden können. Ökonomische Ratio, die ihre Expertise auf dem Effizienzkriterium begründet, bleibt hier außen vor. Doch auch für das Gesundheitssystem gilt, dass die medizinische und pflegerische Versorgung umso besser gelingt, je effizienter sie organisiert werden kann. Widerstände kommen vor allem von Seiten der Sozialpolitik, die sich auf außer-ökonomische Werte wie Verteilungsgerechtigkeit oder das Solidaritätsprinzip beruft und damit im politischen Diskurs meist die Oberhand behält. Deshalb ist es notwendig, sich mit den sozialpolitisch begründeten Widerständen kritisch auseinanderzusetzen. Die Protagonisten einer vermeintlich gerechteren und solidarischen Finanzierung legen nämlich in der Regel nicht dar, nach welchen Kriterien die behaupteten Wirkungen überprüft werden können. Auch deshalb dient der Solidaritätsbegriff vielfach als Chiffre für die Suche nach zusätzlichen Einnahmen. Dabei zeigt bereits die Auseinandersetzung mit den Begriffen, dass zum Beispiel Gerechtigkeit etwas anderes meint als Solidarität:

- Ginge es allein um die Beseitigung vermeintlicher Gerechtigkeitsdefizite und sollte dazu die Beitragslast anders verteilt werden als im Status quo, dann ließe sich das ebenso gut aufkommensneutral organisieren. Zum Beispiel ließe sich bei einer breiteren Fassung der beitragspflichtigen Einkommen das gleiche Aufkommen mit einem niedrigeren Beitragssatz realisieren (Pimpertz/Stockhausen 2023). Solidarität kann also nach unterschiedlichen Gerechtigkeitsvorstellungen geübt werden, ohne dafür zusätzliche Einnahmen erzielen zu müssen.
- Darüber hinaus zwingt uns die demografische Entwicklung darüber nachzudenken, ob das, was heute unter Solidarität verstanden werden soll, auch künftig unter veränderten Rahmenbedingungen Bestand haben kann. Wie sich der Solidaritätsgedanke auf unterschiedliche Generationen auswirkt, darüber legt bislang kaum jemand Rechenschaft ab – weder im wissenschaftlichen noch im politischen Diskurs. Wenn Solidarität aber ein zentrales Gestaltungsmerkmal der GKV sein soll, muss dann nicht auch die Gesundheits- und Sozialpolitik darauf abstellen, die Akzeptanz dieses Prinzips nachhaltig sicherzustellen?

4. Dimensionen des Solidaritätsprinzips

Was bedeutet aber Solidarität in der GKV konkret? Sozialphilosophische Beiträge verweisen darauf, dass das Solidaritätsprinzip nicht etwa allen anderen Gestaltungsprinzipien überlegen sei, sondern vielmehr zwischen der kollektiven Verantwortung der Gemeinschaft und der individuellen Verantwortung abzuwägen ist (Beznoska et al. 2021: 9ff.). An dieser Abwägung entflammen die bisweilen hitzig geführten Debatten. Doch bei allem Streit gilt es zur Kenntnis zu nehmen, dass die GKV in § 1 des Fünften Sozialgesetzbuchs (SGB V) als Solidargemeinschaft verankert ist, also nicht zur Disposition steht. Doch was der Gesetzgeber damit anstrebt, wird in den weiteren Paragrafen nicht explizit definiert. Seine Intention lässt sich jedoch über die Wirkungen des Beitragsrechts erschließen.

- Grundsätzlich folgt die GKV beidem – dem Versicherungs- und dem Solidaritätsgedanken. Aufgabe der Versicherung ist es, den Schadensausgleich zugunsten der Erkrankten zu organisieren, die ohne Versicherungsschutz mit den erforderlichen Behandlungsaufwendungen überfordert sein könnten.

- Dazu braucht es aber keine GKV. Eine allgemeine Krankenversicherungspflicht würde genügen. Ähnlich der Kfz-Haftpflicht wäre dann allerdings auf einem privaten Versicherungsmarkt zu erwarten, dass verschiedene Gesundheitsrisiken getrennt voneinander zu unterschiedlich hohen Prämien abgesichert werden.
- In der GKV soll aber gerade nicht das Gesundheitsrisiko darüber entscheiden, wie teuer der Versicherungsschutz ist. Deshalb werden hohe wie niedrige Risiken zu gleichen Bedingungen versichert. Diesem solidarischen Risikoausgleich genügte eine Versicherung, die von jedem Versicherten eine Prämie verlangt, die zur Deckung der durchschnittlichen Schadenserwartungen notwendig ist.
- Darüber hinaus strebt die GKV einen sozialen Ausgleich an. Statt eine Prämie nach Maßgabe des durchschnittlichen Gesundheitsrisikos zu zahlen, sollen besserverdienende Mitglieder höhere Beiträge leisten als geringverdienende. Dazu wird ein lohnproportionaler Beitrag erhoben.

Risiko- und sozialer Ausgleich bewirken demnach eine Verteilung der Finanzierungslasten, die von versicherungstypischen Prämienerfordernissen abweicht. Deshalb kann die Differenz zwischen Beitrag und versicherungstypischer Prämie als Umverteilung im Sinne des Solidaritätsprinzips interpretiert werden (Beznoska et al. 2021: 12ff.): Leistet ein GKV-Mitglied einen Beitrag, der seine eigene Schadenserwartung übersteigt, fließt die Differenz in den solidarischen Ausgleich. Zahlen Mitglieder weniger oder gar keinen Beitrag, dann profitieren Versicherte von dem solidarischen Ausgleich.

5. Solidarität zwischen *jung* und *alt*

Tatsächlich streuen die Umverteilungswirkungen erratisch. Denn das individuelle Gesundheitsrisiko hängt ab von genetischen Prädispositionen der Versicherten, ihrer Krankenvorgeschichte, ihrer Bildung, dem Verhalten, der beruflichen Tätigkeit und vielem mehr. Auch der Beitrag der Mitglieder wird durch Bildung und Erwerbschancen determiniert, nicht zuletzt durch ihre Erwerbsentscheidung. Allerdings steigen die Gesundheitsrisiken und damit die durchschnittlichen GKV-Ausgaben typischerweise mit dem Alter an. Gleichzeitig liegt das beitragspflichtige Einkommen im Ruhestandsalter regelmäßig unter dem Niveau des zuvor erzielten Erwerbseinkommens. Deshalb bewirken Risiko- und sozialer Ausgleich mittelbar einen intergenerativen Solidarausgleich zwischen jungen und älteren Kohorten. Im Durchschnitt zahlen Mitglieder im Erwerbsalter mehr ein als ihrer alterstypischen Schadenserwartung entspricht (Abbildungen 2 und 3). Sieht man von der beitragsfreien Absicherung der Kinder ab, profitieren vor allem Versicherte im Ruhestand von der solidarischen Umverteilung (Beznoska et al. 2023: 509).

Zweifellos ließe sich diese intergenerative Verteilung der Solidarbeiträge und -nutzen über eine Reform des Beitragsrechts ändern. Was gerechter oder weniger gerecht erscheint, kann aber nicht allein an dem Verteilungsergebnis festgemacht werden, das zu einem bestimmten Zeitpunkt erwartet werden darf. Denn in einer alternden Versichertengemeinschaft wird es zunehmend wichtiger zu beachten, wie sich diese Verteilung künftig verändert.

Abb. 2: *Durchschnittliche GKV-Leistungsausgaben und Beitragszahlungen – Männer (2019, in Euro)*

Quelle: Beznoska/Pimpertz/Stockhausen 2023: 509.

Abb. 3: *Durchschnittliche GKV-Leistungsausgaben und Beitragszahlungen – Frauen (2019, in Euro)*

— durchschnittlicher GKV-Jahresbeitrag
— durchschnittliche GKV-Leistungsausgabe angepasst

Quelle: Beznoska/Pimpertz/Stockhausen 2023: 509.

6. Intergenerative Solidarität paradox

Um den demografischen Einfluss auf das Solidaritätsprinzip analysieren zu können, sei der Einfachheit halber angenommen, dass sich die altersabhängige Verteilung der Gesundheitsrisiken und Leistungsausgaben ebenso wie die Verteilung der beitragspflichtigen Einkommen nicht verändern. Selbst dann steigen die Finanzierungserfordernisse mit dem demografischen Wandel. Denn die höheren Altersklassen werden häufiger besetzt, in denen Versicherte überdurchschnittlich hohe Ausgaben verursachen, aber unterdurchschnittlich zur Finanzierung beitragen. Ob bei gegebenem oder verändertem Beitragsrecht, solange die GKV im Umlageverfahren organisiert ist, muss das aufwachsende Finanzierungserfordernis bei konstantem Steuerzuschuss über stetig steigende Beitragssätze ausgeglichen werden.

Abb. 4: *Jahresbeitrag und anteiliger Solidarbeitrag bei steigendem Beitragssatz. Beispielhafte Darstellung für männliche Mitglieder der Jahrgänge 1969 und 1989 jeweils im Alter von 50 Jahren*[1]

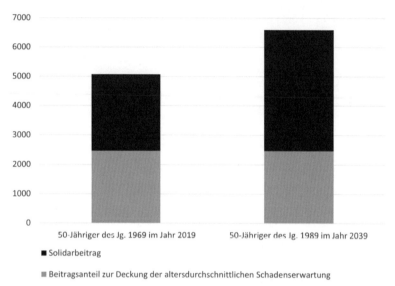

■ Solidarbeitrag

■ Beitragsanteil zur Deckung der altersdurchschnittlichen Schadenserwartung

Quellen: Pimpertz 2022: 11; eigene Berechnungen.

Das bedeutet zum Beispiel für ein heute 50-jähriges Mitglied, das im Durchschnitt mehr einzahlt als seiner altersdurchschnittlichen Leistungsausgabe entspricht, dass der überschießende Betrag zur Finanzierung der aktuellen Ausgaben älterer Versicherter beiträgt. Die weitverbreitete Akzeptanz des Solidaritätsprinzips erklärt sich aus dem Umstand, dass die jüngeren Mitglieder darauf vertrauen, im Alter selbst von dem Solidarausgleich zu profitieren. Steigt jedoch der Beitragssatz bis dahin allein aufgrund der Bevölkerungsalterung, dann müssen die heute jüngeren Mitglieder künftig, wenn sie ein Alter von 50 Jahren erreichen, höhere Solidarbeiträge entrichten als gleichaltrige Mitglieder heute (Abbildung 4). Denn ohne dass sich deren Versicherungsrisiko, Leistungsanspruch oder Einkommenssituation von den

---

[1] Annahmen: altersabhängiges GKV-Ausgabenprofil sowie altersabhängige Verteilung der durchschnittlichen beitragspflichtigen Einkommen für Männer unverändert (Stand 2019), Beitragssatzanstieg bis zum Jahr 2039 um den Faktor 1,3.

Merkmalen älterer Kohorten unterscheidet, gilt für sie dann ein höherer Beitragssatz (Pimpertz 2022: 11).

Das Solidaritätsprinzip führt deshalb in der GKV (und analog in der gesetzlichen Pflegeversicherung) in ein Paradoxon: In einer umlagefinanzierten Krankenversicherung kann zwar zu jedem Zeitpunkt ein Solidarausgleich zwischen *jung* und *alt* jeweils im Querschnitt der Gemeinschaft herbeigeführt werden. In einem alternden Kollektiv gelingt das aber – unabhängig von der Definition des Beitragsrechts im Status quo – auf Dauer nur zu Lasten von *jung*, also der nachfolgenden Kohorten. Die politisch relevanten Fragen lauten deshalb: Ist es das, was unter Solidarität verstanden werden soll? Und falls ja, verspricht das eine nachhaltige Akzeptanz des Solidaritätsprinzip in der GKV, namentlich unter den Mitgliedern nachfolgender Generationen?

7. Die Macht älterer Wähler?

Gutes Regieren für die demografische Transformation erfordert beides: Zum einen gilt es, gemeinsam geteilte Werte zu wahren – wozu zweifellos das Solidaritätsprinzip in der GKV zählt. Zum anderen gilt es aber auch, Antworten auf die demografischen Herausforderungen zu finden. Schaut man auf das Regierungshandeln in den vergangenen Legislaturperioden, fällt das Urteil ernüchternd aus. Zwar werden unterschiedliche Reformideen mit dem Narrativ beworben, die Solidargemeinschaft zu stärken. Aber eine Antwort auf die Frage, wie Solidarität zwischen den Generationen auf Dauer gewahrt werden kann, bietet keines der diskutierten Modelle.

Auch der Blick in den Koalitionsvertrag bietet keinen Anlass zur Hoffnung. Dort widmen die Ampel-Parteien der Finanzierung des Gesundheitssystems kaum mehr als einen Satz. Sie bekennen sich zu einer stabilen und verlässlichen Finanzierung und kündigen dazu eine Dynamisierung des Bundeszuschusses an (Bundesregierung 2021: 87). Nach den Haushaltsplanungen der Bundesregierung für das Jahr 2024 wird dieser aber nicht erhöht, sondern auf das Vor-Corona-Niveau zurückgeführt (Bundesregierung 2023: 19).

Die mangelnde Weitsicht mag erklärbar sein, weil sich politische Akteure aufgrund ihres Interesses wiedergewählt zu werden, eher an kurzfristigen, denn langfristig tragfähigen Lösungen orientieren. Und auch längerfristig mag es für sie rational erscheinen, sich an den vermeintlichen Interessen einer wachsenden Bevölkerungsgruppe zu orientieren, die von dem Solidaritätsprinzip profitiert. Auch deshalb werden hinter verschlossenen Türen unpopuläre Maßnahmen oftmals mit dem Narrativ verworfen, sie kämen einem politischen Suizid gleich. Doch dieses einfache polit-ökonomische Kalkül unterstellt einen Wähler, der beim Urnengang ausschließlich eigene Interessen berücksichtigt. Wer aber mit Blick auf seine eigenen Kinder und Enkel auch altruistischen Motiven folgt, der erkennt, dass die eigenen Versorgungsansprüche ihre Grenze finden, wo die Nachfahren überfordert werden. Damit die eigenen Bedarfe in einer umlagefinanzierten GKV künftig erfüllt werden können, braucht es die Akzeptanz des Solidaritätsgedankens bei den nachfolgenden Generationen (Pimpertz 2020: 651).

8. Wie intergenerative Solidarität gelingen kann

Die Unterscheidungen nach einnahmen- und ausgabenseitigen Herausforderungen, zwischen Gerechtigkeit und Solidarität sowie zwischen intergenerativer Solidarität zu einem Zeitpunkt und im demografischen Wandel mögen auf den ersten Blick überkomplex, ja sophistisch erscheinen. Jedoch erlangt der Solidaritätsgedanke praktische wie politische Relevanz, sobald man sich vergegenwärtigt, dass das Gros der Aufwendungen für die medizinische Versorgung aus umverteiltem Markteinkommen finanziert wird. Ein funktionierendes Gesundheitssystem hängt deshalb unmittelbar von der wirtschaftlichen Leistungsfähigkeit der Gesellschaft ab – und damit, nicht zuletzt, von den Investitionen am Standort. Für unternehmerische Investitionsentscheidungen sind aber nicht nur Faktoren wie die Infrastrukturausstattung, gut ausgebildete Fachkräfte oder die Unternehmenssteuerlast ausschlaggebend. Das kaufmännische Kalkül bedarf ebenso der Stabilität gesellschaftlicher Institutionen, ohne die unternehmerisches Handeln nicht sinnvoll zu planen wäre. Und dazu zählt eben auch die solidarische Krankenversicherung.

Wenn deshalb die gesellschaftspolitische Gestaltungsaufgabe lautet, für eine nachhaltige Akzeptanz einer solidarisch finanzierten GKV zu sorgen, stellt sich die Frage, wie das bei den jüngeren Kohorten erreicht werden kann. Zweifellos ist deren Zustimmung umso eher zu erwarten, je besser es gelingt, die intergenerative Verschiebung steigender Solidarbeiträge zu unterbinden – zum Beispiel indem der Beitragssatz eingefroren wird. Doch dann klafften Beitragseinnahmen und Ausgaben immer weiter auseinander. Es bräuchte also eine zweite Finanzierungssäule – ob Steuerzuschuss oder kapitalgedeckte Ergänzung, kollektiv oder individuell organisiert.

Wie eine Lösung aussehen kann, dafür liefert die Absicherung der Staatsdiener eine Blaupause. Denn analog zur steuerfinanzierten Beihilfe würde eine solidarische Beitragsfinanzierung bei fixiertem Beitragssatz künftig nur noch eine Grundfinanzierung gewährleisten. Um der Versicherungspflicht vollumfänglich nachzukommen, müssten sich GKV-Versicherte – wie Beamte heute schon – ergänzend versichern. Sofern diese zweite Säule kapitalgedeckt und nach Alterskohorten differenziert organisiert wird, wäre eine fortschreitende Verschiebung solidarischer Finanzierungslasten auf jüngere Kohorten nahezu ausgeschlossen.

Selbstverständlich braucht es dafür einen ergänzenden sozialen Ausgleich, weil einzelne Versicherte mit der zusätzlichen Prämie überfordert sein könnten. Der Steueraufwand wäre aber ungleich geringer als bei einem stetig aufwachsenden Bundeszuschuss. Denn der Transferbedarf ergäbe sich nicht aus der Differenz zwischen gedeckelter Beitragseinnahme und Gesamtausgaben der GKV. Vielmehr wären nur Versicherte nach Maßgabe ihrer finanziellen Leistungsfähigkeit zu unterstützen. Sozialpolitisch wäre das System deshalb attraktiv, weil damit auch bislang beitragsfreie Einkommensbestandteile in die Finanzierung dieses Sozialausgleichs einbezogen würden. Sogar privat versicherte und beihilfeberechtigte Steuerzahler würden zu diesem Ausgleich beitragen, ohne dafür ihre anwartschaftsgedeckte Krankenversicherung aufgeben zu müssen (Pimpertz 2022: 17).

Nicht Effizienz spricht also für ein zweisäuliges Finanzierungsmodell mit ergänzender, anwartschaftsgedeckter Versicherung, sondern weil sich damit das intergenerative Solidaritätsversprechen in einer alternden Bevölkerung konsistent erfüllen lässt.

9. Was die Bundesregierung sofort leisten sollte

Richtig ist, das kostet die Versicherten eine zusätzliche Prämie – bei konstantem Beitragssatz. Die Alternative ist ja nicht ein gleichbleibender Beitragssatz, sondern eine steigende Beitragslast mit all den hier skizzierten intergenerativen Verteilungsfolgen. Erwartbaren Widerständen, die sich auf das Solidaritätsprinzip berufen, sei entgegnet, dass der Gesetzgeber in § 1 Satz 3 SGB V explizit adressiert, dass die Versicherten dazu beitragen sollen, den Eintritt von Krankheit zu vermeiden und deren Folgen zu überwinden. Wenn das aber mehr als ein gutgemeinter Appell sein soll, gilt es, diese Eigenverantwortung ökonomisch anzureizen. Eine zweite, kapitalgedeckte Finanzierungssäule erfüllt die dafür notwendigen Voraussetzungen.

Denn das Modell eröffnet Wahlfreiheiten, die zu wettbewerblichen Lösungen mit knappheitsgerechten Preissignalen führen. Wenn der Anspruch des Solidaritätsversprechens auf die erste, beitragsfinanzierte Säule beschränkt bleibt, dann könnten GKV-Versicherte im Rahmen der zweiten Säule zum Beispiel zwischen Tarifen mit kostenlos freier Arztwahl oder einem Hausarzttarif wählen – ohne dass damit der Umfang des medizinischen Versorgungsanspruchs reduziert würde. Denkbar ist sogar, dass auch gesetzlich Versicherte einen Tarif angeboten bekommen, in dem Leistungen nach privatärztlichem Honorarmaßstab abgegolten werden. So die verschiedenen Versorgungsmodelle unterschiedlich hohe Kosten verursachen, sind dafür entsprechende Prämienunterschiede zu erwarten. Damit hätten aber nicht nur die Versicherten einen finanziellen Anreiz, ihre Wahl kostenbewusst zu treffen. Genauso wären die Anbieter medizinischer Versorgungsleistungen gezwungen, sich über ihre Entgeltforderung für die Teilnahme an exklusiven Versorgungsmodellen zu empfehlen. Im Ergebnis führt das nicht nur zu einem Wettbewerb um möglichst effiziente Versorgungslösungen, die Effizienzgewinne schlagen sich dann auch im Portemonnaie der Versicherten nieder.

Wer dagegen Vorbehalte hegt, mag sich die Frage stellen, ob sich das Solidaritätsversprechen zwingend auf eine kostenlos freie Arztwahl erstrecken muss. Denn das hat seinen Preis. Der Gesetzgeber ist also aufgefordert, zwischen der Ausgestaltung des Solidaritätsversprechens und dem Wirtschaftlichkeitsgebot abzuwägen, das in § 12 SGB V festgeschrieben ist. Insbesondere wenn im Gesundheitssystem Effizienzreserven vermutet werden, eröffnet eine ergänzende kapitalgedeckte Zusatzversicherung Möglichkeiten, diese über eine marktnähere Steuerung zu mobilisieren – und das bei einem intergenerativ konsistenten Solidaritätsversprechen.

Gegen dieses System ließe sich einwenden, dass es in der gegenwärtigen Regierungskonstellation kaum anschlussfähig scheint. Denn SPD wie Bündnis 90/Die Grünen haben sich bislang auf die Idee einer Bürgerversicherung festgelegt, obwohl dieses Modell weder einen Beitrag zur Lösung ausgabenseitiger Probleme leistet noch eine intergenerativ faire Finanzierung verspricht (Beznoska et al. 2021: 53ff.). Doch sollte das Bekenntnis zur ökologischen Nachhaltigkeit dazu anregen, auch Fragen der fiskalischen und sozialen Nachhaltigkeit in den Blick zu nehmen. Erste Weichen können mit wenigen Anpassungen gestellt werden:

- Der allgemeine Beitragssatz ist bereits in § 241 SGB V festgeschrieben. Ein Schritt in Richtung Solidität wäre deshalb, den kassenindividuellen Zusatzbeitragssatz zumindest anteilig wieder in einen zusätzlich zu zahlenden, absoluten Betrag umzuwandeln. Der Arbeitgeberanteil an dem bisherigen Zusatzbeitrag ließe sich abgabenneutral dem Bruttoentgelt zuschlagen.
- Damit der Zusatzbetrag auch verhaltenslenkend wirken kann, sollte dieser die Kosten unterschiedlicher Versorgungsmodelle spiegeln. Der Wunsch nach einer freien Arztwahl kann bestehen bleiben, sollte aber anders bepreist werden können als zum Beispiel die Wahl eines Modells mit hausarztzentrierter Versorgung.
- Dazu benötigen die Krankenkassen mehr Gestaltungsmöglichkeiten, die Versorgung zu managen. Nur so können sie die Vertragskonditionen mit denjenigen Anbietern verhandeln, die die Versorgung in einem Netzwerk exklusiv garantieren sollen, und gleichzeitig Kostenunterschiede zwischen verschiedenen Versorgungsmodellen in unterschiedlich hohe Prämien ummünzen. Dazu müsste allerdings der Sicherstellungsauftrag für die medizinische Versorgung von der Ärzteschaft auf die Krankenkassen übergehen.

Widerstände sind vor allem von den etablierten Akteuren des Gesundheitssystems zu erwarten. Auch deshalb mag der hier skizzierte Gedanke kaum politisch anschlussfähig erscheinen. Doch kann die GKV das Versorgungsversprechen der Politik auf Dauer nur erfüllen, wenn das Solidaritätsprinzip auch von den jüngeren Generationen getragen wird. Deshalb wäre es auch für die Akzeptanz des politischen Systems problematisch, den demografischen Herausforderungen allein durch stetig steigende Umverteilungslasten begegnen zu wollen, statt eine nachhaltige Lösung grundlegender Probleme im Gesundheitswesen anzustreben.

Literatur

Beznoska, Martin/Pimpertz, Jochen/Stockhausen, Martin (2023): Wie beeinflusst die Demografie das Solidaritätsprinzip in der GKV?, in: Sozialer Fortschritt, 72. Bd., Nr. 6, S. 499–517.

Beznoska, Martin/Pimpertz, Jochen/Stockhausen, Martin (2021): Führt eine Bürgerversicherung zu mehr Solidarität?, in: IW-Analyse, Nr. 143, Köln.

Bundesregierung (2023): Regierungsentwurf für den Bundeshaushalt 2024 und Finanzplan bis 2027. Zusätzliche Informationen zum Regierungsentwurf für den Bundeshaushalt 2024, Website Bundesfinanzministerium, [online], https://www.bundesfinanzministerium.de/Content/DE/Downloads/Oeffentliche-Finanzen/Bundeshaushalt/kabinettvorlage-regierungsentwurf-2024.pdf?__blob=publicationFile&v=3 [abgerufen am 10.10.2023].

Pimpertz, Jochen (2023): Ausgaben- und Einnahmenentwicklung in der Gesetzlichen Krankenversicherung – Bewertungskonzepte und empirische Befunde, in: IW-Trends, 50. Bd., Nr. 4, S. 61–77.

Pimpertz, Jochen (2022): Das Solidaritätsprinzip im Fokus einer GKV-Reform, in: Zeitschrift für Wirtschaftspolitik, 71. Bd. Nr. 1, S. 1–26.

Pimpertz, Jochen (2020): Grenzen des Vorsorgestaats in einer alternden Gesellschaft, in: Zeitschrift für Politikwissenschaft, 30. Bd., Nr. 4, S. 645–652.

Pimpertz, Jochen/Stockhausen, Maximilian (2023): Beitragslast steigt mit der Bemessungsgrenze, in: IW-Kurzbericht, Nr. 39, Köln.

Schmidt, Christoph M. (2022): Effiziente und resiliente Gesundheitsversorgung – Anforderungen an das Gesundheitswesen nach der Corona-Pandemie, in: ifo-Schnelldienst, 75. Bd., Nr. 3, S. 19–23, München.

SPD/Bündnis 90/Die Grünen/FDP (2021): Mehr Fortschritt wagen – Koalitionsvertrag 2021–2025 zwischen der Sozialdemokratischen Partei Deutschlands (SPD), BÜNDNIS 90/DIE GRÜNEN und den Freien Demokraten (FDP), Berlin.

Europapolitik

Europäische Union: Institutionelle Verharrung oder Delors-Plan 2.0?

Melinda Fremerey/Simon Gerards Iglesias

1. Europa braucht eine neue Vision

Europa befindet sich in einer Polykrise: Der Krieg in der Ukraine bedroht die bislang als selbstverständlich eingeschätzte Sicherheit Europas. Die Kosten der grünen und digitalen Transformation und eine fragmentierte Globalisierung inmitten eines geopolitisch aufgeheizten Umfeldes gefährden den Wohlstand. Hinzu kommt: Die Europäische Union befindet sich in einer Identitätskrise. Sie ist heute institutionell so stark integriert wie nie zuvor und scheinbar eine Erfolgsstory, die jedoch angesichts der aktuellen Herausforderungen ins Wanken gerät. Denn seit der letzten Änderung der EU-Verträge im Jahr 2009 gibt es kaum umfassende Fortschritte im Integrationsprozess, die für die Zukunftsfähigkeit der Union notwendig wären. Ohne weitere Integration und institutionelle Reformen sind die geplanten Erweiterungen um neue Mitgliedsstaaten nicht handhabbar.

Die Geschichte der europäischen Integration zeigt, dass es in Krisenjahren in Europa immer wieder gelungen ist, politische Fortschritte zu erzielen (Lelieveldt/Princen 2023). Möchte die EU auch in Zukunft noch weiter international wettbewerbsfähig bleiben und ihre äußere Sicherheit schützen, darf sie nicht institutionell verharren, sondern muss eine neue Vision des politischen Miteinanders mit wirtschaftlicher Größe und politischer Handlungsfähigkeit entwerfen. Somit stellt sich die Frage, wie eine tiefgreifendere Integration aussehen kann. Die im folgenden vorgestellte Idee *funktionaler Zweckverbände* bestehend aus einer ökonomisch basierten *Integrationslogik* mit spezifischen *Integrationsthemen* und einer davon abgeleiteten *Integrationsfinanzierung* kann einen Weg aufzeigen, wie die EU-Mitgliedsstaaten sich weiter integrieren können, indem sie den Fokus auf die derzeit relevanten Politikfelder legen.

2. Integrationsthemen und -logik

Vergleicht man den Integrationsgrad der Europäischen Gemeinschaft von 1968 mit dem der EU von 2009, wird deutlich, dass das supranationale Level in wirtschaftlichen Bereichen an Gewicht gewonnen hat und in politischen Bereichen deutlich weniger Kompetenzen an sich ziehen konnte (Abbildung 1). Dies passt mit dem Zeitalter der vorherrschenden Geoökonomie, die über die Geopolitik dominierte, zusammen. Zwar entstand die EU aus einem politischen Friedensprojekt, doch wirtschaftliche Interessen sowie die Versorgungssicherheit standen im Fokus der Integration, weshalb die politische Integration ins Hintertreffen geriet. Im Jahr 1968 gab es in lediglich drei Politikfeldern eine vollständige *Europäisierung*, während in vielen Bereichen noch eine Alleinregelung der Nationalstaaten vorherrschte. Der Vertrag von Lissabon von 2009 kann einige große Integrationsleistungen vorweisen, dennoch gibt es nach wie vor Politikfelder, wie etwa die Gemeinsame Außen- und Sicherheitspolitik (GASP) oder die Infrastruktur- und Energiepolitik, bei denen die EU bislang nur geringe Integrationsschritte präsentieren kann.

Eine vollständige *Europäisierung* aller Politikfelder sollte nicht das zwangsläufige Ziel einer politischen Union sein. Ausgehend vom ökonomischen Konzept der externen Effekte können die politischen Zuständigkeiten den verschiedenen Ebenen (lokal, national, EU) zugeordnet werden. (Tabelle 1). Beim Vergleich der bevorzugten oder ökonomisch rational sinnvollen Regierungsebene mit der bestehenden Kompetenzverteilung ergeben sich einige Diskrepanzen: während bei der Landwirtschafts- und Verbraucherschutzpolitik die supranationalen Zuständigkeiten zu weit gehen, sind sie bei der Verteidigungs- und Energiepolitik sowie bei den internationalen Beziehungen zu gering. Abgeleitet von dieser Argumentation in Tabelle 1 zeigt Abbildung 1 einen Vorschlag, in welchen Politikbereichen *mehr* oder auch *weniger* EU-Zuständigkeiten sinnvoll wären.

Abb. 1: *Entwicklung der Kompetenzverteilung zwischen der EU und ihren Mitgliedstaaten*[1]

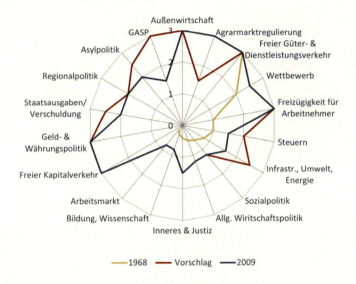

Quelle: Busch/Matthes (2018) in Anlehnung an Schmidt (2005): 138ff.

Die dominante Rolle der EU im Bereich der Landwirtschaft wird am Umfang des Regelwerks und des EU-Haushalts deutlich: 40 Prozent aller Richtlinien, Verordnungen und Entscheidungen der EU waren bis 2001 auf die Gemeinsame Agrarpolitik (GAP) ausgerichtet (Alesina et al. 2001) und fast 40 Prozent (58 Mrd. Euro) des EU-Haushalts im Jahr 2020 entfielen auf die GAP (Europäische Kommission 2022). Die GAP steht nicht nur wegen ihrer negativen Auswirkungen auf die Märkte von Entwicklungsländern in der Kritik (Schwarz 2004), sondern ist auch ein Bremsklotz bei der Aushandlung von Freihandelsabkommen wie mit Mercosur und Australien (Bundesministerium Land- und Forstwirtschaft 2023; Liboreiro 2023).

---

[1] Anmerkungen: 0=Alleinregelung durch Nationalstaat; 1=Nationalstaat dominiert; 2=EU-Ebene dominiert; 3=Vollständige Europäisierung; GASP: Gemeinsame Außen- und Sicherheitspolitik; keine Daten 1968 für die Politikbereiche freier Kapitalverkehr, Geld- und Währungspolitik, Staatsausgaben/Verschuldung, Regionalpolitik, Asylpolitik, GASP; wenn ansonsten keine Linie für ein Jahr angezeigt wird, liegen die Linien übereinander und nur die Einordnung von 2009 ist sichtbar.

Tab. 1: Mehr oder weniger EU-Kompetenzen?[2]

Politikfeld	Externe Effekte	Bevorzugte Regierungsebene	Rolle der EU
Internationaler Handel	Hoch	EU	Groß
Binnenmarkt	Hoch	EU	Groß
Geldpolitik	Hoch	EU	Groß
Finanzen	Mittel	National	Mittel
Landwirtschaft	Niedrig	National	Groß
Verbraucherschutz	Mittel	National/EU	Groß
Energie	Niedrig	National/EU	Gering
Internationale Beziehungen	Hoch	National/EU	Gering
Sicherheit und Verteidigung	Hoch	National/EU	Gering
Umwelt und Klima	Hoch	National/EU/Global	Groß
FuE, Erziehung, Kultur	Niedrig	Lokal/National	Gering
Soziale Sicherung	Niedrig	Lokal/National	Gering

Quelle: Modifizierte Tabelle aus Fremerey/Gerards Iglesias (2022) in Anlehnung an Wagner et al. (2006) und Alesina et al. (2001).

Damit wird das Kernproblem deutlich: Obwohl die Subsidiarität die Kompetenzen der EU auf Basis der begrenzten Einzelermächtigung einschränkt, hat sich in der Realität ein gegenläufiger Trend etabliert, der der EU zusätzliche und zum Teil zu umfangreiche Kompetenzen in einigen Politikbereichen ermöglicht (Fremerey/Gerards Iglesias 2022). Gleichzeitig greifen EU-Kompetenzen in anderen Politikfeldern mit öffentlichem Gut-Charakter zu kurz. So kommt es auch immer wieder zu Spannungsfeldern zwischen EU-Gesetzgebungsakten und politischen Zielen. Dies spiegelt sich in der Diskrepanz zwischen dem in der Sorbonne-Rede von Emmanuel Macron angesprochenem digitalen und unbürokratischeren Europa und dem von ihm aus innenpolitischen Gründen initiierten und mit hohen Erfüllungskosten verbundenen A1-Bescheinigungen bei Auslandsreisen von Beschäftigten wider. Die Datenschutzgrundverordnung und die Lieferkettenrichtlinie – zwei weitere Beispiele – erfordern ebenfalls hohe Umsetzungskosten und stehen im Widerspruch zum politischen Ziel einer bürokratiearmen, resilienten und diversifizierten Wirtschaft. Die exzessive EU-Bürokratie verhindert zudem, dass Investitionen – wie bei Global Gateway – durchgeführt werden (DHIK 2023).

---

2   Anmerkung: Die Farben in der letzten Spalte verdeutlichen eine Übereinstimmung (grün) bzw. Diskrepanz (rot) zwischen Rolle der EU und der bevorzugten Regierungsebene.

Die bloße Forderung nach *mehr Europa* als Antwort auf Krisen ist daher nicht gewinnbringend und führt zu keiner umfassenden Gesamtstrategie für die Zukunftsfähigkeit Europas. Im Gegensatz zur derzeit utopischen Vision eines *föderalen europäischen Bundesstaates*, ist ein flexibler anzuwendendes und auf den politischen und ökonomischen Mehrwert ausgerichtetes Konzept die Logik von Hans Peter Ipsen (Ipsen 1972) eines »Zweckverbandes funktioneller Integration« (Kahl/Hüther 2023). Ein *Zweckverband funktioneller Integration* hat einerseits den Vorteil, die EU-Kompetenz sehr spezifisch für europaweite öffentliche Güter zuzuordnen und kann andererseits durch eine spezifische Erklärbarkeit und Transparenz bestimmter EU-Integrationsschritte die Subsidiarität stärken (Hüther et al. 2023). Darüber hinaus ermöglicht ein *Zweckverband funktioneller Integration* eine themenspezifische Vertiefung der EU bei gleichzeitigem Erweiterungspotenzial. Mit dieser Art eines *more economic approach* sollte die EU ihre Integrationsthemen und politische Kompetenzen ökonomisch fundiert ableiten und dort einfordern, wo öffentliche Güter mit hohen externen Effekten auf EU-Ebene bestehen. Konkret sind solche Integrationsthemen eine *Investitionsunion* und eine *Verteidigungsunion*. Wie Tabelle 1 zeigt, sind in diesen angrenzenden Bereichen der internationalen Beziehungen, Sicherheits- und Verteidigungspolitik sowie der Energiepolitik die EU-Kompetenzen gering, während die externen Effekte – vor allem bei den beiden ersten Politikfeldern – hoch sind.

Investitionsunion

Bei einer umfassenden europäischen Investitionsunion geht es sowohl um die Bündelung und Fokussierung grenzüberschreitender Großinvestitionen, angelehnt an IPCEI (Important Project of Common European Interest), als auch um die Bündelung der europäischen Verhandlungsmacht auf dem Weltmarkt. Umfangreichere IPCEI können als grenzüberschreitende industriepolitische Maßnahmen wirken und im Sinne einer horizontalen Industriepolitik europaweite Standortvorteile generieren. Dies ist insbesondere bei der gesamtgesellschaftlichen Aufgabe der Transformation zu einer grünen und digitalen Wirtschaft sinnvoll. Allein für die grüne Transformation in Deutschland werden Mehrinvestitionen von 1,5 bis 2,3 Billionen Euro bis 2050 benötigt (BCG/prognos 2018). So sollte bei einer verstärkten europäischen Zusammenarbeit auf dem Energiemarkt die EU vermehrt die Richtung vorgeben und die finanziellen Mittel zur Verfügung stellen, um den Ausbau der Netze und einfachere Strom-Importe bzw. -Exporte zu ermöglichen. Dies könnte auch die in Deutschland vergleichsweisen hohen Veredelungskosten der Stromproduktion reduzieren. Eine Investitionsunion sollte somit den Ausbau von Transport-, Energie- und Kommunikationsinfrastruktur, die Verbesserung des staatlich-europäischen Kapitalstocks, als auch die gemeinsame Beschaffung von Rohstoffen umfassen (Hüther et al. 2023).

Verteidigungsunion

Das Versäumnis, bislang keine europäische Verteidigungsunion gegründet zu haben, liegt vor allem daran, dass diese für lange Zeit als nicht nötig erachtet wurde und mit der NATO ein scheinbar ausreichender militärischer Schutz für die meisten europäischen Staaten bestand. Kriege und Konflikte in unmittelbarer Nähe der EU verdeutlichen aktuell die Notwendigkeit einer engeren EU-Kooperation in der Verteidigungspolitik. Der Angriffskrieg Russlands hat zu neuen Strategien in der europäischen Verteidigungspolitik geführt: Die schrittweise Erhöhung der finanziellen Obergrenze zur Einzahlung in die Europäische Friedensfazilität (Europäischer Rat 2023), Pläne eines vollwertigen Europäischen Verteidigungsinvestitionsprogramms (EDIP) und Arbeitsgruppen zur gemeinsamen Beschaffung gehen in die richtige Richtung, bleiben aber unzureichend und zu langsam in ihrer konkreten Umsetzung und Wirkung. So kann der Europäische Verteidigungsfonds (EDF) in den ersten zwei Jahren seines Bestehens – während auf europäischem Boden Krieg ausbrach – nur 2 Mrd. Euro vorweisen (European Defence Fund 2023) und die nationale Beschaffung von Rüstungsgütern aus den USA statt europäischer Gemeinschaftsprojekte sorgt immer wieder für Streit zwischen Frankreich und Deutschland. Die Angleichung von Waffensystemen, gemeinsame Beschaffung und die Stärkung der europäischen Verteidigungsindustrie sind notwendige Bedingungen für eine Verteidigungsunion. Skaleneffekte durch weniger und einheitliche Waffensysteme müssen genutzt und die europäische Nachfrage auf dem Weltmarkt gebündelt werden. Eine umfassende Verteidigungsunion muss als Ziel weiter angestrebt werden, da es nur vollenden würde, was bereits vor über 70 Jahren mit der europäischen Integration begann: Frieden auf dem europäischen Kontinent zu sichern.

3. Umsetzung und Finanzierung

Die europäische Integration stand in ihrer Geschichte stets unter dem Projekt der Friedenssicherung durch wirtschaftliche Vertiefung. Prägende politische Führungsfiguren diesseits und jenseits des Rheins waren dabei Schlüsselakteure. So setzte der Delors-Plan von 1989 das Ziel fest, eine Währungsunion unter der Aufsicht einer unabhängigen europäischen Zentralbank zu schaffen, aber ließ den Weg dorthin offen (*Lokomotivstrategie* vs. *Krönungsweg*). Um die Ziele einer Verteidigungs- und Investitionsunion zu erreichen, wäre die an den Delors-Plan von 1989 angelehnte und damals erfolgreiche Strategie, ein klares Ziel auszurufen, aber den Weg dorthin schrittweise, prozessual und diskursiv mit einem fixen Enddatum vor Augen zu beschreiten, vielversprechend. Im Vergleich zur Ausgangslage im Jahr 1989 wird die Umsetzung dieser *First-Best Lösung* heute jedoch von einer Vielzahl von Faktoren gehemmt: es mangelt an politischer Führungsstärke innerhalb der EU und für EU-Themen in den Mitgliedstaaten; es gibt kein konkretes Ziel der europäischen Integration, auf das sich alle Mitgliedstaaten derzeit einigen können, und die Heterogenität sowie die perspektivisch wachsende Zahl an Mitgliedstaaten verhindern politische Übereinkünfte. Eine derzeit praktikabler erscheinende *Second-Best Lösung* ist, auf bestehende Instrumente aufzubauen: der *Next Generation EU Fonds (NGEU)* und die Verteidigungsinitiative der *Permanent Structured Cooperation (PESCO)* sind Projekte, die das Potenzial haben, eine integrative Strahlkraft auszuwirken und die beiden Integrationsthemen der Verteidigungs- und Investitionspolitik umzusetzen.

Next Generation-EU-Fonds

Die erstmalige gemeinsame Schuldenaufnahme innerhalb der EU mit dem 750 Mrd. Euro schweren *Next Generation-EU-Fonds* kann als eine Initialzündung einer europäischen Investitionsunion wirken. Die Hürde für eine schuldenfinanzierte Investitionsunion – wie beim NGEU – ist durch die benötigte Zustimmung aller Mitgliedstaaten sowie der nationalen Parlamente hoch. Die Verwerfungen und Unsicherheit während der Corona-Pandemie machten eine Umsetzung der europäischen Schuldenaufnahme aber möglich. Auch wenn der NGEU als einmalige Ausnahme deklariert wurde, sollte vor dem Hintergrund der aktuellen Polykrisen (Transformation, Systemkonflikt, Standortwettbewerb und De-Industrialisierung) das Instrument für die notwendigen, zukunftsweisenden und standortstärkenden Investitionen genutzt werden. Damit würde auch eine zweite Finanzsäule der EU etabliert werden. Eine Wiederauflage oder Verstetigung einer europäischen Schuldenaufnahme müsste jedoch von einer Transfer- und Haftungsunion abgegrenzt werden, was die anhand europäischer externer Effekte klar definierten europäischen Aufgaben im Rahmen eines »Zweckverbandes funktioneller Integration« gewährleisten (Hüther et al. 2023).

PESCO

PESCO ist die ständige strukturierte Zusammenarbeit in der Sicherheits- und Verteidigungspolitik zwischen EU-Staaten und gilt als ein jüngstes Beispiel für eine erfolgreiche Weiterentwicklung der EU-Integration (Houdé/Wessel 2022). Sie erfolgte nach der Logik der differenzierten Integration, also des freiwilligen Zusammenschlusses von EU-Staaten ohne Einstimmigkeitsprinzip und ist ein sinnvoller Mechanismus für die Weiterentwicklung zu einer Verteidigungsunion. Mit der Logik einer *EU der unterschiedlichen Geschwindigkeiten* oder eines *Kerneuropas* kann somit Integration erfolgen, auch wenn nicht alle Mitgliedstaaten teilnehmen. Zudem eröffnet es Nicht-EU-Mitgliedern Kooperationen, was eine potenzielle EU-Erweiterung später einfacher macht. Durch den jüngsten Beitritt Dänemarks sind nun alle EU-Mitgliedstaaten außer Malta Teil von PESCO, was die positive Strahlkraft dieser Initiative in Zeiten geopolitischer Risiken untermauert. Auch haben die Schweiz und Türkei als Drittstaaten Interesse an PESCO-Projekten bekundet, was den offenen Charakter dieser Integrationslogik verdeutlicht (Paul 2023).

Die Kritik am *Europa der unterschiedlichen Geschwindigkeiten* lautet, dass die EU zu einem unübersichtlichen Flickenteppich verkommen würde und dies die EU insgesamt schwächen würde. Dabei gibt es die unterschiedliche Integrationsintensität bereits heute. Zum Schengen-Raum gehören die Drittstaaten Island, Liechtenstein, Norwegen und die Schweiz, jedoch nicht die EU-Mitglieder Rumänien und Bulgarien. Den Euro führen nur 20 der 27 EU-Staaten als Währung und nur 22 EU-Staaten unterstehen der Europäischen Staatsanwaltschaft. Ein Europa der unterschiedlichen Geschwindigkeiten gibt es längst und ist angesichts einer immer größeren und diverser werdenden Union eine sinnvolle Lösung für Integrationsschritte.

Da die Europäischen Verträge kein schuldfinanziertes Verteidigungsbudget erlauben, muss die Finanzierung einer gemeinsamen Verteidigung über den laufenden Haushalt erfolgen, also über eine Erhöhung des EU-Budgets durch die Beiträge der Mitgliedsstaaten oder über eine Umschichtung des

Haushalts (Deutsch-Französische Arbeitsgruppe 2023). Für eine Erweiterung von PESCO ist aber nicht allein das Geld entscheidend. Auch komplexe nationale Gesetzgebung, straffe Zeitpläne und fehlendes qualifiziertes Personal sind Gründe, warum PESCO bislang noch nicht das volle Potenzial entfalten konnte (European Defence Agency 2022).

4. Fazit: In Vielfalt geeint neu denken

Die Schaffung des europäischen Bundesstaats, so wie er im Koalitionsvertrag der Bundesregierung genannt wurde, ist derzeit eine Utopie und steht im Gegensatz zur praktischen Politik. Um die EU zukunftsfähig und aufnahmebereit für neue Mitgliedsstaaten zu machen sowie den Wohlstand und Frieden zu sichern, bedarf es einer pragmatischen und dennoch innovativen Lösung. Die Logik der *Zweckverbände funktioneller Integration* dient hierbei zur Identifizierung von zentralen Politikfeldern, in denen eine europäische Integration politisch wünschenswert und ökonomisch rational wäre. Dies gilt insbesondere für die Verteidigungs- und Investitionspolitik. Das deutsch-französische Tandem hat in der Vergangenheit immer wieder eine wichtige Rolle bei großen europäischen Reformen gespielt, fällt aber momentan als Zugpferd aus, sodass neue Wege der Integrationsdynamik gefunden werden müssen. Erfolgreiche Projekte wie PESCO und NGEU müssen dabei stückweise ausgebaut und verstetigt werden, sodass eine Verteidigungs- und Investitionsunion schrittweise geschaffen werden. Anders als die Strategie des Delors-Plans von 1989 als First-Best-Lösung kann diese Logik der prozessualen Integration als Second-Best-Lösung gesehen werden. Zudem muss die Integration bei Verteidigungs- und Investitionsfragen in einem günstigen Zeitfenster stattfinden, das sich angesichts der sicherheitspolitischen Bedrohung einerseits und dem drängenden Strukturwandel andererseits gerade öffnet. Um den geopolitischen Herausforderungen gewachsen und aufnahmebereit für neue Mitglieder zu sein, muss die EU nun den nächsten Schritt wagen.

Literatur

Alesina, Alberto/Angeloni, Ignazio/Schuknecht, Ludger (2001): What Does the European Union Do?, in: National Bureau of Economic Research Working Paper Series, Nr. 8647.

BCG und Prognos (2018): Klimapfade für Deutschland, Website BDI, [online] https://bdi.eu/publikation/news/klimapfade-fuer-deutschland/ [abgerufen am 10.11.2023].

Bundesministerium für Land- und Forstwirtschaft, Regionen und Wasserwirtschaft (2023): Landwirtschaftsministerium bekräftigt Nein zu Mercosur-Abkommen, Website Bundesministerium, [online] https://info.bml.gv.at/themen/landwirtschaft/eu-international/mercosurabkommen.html [abgerufen am 10.11.2023].

Busch, Berthold/Matthes, Jürgen (2018): Neue Prioritäten für die Europäische Union: Normative Ableitung und Umschichtungspotenzial im neuen Mehrjährigen Finanzrahmen, in: IW-Report 17/2018.

Deutsche Industrie- und Handelskammer (2023): DIHK-Ideenpapier zur EU-Konnektivitätsinitiative Global Gateway, Website DIHK, [online] https://www.dihk.de/resource/blob/104120/f6ee156fc64b0811da9e4ec084c8e8c1/dihk-stellungnahme-global-gateway-data.pdf3 [abgerufen am 10.11.2023].

Deutsch-Französische Arbeitsgruppe (2023): Unterwegs auf hoher See: Die EU für das 21. Jahrhundert reformieren und erweitern, in: Bericht der Deutsch-Französischen Arbeitsgruppe zu institutionellen Reformen der EU.

Europäische Kommission (2022): EU spending and revenue, Website Europäische Kommission, [online] https://commission.europa.eu/strategy-and-policy/eu-budget/long-term-eu-budget/2014-2020/spending-and-revenue_en [abgerufen am 10.11.2023].

Europäischer Rat (2023): Europäische Friedensfazilität, Website Europäischer Rat, [online] https://www.consilium.europa.eu/de/policies/european-peace-facility/ [abgerufen am 10.11.2023].

European Defence Agency (2022): 2022 Coordinated Annual Review of Defence Report, Website European Defence Agency, [online] https://eda.europa.eu/docs/default-source/eda-publications/2022-card-report.pdf [abgerufen am 10.11.2023].

European Defence Fund (2023): Information Days Brussels & Online 28 – 29 June 2023, Website European Defence Fund, [online] https://defence-industry-space.ec.europa.eu/system/files/2023-07/EDF%20Info%20Days%202023%20-%2028%20June.pdf [abgerufen am 10.11.2023].

Fremerey, Melinda/Gerards Iglesias, Simon (2022): Abhängigkeit – Was bedeutet sie und wo besteht sie? Ein Überblick über wirtschaftliche und politische Abhängigkeiten, in: IW-Report 56/2022, Köln.

Houdé, Anneke/Wessel, Ramses A. (2022): A Common Security and Defence Policy: Limits to Differentiated Integration in PESCO?. European Papers-A Journal on Law and Integration, Nr. 3, S. 1325–1356.

Hüther, Michael/Gerards Iglesias, Simon/Fremerey, Melinda/Parthie, Sandra (2023): Europa muss den nächsten Schritt wagen: Delors Plan 2.0, in: IW-Policy Paper 4/2023, Köln.

Ipsen, Hans Peter (1972): Europäisches Gemeinschaftsrecht, Tübingen.

Kahl, Wolfgang/Hüther, Paul (2023): Der »Zweckverband funktioneller Integration« nach Hans Peter Ipsen. Ein Beitrag zur Begriffsgeschichte und zur Finalitätsdebatte in der Europawissenschaft, 109. Bd., Berlin: Duncker & Humblot.

Lelieveldt, Herman/Princen, Sebastiaan (2023): The Politics of the European Union, 3. Aufl., Cambridge: Cambridge University Press.

Liboreiro, Jorge (2023): Gespräche über Freihandelsabkommen zwischen der EU und Australien erneut gescheitert. Was sind die Gründe?, Website Euronews., [online] https://de.euronews.com/my-europe/2023/10/30/gesprache-uber-freihandelsabkommen-zwischen-der-eu-und-australien-erneut-gescheitert-was-s [abgerufen am 10.11.2023].

Paul, Amanda (2023): The future of EU-Türkiye relations amidst war in Europe and global disorder, Website European Policy Centre, [online] https://www.epc.eu/en/publications/The-future-of-EU-Turkiye-relations-amidst-war-in-Europe-and-global-dis~5073b4 [abgerufen am 10.11.2023].

Schmidt, Manfred G. (2005): Aufgabeneuropäisierung, in: Gunnar F. Schuppert/Ingolf Pernice/Ulrich Haltern (Hg.), Europawissenschaft, Baden-Baden: Nomos, S. 129–145.

Schwarz, Björn (2004): Die Auswirkungen der EU-Agrarpolitik auf Entwicklungsländer, Marburg: Tectum Verlag.

Wagener, Hans-Jürgen/Eger, Thomas/Fritz, Heiko (2006): Europäische Integration. Recht und Ökonomie, Geschichte und Politik. Vahlen.

Delors-Plan 2.0 – eine doppelte Ergänzung für die erfolgreiche Reform der EU

Johannes Lindner

1. Jacques Delors als Vorbild

Können der ehemalige Kommissionspräsident Jacques Delors und die Integrationsschritte in seiner Amtszeit als Vorbild dienen, um die Europäische Union heute weiter zu vertiefen?

Der Diskussionsbeitrag von Michael Hüther, Simon Gerards Iglesias, Melinda Fremerey und Sandra Parthie (2023) »Europa muss den nächsten Schritt wagen: Delors 2.0« und das Kapitel in diesem Band »Europäische Union: Institutionelle Verharrung oder Delors-Plan 2.0?« von Melinda Fremerey und Simon Gerards Iglesias orientieren sich programmatisch an Jacques Delors und seinem Plan zur Gründung der Wirtschafts- und Währungsunion. Sie fordern weitere Integrationsschritte in den Bereichen Investitionen und Verteidigung und begründen diese funktional mit deren ökonomischem Mehrwert.

In meinem Beitrag möchte ich die treffende Analyse der Autorinnen und Autoren in zweierlei Hinsicht ergänzen: Erstens, eine rein funktionale Begründung für weitere Integrationsschritte reicht nicht aus, um diese auch politisch durchzusetzen. Je mehr politische Entscheidungen in der EU distributive Konsequenzen haben und die nationale Souveränität stark berühren, desto stärker werden Mitspracherechte und politische Identität wichtige Kategorien, die über die Bereitschaft zu mehr europäischer Integration entscheiden. Zweitens, der programmatische Bezug auf Jacques Delors bietet noch mehr, als was die Autorinnen und Autoren konkret herausstellen. Jacques Delors kann als Vorbild hilfreich sein, um zu zeigen, *wie* entsprechende Integrationsschritte politisch vorbereitet werden können. Dazu zeige ich auf, wie die Erneuerungsdynamik in den 80er Jahren Europa aus der damaligen *Eurosclerosis* geführt und die Vertiefung des Binnenmarktes und die Schaffung der Wirtschafts- und Währungsunion (WWU) ermöglicht hat. Dies ist gerade heute wieder hoch aktuell.

2. Die Herausforderungen und Lösungsvorschläge

Der Klimawandel, die Pandemie, die Rivalität zwischen den USA und China und der Krieg in der Ukraine haben die globale Ordnung stark verändert. Diese Veränderungen rücken wirtschaftliche und politische Sicherheitsbelange in den Mittelpunkt. Außerdem greift der Staat verstärkt als industriepolitischer Akteur in die Wirtschaft ein. Die EU steht so vor neuen Herausforderungen. Zugleich fehlen ihr die Mittel, diesen zu begegnen. Sie hat die Kompetenzen, Regeln zu setzen und Ziele festzulegen, wie sie dies beispielsweise beim *Net-Zero Industry Act* und der *Critical Raw Materials Act* getan hat. Ihr fehlen jedoch vor allem finanzielle Mittel und Instrumente, um diese umzusetzen. Hüther et al. (2023) und Fremerey/Iglesias (in diesem Band) leiten daraus die Notwendigkeit weiterer Integrationsschritte ab. Damit befinden sie sich in guter Gesellschaft. Mario Draghis NBER Rede (2023) und das Manifest einiger prominenter Europäerinnen und Europäer (Manifesto 2023) argumentieren ähnlich. Die große Frage ist jedoch, wie dies erreicht werden kann.

3. Grenzen einer ökonomischen Integrationslogik

Der von Hüther et al. (2023) und Fremerey/Iglesias (in diesem Band) vorgeschlagene Weg, die EU als »funktionale Zweckverbände« zu verstehen und mehr Integration mit einer »ökonomisch basierten Integrationslogik« zu begründen, bietet nur den ersten Schritt. In der Tat ergibt sich der Anreiz einer Vertiefung der EU daraus, dass sie in Bereichen wie Verteidigung und Investitions- und Industriepolitik effektivere und effizientere Lösungen bietet, als 27 Mitgliedsstaaten dies jeweils allein schaffen könnten. Dennoch reicht eine solche funktionalistische Begründung politisch nicht aus. Sie übersieht mindestens drei politische Hürden für die geforderten Vertiefungen.

Erstens kann politisches Handeln nicht nur durch seine Ergebnisse legitimiert werden. Der Politikwissenschaftler Fritz W. Scharpf (1999) unterscheidet zwei Formen der Legitimation: *Output-Legitimation* beruht auf dem funktionalen Prinzip der Nützlichkeit. *Input-Legitimation* beruht auf dem normativen Prinzip der Zustimmung der Beherrschten.

Viele der frühen Integrationsschritte der europäischen Einigung wurden vor allem im Sinne der Output-Legitimation begründet (Majone 1996): Bürgerinnen und Bürger und die Mitgliedsstaaten profitieren von mehr Integration und unterstützen diese daher. Da Vertragsänderungen und Integrationsschritte einstimmig zwischen den Mitgliedstaaten entschieden werden, ist die Pareto-Verbesserung bis heute eine notwendige Bedingung für weitere Integration. Nur wenn alle Beteiligten den Eindruck teilen, Vertiefung liefere reelle Gewinne für sie, kann sie politisch gelingen.

Allerdings haben sich mit zunehmender Integration die Art der Integrationsschritte und auch die Entscheidungen innerhalb der europäisierten Politikbereiche verändert. Sie sind distributiver geworden. EU-Politik erzeugt vermehrt sowohl Gewinner als auch Verlierer. Das gilt zum Beispiel für die schuldenfinanzierte *Aufbau- und Resilienzfazilität*. Es gilt aber auch in Bereichen wie Industriepolitik oder militärische Beschaffung, in denen Hüther et al. (2023) und Fremerey/Iglesias (in diesem Band) zusätzliche Integrationsschritte fordern.

Wo es Gewinner und Verlierer gibt, bedarf es zusätzlich zur funktionalen Begründung auch Input-Legitimation. Das sind politische Prozesse, die garantieren, dass EU-Entscheidungen auch für potenzielle Verlierer akzeptabel sind. Dies wird durch die Einbeziehung der Bürgerinnen und Bürger direkt über das Europäische Parlament und indirekt über die Regierungen durch nationale Parlamente sichergestellt. Je mehr ein Politikbereich distributive Entscheidungen beinhaltet, desto wichtiger ist es, dass der institutionelle Rahmen Input-Legitimation erzeugt. Zudem wird der mögliche Widerstand gegenüber solchen Integrationsschritten größer: Bürgerinnen und Bürger müssen überzeugt werden, aber auch nationale Regierungen sind zögerlicher. Dies führt zu einer weiteren Hürde.

Zweitens haben Regierungen nicht nur Nutzen und Kosten für ihren Mitgliedstaat im Blick, sondern auch ihre eigenen Gestaltungsmöglichkeiten. Gehen zusätzliche Integrationsschritte mit spürbaren Kompetenz- und Souveränitätsverlusten für Mitgliedsstaaten einher, so verlieren Regierungen zum Teil deutlich an Macht und Einfluss. Gerade große Investitions- und Vergabeentscheidungen sind für Politikerinnen und Politiker sehr attraktiv. Ihr Eigeninteresse, diese auf nationaler Ebene zu belassen, kann da mehr zählen als die langfristigen Vorteile für die Bürgerinnen und Bürger.

Schließlich kommt ein dritter Aspekt hinzu: die Identifikation mit dem politischen System und der Nation schafft bei Bürgerinnen und Bürgern die Bereitschaft, innerhalb des Nationalstaates distributive Nachteile zu akzeptieren. Das Gemeinwesen wird als Solidargemeinschaft verstanden. Dies bildet ein wichtiges Fundament, das zusätzlich zur direkten Legitimierung verbindend wirkt. Auch starke Kritik an politischen Entscheidungen und Entscheidungsprozessen führt (meist) nicht zu einem grundsätzlichen Hinterfragen der Zugehörigkeit zum politischen System. Dies ist in der Europäischen Union weit weniger der Fall als im Nationalstaat, wird aber als Notwendigkeit erkannt. So hat die EU einige Elemente des politischen Systems der Nationalstaaten übernommen, die eine Identifikation mit der EU ermöglichen sollen, wie beispielsweise die Fahne, die EU-Bürgerschaft, gemeinsame Werte und die Charta der Grundrechte. Auch die gemeinsame Währung hat neben der ökonomischen auch ein politische und identifikatorische Dimension. Zusätzlich zu der Kombination aus Input- und Output-Legitimation, sind es also nationale Identität und starke Regierungen, die es den Nationalstaaten erlauben, Steuern zu erheben, Umverteilung zu betreiben, große Investitionen zu tätigen und Krieg zu führen.

Die von Hüther et al. (2023) priorisierte Sicht auf die EU als »funktionale Zweckverbände« blendet diese politischen Aspekte weitgehend aus. Gerade am Bespiel der Verteidigung zeigt sich jedoch, dass bestimmte Politikbereiche sehr dicht mit dem Konzept nationaler Souveränität und politischer Identifikation verbunden sind. Es erscheint optimistisch anzunehmen, dass die Mitgliedstaaten und ihre Bürgerinnen und Bürger bereit sind, allein aufgrund des Effizienzgewinns wesentliche Teile der Verteidigung an die europäische Ebene abzugeben. In ähnlicher Weise werden Investitionsentscheidungen, bei denen große Summen in bestimmte Projekte und Regionen außerhalb des eigenen Nationalstaats fließen, kritisch betrachtet werden. Die Legitimationsanforderungen werden über die Output-Legitimation allein nicht erfüllt werden können. Die Europäische Union hat daher immer auch auf die Input-Legitimation gesetzt und Elemente des politischen Systems der Nationalstaaten übernommen.

Die Annahme einer ökonomisch basierten Integrationslogik muss daher erweitert werden. Es muss stärker geklärt werden, wie eine *Investitionsunion* und eine *Verteidigungsunion* institutionell auszugestalten sind, um die Akzeptanz distributiver Entscheidungen und Maßnahmen sicherzustellen. Und es geht darum darzulegen, wie ein politischer Prozess aussehen kann, der solche institutionellen Reformen politisch machbar werden lässt.

4. Die Methode Jacques Delors

Neben der Frage, welche institutionellen Rahmenbedingungen für die geforderte Vertiefung inhaltlich notwendig sind, geht es politisch auch darum, wie man zu entsprechenden Integrationsschritten kommt. Hüther et al. (2023) behelfen sich, in dem sie Bezug nehmen auf die politische Reformdynamik, die der Delors-Plan auf dem Weg zur WWU mitausgelöst hat. Sie präsentieren dabei einen Delors-Plan 2.0 als Alternative zum Verharren im Status quo. Fremerey/Iglesias (2023) relativieren die Forderung nach einem Delors-Plan 2.0 etwas: dieser wird zwar als *First-Best Lösung* gesehen, sie glauben aber, dass eine auf bestehenden Instrumenten aufbauende *Second-Best-Lösung* politisch wahrscheinlicher ist. Dabei unterschätzen Fremerey/Iglesias das Potenzial, das die Methode Jacques Delors bietet. Gleichzeitig wird die Möglichkeit eines Aufbauens auf den bestehenden Instrumenten überschätzt. So ist beispielsweise eine Fortschreibung der schuldenfinanzierten Wiederaufbau- und Resilienzfazilität nicht nur politisch, sondern – ohne Vertragsänderung – auch rechtlich nicht unumstritten.

Es lohnt sich, das Wirken von Jacques Delors und die Erneuerungsdynamik in den 80er Jahren genauer zu analysieren, um sie für heute zu nutzen. Nicht allein der Delors-Plan von 1989 kann Orientierung bieten, sondern auch das Binnenmarktprojekt, aus dessen Dynamik die Wirtschafts- und Währungsunion erwachsen ist. Drei Aspekte zeichnen die Methode aus, mit der diese Integrationsschritte erreicht wurden (Salm/Lehmann 2020; Lamy 2024; Lindner 2023).

Zielsetzung und Prozess mit Zeitplan: die Vollendung des Binnenmarktes war als klares Ziel formuliert und Dezember 1992 wurde als Enddatum eines stufenweisen Prozesses definiert. Dies beinhaltete eine positive Vision, die vieles miteinander verband: Schaffung neuer Märkte, die Überwindung nationaler Grenzen durch die Verwirklichung der vier Freiheiten und die Stärkung der Wettbewerbsfähigkeit. Mit dem Euro als gemeinsamer Währung und Kernstück der Wirtschafts- und Währungsunion wurde erneut eine positive wirtschaftliche und politische Vision mit einem stufenweisen Prozess und einem Enddatum verbunden. Ein Kern des Erfolgsrezepts war also die Verbindung von konkreten Visionen mit einem praktischen Fahrplan.

Institutionelle und finanzielle Reformen und Kompensation möglicher Verlierer: Sowohl das Binnenmarktprojekt als auch die WWU waren verbunden mit institutionellen Reformen und finanziellen Anpassungen. Es war klar, dass die Harmonisierung von nationalen Regulierungen nicht ohne die Ausweitung der Mehrheitsentscheidungen möglich sein würden und dies auch mit einer Stärkung des Europäischen Parlamentes einher gehen musste. Die *Einheitliche Europäische Akte* veränderte dahingehend die Verträge. Der Maastricht-Vertrag brachte dann sieben Jahre später die institutionelle Grundlage für die WWU, auch wenn die angedachte Schaffung einer politischen Union als Gegenstück sehr viel weniger ambitioniert ausfiel, als dies zunächst geplant war. Darüber hinaus waren die beiden wirtschaftlichen Integrationsschritte jeweils mit einer Ausweitung der Kohäsions- und Regionalpolitik verbunden. Damit sollten diejenigen Mitgliedstaaten und Regionen kompensiert werden, die durch den gestiegenen Wettbewerbsdruck möglicherweise zunächst wirtschaftliche Nachteile erzielen würden. Erst im Nachhinein stellte sich heraus, dass für den Fall der WWU die Verbindung mit den nationalen Wirtschaftspolitiken noch zu wenig ausgestaltet war und dass das Fehlen eines größeren EU-Haushalts eine besondere Herausforderung für das Ausgleichen von wirtschaftlichen Schocks darstellte. Delors selbst hatte dies von vornherein als Schwäche erkannt.

Breite, überparteiliche und transnationale Unterstützung: Die Entscheidung die Vollendung des Binnenmarktes zum Kernstück seiner ersten Kommissionspräsidentschaft zu machen, traf Jacques Delors, nachdem er die Hauptstädte der Mitgliedstaaten besucht und sich mit den Regierungen ausgetauscht hatte. Er konnte sich somit nicht nur auf das wichtige deutsch-französische Tandem und die enge Kooperation zwischen François Mitterrand und Helmut Kohl stützen, sondern auch auf die Unterstützung der eher europaskeptischen britischen Regierung. Als ehemaliger Europaparlamentarier achtete er darauf, auch das EP auf seiner Seite zu haben. Wichtig war zudem, dass der Binnenmarkt als überparteiliches Projekt präsentiert und somit von Gewerkschaften wie auch Arbeitgebern unterstützt wurde – und zwar auf nationaler und vermehrt auch auf europäischer Ebene. Diese Unterstützung durch Persönlichkeiten und Organisationen aus der Wirtschaft halfen, die politische Dynamik zu stärken. Bei der WWU half die breite Unterstützung aus der Wirtschaft ebenfalls, auch wenn die Diskussion in einzelnen Staaten kontroverser geführt wurden als beim Binnenmarktprojekt.

5. Was bedeutet dies für heute?

Kann also die Methode Jacques Delors helfen, die Debatte zur Vertiefung der Union voranzubringen? Auf jeden Fall. Und die Anteilnahme an dem Tod Jacques Delors' im Dezember 2023 hat gezeigt, dass er und sein Wirken für viele Europäerinnen und Europäer ein politischer und emotionaler Bezugspunkt geblieben ist.

Erstens sollte das Ziel, politische und wirtschaftliche Resilienz und Wettbewerbsfähigkeit zu stärken und die EU erweiterungsfähig zu machen, zu einer gemeinsamen Vision zusammengeführt werden. Ähnlich wie in den 80er Jahren mit Jacques Delors sollte diese »Neuerfindung der EU« (Pisani-Ferry 2023) einerseits als notwendige Antwort auf die globalen Herausforderungen, wie Klimawandel, Krieg und Konkurrenz präsentiert werden, zeitgleich aber auch ein positives Narrativ darstellen: Europa wird gestärkt und erweitert. Zwar wird nationale Souveränität abgegeben, aber europäische Souveränität neu gewonnen. Dies bedeutet in der Summe ein Mehr an Gestaltungsspielraum und Lösungskompetenz – vielleicht nicht immer für die einzelnen nationalen Regierungen (!), aber für die Bürgerinnen und Bürger und die Union als Ganzes. Es muss dabei gezeigt werden, wie europäische Lösungen – mehr als nationale – konkret helfen, die ökonomische Situation der Menschen zu verbessern. Denn viele sehen ihre eigene wirtschaftliche Zukunft bedroht und erhoffen sich effektive Lösungen von der Politik (European Parliament 2023). Die Berichte der ehemaligen italienischen Ministerpräsidenten Enrico Letta und Mario Draghi zur Zukunft des Binnenmarkts (im April 2023) und zur Wettbewerbsfähigkeit (im Juli 2023) können da einen wichtigen Beitrag leisten.

Zweitens sollte das Ende dieser Dekade den Zeitrahmen zur Verwirklichung der Vision vorgeben und mit institutionellen und finanziellen Reformen verbunden sein. Der Erweiterungsprozess und die EU-Finanzplanung erhöhen den Druck dazu. Bis 2027 läuft der jetzige Mittelfristige Finanzrahmen. Eine ambitionierte Reform des EU-Haushalts sollte daher vor 2028 beschlossen werden und sie sollte vier Ziele verbinden: (i) die Stärkung der Politikbereiche, die die neuen Herausforderungen, insbesondere der grünen und digitalen Transformation und Verteidigung, betreffen, (ii) eine Einigung, wieviel Solidarität und Ausgleich in einer größeren und wirtschaftlich heterogeneren Union gewollt ist (also vor allem eine Reform der Regional- und Landwirtschaftspolitik), (iii) eine finanzielle Ausstattung, die der Union genügend Ressourcen und Flexibilität ermöglichen, und (iv) ein funktionierendes Regelwerk für die effiziente Umsetzung des EU-Haushalts und eine guten Koordination mit und zwischen den nationalen Haushaltspolitiken, das Vertrauen schafft. Dies ist ohne institutionelle Reformen nicht machbar. Orientierungspunkt sollten die von der deutsch-französischen Expertengruppe im September 2023 vorgelegten Vorschläge sein. Diese zeigen, wie institutionelle Reformen ausgestaltet werden müssen, um neben Output- auch Input-Legitimation zu steigern und die Union bis 2030 erweiterungsfähig zu machen.

Drittens bieten die Europawahl und die Berufung der neuen Kommission die Möglichkeit, ein klares Reformmandat für die neue Kommission zu bestimmen. Die große Herausforderung wird dabei sein, die politische Agenda so zu definieren, dass sie zweierlei kombiniert: auf der einen Seite so überparteilich und inklusiv formuliert zu werden, dass sie von einer breiten Allianz von Institutionen, Parteien, der Wirtschaft und der Gesellschaft in Europa unterstützt wird; auf der anderen Seite Teil eines Prozesses zu sein, der wirkliche Debatten und politischen Wettstreit zulässt – beispielsweise über die Verteilung der Kosten der grünen Transformation. Nur so entsteht Teilhabe und Mitsprache. Natürlich wäre dabei Leadership durch ein starkes deutsch-französisches Tandem (in enger Kooperation mit den anderen Mitgliedstaaten und den EU-Institutionen) von großer Bedeutung.

Das berühmte Zitat von Jean Monnet zum Bauen Europas als Reaktion auf Krisen hat seine Relevanz nicht verloren. Es braucht jedoch lautstarke Bürgerinnen und Bürger und weitsichtige Politikerinnen und Politiker, die ein stärkeres Europa einfordern und gemeinsam entwickeln. Und es braucht letztlich eine positive Vision, die über den Krisendruck hinauswirkt. Wenn die Krise jedoch als Normalität verstanden wird, laufen wir Gefahr, den Handlungsdruck und die Kreativität zu verlieren. Wir werden dann in der »institutionellen Verharrung« steckenbleiben. Die Kosten sind hoch: Bürgerinnen und Bürger werden vermehrt Populisten wählen und nationale Scheinlösungen attraktiver finden als den Status quo. Jacques Delors hingegen hat gezeigt, wie Krisen überwunden und Europa gestaltet werden kann. Seine Vision und Methode haben auch über seinen Tod hinaus nicht an Aktualität verloren.

Literatur

Draghi, Mario (2023): The Next Flight of the Bumblebee: The Path to Common Fiscal Policy in the Eurozone, 15th Annual Feldstein Lecture, National Bureau of Economic Research.

European Parliament (2023): Eurobarometer – Parlemeter. Autumn 2023.

Europe Manifesto (2023): The European Union at the time of the New Cold War: A Manifesto.

Hüther, Michael/Gerards Iglesias, Simon/Fremerey, Melinda/Parthie, Sandra (2023): Europa muss den nächsten Schritt wagen: Delors Plan 2.0, in: IW-Policy Paper 4/2023, Köln.

Lamy, Pascal (2024): Jacques Delors (1925–2023) et l'Europe: pensée, méthode, style, in Le Grand Continent, 4. Januar 2024.

Lindner, Johannes (2023): Er prägte das Europa, das wir heute kennen, in: Zeit-Online, 29. Dezember 2023.

Majone, Giandomenico (1996): Regulating Europe. Routledge Research in European Public Policy, Taylor & Francis, Website Internet Archive, [online] https://archive.org/details/regulatingeuropeoogian/mode/2up [abgerufen am 11.12.2023].

Pisani-Ferry, Jean (2023): Die Europäische Union neu erfinden, in: Project Syndicate.

Salm, Christian/Lehmann, Wilhelm (2023): Jacques Delors: Der Architekt der modernen Europäischen Union, Policy Briefing des Wissenschaftlichen Diensts des Europäischen Parlaments.

Scharpf, Fritz W. (1999): Regieren in Europa: effektiv und demokratisch?, Frankfurt a.M., New York: Campus.

Geopolitik versus Ordnungspolitik?
Sprengkraft innerhalb der EU
durch die Zeitenwende

Jürgen Matthes

1. Zeitenwende und Transformation ändern Politik-Koordinaten

Die Zeitenwende und drohende geopolitische Konflikte machen es schwerer als früher, sich an ordnungspolitische Grundsätze zu halten. Zugespitzt lässt sich sagen: China und Russland zwingen uns dazu, Dinge zu tun, die wir normalerweise nicht tun würden. Die Frage ist allerdings, wie weit die europäische und deutsche Politik auf ihren ordnungspolitischen Kompass verzichten darf. Die Zeitenwende nach dem russischen Invasionskrieg und das Gasembargo hat gezeigt, dass gegenseitige wirtschaftliche Abhängigkeiten nicht mehr unbedingt politisch stabilisierend wirken. Vielmehr können sie einem möglichen geopolitischen Widersacher ein unerwünschtes Erpressungspotenzial in die Hand geben. Auch die Corona-Krise hatte schon deutlich gemacht, dass einseitige Abhängigkeiten von einzelnen Zulieferern Lieferketten verwundbar machen. Wie zentral vor allem China in den internationalen Lieferketten geworden ist, haben die Lockdowns chinesischer Häfen vor Augen geführt. Eine chinesische Aggression gegenüber Taiwan gilt daher als Schreckensszenario, da China als Systemrivale (BDI 2019; Bundesregierung 2023) die Europäische Union (EU) in einigen wichtigen Bereichen durch Exportbeschränkungen empfindlich treffen könnte.

Diese Erfahrungen und die geopolitischen Veränderungen haben dazu geführt, dass Begriffe wie (offene) strategische Autonomie, De-Risking und Diversifizierung Hochkonjunktur haben. Auch die Industriepolitik erlebt eine Renaissance (Hüther et al. 2023). Das liegt nicht nur an den strategischen Abhängigkeiten vor allem von China in vielen Bereichen, sondern auch an den Herausforderungen der Klima- und Energiewende. Ohne staatliche

Unterstützung dürfte die Privatwirtschaft so manchen grünen Transformationsschritt nicht gehen können. Damit stellt sich die Frage, wie weit die europäische Politik der Wirtschaft beim De-Risking und bei den Transformationsaufgaben freien Lauf lassen kann oder sie unterstützen muss. Der ordnungspolitische Ansatz gibt grundsätzlich vor, dass sich der Staat mit direkten Eingriffen zurückhalten und auf die Bereitstellung guter wirtschaftlicher Rahmenbedingungen beschränken sollte. Er sollte nur dann agieren, wenn der Markt versagt.

Die neuen geostrategischen Konstellationen laden diese Abwägung zusätzlich auf: Wenn gewisse Abhängigkeiten als zu kritisch angesehen werden, braucht es möglicherweise staatliche Interventionen. Damit stellt sich die Frage, ob die Ordnungspolitik in diesem Fall beiseitegeschoben werden soll oder ob sie auch unter veränderten Bedingungen sich als hilfreich erweisen kann.

Ein weiteres Spannungsfeld kommt hinzu: Die grüne und digitale Transformation sowie das Erreichen einer strategischen Souveränität in relevanten Bereichen sind kostenträchtig. Sie fordern zusätzliche Ausgaben von Wirtschaft und Staat. Doch der auch ordnungspolitisch motivierte europäische Stabilitäts- und Wachstumspakt gilt mit seinen Restriktionen als Hindernis beim Erreichen dieser Ziele. Wo liegt hier die richtige Balance zwischen den beiden Zielen, wichtige Zukunftsinvestitionen zu ermöglichen und zugleich die Schuldentragfähigkeit in den EU-Staaten sicherzustellen?

2. China-Abhängigkeit: Marktrisiko oder Interventionsgrund?

Bei der Vermessung strategischer importseitiger Abhängigkeiten zeigt sich die große Bedeutung vor allem Chinas. Da mit Blick auf Taiwan ein relevantes geopolitisches Konfliktpotenzial existiert, ist die strategische Autonomie der EU möglicherweise bedroht. Daher ist zu fragen, wie übergroße Einfuhranteile aus China reduziert werden können.

Ordnungspolitisch gesehen, ist dies vorrangig die Aufgabe der Unternehmen, weil sie über das relevante Marktwissen verfügen. Tatsächlich zeigen Umfragen, dass Unternehmen vermehrt auf Diversifizierung, Lagerhaltung und in geringerem Maß auch auf Nearshoring oder Reshoring setzen. Der Staat sollte die unternehmerischen Strategien vor allem mit Freihandelsabkommen und seinen zahlreichen Instrumenten der Außenwirtschaftsförderung flankieren.

Doch es stellt sich die Frage, ob dies ausreicht oder ob der Staat angesichts der geostrategischen Bedeutung der Abhängigkeiten von China eine größere Rolle übernehmen sollte. Möglicherweise könnten die Unternehmen mit der Aufgabe der Diversifizierung und des De-Risking von China überfordert sein. Dann würde man von einer Art Marktversagen sprechen können. Für diese Sorge gibt es durchaus gewisse Anhaltspunkte. China ist in vielen Bereichen der billigste Anbieter, auch weil im chinesischen Staatskapitalismus umfangreiche Subventionen vergeben werden. Wenn Vorleistungsprodukte statt aus China aus anderen Ländern oder aus dem eigenen Land bezogen werden, steigen sehr wahrscheinlich die Kosten und die Wettbewerbsfähigkeit der Firmen sinkt. Vor diesem Hintergrund könnte unternehmerisches Handeln möglicherweise nicht ausreichen, um strategische Abhängigkeiten von China hinreichend zu reduzieren.

Folgende Argumente sind in Erwägung zu ziehen:

- Zunächst ist zu fragen, ob Unternehmen bei ihren Entscheidungen über den Vorleistungsbezug geopolitische Risiken ausreichend berücksichtigen. Dies mag dann nicht der Fall sein, wenn gerade kleinere Firmen sich ihrer geopolitischen Implikationen für ihre Geschäfte nicht bewusst sind oder wenn sie den Aufwand einer Folgenabschätzung scheuen.
- Unternehmen kennen die für ihre Produktion kritischen Abhängigkeiten möglicherweise nicht, weil ihre Wertschöpfungsketten zu lang und zu komplex sind.
- Grundsätzlich dürften Firmen sicherlich bereit sein, höhere Kosten als eine Art Versicherungsprämie hinzunehmen, um Risiken in ihren Lieferketten zu reduzieren. Doch je stärker ihre Risikoneigung ist und je mehr sie (wie viele Börsenunternehmen) auf kurzfristige Gewinne fixiert sind, desto geringer dürfte die Bereitschaft sein, hohe Versicherungsprämien zu zahlen und die Abhängigkeiten damit signifikant zu reduzieren.
- Es könnte zudem zu einem Koordinierungsproblem und einer Art von Gefangenendilemma kommen, wenn Konkurrenzfirmen nicht in gleichem Maß ihre China-Abhängigkeit verringern. In diesem Fall drohen erhebliche Marktanteilsverluste, falls das eigene Unternehmen in intensivem Wettbewerb mit diesen Firmen steht und die Vorleistungen aus China einen relevanten Kostenanteil ausmachen.
- Bei großen Firmen kann ein Too-Big-to-Fail-Problem dazu führen, dass das Management im Schadensfall einen staatlichen Bailout einplant und daher zu hohe Risiken eingeht.

- Wenn jedes Unternehmen sein Abhängigkeitsrisiko als klein erachtet, kann gleichwohl in der Summe der Abhängigkeiten ein relevantes Klumpenrisiko für die Volkswirtschaft entstehen.

Wie kann es gelingen, trotz der drohenden Kostennachteile ein ausreichendes De-Risking möglich zu machen? Einige Beispiele können Ansatzpunkte von unterschiedlicher staatlicher Interventionstiefe aufzeigen:

- Der Staat kann mit zusätzlichen und leicht zugänglichen Informationsangeboten für Unternehmen über die Relevanz geopolitischer Risiken aufklären und Möglichkeiten zur Diversifizierung besser aufzeigen.
- Die Politik könnte bei hohen Abhängigkeiten von China eine Transparenzpflicht anordnen, um die Firmen dazu zu bringen, ihre Wertschöpfungsketten konsequent auf hochkritische Abhängigkeiten zu durchleuchten. Damit würde die Politik zudem einen besseren Überblick über strategische Abhängigkeiten auf Firmenebene erhalten. Dies wäre allerdings mit zusätzlichen Bürokratiekosten verbunden und es stellen sich Fragen bezüglich sensibler Geschäftsinformationen – daher ist dieser Ansatz mit Vorsicht zu betrachten.
- Eine gezielte Förderung ist denkbar für Firmen, die weitreichende Diversifizierungspläne vorlegen oder die eine strategische Bevorratung essenzieller Produkte vornehmen.
- Bei besonders kritischen Produkten, die einen engen Bezug zur Existenzsicherung haben (etwa lebenswichtige Medikamente), ist eine staatlich organisierte und finanzierte Vorratshaltung möglich.
- Aufgabe des Staates könnte es sein, entweder ein Bailout durch Steuerzahler glaubhaft auszuschließen oder, falls das nicht möglich ist, die Firmen zu einer ausreichenden Risikovorsorge anzuhalten.
- Bei größeren Wettbewerbsfähigkeitsnachteilen ist zu erörtern, ob der Staat mit tiefer greifenden Maßnahmen die Anreize der Firmen einschränken sollte, von China Vorleistungen zu beziehen.
- Das könnte durch Handelsbarrieren geschehen, die sich gegen subventionsbedingte Wettbewerbsverzerrungen durch China richten.
- Alternativ könnte der Zugang chinesischer Produkte zum EU-Markt mithilfe von regulatorischen Vorgaben etwa zu Arbeits- und Umwelt- oder Klimaschutzstandards eingeschränkt werden.
- Darüber hinaus ist denkbar, dass Produkte, die nicht aus China kommen, durch Subventionen wettbewerbsfähig gemacht werden (Kapitel 2).

Alle diese Instrumente bringen gravierende Markteingriffe mit sich und unterliegen daher einer hohen Rechtfertigungsschwelle.

3. Strategische Souveränität durch Subventionen oder komparative Vorteile?

Die Debatte über strategische Souveränität macht die Politik komplizierter. Denn der Umgang mit strategischen Abhängigkeiten kann wie aufgezeigt möglicherweise nicht mehr allein dem Markt überlassen werden. Das ist zudem für die grüne Transformation wichtig, weil hier ebenfalls strategische Abhängigkeiten vor allem von China drohen und sich auch hier die Frage nach staatlicher Intervention stellt. Hinzu kommt, dass in vielen relevanten Bereichen ein internationaler Subventionswettlauf stattfindet. Doch wo und wie der Staat eingreifen soll, ist zunächst offen.

Die Europäische Kommission setzt auf eine aktive Rolle der Politik. Sie definiert mittelfristig anzustrebende Mindestproduktionsanteile in Europa in verschiedenen Bereichen: für erneuerbare Energien im Rahmen des Net Zero Industry Act, für Rohstoffe im Rahmen des Critical Raw Materials Act und für Halbleiter im Rahmen des European Chips Act. Diese Ziele werden nur durch starke staatliche Interventionen und eine intensive subventionsbasierte Industriepolitik zu erreichen sein. Zudem hat die Kommission die europäischen Beihilferegeln aufgeweicht, auch in Reaktion auf die subventionsbasierte Klimapolitik der USA. Damit sind hohe Subventionen für einzelne Unternehmen möglich geworden, etwa im Halbleitersektor oder in der Batterieproduktion.

Doch ist das die richtige politische Antwort auf das Problem strategischer Abhängigkeiten? Was hat der ordnungsökonomische Ansatz dazu beizutragen? Traditionell ist dieser Ansatz skeptisch gegenüber einer aktiven Industriepolitik, die einzelne Branchen und Unternehmen fördert. Denn es droht aus verschiedenen Gründen eine Verschwendung von Steuerzahlergeldern und letztlich eine Art Staatsversagen. Erstens haben Staat und Unternehmen aus politökonomischer Sicht starke Anreize für eine überzogene Subventionsnutzung. So können Politik und Bürokratie mit der Subventionsvergabe Aktivismus zeigen und Wählerstimmen sichern, die Unternehmen können durch Rentseeking staatliche Gelder abgreifen. Zweitens droht eine Dauersubventionierung nicht wettbewerbsfähiger Aktivitäten, auch weil einmal vergebene Subventionen politökonomisch nur schwer zurückzunehmen sind. Drittens kann es zu Mitnahmeeffekten kommen, wenn der Staat nicht durchschaut, dass er ohnehin geplante unternehmerische Aktivitäten subventioniert. Zudem verzerrt die hohe Förderung einzelner Unternehmen den Wettbewerb gegenüber den übrigen Firmen im EU-Binnenmarkt. Es drohen ferner Allokationsverzerrungen, wenn große subventionierte Firmen kleineren Firmen die Arbeitskräfte und Kapital streitig machen, weil sie mehr expandieren als ohne Subventionen. Auch das Opportunitätskostenargument ist relevant: So ist zu fragen, ob knappe staatliche Gelder statt in hohe Subventionsgelder nicht besser in Bildung und Forschung investiert sind.

Es gab also lange Zeit gute Gründe, zurückhaltend mit einer aktiven Industriepolitik zu sein. Das Problem strategischer Abhängigkeiten macht es jedoch nötig, die Tür zumindest ein kleines Stück zu öffnen. Aufgrund der geschilderten politökonomischen Anreize droht die Tür jedoch von Politik und Unternehmen weiter aufgedrückt zu werden, als es richtig wäre. Zudem ist der Begriff strategische Autonomie ein sogenanntes Wieselwort, also sehr dehnbar, sodass er leicht für ungerechtfertigte Subventionen genutzt werden kann.

Dass diese Gefahr groß ist, zeigen einige Beispiele: So ist bei Subventionen für Solarmodule und Batterien für E-Autos zu hinterfragen, ob

- es sich wirklich um existenzielle Abhängigkeiten handelt – wie bei essenziellen Medizinprodukten und Arzneimitteln oder bei für viele industrielle Lieferketten unverzichtbare Rohstoffe;
- sich eine ausreichende Versorgung des europäischen Marktes nicht durch ein breit diversifiziertes Friendshoring mit vielen befreundeten Ländern sicherstellen lässt statt mit eigener Produktion;
- nicht ein Subventionsgrab mit Dauersubventionen droht, weil die Produktion dieser Produkte hier möglicherweise nicht wettbewerbsfähig möglich ist, da die Herstellung energieintensiv und relativ standardisiert ist;
- Subventionen überhaupt gerechtfertigt sind, soweit sie nicht für die Forschung an neuen Verfahren vergeben würden, sondern für die Herstellung technisch weitgehend etablierter Produkte.

Und selbst bei Halbleitern, wo viele europäische Staaten eher komparative Vorteile als bei standardisierter Produktion haben, ist zu fragen, ob

- die Förderung neuer Chip-Generationen wirklich eine strategische Abhängigkeit mindert, wenn diese Chips derzeit in Europa kaum verwendet werden;

- nicht auch hier ein breit diversifiziertes Friendshoring ausreichen würde, weil aufgrund einer sehr starken Subventionierung der Chipproduktion in vielen Staaten möglicherweise bald globale Überkapazitäten drohen;
- eine starke Förderung großer Halbleiterfirmen in strukturschwachen Regionen den Fachkräfteengpass bei mittelständischen Firmen nicht in zu großem Maß erhöht.

Diese Abwägungen zeigen, dass der Ansatz der Europäischen Kommission mit Mindestproduktionsquoten sehr fragwürdig ist und an planwirtschaftliche Ansätze erinnert. Wenn die Mitgliedstaaten diese Quoten mit subventionsbasierter Industriepolitik zu erreichen versuchen, droht eine massive Verschwendung von Steuerzahlergeldern, letztlich auch eine finanzielle Überforderung der EU-Staaten (Kapitel 3). Es braucht also durchaus die ordnungspolitischen Erkenntnisse, um die industriepolitischen Subventionen auf das wirklich Nötige und Sinnvolle zu beschränken.

4. Transformationsfinanzierung oder fiskalische Stabilität?

Neben der angestrebten strategischen Autonomie liegt eine weitere neue Herausforderung in der grünen und digitalen Transformation. Sie bringt große Investitionserfordernisse mit sich. Und das in einer Zeit, in der die EU-Staaten nach den Krisen der vergangenen Jahre teils sehr hoch verschuldet sind, in der die Geopolitik die Kosten des Wirtschaftens erhöht und in der das Wachstum demografisch bedingt in vielen Mitgliedstaaten abnehmen wird.

Vor diesem Hintergrund wird derzeit die Debatte über eine Reform des Stabilitäts- und Wachstumspakts (SWP) geführt. Der Pakt wird von manchen Seiten als zu restriktiv kritisiert und es wird eine Aufweichung gefordert – gerade auch mit Verweis auf die anstehenden Investitionen in die Transformationen und die strategische Autonomie. Wie bei der Industriepolitik drohen sich hier Interessen durchzusetzen, die ordnungsökonomischen Erwägungen widersprechen. Aus ordnungsökonomischer Perspektive hat die Politik die Aufgabe, makroökonomische Stabilität zu gewährleisten, weil anderenfalls die Wirtschaftsakteure bei ihren Entscheidungen durch Unsicherheit und krisenbedingte Marktverzerrungen behindert werden oder womöglich eine Wirtschaftskrise mit hoher Arbeitslosigkeit droht. Die Debatte lässt sich daher zuspitzen auf einen Zielkonflikt zwischen dem Erreichen der Transformations- und Autonomieziele und der Gewährleistung von makroökonomischer Stabilität. Welches Ziel sollte also Priorität haben?

Hierbei ist es sinnvoll, sich zu vergegenwärtigen, was bei einer Aufweichung des SWP geschehen würde, etwa indem mehr Spielraum für länger anhaltende höhere Fiskaldefizite und Ausnahmen für Investitionen in die grüne Transformation beschlossen würden, wie es immer wieder gefordert wurde. Bei einer solchen Strategie dürfte aus verschiedenen Gründen die Gefahr einer Staatsschuldenkrise in Europa aufkommen. Denn einige Staaten sind so hoch verschuldet, dass die Tragfähigkeit ihrer Staatsschulden bei einem weiteren Anstieg bedroht sein könnte. Die Situation wird durch das stark gestiegene Zinsniveau weiter erschwert. Dieser Effekt wird sich bei abnehmenden Inflationsraten umso stärker auswirken, je länger das Zinsniveau hoch bleiben muss. Auch die demografisch bedingte Wachstumsverlangsamung verschlechtert die Perspektiven für die Schuldentragfähigkeit.

Hinzu kommt das Problem, dass Investitionen in die grüne Transformation anders als normale Investitionen tendenziell nicht durch eine Erhöhung des Potenzialwachstums selbstfinanzierend sind, sodass das Argument für schuldenfinanzierte Investitionen stark geschwächt wird. Denn grüne Investitionen schaffen in der Regel keinen neuen Kapitalstock, sondern machen den bestehenden Kapitalstock *nur* grüner. Damit ist es unwahrscheinlich, dass sie das Potenzialwachstum nennenswert erhöhen. Wenn für sie Ausnahmen von den Fiskalregeln eingeführt würden, wäre also die Neuverschuldung höher und damit die längerfristige Schuldenlast, ohne dafür eine Gegenfinanzierung anzulegen.

Sollte es zu einer Staatsschuldenkrise in einem hochverschuldeten EU-Land kommen, würde dort mit großer Wahrscheinlichkeit auch eine Banken- und Finanzkrise ausbrechen. Die Folgewirkungen für die EU wären gravierend, weil auch die europäische Wirtschaft insgesamt in Mitleidenschaft gezogen würde. In einer solchen Situation würden die Finanzierungsspielräume für die Transformationsaufgaben und die strategische Autonomie schwinden und diese Ziele wären fundamental gefährdet. Zudem würde die EU auch geopolitisch in einem solchen Szenario massiv geschwächt. Daher muss aus Sicht des Autors die Wahrung fiskalischer Stabilität oberste Priorität erhalten. Die Ziele Transformation und Autonomie können dann unter der Nebenbedingung, dass Stabilität gewährleistet ist, so effektiv wie möglich verfolgt werden. Diese Argumentation spricht sehr klar gegen eine Aufweichung des SWP.

Doch trotz der sinnvollen fiskalischen Restriktionen bestehen auch weiterhin Spielräume für die Finanzierung der Transformations- und Autonomieziele. Denn im NextGenerationEU-Fonds sind noch erhebliche Mittel verfügbar, die vor allem den hochverschuldeten Staaten zugutekommen. Ein Großteil der Mittel ist noch nicht ausgegeben und wird angesichts der Verzögerungen bei der Umsetzung sehr wahrscheinlich auch nach 2026 zur Verfügung stehen. Zudem besteht durchaus Flexibilität, die Ausgabenprioritäten an veränderte Situationen anzupassen, wie das Vorgehen bei RePowerEU gezeigt hat. Ein schuldenfinanzierter NGEU 2.0 ist daher nicht nötig.

5. Fazit

Drohende geopolitische Konflikte mit China und die transformatorischen Herausforderungen fordern die Ordnungspolitik heraus. Zum Beispiel ist der früher lange Zeit enge ordnungspolitische Blick auf vertikale Industriepolitik und das fast uneingeschränkte Befürworten offener Märkte in der Reinform so nicht mehr haltbar. Gleichwohl können die fundierten Einsichten über Marktversagen, aber auch über Staatsversagen für eine differenziertere Politikgestaltung weiterhin ein wichtiger Leitfaden sein.

Literatur

BDI – Bundesverband der Deutschen Industrie (2019): CHINA: Partner und systemischer Wettbewerber – Wie gehen wir mit Chinas staatlich gelenkter Volkswirtschaft um?, Grundsatzpapier, Berlin.

Bundesregierung (2023): China-Strategie der Bundesregierung, Berlin.

Hüther, Michael/Bardt, Hubertus/Bähr, Cornelius/Matthes, Jürgen/Röhl, Klaus-Heiner/Rusche, Christian/Schaefer, Thilo (2023): Industriepolitik in der Zeitenwende, in: IW Policy Paper, Nr. 7, Köln.

Erfolgsgeschichte EU-Binnenmarkt – mit gemeinsamen Nachhaltigkeitsstandards zu einer gerechteren Globalisierung

Anna Cavazzini

1. Gutes Regieren für die Transformation

Ob die Klimakrise, der schreckliche Angriffskrieg gegen die Ukraine oder die Covid-19-Pandemie – die letzten Jahre haben gezeigt, dass wir den aktuellen Herausforderungen nur gemeinsam als Europa effektiv begegnen können. Doch die Krisen verlangen nicht nur nach konkreten und schnellen Antworten, sondern auch nach langfristigen Transformationen, um die EU auf Dauer sicherer, grüner, digitaler, fairer und damit auch resilienter zu machen.

Im Europäischen Parlament haben wir in den vergangenen Jahren an vielfältigen Gesetzen gearbeitet, welche die europäische Wirtschaft zukunftsfest und krisensicherer machen und einen gerechten Übergang ermöglichen sollen. Zu den komplexen Fragen, wie ein gutes Regieren für die Transformation aussehen kann, stehen wir als Politikerinnen und Politiker im intensiven Austausch mit Wissenschaftlerinnen und Wissenschaftlern, Unternehmen und der Zivilgesellschaft in Europa und der Welt. Dieser Artikel möchte einen Beitrag leisten, die europäischen Debatten und Gesetzesinitiativen der aktuellen Legislaturperiode aus grüner europapolitischer Perspektive einzuordnen.[1]

---

[1] Der Stand der hier dargestellten Gesetzesinitiativen entspricht dem November 2023.

2. Der Europäische Binnenmarkt – eine Erfolgsgeschichte mit Zukunftspotenzial

In den vergangenen 60 Jahren haben die Regierungen der meisten europäischen Staaten aktiv die Globalisierung vorangetrieben und damit auch die Spielregeln des internationalen Markts gestaltet. Die Marktregeln sind dabei immer auf bestimmte Ziele angelegt, wie zum Beispiel wirtschaftliches Wachstum oder innen- und außenpolitische Stabilität. Die aktuellen ökologischen Krisen, insbesondere die Klima- und Biodiversitätskrise erfordern nun, diese Regeln kritisch in Bezug auf Nachhaltigkeitsziele zu evaluieren, sowie um der geänderten geopolitischen Situation und Sicherheitslage Rechnung zu tragen. Denn die unterschiedlichen Krisen verstärken einander.

Es braucht sektorübergreifende Strategien, wie im Falle der Energie- und Sicherheitspolitik. Die Stärkung der Resilienz von Lieferketten muss dabei immer mitgedacht werden. Sie sorgt für mehr Unabhängigkeit von autoritären Regimen wie China oder Russland und kann uns in Europa vor neuen sicherheitspolitischen Dilemmata schützen. Dabei geht es nicht notwendigerweise um *mehr Staat*, sondern darum, das gemeinsame Regelwerk für den EU-Binnenmarkt so zu aktualisieren, wie es zur Bewältigung der gegenwärtigen Herausforderungen erforderlich ist.

Als Vorsitzende des Ausschusses für Binnenmarkt und Verbraucherschutz im Europäischen Parlament freue ich mich ganz besonders, dass wir dieses Jahr sein 30-jähriges Jubiläum feiern dürfen. In den ersten 20 Jahren bildeten der Abbau von nationalen Hürden, die Liberalisierung und die Schaffung gleicher Wettbewerbsbedingungen den wichtigsten Teil der europäischen Gesetzgebung für den Binnenmarkt. Es wurde so ein einheitlicher Markt für Unternehmen, Arbeitnehmerinnen und Arbeitnehmer sowie Verbraucherinnen und Verbraucher in der EU geschaffen, der Freiheit von Dienstleistungen, Kapital, Personen und Waren garantiert und weithin als Erfolgsgeschichte gilt.

Jetzt arbeiten wir daran, das Regelwerk des Binnenmarkts so auszugestalten und zu aktualisieren, dass die Marktregeln auch unseren übergeordneten politischen Zielen dienen: Darunter fallen die Bekämpfung der Klimakrise, die Verteidigung unserer Demokratie oder der Schutz von Daten und Privatsphäre von Nutzerinnen und Nutzern im Internet. Durch transparente und einheitliche Regeln entsteht so ein *level playing field*, also faire Wettbewerbsbedingungen für Unternehmen, die im Binnenmarkt agieren. Diese Regeln gelten aber eben nicht nur für europäische Unternehmen, sondern auch für Importeure und Aktivitäten ausländischer Unternehmen auf dem Binnenmarkt.

So können unsere Regeln den weltweiten Wettbewerb durch den sogenannten *Brussels Effect* mitgestalten.

3. Der Green Deal - Europas Zukunftsprogramm

Das wohl wichtigste europäische Programm der aktuellen Legislaturperiode, um die europäische Wirtschaft zukunftsfest zu machen, ist der Europäische Green Deal. Dieser besteht aus zahlreichen Gesetzespaketen und umfasst alle Bereiche der EU-Politik, mit dem Ziel, die EU bis 2050 als ersten Kontinent klimaneutral zu machen (Europäische Kommission 2019). Dieser Zeithorizont ist wichtig, da er den Unternehmen Planungs- und Rechtssicherheit in der Transformation gibt.

Die EU ist nicht allein auf diesem Weg. Fast alle Länder der Welt haben sich auf das Pariser Klimaabkommen und damit auf die Eindämmung der Erderhitzung geeinigt. Dieser internationalen Verpflichtung müssen die Staaten jetzt auch mit ambitionierten Plänen zur Umsetzung nachkommen. Mittlerweile ziehen zum Beispiel auch die USA mit dem Inflation Reduction Act (IRA) im globalen Wettlauf um Netto-Null-Industrien nach.

Aus der Euro-Krise haben wir zudem gelernt, dass staatliche Investitionen instrumentell sind, um Schuldenkrisen zu verhindern. So sollen die Folgen der Covid-19-Pandemie durch den Europäischen Wiederaufbaufonds (Next Generation EU) abgefedert werden. Neben der Eindämmung der wirtschaftlichen und sozialen Auswirkungen der Covid-19-Pandemie dient er auch zu einem Drittel der Finanzierung des Green Deals (Europäische Kommission 2019). Auch wir in der EU investieren damit strategisch in grüne Industrien vor Ort.

Denn wir sind auf Unternehmen als Treiber der Transformation angewiesen. Ihre Innovationen und grünen Technologien sind unerlässlich auf dem Weg zur Klimaneutralität und sie machen den Standort Europa noch attraktiver. Mit einer starken europäischen Industrie können wir auch die Folgen globaler Lieferkettenkrisen abmildern und uns unabhängiger von kritischen Partnerinnen und Partnern machen. Dabei ist es uns Grünen ein Anliegen, diese Förderungen so präzise, gesamteuropäisch, bürokratiearm und einfach wie möglich auszugestalten.

4. Auf dem Weg zur Kreislaufwirtschaft – das Geschäftsmodell der Zukunft

Für eine nachhaltige Industrie müssen wir auch unsere Stoffkreisläufe überdenken. Einer der wichtigsten Bausteine des Green Deals ist deshalb der Aktionsplan für die Kreislaufwirtschaft. Ziel der Kreislaufwirtschaft ist es, Materialien möglichst lange in geschlossenen Stoffströmen zu halten. So wird durch die Möglichkeit des Reparierens, Upcyclings, Wiederaufbereitens und schließlich Recyclings Müll zum Designfehler von Produkten. Technische Standards auf dem Binnenmarkt werden Hebel der Kreislaufwirtschaft und damit Werkzeuge im Kampf gegen Klimakrise und Ressourcenverbrauch.

Ziel ist, dass auch Verbraucherinnen und Verbraucher profitieren. Sie sparen Geld und können sich schon beim Kauf von Produkten – egal ob Smartphone oder Waschmaschine – darauf verlassen, dass diese nicht sofort kaputtgehen, sondern reparierbar und nachhaltig sind. Mir ist wichtig zu betonen, dass auch Unternehmen von Regeln für eine faire Konkurrenz profitieren, indem marktverzerrende Praktiken, wie etwa der vorzeitige Verschleiß oder der Verkauf von Schrottprodukten, oft aus dem außereuropäischen Ausland, gestoppt werden. Das schafft Planungssicherheit und stärkt das Qualitätsversprechen der europäischen Industrie.

In dieser Legislatur haben wir viele Fortschritte auf dem Weg zur Kreislaufwirtschaft gemacht. Ich habe mich besonders für ein Gesetz für ein Recht auf Reparatur eingesetzt, an dem wir zum Zeitpunkt der Manuskriptabgabe im Ausschuss für Binnenmarkt und Verbraucherschutz des Europäischen Parlaments arbeiten. Dieses soll es Verbraucherinnen und Verbrauchern ermöglichen, ihre Geräte unkomplizierter zu reparieren und Reparatur über den Neukauf zu priorisieren.

In Deutschland allein produziert jede Bürgerin und jeder Bürger im Durchschnitt aktuell 12,5 Kilogramm Elektroschrott pro Jahr (Statistisches Bundesamt 2023). So werden wertvolle Mineralien und kritische Rohstoffe, die über komplizierte Lieferketten in die EU kommen, verschwendet und landen in verstaubten Technikschubladen und im Sondermüll, statt sie im Kreislauf zu halten. Mit Gesetzen zur Kreislaufwirtschaft wie dem Recht auf Reparatur reduzieren wir so nicht nur die Müllberge, sparen Energie und Rohstoffe, sondern stärken auch die Unabhängigkeit von anfälligen Lieferketten.

Ein Meilenstein ist die aktualisierte Ökodesign-Verordnung, die sich zu Zeiten der Manuskriptabgabe bereits in den finalen Verhandlungszügen befindet. Mit ihr wollen wir klare Standards für Produkte setzen, damit diese so langlebig wie möglich produziert werden. Mit weiteren Gesetzen, zum Beispiel zur Stärkung von Verbraucherinnen und Verbrauchern im Grünen Wandel oder der Batterienverordnung konnten wir in dieser Legislatur zudem große Lücken im EU-Regelwerk für einen nachhaltigen und verbraucherfreundlichen Binnenmarkt schließen.

Die konsequente Umsetzung dieser Regeln ist dabei entscheidend. Für die Wettbewerbsfähigkeit der europäischen Unternehmen ist es von grundlegender Bedeutung, dass nicht-konforme Produkte nicht auf den Binnenmarkt schwemmen. Daher arbeiten wir im Europäischen Parlament aktuell auch an einer zeitgemäßen Zollreform und an der Erleichterung der Umsetzung der Binnenmarktvorschriften in den einzelnen Mitgliedsstaaten. Nur europäische Lösungen können für einen einheitlichen Markt sorgen und unnötige Bürokratie für Unternehmen abbauen.

5. Nachhaltige Digitalisierung – Demokratie und Verbraucherschutz

Auch eine nachhaltige Digitalisierung kann die notwendigen Transformationen entscheidend vorantreiben. Wir versuchen deshalb, die Regeln auf dem europäischen Binnenmarkt so auszugestalten, dass große Plattformen in die Schranken gewiesen werden, um kleine Unternehmen und Nutzerinnen und Nutzer zu schützen. Der Digital Markets Act (DMA) – oder auf Deutsch: das Gesetz über Digitale Märkte – und das Gesetz über digitale Dienste, der Digital Services Act (DSA), sind dafür Paradebeispiele.

Denn auch das gehört längst zur Realität des Binnenmarkts: Wenige sehr große digitale Plattformen bestimmen unseren Alltag. Messenger-Dienste und Social-Media-Plattformen sind in der Hand weniger großer Konzerne. Von den über 10.000 in der EU tätigen Online-Plattformen sind über 90 Prozent kleine oder mittlere Unternehmen (Europäisches Parlament 2021). Doch diese hatten bisher oft keine Chance, auch weil bestimmte Anwendungen auf Geräten bereits vorinstalliert sind und nicht gelöscht werden können. Mit den einheitlichen, demokratisch gesetzten Regeln des DMA schaffen wir auch hier faire Wettbewerbsbedingungen und echte Entscheidungsfreiheit für Verbraucherinnen und Verbraucher.

Eine Schattenseite der Digitalisierung ist auch die schnelle und wachsende Verbreitung von Falschinformationen. Die gegenwärtigen Krisen und insbesondere die Covid-19-Pandemie haben gezeigt, wie gefährlich digital verbreitete Desinformationen sind. Mit dem Digital Services Act (DSA) wollen wir Verbraucherinnen und Verbraucher schützen und Betreiberinnen und Betreiber von Plattformen in die Pflicht nehmen. Denn Desinformationen bedrohen demokratische Prozesse und öffnen ein Einfallstor für Extremismus und Populismus. Die Regulierung digitaler Konzernmacht und die Eindämmung von Falschinformationen sind Beispiele, wie EU-Regeln Verbraucherinnen und Verbraucher und kleine und mittelständische Unternehmen schützen und so zeitgemäße Rahmenbedingungen für die grüne Transformation der EU schaffen.

6. Gerechte und krisenfeste Lieferketten – globale Verantwortung und fairer Wettbewerb

Auf dem Weg zu einer klimaneutralen Industrie dürfen wir dabei aber nicht vergessen, dass Europas Verantwortung weit über seine Grenzen hinausreicht. Nicht nur ist Europa historisch für einen der größten Anteile an Treibhausgasemissionen verantwortlich (Our World in Data, 2023), sondern viele Probleme wie Umweltverschmutzung und Ausbeutung von Arbeiterinnen und Arbeitern hat die EU in den letzten Jahren ausgelagert. So produzieren dreckige und arbeitsintensive Industrien ihre Produkte für den europäischen Markt billiger im Ausland.

Ein anschauliches Beispiel dafür ist die Textilindustrie, die giftige Umweltverschmutzung, hohe Emissionen und die Zerstörung von wichtigen Ökosystemen wie Flüssen verursacht. Pro EU-Durchschnittsbürger werden durch die Textilindustrie fast 400 Kilogramm an Rohstoffen verbraucht und 290 Kilogramm CO_2 verursacht (Europäisches Parlament 2023). Nicht erst seit dem Einsturz der Textilfabrik Rana Plaza in Bangladesch vor zehn Jahren, bei dem über 1000 Menschen starben, ist zudem klar, dass in den Lieferketten der Textilindustrie Menschenrechtsverletzungen auftreten.

Mit dem europäischen Lieferkettengesetz (CSDDD) haben wir daher ein Instrument entwickelt, das sicherstellen soll, dass in der gesamten Lieferkette Menschenrechte geachtet werden. Das Gesetz folgt dem Beispiel von Mitgliedsstaaten wie den Niederlanden oder Frankreich, die bereits ähnliche Sorgfaltspflichten haben. Auch hier schafft ein einheitliches EU-Gesetz einen fairen Wettbewerb und stoppt die Fragmentierung des Europäischen Marktes. Unternehmen werden zudem bei der Umsetzung der Sorgfaltspflichten unterstützt und besonders auf kleine und mittelständische Unternehmen wurde in der Gesetzgebung Rücksicht genommen. Ein breites Bündnis aus zivilgesellschaftlichen Organisationen hatten ein solches Lieferkettengesetz viele Jahre lang gefordert, das auch Unternehmensvertreterinnen und -vertreter unterstützen (WWF 2023).

Aktuell verhandeln wir auch ein Verbot für Produkte aus Zwangsarbeit nach US-Vorbild. Das Gesetz soll ebenfalls dafür sorgen, dass unlautere Wettbewerbsvorteile, wie die Ausbeutung von Menschen in Zwangsarbeit, nicht den Markt verzerren. Die EU-Gesetzgebung kann so dazu beitragen, dass von einer gerechten Globalisierung alle Menschen profitieren, innerhalb und außerhalb der EU. Wer Menschenrechte nicht achtet oder die Umwelt zerstört, hat mit seinen Produkten auf dem europäischen Markt nichts zu suchen, das ist nur fair.

7. Internationale Partnerschaften auf Augenhöhe – eine neue Generation von Abkommen

Auch Handelsabkommen können die Zusammenarbeit mit anderen Ländern stärken und geopolitisch wichtige Beziehungen fördern. Doch Handelsabkommen werden seit Jahren kontrovers diskutiert und sorgten zum Beispiel im Falle des TTIP- oder Mercosur-Handelsabkommens für große Proteste der Zivilgesellschaft und hitzige Debatten über die Vor- und Nachteile für die jeweiligen Vertragspartner und deren Industrien. Ein Grund für diese Kontroverse sind die immer umfassenderen Handelsabkommen, die diese so immer weiter aufladen.

Schließlich vereinbaren Abkommen der neuen Generationen nicht nur den Abbau tarifärer und nichttarifärer Hemmnisse, sondern enthalten auch Regelungen zum Urheberrecht, zur Marktintegration von kleinen und mittelständischen Unternehmen (KMU) oder zum Investitionsschutz. Um eine unkomplizierte internationale Zusammenarbeit auf Augenhöhe besonders mit Ländern des Globalen Südens zu ermöglichen, ist es entscheidend, dass auch angemessene Sozial- und Nachhaltigkeitsstandards vereinbart werden. So können die Nachhaltigkeitsstandards des Binnenmarkts und der internationale Handel in Einklang gebracht werden. Zudem ist wichtig, dass nicht nur große Unternehmen profitieren. Klein- und mittelständische Betriebe, Landwirtinnen und Landwirte und Zivilbevölkerung dürfen nicht unter den Folgen des Handelsabkommens leiden, sondern sollen ebenfalls gewinnen.

Deshalb erarbeiten wir gleichzeitig internationale Mechanismen und Gesetze, um die globale Zusammenarbeit auch in Bezug auf die Nachhaltigkeitsziele und Sicherheit zu stärken, insbesondere zur Bekämpfung der Klima- und Biodiversitätskrise. Beispielsweise können zusätzliche Anreizsysteme Länder des globalen Südens dabei unterstützen, in Ökosystemdienstleistungen, wie den Schutz der Wälder, zu investieren (Bundestagsfraktion Bündnis 90/Die Grünen 2023). Das Gesetz für entwaldungsfreie Lieferketten etabliert zudem einen beispielhaften Mechanismus, der sicherstellt, dass keine Entwaldung in und außerhalb der EU für Produkte auf dem europäischen Markt stattfindet. Das schützt nicht nur das Klima, sondern fördert auch die Menschenrechte von indigenen und ländlichen Gemeinschaften und macht Lieferketten langfristig stabiler.

8. In Krise und Transformation – Europa wird fit für die Zukunft

Ein gutes Regieren in Zeiten der multiplen Krisen ist komplex und auch mit vielen Kompromissen verbunden. Dabei dürfen kurzfristige Notwendigkeiten nicht über langfristige Transformationsprozesse hinwegtäuschen. In der EU entwickeln wir Programme, um die Spielregeln des Marktes an die neuen Herausforderungen anzupassen. In dieser Legislaturperiode konnten wir trotz immer neuer Krisen dabei große Fortschritte erzielen. Um die Transformation realistisch voranzubringen, dürfen wir uns nicht auf einen Wettlauf nach unten einlassen oder in Kurzschlussreaktionen Nachhaltigkeitsziele abschaffen. Stattdessen müssen wir weiter am Regelwerk der Zukunft arbeiten, eines mit verbindlichen und einheitlichen Nachhaltigkeitsstandards, das zur Stärkung der Produktion vor Ort führt und den Qualitäts- und Innovationsstandort Europa noch attraktiver macht. Die notwendigen Umgestaltungsprozesse sind in vollem Gange. Das sind gute Nachrichten, denn es ist unsere europäische Aufgabe, auf aktuelle Krisen zu reagieren und uns auf die Krisen der Zukunft vorzubereiten.

Literatur

Bundestagsfraktion Bündnis 90/Die Grünen (2023): Gutachten zur völkerrechtlichen Implementierung eines effektiven Waldschutzinstrumentes in das EU-MERCOSUR-Freihandelsabkommen im Wege der Vertragsergänzung, Website Bündnis90/Die Grünen, [online] https://www.gruene-bundestag.de/fileadmin/media/gruenebundestag_de/themen_az/wirts

chaft/PDF/Gutachten_EU_MERCOSUR_Waldschutz.pdf [abgerufen am 9.11.2023]

Europäische Kommission (2019): Der europäische Grüne Deal – Erster klimaneutraler Kontinent werden, Website Europäische Kommission, [online] https://commission.europa.eu/strategy-and-policy/priorities-2019-2024/european-green-deal_de [abgerufen am 9.11.2023].

Europäisches Parlament (2021): Das Gesetz über digitale Märkte und das Gesetz über digitale Dienste – einfach erklärt, Website Europäisches Parlament, [online] https://www.europarl.europa.eu/news/de/headlines/priorities/digitaler-wandel/20211209STO19124/das-gesetz-uber-digitale-markte-und-das-gesetz-uber-digitale-dienste [abgerufen am 9.11.2023].

Europäisches Parlament (2023): Umweltauswirkungen von Textilproduktion und -abfällen, Website Europäisches Parlament, [online] https://www.europarl.europa.eu/news/de/headlines/society/20201208STO93327/umwelt auswirkungen-von-textilproduktion-und-abfallen-infografik [abgerufen am 9.11.2023].

Our World in Data (2023): Who has contributed most to global CO_2 emissions?, Website Our World in Data, [online] https://ourworldindata.org/contribu ted-most-global-co2 [abgerufen am 9.11.2023].

Statistisches Bundesamt (2023): EU-weit 4,7 Millionen Tonnen Elektroschrott im Jahr, Website Statistisches Bundesamt, [online] https://www.dest atis.de/Europa/DE/Thema/Umwelt-Energie/Elektroschrott.html#:~:te xt=Pro%20Kopf%20verursachte%20jede%2Fr,(14%2C4%20Kilogramm) [abgerufen am 9.11.2023].

WWF (2023): 70 Unternehmen fordern starkes EU-Lieferkettengesetz, Website WWF, [online] https://www.wwf.at/70-unternehmen-fordern-starke s-eu-lieferkettengesetz/#:~:text="Das%20EU%2DLieferkettengesetz%20i st%20aus,Umweltschutz%20entlang%20globaler%20Lieferketten%20stär ken [abgerufen am 9.11.2023].

Außen- und Sicherheitspolitik

Keine Zeitenwende im Verteidigungshaushalt

Hubertus Bardt

1. Veränderte Verpflichtungen

Die deutsche Gesellschaft ist von grundlegenden kurz- wie langfristigen Veränderungsprozessen betroffen. Während Demografie, Dekarbonisierung und Digitalisierung bereits jetzt absehbar langfristige Wirkungen haben und frühzeitige Anpassungsentscheidungen erfordern, hat der russische Überfall auf die Ukraine Fragen der äußeren Sicherheit mit Vehemenz und sofortiger Wirkung auf die politische Tagesordnung gesetzt. Nicht umsonst ist der Begriff der Zeitenwende als Reaktion auf den Krieg in Osteuropa geprägt worden.

Neben der konkreten Bedrohung der äußeren Sicherheit durch Russland sind mögliche durch China ausgehende Eskalationsrisiken in die öffentliche Diskussion geraten. Eine eventuelle kriegerische Annexion Taiwans durch die Volksrepublik China würde sich zu einem wirtschaftlichen und möglicherweise militärischen Konflikt mit dem Westen ausweiten können. Die Unterstützung Taiwans könnte sowohl mit Waffengewalt als auch durch umfangreiche Sanktionen erfolgen, wie dies auch im Fall Russlands stattgefunden hat. Sanktionen und Gegensanktionen könnten die Weltwirtschaft erheblich schwächen und industrielle Produktion auch in Europa stark einschränken. Insbesondere mit Blick auf die Versorgung mit Metallrohstoffen herrscht ein erhebliches Erpressungspotenzial Europas durch China (vbw 2022). Die Bestrebungen nach Risikominderung und Diversifizierung von Lieferketten ist eine ebenso angemessene wie notwendige Reaktion, bei der Regierung und Unternehmen gleichermaßen gefordert sind (Matthes 2022; Bähr et al. 2023).

Staatliche Aufgabe ist hingegen die Sicherung der äußeren Sicherheit des Landes. Für Deutschland gilt dies im europäischen Verbund und im transatlantischen Kontext der NATO als kollektivem Verteidigungsbündnis. Voraussetzung für eine effektive Verteidigungsfähigkeit des Bündnisses ist die Verfügbarkeit der dafür notwenigen Fähigkeiten. Innerhalb des Bündnisses ist es effizient, wenn die entsprechenden Fähigkeiten schwerpunktmäßig entwickelt und kollektiv verfügbar gemacht werden. Eine als fair empfundene Lastverteilung lässt sich anhand der Ausgaben definieren, die für die vereinbarten Fähigkeiten entsprechenden Verteidigung aufgewandt werden – unter der impliziten Voraussetzung eines effizienten Mitteleinsatzes. Entsprechend wurde innerhalb der NATO ein finanzielles Ziel definiert und schrittweise verbindlicher verankert. Seit dem Gipfel von Glasgow 2014 (NATO 2014) ist das Ziel verabredet, 2 Prozent des Bruttoinlandsprodukts für Verteidigungszwecke aufzuwenden. Diese bemessen sich nicht allein am formellen Verteidigungshaushalt, sondern nehmen verteidigungsrelevante Ausgaben in anderen Haushalten hinzu und ziehen nicht passende Ausgaben des Verteidigungshaushalts im engeren Sinne ab.

Das Zwei-Prozent-Ziel ist für die deutsche Diskussion von besonderer Bedeutung, weil dieses Ziel über die letzten Jahre nie erreicht werden konnte. Seit 1995 lagen die Verteidigungsausgaben in Deutschland Jahr für Jahr unter 1,5 Prozent des Bruttoinlandprodukts. Der Tiefpunkt lag 2015 bei lediglich unter 1,1 Prozent (SIPRI 2023). Verschiedene US-Administrationen haben darauf gedrängt, die eingegangenen Verpflichtungen ernster zu nehmen (Bardt 2018).

Mit Blick auf die neue Sicherheitslage wurde die Verpflichtung von Seiten des Bundeskanzlers in seiner Regierungserklärung im Februar 2022 noch einmal bekräftigt: »Wir werden […] ein Sondervermögen Bundeswehr einrichten […]. Der Bundeshaushalt 2022 wird dieses Sondervermögen einmalig mit 100 Milliarden Euro ausstatten. […] Wir werden von nun an Jahr für Jahr mehr als zwei Prozent des Bruttoinlandsprodukts in unsere Verteidigung investieren.« (Bundesregierung 2022). Diese Zeitenwende-Rede umfasste also zwei zentrale das Verteidigungsbudget betreffende Elemente: das 2 Prozent-Ziel sowie die Einrichtung eines Sondervermögens Bundeswehr in Höhe von 100 Milliarden Euro außerhalb des bestehenden Haushalts. Nach kurzen Irritationen wurde klargestellt, dass diese Elemente nicht additiv zu verstehen sind, dass also die 100 Milliarden nicht zusätzlich zur 2 Prozent-Marke bereitgestellt werden. Vielmehr wird das Sondervermögen zur Erfüllung der NATO-Verpflichtung eingesetzt.

2. Entwicklung des Bundeshaushalts

Der Haushalt für das Bundesministerium der Verteidigung (Einzelplan 14) beläuft sich 2024 auf fast 52,0 Milliarden Euro und ist auch in der mittelfristigen

Finanzplanung auf diesem nominell gleichen Niveau fixiert. Hinzu kommen weitere Ausgabenposten außerhalb des Einzelplans 14, die den Verteidigungsausgaben nach NATO-Definition zugerechnet werden. Dies ist notwendig, um die unterschiedliche Zurechnung der Ausgabenposten zu verschiedenen Ministerien in den einzelnen NATO-Ländern zu berücksichtigen. Dazu wird auch die Ukraine-Hilfe gezählt. In Deutschland liegt der Betrag für die Ertüchtigung von Partnerstaaten bei 7,48 Milliarden Euro. Hinzu kommt ein Aufschlag von durchschnittlich knapp 10 Prozent an weiteren Positionen, die zum NATO-Ziel beitragen. Damit erhöhen sich die deutschen Verteidigungsausgaben aktuell und in der mittelfristigen Finanzplanung um weitere 5 Milliarden Euro auf 65,2 Milliarden Euro ohne das Sondervermögen. Für die Zukunft sind diese Werte praktisch konstant, wobei die Ukraine-Hilfen besonderer Unsicherheit unterliegen (Abbildung 1).

Aus dem Sondervermögen werden 2024 19,0 Milliarden ausgegeben, die ebenfalls den Verteidigungsausgaben zuzurechnen sind. Damit steigt die deutsche NATO-Quote auf 2,0 Prozent an und liegt erstmalig wieder am Zielwert. Unter der Annahme, dass das Sondervermögen genutzt wird, um das Zwei-Prozent-Ziel zumindest im Folgejahr trotz der gleichbleibenden regulären Verteidigungsausgaben zu erreichen, müssten 2025 zusätzlich zu 4 Milliarden Euro Ukraine-Hilfen 26,6 Milliarden aus dem Sondervermögen fließen. Da daraus auch die damit einhergehenden Zinszahlungen zu finanzieren sind, die auf 13 Milliarden Euro geschätzt werden, könnten auch 2026 die notwendigen 29 Milliarden Euro bereitgestellt werden, 2027 wären es nur noch rund 4 Milliarden. Aus dem regulären Haushalt wäre damit eine Lücke zum Zwei-Prozent-Ziel von 27,5 Milliarden Euro 2027 und gut 32 Milliarden Euro im Folgejahr zu schließen, jeweils zusätzlich zu 4 Milliarden Euro Ertüchtigungshilfen für die Ukraine. Schon heute ist Deutschland für rund ein Drittel der kumulierten Lücke aller NATO-Staaten außer den USA verantwortlich (Dorn et al. 2023). Nach dem Jahr 2027 läge die Lücke auf einem neuen Rekordlevel. Ohne eine Erhöhung der regulären Budgetansätze würde die NATO-Quote in Deutschland wieder auf 1,4 Prozent fallen.

Die zeitliche Ausgabenstruktur des Sondervermögens ist variabel und hängt von den Fortschritten der Beschaffungsprozesse ab. Eine zeitliche Streckung würde die Lücke in späteren Jahren zwar verringern, aber dafür schon in vergangenen Zeiträumen dazu führen, dass das Commitment »Jahr vor Jahr« das Zwei-Prozent-Ziel zu erreichen, nicht eingehalten wird. Am mittelfristigen zusätzlichen Finanzierungsbedarf von etwa 30 Milliarden Euro pro Jahr ändert dies nichts. Wenn aus militärischen Gründen für Personal und

Ausstattung höhere Ausgaben als die zugesagten 2 Prozent des BIP notwendig sind, kann die Lücke noch spürbar ansteigen.

Abb. 1: Verteidigungsausgaben in Deutschland und das NATO-Ziel in Milliarden Euro

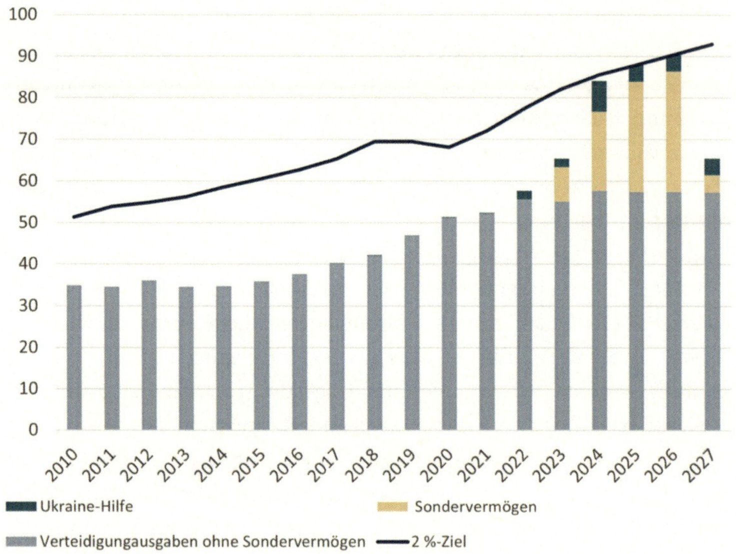

Quellen: Bundeshaushalt; Institut der deutschen Wirtschaft.

3. Zeitenwende nur durch Sondervermögen

Eine Kurskorrektur bei der Größe des Verteidigungshaushalts war vor allem nach 2015 festzustellen. Bis 2022 stieg die NATO-Quote von 1,19 Prozent auf 1,44 an, die gesamten nominalen Verteidigungsausgaben (Einzelplan 14 und weiterer Positionen im regulären Haushalt) erhöhten sich um 55 Prozent von 35,9 auf 55,6 Milliarden Euro. Die Lücke zur Zwei-Prozent-Marke wurde jedoch nur langsam kleiner, das festgelegte Ziel weiterhin nicht erreicht. Die Zeitenwende müsste sich spätestens im Haushalt 2023 und der mittelfristigen Finanzplanung niederschlagen, hier zeigt sich jedoch eine Stagnation der originären Haushaltsmittel für die äußere Sicherheit. Die ausgerufene Zeitenwende wird damit ausschließlich über das Sondervermögen von 100 Milliarden Euro umgesetzt und finanziert. Da der mit dem Zwei-Prozent-Ziel verbundene Finanzbedarf bei wachsendem nominalem Bruttoinlandsprodukt weiter ansteigt, wird die Lücke im Bundeshaushalt immer größer, für die nach dem Auslaufen des Sondervermögens keine zusätzliche Finanzierungsquelle zur Verfügung steht.

Dass die Zeitenwende ausschließlich durch das Sondervermögen getragen wird, während die originäre Ausstattung durch den Bundeshaushalt sich sogar verschlechtert, zeigt auch die Entwicklung der Ausgabenansätze für militärische Beschaffung, Anlagen etc. Auch hier hat es einen deutlichen Zuwachs im Bundeshaushalt bis 2022 gegeben. Zwischen 2015 und 2022 hat sich der Wert von 9,5 auf 20,4 Milliarden mehr als verdoppelt. In der Umsetzung des Haushalts wurden durchschnittlich rund 5 Prozent der vorgesehenen Mittel nicht für Beschaffung, Anlagen und ähnliches ausgegeben. Mit der Zeitenwende steigen die Beschaffungsbudgets im originären Bundeshaushalt nicht etwa an, sondern sie werden deutlich auf 15 Milliarden Euro im Jahr 2024 reduziert – gegenüber 2022 ist das ein Rückgang um ein Viertel (Abbildung 2). Dieses verschlechterte Ausgangsniveau wird der Startpunkt nach dem Auslaufen des Sondervermögens sein, wenn nicht deutliche Anstrengungen für eine bessere reguläre Finanzierung unternommen werden.

Teil der Begründung des Sondervermögens war das Schließen der in der Vergangenheit aufgelaufenen Ausrüstungslücken der Bundeswehr und die Neuausrüstung mit Blick auf die veränderte Sicherheitslage. Insofern ist es konsequent, dass das Sondervermögen weitestgehend für diese Zwecke aufgewendet wird – wenn einmal die etwa 13 Milliarden Euro an Zinszahlungen abgezogen werden, die die zur Verfügung stehende Summe auf 87 Milliarden reduziert. Während die Beschaffungsausgaben im regulären Haushalt zurückgehen, werden Sie durch das Sondervermögen fast verdoppelt und sollen im Jahr 2024 39,2 Milliarden Euro erreichen. Damit kämen 60 Prozent der Ausrüstungsmittel aus dieser temporären Finanzierungsquelle. Für 2024 sind aus dem Sondervermögen 24 Milliarden für militärische Beschaffungen und dergleichen vorgesehen, obgleich die Gesamtausgaben ohne Schuldendienst nur bei 19 Milliarden liegen sollen. Die Differenz entsteht vor allem durch eine globale Minderausgabe, also einer noch nicht spezifizierten Ausgabenkürzung im Bereich der Beschaffung Dennoch ist die Summe deutlich höher als sie in den letzten Dekaden war. Die Zeitenwende bei der Ausrüstung ist aber nicht nachhaltig gesichert, sondern ausschließlich über das temporäre Element des

100 Milliarden Sondervermögens – also einer Schuldaufnahme außerhalb des Haushalts – realisiert.

Abb. 2: *Haushaltsansätze für militärische Beschaffung, Anlagen etc. in Milliarden Euro*

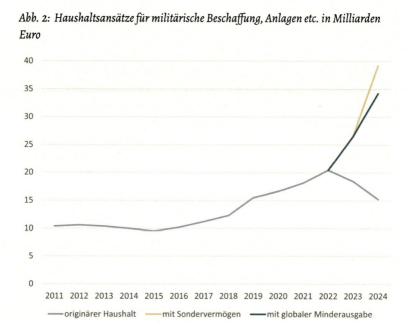

Quellen: Bundeshaushalte; Institut der deutschen Wirtschaft.

4. Keine nachhaltige Zeitenwende

Der Begriff der Zeitenwende suggeriert ein nicht nur kurzfristiges Reagieren auf eine akute Situation, sondern eine längerfristige Neuaufstellung. Das Sondervermögen von 100 Milliarden Euro ist eine kurzfristige und starke Reaktion auf die veränderte Sicherheitslage und soll die Ausrüstungsmängel der Vergangenheit kompensieren. Für eine strukturelle Verbesserung im Sinne einer nachhaltigen Zeitenwende wäre aber eine dauerhafte Verbesserung der Finanzierungsstruktur der Bundeswehr als Instrument zur Bewahrung der äußeren Sicherheit notwendig. Gerade diese strukturellen Verbesserungen finden sich jedoch nicht. Der eigentliche Verteidigungshaushalt ist eingefroren und reicht bei weitem nicht, um auch inklusive der weiteren Positionen im originären Haushalt das Committment zum Zwei-Prozent-NATO-Ziel zu erfüllen. Der Abstand wird im Gegenteil laufend größer und nur durch das Sondervermögen verdeckt. Bei den eigentlichen Beschaffungen (militärische Beschaffung, Anlagen etc.), die deutlich mehr umfassen als Waffentechnologie, Fahrzeuge und Munition, sinkt der Ansatz im originären Haushalt sogar deutlich. Selbst der Anteil des Sondervermögens stellt sich mit einer globalen Minderausgabe erst einmal größer dar als er tatsächlich ist.

Spätestens wenn die kurzfristige Lösung ausgelaufen und die 100 Milliarden (inklusive Zinszahlungen) ausgegeben worden sind, wird der Reformbedarf angesichts der weiterwachsenden Lücken mit Vehemenz zutage treten. Die Bündnisverpflichtungen, das eigene Interesse an einer angemessen ausgestatteten Bundeswehr sowie die auf viele Jahre oder Jahrzehnte veränderte Sicherheitslage erfordern eine Zeitenwende, die ihren Namen auch verdient und sich in den Haushaltsansätzen widerspiegelt. Allein die erneut bestärkten und von der Bundesregierung bekräftigten Bündnisverpflichtungen, bei denen die Zwei-Prozent-Marke zunehmend eher als Untergrenze angesehen wird, erfordern eine Aufstockung der Budgets. Sollten die USA zu einem isolationistischeren Kurs wechseln, wäre Europa und insbesondere Deutschland noch deutlich stärker gefordert. Aber selbst ein schrittweiser Aufwuchs des Budgets in Richtung des NATO-Ziels ist in der mittelfristigen Finanzplanung des Bundes weiterhin nicht zu erkennen – das Verteidigungsbudget ist bis 2027 auf dem aktuell unzureichenden Niveau eingefroren. Die hohen zukünftigen Belastungen sind nicht erst seit heute absehbar und sollten schon allein aus finanzpolitischer Perspektive nicht ignoriert werden. Immerhin geht es um einen zusätzlichen Finanzierungsbedarf in Höhe von über 30 Milliarden Euro nach dem Auslaufen des Sondervermögens – und das Jahr für Jahr. Hinzukommen materielle Mehrbedarfe, die das 2 Prozent-Ziel überschreiten können. Die Doppelaussage aus der Rede des Bundeskanzlers zur Zeitenwende ist hinsichtlich des Einmalbetrags erfüllt, hinsichtlich der jährlichen Zielerreichung ist hingegen noch nichts passiert.

Literatur

Bähr, Cornelius/Bardt, Hubertus/Neligan, Adriana (2023): Optionen der deutschen Wirtschaft für eine sichere Rohstoffversorgung, in: IW-Trends, 50. Bd., Nr. 3, S. 67–86.

Bardt, Hubertus (2018): Verteidigungsausgaben in der (wirtschafts)politischen Diskussion, in: IW-Policy Paper, Nr. 12, Köln.

Bardt, Hubertus (2023): Verteidigungshaushalt: Das ignorierte Ausgabenproblem, in: ifo-Schnelldienst, 76. Bd., Nr. 7, S. 3–6.

Bundesregierung (2022): Reden zur Zeitenwende, Bundeskanzler Olaf Scholz, Website Bundesregierung, [online] https://www.bundesregierung.de/resource/blob/992814/2131062/78d39dda6647d7f835bbe76713d30c31/bundeskanzler-olaf-scholz-reden-zur-zeitenwende-download-bpa-data.pdf [abgerufen am 10.11.2023].

Dorn, Florian/Kleine Kuhlmann, Sebastian/Potrafke, Niklas/Schlepper, Marcel (2023): Nun sag', wie hast Du's mit dem 2 %-Ziel? – NATO-Verteidigungsausgaben ein Jahr nach der Zeitenwende, in: ifo Schnelldienst digital 3.

Matthes, Jürgen (2022): Internationale Risiken für bayerische Unternehmen 2022, Studie im Auftrag der Vereinigung der Bayerischen Wirtschaft e. V. vbw, Köln.

NATO (2014): Wales Summit Declaration – Issued by the Heads of State and Government participating in the meeting of the North Atlantic Council in Wales, Brüssel, Website NATO, [online] https://www.nato.int/cps/ic/natohq/official_texts_112964.htm [abgerufen am 10.11.2023].

SIPRI – Stockholm International Peace Research Institute (2023): The SIPRI Military Expenditure Database, Stockholm.

vbw – Vereinigung der Bayerischen Wirtschaft e.V. (2022): Rohstoffsituation der bayerischen Wirtschaft, München.

Parole »Fertig werden!« – Die Bundeswehr als Paradigma deutscher Überbürokratisierung[1]

Hans-Peter Bartels

1. Deutschland-Geschwindigkeit gegen erdrückenden Perfektionismus

Es gibt ein wachsendes Unbehagen, ein verbreitetes ungutes Gefühl, das sich vielleicht so auf den Punkt bringen lässt: Wir stecken 50 Prozent unseres Aufwandes an Zeit und Geld in die letzten zwei Prozent vermeintlicher Perfektion eines jeden Projekts in Deutschland. Deshalb dauert alles immer länger und kostet immer mehr. Umso weniger können wir uns dann *leisten*.

Derweil haben immer mehr Mitbürgerinnen und Mitbürger den Eindruck, dass unsere Infrastruktur immer schlechter funktioniert, von Eisenbahn und Flughäfen über Straßen, Brücken und Schultoiletten bis zu Arztterminen, Pflegenotstand und der Einsatzbereitschaft unserer Streitkräfte. Die politischen Rechtfertigungen laufen meist auf »zu wenig Geld« und »zu wenig Personal« heraus.

Neuerdings darf nun allerdings auch in progressiven Kreisen auf einen anderen Grund verwiesen werden: auf die sehr deutsche 150-Prozentigkeit unserer regulatorischen Ansprüche. Inzwischen hemmt die Eskalation von Vorschriften und Bestimmungen, Grenzwerten, Quoten, Genehmigungs- und Einspruchsvorbehalten in jedem einzelnen Fall immer mehr die Funktionsfähigkeit des Ganzen.

---

1 Der Text beruht auf einer aktualisierten, erweiterten Fassung eines Artikels im Online-Magazin des Progressiven Zentrums (Progressives Regieren: Deutschlandtempo – late in Germany, Mai 2023) ergänzt um den Vortrag des Autors bei der Veranstaltung »Sicherheitspolitik: Reichen 100 Milliarden für die Zeitenwende?« im Rahmen der IW-Reihe »Gutes Regieren für die Transformation« am 25. Mai 2023.

Für eine Gesellschaft oder eine Volkswirtschaft im Zustand vollständiger idealer Unangefochtenheit mag dieses aufwändige »Verbessern« noch um des kleinsten Effekts willen hinnehmbar sein. Es geht uns ja gut. Ein bisschen Raum für spielerische Dekadenz oder ideologische Moden sollte da wohl drin sein!

Aber für ein Land unter Stress, etwa in Erwartung einer kriegsbedingten Energiemangellage, wird der Faktor Zeit existenziell. Da heißt es: fertig werden! Dass dies im Winter 22/23 mit der Bereitstellung von Flüssiggas-Terminals innerhalb weniger Monate, wo man sonst in Jahren rechnen müsste, gelungen ist, zeigt, dass es geht.

Wenn sich diese neue *Deutschland-Geschwindigkeit* auch auf andere Felder des Planens, Bauens, Genehmigens und Dienstleistens übertragen ließe, wäre das ein enormer Fortschritt, vielleicht sogar die Lösung einer Wachstumsbremse. Für den Bahnausbau und Arbeiten am Autobahnnetz hat die Ampel-Koalition sich ebenfalls bereits auf beschleunigte Verfahren geeinigt.

2. Kaputtgesparte Bundeswehr in der Zeitenwende

Ein Musterbeispiel für die bisher in Kauf genommene Verwahrlosung der Funktionsfähigkeit einer einst teuer aufgebauten öffentlichen Einrichtung ist die Bundeswehr. Mit jeder Schrumpfung und jeder Bundeswehrreform nach dem Ende des Kalten Krieges war stets der Anspruch verbunden, nun etwas Kleineres, Besseres, Hochwertigeres zu schaffen. »Kleiner« hat geklappt. Heute haben unsere Streitkräfte nicht mehr 500.000 Soldaten wie zu den alten *West-Zeiten*, sondern gesamtdeutsch 180.000, und es sind nicht mehr Wehrpflichtige, sondern Profi-Soldatinnen und -Soldaten.

Zur kollektiven Verteidigung in Europa ist diese auf Afghanistan optimierte Freiwilligenarmee allerdings momentan kaum einzuplanen. Gab es früher 36 aktive und 24 gekaderte Heeresbrigaden, so sind es derzeit siebeneinhalb. Davon ist eine einzige komplett einsatzbar – sofern alle anderen ihre Ausrüstung leihen. Die Bundeswehr verfügt inzwischen nur noch über 100 Artilleriegeschütze (Panzerhaubitze 2000) und 300 Kampfpanzer (früher 4600 Leopard 1 und 2), Reserven: keine, Munition: vor den Abgaben an die Ukraine gerade ausreichend für ein oder zwei intensive Gefechtstage.

Seit Putins erstem Ukrainekrieg 2014 musste eigentlich klar sein, dass eine zügige Wiederbewaffnung des deutschen Militärs das Gebot der Stunde ist. Der Verteidigungsetat wuchs dann auch von 32 Milliarden Euro 2014 auf 50

Milliarden 2022, also um mehr als 50 Prozent in acht Jahren (allerdings noch immer deutlich unter der in der Nato vereinbarten 2-Prozent-vom-BIP-Quote). Die materielle Einsatzbereitschaft blieb derweil prekär. Bei Waffen und Material fehlt es an allen Ecken und Enden, Ersatzteile sind Mangelware, neues Gerät fällt oft mit Kinderkrankheiten aus, altes wegen Altersschwäche.

Weil die Effekte der zusätzlichen Milliarden für die »Trendwende« (so die Parole der damaligen Verteidigungsministerin Ursula von der Leyen) deutlich zu gering ausfielen, hat Bundeskanzler Olaf Scholz in seiner »Zeitenwende«-Rede am 27. Februar 2022, drei Tage nach Russlands Überfall auf die Ukraine, die Bereitstellung eines nationalen Spezialfonds von einmalig 100 Milliarden Euro für die Vollausstattung der Bundeswehr angekündigt. Dieses kreditfinanzierte »Sondervermögen« ist inzwischen verfassungsfest eingerichtet, so dass die Bundeswehr planen und Aufträge vergeben kann.

Damit das Extra-Geld nun aber wirklich die Kampfkraft der Truppe steigert und nicht wieder der Eindruck entsteht, dass der überorganisierte Wehrapparat noch jede zusätzliche Haushaltsmilliarde ohne erkennbare Verbesserung der Einsatzbereitschaft mühelos absorbiert, muss das Beschaffungs-Management unserer Streitkräfte radikal reformiert werden.

Der gegenwärtige amtliche Rüstungsprozess scheint mehr und mehr darauf hin optimiert worden zu sein, möglichst wenig Geld auszugeben. Denn in den Jahren des Schrumpfens der Bundeswehr schrumpfte auch der jährliche Haushaltsanteil für Rüstungsinvestitionen auf (am Tiefpunkt) fünf Milliarden Euro (und selbst davon wurde eine Milliarde gar nicht ausgegeben).

2022 standen zehn Milliarden Euro im regulären Haushalt für militärische Beschaffungen zur Verfügung (wovon wiederum zwei Milliarden nicht ausgeben wurden). Hinzu kommen in den nächsten Jahren jetzt die erheblichen Zuflüsse aus dem *Sondervermögen*, das innerhalb von fünf Jahren verbraucht sein soll. Tatsächlich stehen allerdings nicht wirklich 100 Milliarden bereit, sondern, wenn man Zinszahlungen und alle aus dem regulären Haushalt (der weiter bei gut 50 Milliarden eingefroren ist) in das Sondervermögen verschobenen bereits laufenden Programme abzieht, vielleicht noch 60 Milliarden für wirklich zusätzliche Projekte im Sinne von Vollausstattung und Modernisierung.

Doch auch das ist erst einmal viel Geld. Damit soll die Quote der deutschen Verteidigungsausgaben am BIP von heute 1,5 Prozent auf die in der Nato vereinbarten 2 Prozent steigen. Also müsste das Beschaffungswesen quasi von jetzt auf gleich in der Lage sein, statt 8 Milliarden Euro im Jahr mehr als 20 Milliarden für neue Ausrüstung tatsächlich auszugeben. Unter den gegebenen

Bedingungen ist das jedoch nicht zu schaffen. Ohne Veränderung von Institutionen und Regelwerk würde des Kanzlers Zeitenwende-Projekt scheitern. Und ohne verlässliches Halten der Zwei-Prozent-Linie auch nach Ausschöpfen des Sondervermögens 2028 würde die Bundeswehr nicht Europas beste konventionelle Armee, sondern ein Museum für Investitionsruinen.

Bisher lauteten – inoffiziell – die obersten drei Maximen für die Bundeswehr-Beschaffungsorganisation: erstens »rechtssichere Vergabe« (angesichts zahlreicher Rüstungsskandale und Parlamentarischer Untersuchungsausschüsse), zweitens »europaweite Ausschreibung« (weil Deutschland hier vorbildlich sein will) und drittens »zivile Standards« (auch wenn der geforderte Arbeitsschutz für Schwangere im hinteren Kampfraum eines Schützenpanzers unter keinen Umständen kriegsentscheidend wäre).

Für diese axiomatischen Setzungen, die viel Zeit und Geld verschlingen, kann man gewiss gute Gründe anführen, sie treffen aber nicht den Hauptzweck der staatlichen Rüstungsanstrengungen: voll aufgestellte, kampfstarke Streitkräfte für die Landes- und Bündnisverteidigung komplett auszurüsten. Doch darum geht es seit Putins Überfall auf die Ukraine und den russischen Atomschlagsdrohungen gegen den Westen mehr denn je.

Nicht der jihadistische Gemüsemann auf dem Marktplatz von Kundus, der möglicherweise eine Sprengstoffweste unter seinem Gewand trägt, ist heute die wahrscheinlichste Gefahr, sondern die russischen Streitkräfte, die unsere osteuropäischen Bündnispartner bedrohen. Dagegen brauchen wir heute zum Beispiel: Raketenabwehr, die Fähigkeit zur nuklearen Teilhabe und verlegebereite Heeresdivisionen. Nur das, was real da ist, schreckt ab.

3. Die Bundeswehr als Modell für ein erfolgreiches Umsteuern?

Weil aber das fortbestehende Problem der Mangelausstattung wirklich dramatisch ist und sich nicht länger durch ein *dynamisches Verfügbarkeitsmanagement* überbrücken lässt, hat Verteidigungsminister Boris Pistorius seinen Rüstungs-Staatssekretär Benedikt Zimmer dazu im April 2023 die Weisung zur »Beschleunigung der Beschaffung« verkünden lassen. Darin heißt es: »Der Faktor Zeit hat höchste Priorität und ist mit sofortiger Wirkung als der wesensbestimmende Faktor aller laufenden und neuen Rüstungsvorhaben der Bundeswehr maßgebend, um zu beschaffende Produkte für die Truppe so schnell wie möglich nutzbar zu machen.«

Entgegen der bisherigen Priorität auf verabsolutierten militärischen »Forderungen«, die in endlosen Entwicklungsprogrammen (gern multinational) für neue Waffensysteme münden, heißt es jetzt: »Marktverfügbarkeit ist die grundsätzlich vorzusehende Lösung.« Und: »Das Eingehen technischer Realisierungsrisiken ist mit Blick auf Zeit und Kosten grundsätzlich zu vermeiden.« Es gilt, zügig fertig zu werden. Die nächsten Projekte warten schon.

Zum selbstgemachten Bürokratie-Overkill heißt es in der Weisung zur neuen militärischen Deutschland-Geschwindigkeit: »Soweit bundeswehrinterne untergesetzliche Regelwerke die gesetzlichen Regelungen verschärfen, sind diese hiermit ausgesetzt.« Und schließlich: »Alle vergaberechtlichen Möglichkeiten zur Beschleunigung von Verfahren sind konsequent auszuschöpfen.« So ist der politische Führungswille eindeutig zum Ausdruck gebracht. Dennoch wird es weitere Mühe machen, Hunderte, wenn nicht Tausende von Vorschriften entsprechend anzupassen. Denn längst nicht immer dürfte auf den ersten Blick klar sein, welche Bestimmungen von dem Verdikt »hiermit ausgesetzt« betroffen sind.

Damit nicht genug, wird der Verteidigungsminister gleichzeitig mit dem Durcharbeiten der normativen Beschaffungs-*Software* an eine Änderung der institutionellen *Hardware* gehen müssen. Auch hier muss es heißen: Weniger ist mehr! Vor der Bundeswehrreform des Jahres 2011 (Guttenberg/deMaiziere) gab es zum Beispiel keine eigene ministerielle Planungsabteilung und kein nachgeordnetes Planungsamt. Deren Aufgaben könnten nun wieder integriert werden in die Zuständigkeiten von Rüstungsabteilung, Beschaffungsamt und Teilstreitkräften.

Zugleich sollte das Beschaffungsamt in Koblenz von Aufgaben entlastet werden: Die zentralisierte Verantwortung für die Materialerhaltung könnte zurückverlagert werden zu den *Nutzern*, den Teilstreitkräfte Heer, Luftwaffe, Marine usw. (wie vor 2011). Und für Allerweltsbeschaffungen sollten die Bundeswehrdienstleistungszentren, deren Bundesamt in Bonn, die Truppe selbst sowie andere geeignete Institutionen (etwa des Sanitätsdienstes) sorgen können. Da arbeiten überall Erwachsene. Aber mit der institutionellen Reform tut sich die politische Leitung im Berliner Bendlerblock immer noch schwer, auch was die Umgliederung der Streitkräfte für die Hauptaufgabe kollektive Verteidigung angeht.

Was nicht erforderlich sein wird, ist zusätzliches Personal. Stete Personalmehrforderungen können geradezu ein Gradmesser bürokratischer Dysfunktionalität sein. Dass die unterschiedlichen Bundesregierungen in den vergangenen zehn Jahren ihr Personal in den Bundesministerien um 40 Prozent vermehrt haben, kann kaum mit einem entsprechenden Quantum zusätzlicher Aufgaben oder einer enormen Verbesserung der Qualität politisch-administrativer Arbeit zu tun haben. Stattdessen dürfte das Maß an Selbstreferenzialität gestiegen sein. Und eingestellt wird deshalb – weil man es kann.

Wenn nun aber die dargestellten normativen und institutionellen Veränderungen gelingen, könnte die Bundeswehr, deren Kümmernisse heute ein Sinnbild für viele andere prekär gewordene Strukturen in Deutschland geworden sind, zum Modell für ein erfolgreiches Umsteuern werden.

Die Zukunft des Westens in der Deglobalisierung – Gestaltungspotenziale trotz Abhängigkeit?

Michael Hüther

1. Naivitäten des Westens in der Globalisierung

Der Fall des Eisernen Vorhangs 1989/90 markierte scheinbar einen Wendepunkt in der Geschichte, weil der Wettstreit der Systeme zugunsten des Westens gewonnen war. Demokratie und Marktwirtschaft schienen als die überlegenen Ordnungsprinzipien eine neue, florierende Phase der Globalisierung einzuläuten. Wirtschaftliche Blüte und Austausch bewirkten einen politischen Wandel, es sah so aus, dass der empirische Beleg der Modernisierungsthese erbracht sei. Die neue Dynamik des Welthandels begann bereits in den 1980er Jahren, als die ersten marktwirtschaftlichen Reformen umgesetzt wurden und China seine Tore öffnete, während der Handel mit den Ostblockstaaten ausgebaut wurde. Zuvor wuchs der Welthandel zwar deutlich nach dem Zweiten Weltkrieg bis Ende der 1970er Jahre, jedoch gab es weiterhin hohe Schwankungen und gelegentliche Rückgänge der Wachstumsraten. Ab Mitte der 1980er Jahre stabilisierte sich das Wachstum. Zwischen 1984 und 2008 wuchs der Welthandel durchschnittlich mit 6 Prozent und damit stärker als die Weltproduktion (Abbildung 1). Mit dem Eintritt Chinas in die Welthandelsorganisation (WTO) im Jahr 2001 schien die multilaterale Ordnung in die Schwellenländer vorzudringen und eine neue Ära der internationalen Zusammenarbeit auf Basis universeller, aber westlich geprägter Werte möglich. Francis Fukuyama (1989) prophezeite das »Ende der Geschichte«, denn Demokratisierung und Marktwirtschaft würden, so die an die Modernisierungstheorie angelehnte These, zu einer kulturellen Angleichung der Werte nicht westlicher Gesellschaften zum Westen führen. Heute wissen wir, dass diese Annahmen falsch waren. Wir erleben eine Rückkehr der Geschichte (Münkler 2023).

Der faktische politische Hegemonialanspruch des Westens in der Zeit nach 1990 bis etwa zur Finanzkrise 2007/2008 hat in vielen Ländern des Westens zu Arroganz und Naivität geführt. Arrogant war und ist der Anspruch des Westens, eine moralische Autorität spielen zu wollen und seine Werte mit universalistischen Werten gleichzusetzen. Dabei zeigt die Geschichte multilateraler Organisationen, dass der Globale Süden seit jeher Versuche unternommen hat, Gestaltungspotenziale in der internationalen Ordnung und Normung zu erringen, die ihm häufig von der Mehrheit des Globalen Nordens aber verwehrt wurden (Mehta 2023). Diese Fehlwahrnehmung des Westens wirkt sich bis heute fatal auf die stockenden Verhandlungen bei Handelsabkommen aus.

Abb. 1: Welthandelsvolumen, Index, 1950=100

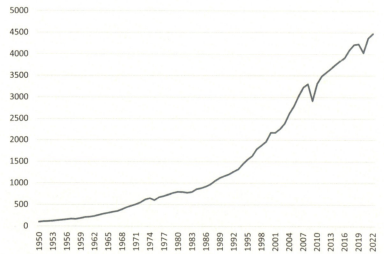

Quelle: WTO.

Echte Naivität ist dem Westen mindestens bis zum Beginn des Angriffskrieges Russlands gegen die Ukraine, aber schon länger in Bezug auf China vorzuwerfen. Das Bewusstsein dafür, dass Abhängigkeiten als politische Waffe eingesetzt werden können, war gering und es führte nur allmählich und vereinzelt zu konkreten Richtungswechseln in der Wirtschaft. Dies allein kommt nicht überraschend. Schon 1958 stellte Karl Polanyi fest, dass der Westen den

Ländern des Südens wirtschaftlich und technologisch überlegen sei, moralisch jedoch nichts anzubieten hätte:

> »The material and scientific products of the West are avidly consumed by the nascent nations, but with an unconcealed contempt for the interpretations set upon them by ourselves. That cultural entity, the West, of which the thinkers and writers were the traditional vehicles, is no longer listened to; not on account of a hostile public, as we persuade ourselves to believe, but because it has nothing relevant to say.« (Polanyi 2014 [1958]: 1)

Dabei spielen die westliche Vorstellung und Erfahrung vom Zusammenhang von Demokratie und Marktwirtschaft eine zentrale Rolle. Zweifellos sind im Westen beide Konzepte symbiotisch und verstärken einander. Zwischen dem Grad der Demokratisierung und dem Grad der marktwirtschaftlichen Institutionalisierung besteht ein positiv signifikanter Zusammenhang (Bertelsmann Stiftung 2022). Dennoch muss die westliche Welt anerkennen, dass ihre Form des in demokratische und zivilgesellschaftliche Institutionen eingebetteten Wirtschaftens über Märkte nicht überall Verbreitung findet, sich nicht naturgesetzlich durchsetzt und dass umwelt- und sozialpolitische Standards nicht oktroyiert werden können. Die Position des Westens wird dabei umso schwächer, je weiter andere Länder an geopolitischem Gewicht erlangen, das sie aufgrund veränderter Produktionsbedingungen und Rohstoffbedarfe erhalten. Die Vernetzung der Welt ist so weit fortgeschritten wie nie zuvor und globale Herausforderungen, insbesondere der Klimawandel, verlangen nach einer weltweit koordinierten Antwort. Die Frage ist, welche Gestaltungsmöglichkeiten der Westen in einer kritischen Übergangsphase der Globalisierung noch hat.

2. (De-)Globalisierung in Zeiten geopolitischer Konflikte

Die deutsche Volkswirtschaft ist aufgrund ihres hohen Offenheitsgrades mehr als andere Ökonomien von exogenen geopolitischen Schocks betroffen. Zwischen 1995 und 2022 sprang die deutsche Außenhandelsquote von 51 auf über 98 Prozent und liegt damit deutlich über der Quote aller wichtigen Industrienationen. Der nahezu kontinuierliche Anstieg der Quote ist dabei einzigartig. In den USA variierte sie im gleichen Zeitraum nur zwischen 23 und 30 Prozent, in China ist sie gar stark rückläufig und lag im vergangenen Jahr bei 32 Prozent; aber auch die europäischen Nachbarn weisen kein so hohes Niveau wie Deutschland auf (Abbildung 2). Dies bedeutet, dass das deutsche Geschäftsmodell deutlich weniger resilient gegenüber exogenen Schocks ist, was sich in den gegenwärtigen schwachen Wachstumszahlen äußert. Gleichzeitig verschieben sich die weltweiten Exportanteile Deutschlands und der EU immer stärker in Richtung China. Dies hat zu Abhängigkeiten geführt, gerade in Bezug auf kritische Rohstoffe, die nicht leicht zu ersetzen sind (Fremerey/Obst 2022).

Abb. 2: Außenhandelsquote ausgewählter Länder

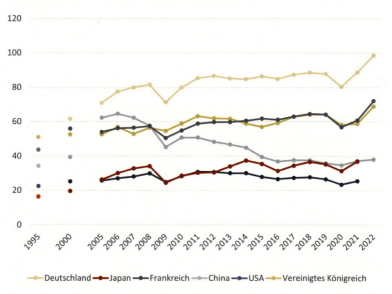

Quellen: Weltbank, Institut der deutschen Wirtschaft

Dabei sind es nicht nur die exogenen Schocks, die der deutschen Wirtschaft exportseitig (China) und importseitig (Energie, Lieferketten) zusetzen. Bereits seit der Finanzkrise 2007/08 ist die Dynamik des Welthandels immer weiter abgeflaut. Dies lag an den protektionistischen Tendenzen vor allem in den USA und an der Moderierung der Prosperität der chinesischen Volkswirtschaft, die sich seit einigen Jahren vom starken Wachstum der 1990er Jahre und nach der Jahrtausendwende verabschiedet hat. Die Elastizität des Welthandels, also die Veränderung des Handels mit Waren und Dienstleistungen in Relation zum realen Weltwirtschaftswachstum, ist schon länger unter Druck; sie liegt aktuell bei einem Wert bei 1, was einem Stillstand bei der weltwirtschaftlichen Integration gleichkommt (Abbildung 3). Die Globalisierung ist erschöpft und wird sich vor dem Hintergrund eines virulenten Systemkonfliktes weiter fragmentieren (Hüther et al. 2019). Die guten Zeiten für das deutsche Exportgeschäft waren also schon seit 2018 vorbei, was sich in sinkenden Produktionszahlen der Industrie zeigt, die seit dieser Zeit in einer Rezession steckt.

Abb. 3: Elastizität des globalen Handels

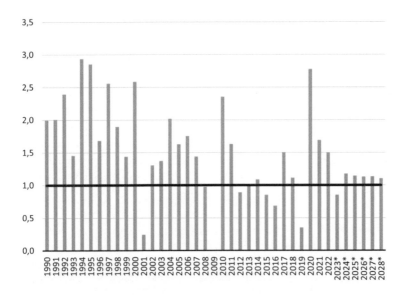

Quelle: World Economic Outlook Mai 2022

Die weltpolitischen Krisen durch Pandemie, Kriege und Geopolitik verschärfen die Probleme der deutschen Volkswirtschaft, in der es wirtschaftspolitisch versäumt wurde, sich auf ein Ende reibungslos funktionierender Lieferketten und störungsfreiem Welthandel vorzubereiten. Es geht nun darum, wie Vulnerabilitäten, die aus einseitigen Abhängigkeiten resultieren, begrenzt werden können.

3. Abhängigkeiten

Der 24. Februar 2022 markierte einen Epochenwandel in der deutschen Politik, der durch den Begriff »Zeitenwende« seinen Ausdruck fand. Infolge des russischen Überfalls auf die Ukraine fand ein beispielloses Decoupling der westlichen Volkswirtschaften von Russland statt, das fast unumkehrbar ist und das Land langfristig massiv schwächen wird (Hüther et al. 2023b).

Seitdem werden in wirtschaftspolitischen Debatten vermehrt die Begriffe *De-Coupling, De-Risking* sowie *Friend-/Re-/Nearshoring* gebraucht, die einerseits Desintegrationsschritte definieren und andererseits Resilienzstrategien beschreiben. Die Kosten und Auswirkungen zwischen einem vollständigen *De-Coupling* und einem weicheren *De-Risking* sind dabei sehr unterschiedlich (Tabelle 1). Ein De-Coupling wie in Bezug auf Russland ist einmalig, denn es bedeutet nichts anderes als das Aufgeben jeglicher internationalen Kooperation. Dabei verlangen die globalen Herausforderungen, dass selbst zwischen geopolitischen Konfliktparteien ein Mindestmaß an Kommunikation und Kooperation besteht. In einer Zeit, in der internationale politische Konflikte zunehmend in wirtschaftliche Abläufe eingreifen, ist es unerlässlich den geopolitischen Blick in der Wirtschaft zu schärfen. Die Zeit der politisch unbeschränkten Globalisierung, wie sie zwischen 1990 und 2008 bestand, ist schon länger vorbei. Die neue Phase der Globalisierung, geprägt von einer multipolaren *Global Power Competition* ist eingeläutet und stellt das deutsche Geschäftsmodell vor neue Herausforderungen.

Tab. 1: De-Coupling und De-Risking: Begriffsdefinitionen

Decoupling	Derisiking
Vollständige oder fast vollständige Einstellung des bilateralen Handels zwischen zwei Ländern	Diversifizierung der Lieferketten und der Import-/Exportmärkte
Vollständige Veräußerung des Privatvermögens, Rückführung des investierten Kapitals	Einstellung weiterer Neuinvestitionen, Diversifizierung der ausländischen Direktinvestitionen, Einschränkung der staatlichen Export- und Investitionsgarantien
Alle Sektoren und Branchen	Begrenzt auf strategische/kritisch abhängige Sektoren und Industrien
Internationale Beziehungen verschlechtern sich	Die politische Zusammenarbeit kann in bestimmten Bereichen (Klimapolitik, Handelspolitik) fortgesetzt werden
Ex-post-Strategie nach Erpressung und zu vielen Abhängigkeiten	Ex-ante-Strategie zur Verhinderung von Erpressung
Russland & der Westen seit 24.02.2022	China-Strategie der deutschen Bundesregierung

Quelle: eigene Darstellung.

Die exogenen Schocks aus Pandemie und russischem Angriffskrieg haben die Anfälligkeiten der Lieferketten und Abhängigkeiten offensichtlich gemacht. Die *just-in-time* Produktion ist wie der Bezug von Gütern aus nur wenigen oder gar einem Land zur Gefahr für das Geschäftsmodell geworden. Diese Strategien haben in der Phase einer störungsfrei funktionierenden Globalisierung funktioniert. Über Diversifikationen von Import- und Exportmärkten, erhöhte Lagerhaltung sowie strategischer Ansiedlung von Schlüsseltechnologien soll nun die Widerstandsfähigkeit der Unternehmen und der Volkswirtschaft insgesamt gegenüber exogenen Schocks erhöht werden. Kurz: die volkswirtschaftliche Resilienz soll gestärkt werden. Dies bedeutet die Ausweitung von ex-ante Maßnahmen zur Krisenbewältigung, die Abmilderung der Krisenfolgen sowie die Anpassung an neue Rahmenbedingungen (Brinkmann et al. 2017).

Resilienz ist dabei nicht nur als Reaktion auf exogene Schocks, sondern sehr grundsätzlich als Strategie zu verstehen, die für das Gelingen der endogenen Strukturwandel – demografischer Wandel, Digitalisierung sowie vor allem Dekarbonisierung per Termin – benötigt wird. Denn all dies hat massive Auswirkungen auf die Kostenstrukturen und die internationale Wettbewerbsfähigkeit deutscher Unternehmen. Die Bundesrepublik hat sich mit ihrem Ziel, im Jahr 2045 treibhausgasneutral zu werden, ein ambitionierteres Ziel gesetzt als die Europäische Union und die USA (Klimaneutralität 2050) sowie China (2060). Gleichzeitig stehen alle Ökonomien in einem starken Wettbewerb um grüne Zukunftstechnologien. Die dafür benötigten Rohstoffe kommen derzeit zum großen Teil aus der Volksrepublik, wobei nicht unerwähnt bleiben sollte, dass China im Bereich der Hochtechnologie sowie einiger Rohstoffe und Lebensmittel selbst größere Abhängigkeiten vom Westen aufweist (Gerards Iglesias/Matthes 2023). Strom sowie grüner Wasserstoff werden auch nach 2030 hierzulande sowie fast überall in Europa teurer sein als in anderen Regionen, sodass in den Kostenstrukturen ein Wettbewerbsnachteil bestehen bleiben wird (Steitz/Kölschbach Ortego 2023).

Die größte Hypothek für Wachstum in Deutschland und Europa ist allerdings die demografische Alterung, die eine weitere endogene Abhängigkeit bedeutet. Schon heute liegt der Altenquotient in Deutschland bei 56 Prozent und wird im Jahr 2050 auf 76 Prozent ansteigen (United Nations 2022). China ist nicht weniger betroffen. Das Land steuert durch die Folgen von Ein- und Zwei-Kind-Politik auf eine demografische Katastrophe zu, die Wertschöpfung kosten wird. Einzig die USA werden weniger stark von der demografischen Alterung betroffen sein; dafür teilen sie mit Europa die Herausforderungen des Migrationsdrucks an ihren südlichen Grenzen.

Angesichts dieser Wachstumsrisiken muss in Deutschland die Frage beantwortet werden, wie die Technologievorsprünge, die seit Beginn der Industrialisierung immer wieder zum Wohlstand beigetragen haben, zu halten sind. Die regionale Balance der Industrielandschaft, der Industrie-Dienstleistungsverbund sowie die enge Verzahnung von Forschung, Lehre und Anwendung in der Hochschullandschaft sind weiterhin die Stärken Deutschlands. Produktivitätssteigerungen, die unerlässlich sind im Zuge der demografischen Alterung, können über einen verstärkten Einsatz der Digitalisierung in Wirtschaft und Verwaltung erfolgen. Zudem ist die Digitalisierung ein Hebel für die Dekarbonisierung. Schätzungsweise können bei beschleunigtem Einsatz von digitalen Technologien bis zu 34 Prozent aller CO_2-Emmissionen eingespart werden (Paulsen/Meyer-Breitkreutz 2021).

Um für einen ausreichenden Nachschub an Arbeitskräften zu sorgen, und insbesondere die immer weiter auseinanderklaffende Fachkräftelücke zu schließen, bedarf es einer klugen Einwanderungsstrategie (siehe hierzu auch den Beitrag von Axel Plünnecke im vorliegenden Band). Zudem gilt es, das inländische Arbeitspotenzial durch Umwandlung von Teil- in Vollzeitstellen, die generelle Ausweitung der Jahresarbeitszeit und weitere Arbeitsmöglichkeiten im Alter zu heben. Begleitet werden muss dies mit einer neuen Industriepolitik, die horizontale Standortpolitik mit vertikaler, sektoraler Förderung in strategischen Bereichen verbindet. Abhängigkeiten sind vielseitig und komplex, zum Teil exogenen Schocks oder endogenem Strukturwandel geschuldet. Lösbar sind sie aber nur durch eine Neubewertung der Rolle des Staates in der Industriepolitik (siehe hierzu auch den Beitrag von Hubertus Bardt im vorliegenden Band).

4. Neue Industriepolitik und geostrategische Investitionen

Die Herausforderungen für die europäischen Volkswirtschaften verlangen staatlicherseits eine ordnungspolitische Neubewertung der Industriepolitik. Diese ergibt sich aus einer dreifachen Funktionalisierung: Industriepolitik soll den politisch gewollten Strukturwandel zur Dekarbonisierung per Termin im Jahr 2045 ermöglichen; sie soll die strategische Autonomie im globalen Systemkonflikt sichern; sie soll die Deindustrialisierung mit dem Verlust ganzer Branchen des Verarbeitenden Gewerbes verhindern. Um diese Ziele miteinander zu vereinbaren, wird es zu einer Verbreiterung der Beschaffungsstrukturen und zu Renationalisierungen in technologisch kritischen Bereichen kommen, denn die politisch weitgehend unbeschränkte Globalisierung ist vorbei. Die hochsubventionierte Ansiedlung der Halbleiterindustrie in Europa, die nur strategisch begründet werden kann, ist dafür ein erster Beleg. Dabei darf es nicht nur bei der subventionierten Ansiedlung bleiben, sondern Standortfaktoren müssen insgesamt verbessert werden und Investitionsanreize gesetzt werden (Hüther et al. 2023a).

In den USA ist mit dem *Inflation-Reduction Act* und *Invest in America* ein Reindustrialisierungsprogramm aufgesetzt worden, das genau darauf abzielt: die Wiederherstellung von Industriearbeitsplätzen in den USA und zugleich die Förderung grüner sowie strategischer Technologien wie Elektroantriebe, Erneuerbare Energien und Halbleiter. Auch China verfolgt mit seiner Initiative *Made in China 2025* eine Strategie, die gleichermaßen investitionsstimulierend und protektionistisch ausgerichtet ist. Ziel ist es, chinesischen Herstellern von Industriegütern Marktanteile von ausländischen Firmen zu sichern, auch unter Verwendung von fragwürdigen Subventionsmethoden. Besonders dramatisch für Deutschland sind diese Entwicklungen in der Automobilindustrie zu beobachten.

Da die weltwirtschaftlichen Schwergewichte USA und China eine aktive Industriepolitik zur Förderung der heimischen Produktion betreiben und zugleich geostrategische Investitionen im In- und Ausland tätigen, muss Europa darauf reagieren, ohne in einen Subventionswettlauf zu geraten. Mit dem *Next-Generation-EU Fonds* gibt es bereits einen, während der Corona-Pandemie entstandenen, fiskalischen Impuls auf europäischer Ebene, der verstetigt werden sollte, um die großen Zukunftsausgaben zu bewältigen und zugleich im globalen Systemkonflikt zu bestehen (Hüther et al. 2023a, siehe hierzu den Beitrag von Fremerey und Gerards Iglesias im vorliegenden Band).

Gleichzeitig muss Europa die Anwältin für eine internationale Arbeitsteilung bleiben, denn nur so kann Wohlstand nachhaltig gesichert werden. Dafür bedarf es neuer geostrategischer Partnerschaften wie einer stärkeren Zusammenarbeit mit anderen Ländern, die von der Globalisierung profitiert haben und zugleich demokratische Werte teilen. Europa sollte auf potenzielle neue Partner wie Indien, Brasilien und Indonesien zugehen, alte Partnerschaften wie mit Japan weiter stärken und gemeinsam für offene Märkte eintreten, um den protektionistischen Tendenzen wie hegemonialen Ansprüchen Chinas etwas entgegenzusetzen.

Eine neue Spielart der Globalisierung wird gesucht. Der Westen muss sich dabei bewusst machen, dass er seine Interessen und moralischen Vorstellungen anderen nicht aufzwingen kann. Für Deutschland und die EU bedeutet dies konkret: De-Risking statt De-Coupling; mehr strategische Partnerschaften auf einzelnen Gebieten (Rohstoffe, Tech, Verteidigung) statt unrealistische multilaterale Freihandelsabkommen; integrative Klimaclubs für eine faire gemeinsame Bekämpfung des Klimawandels; Stärkung der bilateralen Ebene, sofern das multilaterale System (WTO, UN-Sicherheitsrat) versagt.

Deutschlands und Europas Wohlstand ist zum großen Teil der Globalisierung zu verdanken. Geopolitische Konflikte machen die Abhängigkeiten sichtbar und anfällig für Erpressung. In einer zunehmend multipolaren Weltordnung muss sich Europa neuorientieren. Die Zeit der Naivität ist vorbei. Die Globalisierung wird mit geringerer Dynamik in einer neuen Spielart weiterlaufen und Europa muss sich dafür positionieren. Das verlangt neben einer wirtschaftlichen Strategie die Stärkung der außenpolitischen Kooperation und Kohärenz sowie die Entwicklung einer umfassenden verteidigungspolitischen Zusammenarbeit.

Literatur

Bertelsmann Stiftung (2022): Der Transformationsindex, Website BTI Transformationsindex, [online] https://bti-project.org/de/?&cb=0000 [abgerufen am 15.11.2023].

Brinkmann, Henrik/Heinemann, Friedrich/Harendt, Christoph/Nover, Justus (2017): Ökonomische Resilienz – Schlüsselbegriff für ein neues wirtschaftspolitisches Leitbild?, in: Wirtschaftsdienst, 97 Bd., Nr. 9, S. 644–650.

Fremerey, Melinda/Obst, Thomas (2022): Globalisierungskrise: Welche Abhängigkeiten bestehen bei kritischen Gütern und Rohstoffen aus China?, in: IW-Kurzbericht, Nr. 48, Köln.

Fukuyama, Francis (1989): The End of History?, in: The National Interest, Nr. 16, S. 3–18.

Gerards Iglesias, Simon/Matthes, Jürgen (2023): Chinas Abhängigkeit vom Westen bei Importen und Technologien, in: IW-Report, Nr. 15, Köln.

Hall, Stuart (2018) [1992]: The West and the Rest: Discourse and Power, in: David Morley (Ed.): Stuart Hall. Essential Essays, Vol. 2, Durham: Duke University Press, S. 141–184.

Hüther, Michael/Bardt, Hubertus/Bähr, Cornelius/Matthes, Jürgen/Röhl, Klaus-Heiner/Rusche, Christian/Schaefer, Thilo (2023): Industriepolitik in der Zeitenwende, in: IW-Policy Paper, Nr. 7, Köln.

Hüther, Michael/Diermeier, Matthias/Goecke, Henry (2019): Die erschöpfte Globalisierung, 2. Aufl., Wiesbaden: Springer.

Hüther, Michael/Gerards Iglesias, Simon/Fremerey, Melinda/Parthie, Sandra (2023a): Europa muss den nächsten Schritt wagen: Delors-Plan 2.0. Eine neue Vision für Europa, in: IW-Policy Paper, Nr. 4, Köln.

Hüther, Michael/Fremerey, Melinda/Gerards Iglesias, Simon (2023b): Gegen die Weltordnung. Russlands Sonderweg und sein ökonomischer Preis, Baden-Baden: Nomos.

Mehta, Pratap B. (2023): Alle Mächte sind Heuchler, und sie heucheln auch, wenn sie den Vorwurf der Heuchelei erheben, Die Zeit, 20.08.2023, Website Zeit, [online] https://www.zeit.de/2023/35/pratap-b-mehta-westen-kolonialismus-dien [abgerufen am 28.09.2023].

Münkler, Herfried (2023): Wir erleben eine Wiederkehr der Geschichte, Handelsblatt 20.10.2023, Website Handelsblatt, [online] https://www.handelsblatt.com/politik/international/interview-politikexperte-muenkler-wir-erleben-eine-wiederkehr-der-geschichte-/29449312.html [abgerufen am 21.10.2023].

Paulsen, Nina/Meyer-Breitkreutz, Niklas (2021): Digitalisierung kann jede fünfte Tonne CO_2 einsparen, Website bitkom, [online] https://www.bitkom.org/Presse/Presseinformation/Digitalisierung-kann-jede-fuenfte-Tonne-CO2-einsparen [abgerufen am 28.09.2023].

Polanyi, Karl (2014) [1958]: For a New West: Essays 1919–1958, Cambridge: Polity.

Steitz, Janek/Kölschbach Ortego, Axel (2023): Implikationen langfristiger Energiekostenunterschiede für energieintensive Industrien und den Wirtschaftsstandort Deutschland, Policy Brief, Website Dezernat Zukunft, [online] https://www.dezernatzukunft.org/implikationen-langfristiger-energie-kostenunterschiede-fuer-energie-intensive-industrien-und-den-wirtschaftsstandort-deutschland/ [abgerufen am 28.09.2023].

United Nations (2022): World Population Prospects, veröffentlicht auf Website OurWolrdInData.org, [online] https://ourworldindata.org/grapher/age-dependency-ratio-projected-to-2100?country=~DEU [abgerufen am 28.09.2023].

Anhang

Autorinnen und Autoren

Prof. Dr. Hubertus Bardt ist Geschäftsführer am Institut der deutschen Wirtschaft (IW).

Dr. Hans-Peter Bartels ist Präsident der Gesellschaft für Sicherheitspolitik und eh. Wehrbeauftragter des Deutschen Bundestags.

Dr. Knut Bergmann leitet das Hauptstadtbüro des Instituts der deutschen Wirtschaft (IW).

Thomas Bönig ist Chief Innovation Officer und Chief Digital Officer der Stadt Stuttgart.

Anna Cavazzini ist Abgeordnete im Europa-Parlament und Vorsitzende des dortigen Ausschusses für Binnenmarkt und Verbraucherschutz.

Prof. Dr. Georg Cremer war lange Jahre Generalsekretär des deutschen Caritasverbandes und lehrt als außerplanmäßiger Professor an der Universität Freiburg.

Dr. Vera Demary ist Leiterin des Clusters Digitalisierung und Klimawandel am Institut der deutschen Wirtschaft (IW).

Dr. Matthias Diermeier ist Leiter des Clusters Demokratie, Gesellschaft, Marktwirtschaft am Institut der deutschen Wirtschaft (IW).

Prof. Dr. Dominik Enste ist Leiter des Clusters Verhaltensökonomik und Wirtschaftsethik am Institut der deutschen Wirtschaft (IW).

Dr. Melinda Fremerey ist persönliche Referentin des Direktors des Instituts der deutschen Wirtschaft (IW).

Paulina Fröhlich ist stellvertretende Geschäftsführerin von Das Progressive Zentrum.

Dr. Simon Gerards Iglesias ist persönlicher Referent des Direktors des Instituts der deutschen Wirtschaft (IW).

Prof. Dr. Maja Göpel ist Transformationsforscherin und Honorarprofessorin an der Leuphana Universität Lüneburg.

Dr. Ralph Henger ist Senior Economist für Wohnungspolitik und Immobilienökonomik am Institut der deutschen Wirtschaft (IW).

Dr. Tobias Hentze ist Leiter des Clusters Staat, Steuern und Soziale Sicherung am Institut der deutschen Wirtschaft (IW).

Markus Heß ist Leiter der Unterabteilung Zukunft der Industrie des Bundesministeriums für Wirtschaft und Klimaschutz.

Prof. Dr. Michael Hüther ist der Direktor des Instituts der deutschen Wirtschaft (IW).

Dr. Sebastian Jarzebski ist Vorstandsmitglied der neues handeln AG.

Hanno Kempermann ist Geschäftsführer der IW Consult.

Prof. Dr. Karl-Rudolf Korte ist der Direktor der NRW School of Governance an der Universität Duisburg-Essen.

Andrea Kurtenacker ist Leiterin des Clusters Berufliche Teilhabe und Inklusion am Institut der deutschen Wirtschaft (IW).

Dr. Hagen Lesch ist Leiter des Clusters Arbeitswelt und Tarifpolitik am Institut der deutschen Wirtschaft (IW).

Autorinnen und Autoren 397

Dr. Johannes Lindner ist Co-Direktor des Jacques Delors Centres an der Hertie School of Governance.

Jürgen Matthes ist Leiter des Clusters Internationale Wirtschaftspolitik, Finanz- und Immobilienmärkte am Institut der deutschen Wirtschaft (IW).

Dr. Judith Niehues ist Leiterin des Clusters Mikrodaten und Verteilung am Institut der deutschen Wirtschaft (IW).

Dr. Jochen Pimpertz ist Leiter des Clusters Staat, Steuern und Soziale Sicherung am Institut der deutschen Wirtschaft (IW).

Prof. Dr. Axel Plünnecke ist Leiter des Clusters Bildung, Innovation und Migration am Institut der deutschen Wirtschaft (IW).

Dr. Thilo Schaefer ist Leiter des Clusters Digitalisierung und Klimawandel am Institut der deutschen Wirtschaft (IW).

Ina Scharrenbach ist Ministerin für Heimat, Kommunales, Bau und Digitalisierung des Landes Nordrhein-Westfalen.

Prof. Dr. Uwe Schneidewind ist Oberbürgermeister der Stadt Wuppertal.

Prof. Dr. Michael Voigtländer ist Leiter des Clusters Internationale Wirtschaftspolitik, Finanz- und Immobilienmärkte am Institut der deutschen Wirtschaft (IW).

Dr. Manès Weisskircher ist Leiter der BMBF-Nachwuchsgruppe REXKLIMA am Institut für Politikwissenschaft der TU Dresden.

Jakob von Weizsäcker ist saarländischer Minister der Finanzen und für Wissenschaft.

Prof. Dr. Johanna Wenckebach ist Professorin für Arbeitsrecht an der University of Labour in Frankfurt am Main.

Johannes Ziesenißt ist wissenschaftlicher Mitarbeiter im Projekt »Mission Wertvoll« der Global Eco Transition gGmbH.

Editorial

Das vermeintliche »Ende der Geschichte« hat sich längst vielmehr als ein Ende der Gewissheiten entpuppt. Mehr denn je stellt sich nicht nur die Frage nach der jeweiligen »Generation X«. Jenseits solcher populären Figuren ist auch die Wissenschaft gefordert, ihren Beitrag zu einer anspruchsvollen Zeitdiagnose zu leisten. Die Reihe X-TEXTE widmet sich dieser Aufgabe und bietet ein Forum für ein Denken ›für und wider die Zeit‹. Die hier versammelten Essays dechiffrieren unsere Gegenwart jenseits vereinfachender Formeln und Orakel. Sie verbinden sensible Beobachtungen mit scharfer Analyse und präsentieren beides in einer angenehm lesbaren Form.

Knut Bergmann (Dr. phil.) leitet das Berliner Büro des Instituts der deutschen Wirtschaft (IW). Zudem lehrt er Politische Wissenschaft an der Universität Bonn. Wissenschaftlich hat er sich vor allem mit den unterschiedlichsten Facetten politischer Kommunikation befasst. Stationen seiner beruflichen Laufbahn waren u.a. im Bundespräsidialamt und als Redenschreiber des damaligen Bundestagspräsidenten Norbert Lammert.
Matthias Diermeier (Dr. rer. pol.) leitet das Cluster »Demokratie, Gesellschaft, Marktwirtschaft« am Institut der deutschen Wirtschaft (IW) und ist Lehrbeauftragter an der Universität Düsseldorf. Seine Forschungsschwerpunkte reichen von der Wirtschaftspolitik rechtspopulistischer Parteien über Fragen der demokratischen Resilienz bis zu den gesellschaftlichen Bedingungen ökonomischen Erfolgs.